苏州“大阜贵潘”研究

张恺◎著

安徽师范大学出版社
ANHUI NORMAL UNIVERSITY PRESS
·芜湖·

图书在版编目(CIP)数据

苏州"大阜贵潘"研究 / 张恺著. —芜湖:安徽师范大学出版社,2021.7

ISBN 978-7-5676-3816-7

Ⅰ.①苏… Ⅱ.①张… Ⅲ.①氏族谱系—研究—苏州 Ⅳ.①K820.9

中国版本图书馆CIP数据核字(2018)第237972号

苏州"大阜贵潘"研究　　张　恺◎著

SUZHOU DAFUGUIPAN YANJIU

责任编辑:蒋　璐
责任校对:牛　佳
装帧设计:王晴晴
责任印制:桑国磊
出版发行:安徽师范大学出版社
芜湖市北京东路1号安徽师范大学赭山校区　　邮政编码:241000
网　　址:http://www.ahnupress.com/
发 行 部:0553-3883578　5910327　5910310(传真)
印　　刷:苏州市古得堡数码印刷有限公司
版　　次:2021年7月第1版
印　　次:2021年7月第1次印刷
规　　格:700 mm × 1000 mm　1/16
印　　张:19
字　　数:341千字
书　　号:ISBN 978-7-5676-3816-7
定　　价:68.90元

序

徽州是个高移民社会。东汉末、唐末、北宋末由于中原动荡，战火连天，大批中原士民纷纷迁移到徽州，“寻得桃园好避秦”，从此在这里辛勤耕织，繁衍生息。但是，对徽州而言，高移民社会还有另外一种含义，在历史上，它不仅是人口高移入社会，也是人口高移出社会。徽州发展到明清时期，人口越来越多，而徽州又处在万山环绕中，土地本来就少，这样人地矛盾日益突出。恰逢其时，国内商品经济获得长足发展，为商人提供了广阔的舞台。因此大批徽州人走出丛山，闯荡商海。当前辈徽商在外地立足后，就会有子弟乃至同宗同族的人接踵而至，来此创业。如果在这里商业发展顺利，与当地土著居民也能友好相处，徽商索性就在此定居了。所谓“有先贫而后裕者，因彼地发祥，故挈家而迁焉”，说的就是这种情况。久而久之，这些迁来的徽商繁衍发展，蔚然成为一大家族。像这样的情况，在徽州很是普遍。如歙县的许氏自明末迁到杭州，经过数百年的发展，已成当地望族，接连几代都出了进士，影响非常大。台湾著名作家高阳（本名许晏骈，谱名许鸿儒）就出自这支。还有明后期从徽州迁到苏州经商的潘氏，后来发展成颇具影响的“贵潘”与“富潘”，在苏州历史上留下了浓墨重彩的一页。再如，歙县岑山渡程氏迁到扬州业盐，经过一两百年的发展，亦贾亦儒，贾儒相济，在当地产生了极大的影响。其他各县无不类此。在上海、在北京、在武汉以及在长三角的众多地方，徽商在那里定居并发展得很好。这些在外地经营尤其是在外地定居的徽商及其家族，就构成了胡适先生所说的“大徽州”。研究徽商既要研究小徽州，也要研究“大徽州”。我常想，如果能够把在外定居的徽商大家族逐一进行研究，看看他们是如何发展起来的？又是如何融入当地社会的？他们对当地社会、经济、文化又产生了哪些影响？“大徽州”与小徽州的交流又是怎样的？这些研究应该是非常有意义的。

令人可喜的是，学界已有人开始关注这一问题了，已经推出了一些成果了，这将大大深化我们对徽商的认识。今天，张恺先生又奉献出他的新著《苏州“大阜贵潘”研究》，让人耳目一新。

张恺先生凭借第一手资料《大阜潘氏支谱》，再结合方志、文集等其他资料，揭示了歙县大阜潘氏一支的发展线索：潘逢时在唐后期两度任职歙州，深爱这方土地和百姓，正式迁歙定居，成为大阜潘氏一世祖。经过近八百年的发展，直到第二十二世潘玉溪开始弃农外出经商，其子第二十三世潘仲兰也继承父业，经营浙盐。潘仲兰先是侨居杭州，其后定居苏州，成为苏州大阜潘氏的始迁祖。从此这支潘氏就在苏州扎根，这已是清康熙初年的事了。在以后的几代中，这支潘氏奇迹般地以商入仕，以仕达贵，乾隆三十四年（1769）潘奕隽成了这支潘氏的第一位进士，亦是“贵潘”大剧的启幕人。接着，好戏连连，进入高潮，这支潘氏随后多人高中，这也真是一个奇迹。张先生在书中不仅梳理了“贵潘”的发迹线索，而且论述了各位进士的主要业绩。在书中张先生也提出了自己的一些观点。如论到“贵潘”形成之因时，他认为有几个原因：一是徽苏文化的交融与影响，二是严格的家族教育，三是社会关系网纵横的体现。应该说这些观点是有道理的。

该书为我们提供了不少资料，理清了“贵潘”发展的脉络，为其他学者今后的进一步研究奠定了一个良好的基础。尤其是书中的《潘氏在苏堂名考》《潘氏在苏庭园考》也是难得的资料。书中还介绍了潘氏历代妇女（才女）的事迹，加深了我们对这支潘氏的认识。我希望其他学者凭借此书的资料，进一步拓展研究，探究潘氏在漫长的时间里对苏州当地的经济、社会、文化产生的影响。

最后，我不能不对张先生表示由衷的敬佩。张先生已年逾七旬，一般人早已在家含饴弄孙，尽享天伦之乐了，可他仍孜孜矻矻，笔耕不辍，“老树春深更著花”。这几年，他先后出版了《歙故丛谭》《商界巨贾》《仁心济世》几部书，如今又推出三十多万字的新作，这种“不用扬鞭自奋蹄”的老黄牛精神真是值得我们学习。他一不为名，二不为利，一心只想把自己毕生积累的资料整理研究出来，贡献给社会。我们希望徽学界能有更多的像张先生这样的人，那真是我们徽学界的福音啊。

是为序。

王世华

二〇一八年七月二十三日

前 言

翻开中华人民共和国如雄鸡状的巨大版图，北倚黄山、南临千岛湖的安徽省歙县，也许并不起眼。然而，作为全国历史文化名城，她却承载着几千年悠长的岁月印痕。她是旧、新石器时代就有先民繁衍生息的古老土地，是秦统一中国实行郡县制时首设县之一；她曾地域广阔，黄山、千岛湖都曾是她怀抱内的奇山与丽水；她成为郡、州、路、府治所，有一千多年历史，徽城、老徽州府是她的别名与习称；她是称雄中国商界三百年的徽商之源，是具有极高审美价值的徽州文化的主要发祥地。

秦汉时期的歙地先民是“蛮夷”，是史学界所说的“百越”或“百粤”，是汉代史籍中所称的“山越”。《新安志》云，山越人尚武，以材力保捍乡土为称。宋元之际学者胡三省在《资治通鉴》五十六卷和六十二卷的注中为山越人下了定义：“‘山越’亦本越人，依阻山险，不纳王赋，故曰‘山越’。”建安十三年（208），孙权遣大将贺齐率军发动征服山越的战争，虽遭到山越人的顽强抵抗，但最终目的还是达到，并为了巩固征服成果，将古歙县分割为始新、新定、黎阳、休阳和歙县，加上古黟县，成立新都郡。此后，歙县便成了一个高移民的地方。

歙地的高移民现象，是由中原士族移民，并经由一系列社会变迁而逐渐形成的。自两汉到宋元，中原的士族，或避战乱，或躲灾祸，或因为官爱歙地山水清淑，或守墓，或讲学，或种种不明的原因，慧眼识中歙县，在此安家安居。最早移民歙县的是方、汪两氏，前者是在西汉末年安家歙之东乡，后者则是东汉末年安家歙县。魏晋南北朝时，先是有鲍伸于西晋太康初，官拜护军中尉镇守新安而落户。后在永嘉八王乱中原时，又有许多中原士族纷纷南下，如东吴大将程普的后人程元谭，于永嘉乱后任新安太守而世代居歙。

随东晋元帝南渡的黄积任新安太守，故后葬歙，其子黄寻因守墓而安家。晋代定居于歙的还有俞、余二氏。此后，政权割据，更迭纷纭，有任、闵、徐、谢诸氏定居歙地。隋唐时期，则有蒋、吴、凌、吕、仰、洪诸氏居歙。唐末黄巢起义，又使中原动荡，更多士族被迫南迁，朱、张、戴、许、潘、毕、罗、萧、江、曹等姓氏迁歙。五代后唐时，有项姓入歙。两宋之际，金兵南侵，又有何、阮、杨、赵、姚、庄诸氏以歙为家。元代抵歙安家的有仇、萧、唐、田诸氏。自汉至元，一千余年，在歙县安家安居的家族们，滋生繁衍，代代不息，形成为数众多的移民型村落，构成歙县社会的主体。

明清以后，虽也有外来姓氏定居歙县，但已寥寥无几。而这一时期，随着歙县人口的增加，徽商的兴起，徽歙人在科举场上的成功，则出现了徽歙人外迁的现象。他们留居于经商地或任职地，形成了徽歙外迁家族。尤其是徽商足行天下，形成了“无徽不成镇”的局面。如徽州盐商在扬州把持盐利，徽州典当商几乎垄断扬州典当业。明万历《扬州府志》序云：“扬，水国也……聚四方之民，新都最，关以西，山右次之。”近代人陈去病在《五石脂》中则鲜明指出：“扬州之盛，实徽商开之，扬盖徽商殖民地也。”在汉口，有名为“新安书院”的徽州会馆，有专供徽商停泊船只的“新安码头”，有勉励徽人子弟读书向上的“魁星楼”。湖北黄陂县城内居民曾有一半是徽州人。谢肇淛《五杂俎》卷十四《事部》二载：“山东临清，十九皆徽商占籍。”乾隆《杭州府志》卷五《市镇》载：“钱塘江滨徽商登岸之所，即谓之徽州塘也。”总之，明清徽商的不懈奋斗，开创了扬州之盛，滋润了上海繁荣，印迹在钱塘两岸，活跃在苏州城乡，称雄于芜湖商界，崛起了武汉重镇，同时徽商也在那里安家落户，繁衍子孙，形成了徽人外迁家族。

据唐力行等专家所著《苏州与徽州——16—20世纪两地互动与社会变迁的比较研究》一书所载，苏州与徽州，虽在历史上长期同属一个行政区，但地理、区位迥然不同。苏州是唐朝江南唯一的“雄州”，宋时被称为“天堂”“风物雄丽为天下冠”，明清时期社会经济更是发展到了巅峰，天下人无不乐居苏州。而徽州则属内地山区，僻在一隅，相对封闭，物产瘠薄，显然各方面均落后于苏州。但徽州人有敢闯天下、艰苦耐劳的“徽骆驼”精神。因此自古有经商传统的徽州人，自然慧眼识中苏州，并在这块乐土上去开创自己的基业，与苏州经济文化融合且逐渐崛起，成为这块乐土中的佼佼者。本书所要研究的苏州“大阜贵潘”，正是万千徽人外迁家族中的一个，而且是一个以商入仕，富贵旺盛且绵延数百年至今的颇具文化特色的家族。

目　录

潘氏迁歙与始祖德政

潘氏迁歙

据《大阜潘氏支谱》[1]载歙县潘氏二十八世孙潘冕所撰序云："潘氏之先，相传为毕公子季孙公后食采于潘，因以为姓，封于荥阳，因以为郡。"毕公，为周文王第十五子，姓姬名高，于周武王时封在毕国（今陕西咸阳市东北），称毕公高；其子季孙得周武王封为荥阳侯，食采于荥阳古潘地（今河南郑州市西部，黄河南岸），遂以潘为姓，季孙公为得姓始祖。该谱序又云：得姓后"历世久远，支系不可考"。潘冕之孙、状元潘世恩在所撰序中亦云："昔我先世毕公子季孙公食采于潘，为得姓之始，五代以前，世系莫考。"这便是说，在迁歙始祖之前的世系皆无法考证。不过，南宋丞相、歙县槐塘人程元凤于宋绍定庚寅（1230）岁秋八月下浣日撰书之《潘氏传芳谱牒序》中，则载述了一些情况，可作上两序的补充。其曰："此潘由毕公之后，季孙食采于潘，因为氏焉。迨至东晋，有文肃公少秉大志，镇东大司马王导奇公才略，引为军咨祭酒。随元帝南渡，寻出镇闽中，世居三山。"这里便简要地说明了潘氏由中原到闽的情况。

《大阜潘氏支谱》记载，潘氏迁歙始祖为潘逢时。那么他何时来歙？从何而来？因何而来？潘冕序中云："唐僖宗朝，逢时公讳名，自闽之三山，来刺歙州，去官日，父老许士元等，遮道攀留，遂家于歙之西篁墩。"潘世恩序中亦云："至唐光启二年，逢时公讳名，为歙州刺史，任满去官，父老攀辕，遂家于歙。"两序都表明，迁歙始祖潘逢时来自闽，因任歙州刺史之职被父老攀留，时在唐晚期。

① 潘裕博主编：《大阜潘氏支谱》，苏州谦益堂潘氏1992年编印本。后同。

关于潘氏迁歙之事，《大阜潘氏支谱·世系源流考》对一世祖潘逢时的记载较为详细。其载曰："名，唐封歙州刺史，伯福公长子，字逢时，先世自荥阳迁闽之三山，乾符间登进士，授度支员外郎。广明元年拜歙州刺史，甫之官，以父丧，去。时黄巢作乱，闽中道阻，因寓歙之篁墩。服阕，授青州盐铁转运副使，以廉闻。光启二年，值巢乱初息，江左民多流离，诏求忠厚慈祥可长民者，复拜公歙州刺史。下车，省刑，劝农，薄赋，兴学，百姓安堵，有息火灾、除虎患、诸异政。观察使以闻，赐玺书褒美且征入朝。百姓乞留终任，有《德政录》呈黄堂，擢异序可考。任满致仕，父老攀辕，遂家篁墩。"这里清楚地记载了潘氏迁歙始祖为潘名，字逢时，父亲为潘伯福，乃是先世从河南荥阳迁至闽中三山的。闽为福建简称，三山即福建福州的别称，以旧福州城内东有九仙山，西有闽山，亦称乌石山，北有越王山而得名。潘名于乾符间中进士，先授度支员外郎。《唐书·百官志》载："度支，掌天下租赋物产丰约之宜，水陆道途之利，岁计所出而支调之。"或许是颇有成绩，故不久，即升任为歙州刺史，掌管一州之政务。然上任不久，便因父亲去世而离职守制。他本应回福建去的，却值黄巢起义发生，战乱阻拦了去闽中的道路，只有寓居于歙西的篁墩。不过，这次他还不算迁居歙县，因为守制服满后，潘逢时又被朝廷授职为青州盐铁转运副使，成为管理盐铁等物资运输的官员且在任中以廉洁而为朝野所闻。到了唐僖宗光启二年（886），黄巢之乱被平息之初，江东百姓，亦包括歙州域内百姓，大多流离失所，此时正需要有个忠厚慈祥爱护百姓的官员来管理，于是朝廷下诏求贤，潘逢时得到推荐，重被拜任歙州刺史，这是他二度来歙州担任此重要职务。潘上任后，果然不负朝廷和百姓的期望，采取了宽省刑罚、劝农耕种、薄收赋税、兴办教育等有力措施，百姓很快过上了安定的生活。同时他还有平息火灾、除灭虎患等卓异德政，因此被朝廷派下来的巡察官员闻知，上报朝廷，得到皇帝亲盖玉玺的嘉奖令且要提拔他到朝中任职。歙州的百姓岂肯让这样的好官离去，于是纷纷攀着他进京的轿车辕木，请求他留在歙州，并呈上百姓所写的《德政录》报给朝廷，从而潘得以留任。任满退休了，歙州百姓还舍不得他离开。潘逢时两度任职歙州，对这一方土地和百姓也深有感情，于是便应百姓所请，在曾寓居之地篁墩定居，从此才算正式迁歙。谱载，潘逢时生于唐文宗开成元年（836），迁居歙地当在他半百至花甲之年；卒于唐天复二年（902），享寿六十有七，娶妻林氏，夫妇合葬于歙县敬爱乡（清代名仁爱乡）涌泉里狮山之阳榧山营，即后名上坞，又名潘坞。生子三人，为敬祖、万二、万三。但旧谱一作生子四，为敬祖、祀祖、宏祖、应祖，现且录以为参考。

前面提及的程元凤所撰《潘氏传芳谱牒序》中亦载道：“有二十一世裔良辅公，由大唐乾符间，拜青州盐铁转运副使，公天性忠厚，以平日之欲，致君尧舜，泽民唐虞，不意四方盗贼蜂起，黄贼为最，东南数郡，生民窘于劫掠，疲于力役，不得聊生日矣！已而贼首惩戮，天子光复故都，每嘉意于根本重地，诒举异才，抚戢东南，而良辅公擢庭歙郡刺史。至任之初，询死节养，士民善者举之，恶者惩之，歼贼死王事者，献绩于朝，议嘉旌异。时有采访御史大夫柳君，玼具公善政奏之，歙民多赖，缙绅之士皆欣欣然。明年奉朝廷征公赴阙，启行之日，歙民老幼，拥马遮道，不忍舍去，乞借终任。公积善民间，无尝疾作，欲得归养，年高子幼，途路险阻，于大顺庚戌岁上章，乞归田里。秋八月得旨，迁居歙西篁墩，去城四十五里，占歙籍。及后，三子卓立，父学自持。”《歙县志》[①]在“潘姓源流”中云“潘逢时，讳名，有的谱载讳逢时”可证。志中也叙述了潘逢时先授青州转运副使，后擢任歙州刺史，任职期间颇多善政，以至新任朝廷赴阙时，被歙民拥马遮道而留至任满。

刺史公治歙迁歙考

为进一步搞清楚潘逢时治歙迁歙的事实，《大阜潘氏支谱》的编纂者通过多方采访考证，还专门作《刺史公治歙迁歙考》一文，加以考述。现全文录于下：

> 刺史公治歙之岁，迁歙之由，旧谱有二说。一曰，广明间任，丁外艰，去闽中，巢扰，因家于歙。一曰，光启间任，解组后，父老攀辕，遂家于歙。考广明、光启，皆唐僖宗年号，僖宗享国十五年，改元者五，始号乾符，凡六年；继号广明，止一年；继号中和，凡四年；继号光启，凡三年；继号文德，未一年而崩。自广明至光启，相距六七载。主前说者，岩市（寺）谱载，公任歙州刺史，广明庚子避乱，迁歙之篁墩。旬川谱亦载，公广明间刺歙，丁外艰，归里闽中，巢扰，偕诸兄弟避至歙。考黄巢之乱，始于乾符二年，终于中和四年，

① 胡武林主编：《歙县志》，黄山书社2010年版。

其陷福州为乾符五年冬，其别将陷睦、婺州，即广明元年之夏。浙闽接壤，迭经兵燹，避地远适，于情事允合。若光启间，则巢乱已平，岂得云路阻乎？主后说者，大阜旧谱载，公光启二年来刺歙州，又有龙纪元年，父老公呈颂德政言，一二年间，善政屡出。按僖宗崩，昭宗立，改元龙纪，据此则莅任当在光启间。若云广明，则至龙纪已十年，何云一二年乎？又有《黄堂擢异序》，首言诏擢异才以典牧宰，而三山潘君佥举，以为歙州刺史；次言巢贼虽除，余党犹盛；终言朝廷以公治江东为第一，行将擢用，四民遮留，乞借终任，末书大顺元年。大顺为龙纪元年之明年，以此推之，亦在光启间之证。广明间，巢乱方炽，安得云余党犹盛？且自广明至大顺，已历十一载，终任久矣，又何云乞借终任乎？此二说，始皆疑之，嗣考旧谱序，言广明间逢时公历刺我歙，遂居篁墩，乃恍然曰，公盖两任歙州，前任在广明间，以守制去官，闽有巢乱，移家至歙第，流寓而已；后任在光启间，以致仕去，歙民感公德，相率请留，遂定厥居，当日踪迹，厘然可识。序言广明间，而下又言历刺，则光启之复任自见。相传又有《送郡主潘君居篁墩序》，末书大顺二年辛亥。按大顺中，巢诛已久，序乃言黄巢作乱，天下扰扰，凡郡邑村墟名黄者不犯，因适篁墩居焉。岂是时巢贼复生乎？此则后人伪撰无疑也。

阅此考述，显然可知，潘逢时乃两次任歙州刺史，两次居歙，第一次是“以守制去官”，即父亲亡故，守制离任，本欲返福建老家，因有巢乱而流寓于歙，只是暂时的。不料后复任歙州且朝廷征擢去京，因歙州民众攀辕挽留，任满致仕而定居于歙，成了潘氏迁歙始祖。

潘逢时治歙德政

歙民为何“相率请留”潘逢时？原因是感激其德政。那么潘逢时在任中有哪些德政？前面在《大阜潘氏支谱·世系源流考》和程元凤序中都有简单记载，但最详细具体的记载当见于“父老许士元等”所呈的《德政录》中。《大阜潘氏支谱》收载了此文，转引如下：

“歙州父老许士元、赵之高等呈为清官德政事，有本州刺史潘公名，到任以来，经制聿事，纪瑶天振。自巢贼乱后，余党蜂屯蚁聚，出没不常，民皆失业，苦莫胜言。本官乃集丁壮，作士气，奖忠义，恤孤寒，逞豪杰为帅，首立营寨为耕守，由是贼道遁息，流离复业，一州获安。惟时用武之秋，军士强暴夺民馈饷者有之，污民妻孥者有之，薪□[1]者，伐木材，□牧者，践田禾，黎民侧目，莫敢多言。本官忧之，代请于□，朝以为民为邦本，本固邦宁，粮莠不芸，则嘉禾不茂。圣主深然之，即命兼总州兵，钦此钦遵。民害顿息。民有张实，窖白金而失之，以为被盗，讼于州。本官向财何所而失？曰：'失于家。'复问家有其人？曰：'惟有二子。'曰：'年若干，有室家否乎？'曰：'长男二十，次男十八，俱未取。'即命之来。见其迭落不羁。曰：'盗财者，二子也。'鞫之即伏。人皆以为惧刑而诬招也。及追原赃，至观者咸吐舌点。山有虎患，道路不通。本官命胥缘赍牒投之，吏心不欲行，然畏威德而不敢辞也。至彼，虎果出，捭夫各失魂，吏提剑大呼曰：'我奉公差而来，虎不可害我。'投牒于地，虎即衔之而去，自虎患屏迹。一郡称神明。丁未，郡城火；戊申，又大火。本官随方设法救之，乃命十家共出地，开一火巷，后几遇火，救者易为措手。民皆诵德。又每岁春月，必出郊劝农，广布耕桑之令，岁终民皆有积。时日兵乱，学校之政不行。本官礼师儒，坤广生员，朔望拜夫子庙庭，毕即率诸生，讲明治道，能通经义者，荐之。由是士风大振，四民各得其所，而不觉被兵之患也。一二年间，善政累出，未可殚也。此特奉其大者，幸遇上司代天理物，采访民事，谨具本官廉能德政录呈者。大唐龙纪元年四月□日，父老许士元等书。"（按，文中所缺字处，乃原谱即缺。）

纵观这篇由歙州父老许士元、赵之高等呈报清官潘逢时的《德政录》，可知潘逢时在歙州刺史任上做了以下几件德政。

其一，召集州中丁壮，即兵士，并鼓励他们的士气，稳定社会秩序，使百姓得以安居乐业。

其二，以民为邦本，要求严厉惩处践踏百姓利益的地方豪强，得到朝廷的支持，"命兼总州兵"，除暴安良，使州内社会治安大为好转。

其三，据实办案，而且以超凡的洞察力和求是的侦察手段，办结了张实家窖藏之金被二子内盗的案件，展现了杰出的办案才能。

其四，以德除灭虎患。此事虽然显得有些神异之处，但表明了治政以德为先乃是根本。连凶恶的猛虎也为德所感化。

其五，倡导开辟防火巷，给救治火灾带来便利。徽州后来建房加建防火

① "□"表示缺字，后同，不再赘述。

墙或许是从中得到了启示。

其六，每岁春月，亲下郊野，劝农耕桑，并颁布政令，发展生产，使百姓富裕起来，这是为政者的根本。

其七，以礼节尊重师儒，增加州县内的招生名额，讲道诵经，恢复教育事业，州内士风大为振奋，使四方之民各得其所。

潘逢时善政累出，自然上有功于朝廷，下有德于百姓，是一位廉洁有能的好官。这样的好官，百姓们怎能舍得让他离去，所以歙州之民感激潘公之德，即使是升往朝廷，也竞相攀辕请留。潘公也舍不得歙州百姓，留了下来。潘氏也从此定居歙地，千百年来繁衍成了旺盛之族。

关于潘逢时任歙州刺史的事，南宋歙县人罗愿的《新安志》及后来的弘治、康熙《徽州府志》的“职官志”中均未见记载。但道光《徽州府志》卷七“职官志”中，在“唐代歙州刺史”目内却有这样的记载：“潘名，福建闽县人，广明元年任，因乱路阻，遂家于歙。”其资料来源为“见采访册，补入”。虽然内容甚简，但可证潘逢时任歙州刺史是真实的，非宗谱虚妄为之。而以前府志未载，乃资料缺失之故。明戴廷明、程尚宽等撰的《新安名族志》亦载：“潘氏先世闽之三山，唐光启间，良辅公刺歙州，因乱隐居黄墩，迁櫃山，营墓见存。”良辅即潘名的又一字，亦可证之。笔者在现今的歙县新安碑园一进门的碑廊内，亲见了安嵌于廊壁的高2米余的一块碑，上镌刻“唐歙州刺史潘公墓道”，更是实证。

潘氏前二十二世迁徙生存考

《大阜潘氏支谱》载，潘氏迁歙定居，自始祖潘逢时至二十二世祖潘万安，二十二代人基本在歙县境内繁衍与迁徙。也就是说，从唐末唐昭宗龙纪元年（889）至明嘉靖末年（1566）的近七百年的岁月中，潘氏基本在歙县境内过着以农耕为主的生活。

大阜潘氏世系源流考(一至二十二世)

据《大阜潘氏支谱·世系源流考》记载可知：

一世 潘名 字逢时，又字良辅，以进士起家，先世居洛阳，宦游闽中，寓家闽之三山，故后世犹曰三山派。因两任歙州刺史，任满致仕，父老攀辕，遂家篁墩，开歙县潘氏。生于唐开成元年（836）丙辰五月六日，卒于唐天复二年（902）壬戌九月十三日，年六十有七。娶林氏，合葬歙县敬爱乡涌泉里狮山之阳榧山营。（谱原注曰："《歙县志》，敬爱乡，今名仁爱乡；榧山营，即今上坞，又名潘坞，在二十六都七图。"上坞今属王村镇红庄村）生子三：万一（敬祖）、万二、万三。（旧谱一作子四：敬祖、祀祖、宏祖、应祖）

二世 敬祖 名长子，字万一（一作名万一）。天性孝友，双亲殁故，偕弟庐于墓侧，后便因此为家，里人认为其兄弟行为有义，遂名此地曰潘坞。坞中有座文笔山，颇险峻，因避时乱，而隐居其下。晚年偕子迁徙寒山。（谱原注曰："《歙县志》载寒山，今名环山。"今查《歙县地名录》知，环山，古名寒山里，现属歙县郑村镇之瑶村）敬祖生于唐大中九年（855）已亥闰四月十二日，卒于后唐同光二年（924）甲申六月六日，享年七十，葬歙县上坞，与父同在一地。娶吕氏，葬歙县环山里。（原谱注曰："环山里在永丰乡。"）生一子：瑫。万二、万三两公相偕卜居杏潭，是为潘村派。

三世 瑫 敬祖子，字大震，岐嶷不凡，宿负大志，精青乌术，即善堪舆，在寒山居久，不愿郁郁久居于此，乃相度四方，择可为卜居聚族地者。见大阜山水之秀，遂爰构别业，以待将来。临逝世前，对子细六说："大阜之原，平壤沃野，山水环秀，卜居善地，无逾于此，予生平属意处也，汝其识之，无忘吾言。遗命后嗣卜居。"因此潘氏在寒山并未居住多久，到第二代潘瑫即以不凡的眼光，选择了山水之秀的大阜，构建了另外的居屋。当然他自己依恋祖与父的居住之地，仍居于寒山。但他志向远大，遗命后嗣卜居。后，潘氏子孙遵其遗命，在大阜定居并逐渐繁衍成世族。故宗谱载道："皆公之泽也。"瑫娶妻王氏，卒于婺，但仍与祖、父一起葬于上坞。生子一：细六。

四世 细六 瑫子，娶程氏，生二子：现、珮。细六早逝，故谱亦未载其事迹。细六卒后祔葬潘逢时墓右。细六卒后，其妻程氏偕长子现迁居大阜，次子珮，《世系源流考》载为"他迁"。程氏故后葬歙县大阜大石墓。由此可知，始居大阜的是细六之妻程氏及长子现。

五世 现 细六长子，娶程氏，现遵祖命，奉母程氏迁居大阜，卒返上坞祔葬潘逢时墓。《世系源流考》载，其墓"先是世远年湮，已失所在。明崇祯十七年，众派拓修刺史公墓道，始洗出现公墓碣，才知其所，后一并得修，按时祭祀。"宗谱按语曰："因现公始迁大阜，今称公为大阜公。故大阜之潘虽自现公迁，实自瑫公始也。"现生子二：从龙、从凤。

六世 从龙 现长子，娶方氏，合葬歙县大阜太公冢，生子二：芝、英。宗谱按语曰："芝公，字仁嵩，任崇安令，从龙为芝父，遂今称从龙为崇安公。"（父以子职为尊称，在当时或以为常）。一作生子四：仁嵩、仁霸、仁岳、仁岱。亦有两种记载，遂录之并存。芝生子三，长曰三宣议，迁本里桥东，三宣议生子二：五公、八公，为大阜桥东派；次曰四宣议，迁休之东亭；三曰五宣议，迁休之朗源。芝以何身份任崇安令，谱未详载，但他是继始祖潘逢时后，歙县潘氏第二位为官之人。

七世 英 从龙次子，字仁霸，娶张氏，合祔葬潘从龙墓左，生子三：旺、弼、佐。

八世 旺 英长子，字良臣，娶胡氏，生子三：琮、达、道。

九世 琮 旺长子，娶汪氏，合祔葬曾祖潘从龙墓右。生子一：师心。《世系源流考》记载次弟潘达生子师纬，邑庠生；三弟潘道，以明经辟山阴教授，其子师经亦庠生，他们则属大阜黄栀园派。

十世 师心 琮子，字彦成，以文学升上舍，监桐城县税务，从使金有功，迁成忠郎，摄桐城县事，裁决如神，刑清讼简。生于宋元符二年（1099）己卯，卒于宋绍兴十六年（1146）丙寅五月十五日，年四十有八。娶汪氏，继娶罗氏，合葬歙县大阜潘兴塘（谱原注曰："今名后塘源。"）生子四：惇、恪、慥，汪氏出；恬，罗氏出。师心是潘氏迁歙后早期有名望的人。他以文学升上舍，被任命为桐城县税务监，后又充任出使金国的随从人员且有功而获成忠郎衔，担任桐城代理县令，在任中，裁决案件如神，因而取得刑清讼简之效，很有政绩。《世系源流考》记载了师心长子惇任将仕郎，恪、恬咸举进士，慥为太学生，兄弟皆有功名。

十一世 惇 师心长子，字笃夫，将仕郎，生于宋重和元年（1118）戊戌八月四日，卒于宋淳熙元年（1174）甲午四月二十一日，年五十有七。娶宋氏，合祔葬父潘师心墓。生子一：云。

十二世 云 惇子，生于宋绍兴六年（1136）丙辰五月七日，卒于宋庆元元年（1195）乙卯九月十五日，年六十。娶胡氏，合葬歙县五渡庙后。生子一：魁。

十三世 魁 云子，字梅春，生于宋绍兴二十三年（1153）癸酉八月十九日，卒于宋嘉定九年（1216）丙子二月六日，年六十有四。娶黄氏，合葬歙县藤坑源庄上。生子三：文一、文二、文三。

十四世 文一 魁长子，字画初，生于宋乾道七年（1171）辛卯八月六日，卒于宋端平三年（1236）丙申十月十四日，年六十有六。娶张氏，合葬歙县北岸沙坑。生子四：德、龙、驷、寿。

十五世 寿 文一四子，字叔龄，娶吕氏，合葬歙县大阜后塘源；继娶王氏。生子三：相、祐、祥。

十六世 祐 寿次子，字德辅，生于元延祐六年（1319）己未十月六日，卒于明永乐二年（1404）甲申十月二日，年八十有六，葬歙县三十五都一图。娶余氏，生卒未详，葬歙县三十五都；继娶汪氏，生于元后至元二年（1336）丙子，卒未详；再继娶吴氏，生卒未详，合葬大阜摆坞口。生子五：贤，余氏出；昌、隆、庆、贵，汪氏出。宗谱按云："祐公自后山坞迁来龙山南，即今之大阜村。"这表明歙县潘氏三世潘瑫构建别业，五世潘现奉母居之大阜在后山坞，直至潘祐才迁居今之大阜村。

十七世 庆 祐四子，字思忠，生于明洪武四年（1371）辛亥十月十三日，卒于明景泰七年（1456）丙子九月十八日，年八十有六。娶汪氏，生于明洪武四年（1371）辛亥闰三月十八日，卒于明宣德七年（1432）壬子五月十七日，年六十有二，合葬歙县三十一都二图。生子四：康寿、关寿、全寿、祖寿。宗谱按曰：“庆公与兄隆公同葬五渡上坑，同冢，隆公葬左，庆公葬右。”

十八世 全寿 庆三子，字以任，利分支祖，生于明永乐元年（1403）癸未八月五日，卒于明景泰四年（1453），年五十有一。娶程氏，生于明永乐三年（1405）乙酉十月十二日，卒于明正统八年（1443）癸亥六月二十日，年三十有九；继娶洪氏，生于明永乐十八年（1420）庚子正月，卒未详，合祔葬十六世祖潘祐元配余氏墓。生子二：佛生，程氏出；社稷，洪氏出；女三。

十九世 佛生 全寿长子，字仕源，国学生，生于明宣德三年（1428）戊申四月二十日，卒于明弘治七年（1494）甲寅十月四日，年六十有七。娶程氏，生于明宣德五年（1430）庚戌五月十一日，卒于明正德十一年（1516）丙子，年八十有七，合葬歙县三十五都一图大阜苦干源汪家坞。生子四：廷护、廷茂、廷顺、廷兴；女二。

二十世 廷护 佛生长子，字公调，冠带耆民，生于明景泰三年（1452）壬申五月十一日，卒于明嘉靖十五年（1536）丙申，年八十有五。娶江氏，继娶程氏，生卒俱未详。合祔葬十六世祖潘祐元配余氏墓。继娶汪氏，生卒未详，葬歙县三十五都一图大阜摆坞口。生子五：爱童、敬童，江氏出；虎童，程氏出；来童、道童，江氏出。女一。

二十一世 道童 廷护五子，字文瑛，国学生，生于明弘治八年（1495）乙卯十一月二十一日，卒于明嘉靖四十一年（1562）壬戌七月二十一日，年六十有八。娶胡氏，生于明弘治七年（1494）甲寅五月五日，卒于明嘉靖二十一年（1542）壬寅正月二日，年四十有九。合葬歙县三十五都一图小阜羊鹅坑。继娶吴氏，生卒未详，葬歙县三十五都一图大阜高路山。生子一：万安，胡氏出。

二十二世 万安 道童子，字子凝，号乔山，生于明嘉靖七年（1528）戊子六月四日，卒于明万历二十八年（1600）庚子二月十日，年七十有三。娶聂氏，生于明嘉靖十六年（1537）丁酉，卒于明嘉靖三十七年（1558）戊午，年二十有二，合祔葬潘道童墓。继娶汪氏，生于明嘉靖十四年（1535）乙未，卒于明天启元年（1621）辛酉，年八十有七，葬歙县三十五都一图大阜社屋坦。生子三：孟信，聂氏出；孟佐、孟儒，汪氏出；女一。

志铭传摘述

《大阜潘氏支谱》之《志铭传述》中有十六世至二十世的几篇墓志铭，可以补《世系源流考》叙述简略之不足，现摘述如下：

一是为歙县的赐进士第翰林院庶吉士方勉在《处士德辅潘公墓志铭》中载，十六世的潘祐，字德辅，“负颖质，于书无不读，乃性笃君陈，兼有少文山水之癖”，是一个资质聪颖，喜爱读书，又喜好山水的秀士，但他没有因读书而入仕，所以他也为自己的际遇而不平，“每酒酣耳热，必狂呼曰：‘斯乾坤何时也，将朝参公座乎？抑散发山林为政于家乎’？”不过，好学的潘祐，虽不能入仕，却“已重于闾野，一时环里居民无不奉德辅祭酒者”，祭酒，在古礼中，祭祀宴飨时，由最年长者举酒以祭于地，故祭酒为尊称。潘祐年长，又有文化，因此在许多公众场合都被奉为祭酒。而“德辅益乐得朋，见有急者恤之，不责其报也；见有纷则解之，不忍其棼也”。得到乡邻们的尊重，潘祐也很自重，对急困者予以帮助，不要求他们回报；见有纠纷发生便予以排解，不忍心看到邻里纷乱。于是后来朝廷“诏天下郡邑，抡选有德望者为乡党率”，潘祐遂被乡党们“举报授冠带”，成为地方基层管理人员，历二十余年。故方勉在墓志铭中将其誉为“真山中宰相也哉”！

二是十七世潘庆，字思忠，德辅第四子。赐进士第刑部主事、祁门人谢润所撰《处士思忠公暨配汪氏合葬墓志铭》载：“时天下甫定，民惟务本，殷实之户惧出畏途，故公虽生有慧质，父不乐其以读书显也，遂相与为田园之乐。”他出生于明洪武初期，确实天下初定，社会动乱，所以尽管潘庆生有聪慧之质，富有社会经验的父亲潘祐，也不愿他通过读书来显名，于是他也同父亲一样，安心自耕田园，余暇间也协助管理一些地方事宜，遂被下乡视察的郡邑官长赞为“真能为区长者”。

三是十八世潘全寿，字以任，同县的赐进士第、河南右布政使、前云南按察使庄歙所撰《处士以任潘公暨配程氏继配洪氏墓志铭》载，“公禀颖异，多机敏，亿中甫舞象，辄通经史大义，思绪云骞，辞锋景焕，时人目为潘岳再生”。足见其才华出众。然而，他没有潘岳的境遇，当他长大时，正值歉收之年，而父亲又乐于赈济他人，家境遂有些不济了，而他的几个兄长又都在外读书，所以父亲召他说，自己年老了，弟又年幼，你再成天捧着书本，家庭再如何办？遂要他弃读管家。他开始也有些犹豫，继而想“读书显亲，固孝事也，奉命养志，亦孝事也，苟读未必显，而家先失秉，值此荒时，将何以尸饔飧奉甘旨耶？”他理解父亲之意，遂弃学而耕之。他果然有才干，操劳综理家事，“早起夜息，凡泉货之所出入，臧获之所力役，以及桑麻竹树川泽之利，持筹悉当，若烛照数计务，以克承父志为快”。他治理家产虽然严格，却“独宽于好施，理财之余，尤善理俗，乡人每有欲讼者，得公片言，无不心折帖服”。自全寿治理家政，家计日渐复振，父亲便也安度晚年，“或杖履溪山，或邀欢里社”，过得很是舒适。可见潘全寿是个通明大理、孝而兼能的有道之人。

四是十九世潘佛生，字仕源。赐进士第福建按察司佥事、前大理寺评事、桃溪宗末鉴所撰《南上舍潘仕源公暨元配程氏合葬墓志铭》载：“君少力学，能通百家言，弱冠游成均，一时文章气谊，腾誉焯焯，海内豪俊无不争交欢公者，公应接裕如也。”可知潘佛生是一位学有所成、交友甚广的读书人。不仅如此，“公孝友性植，推己及人，无不竭尽心力。有夙交某客燕赵，其家人被疫虐甚，亲旧邻里避如豺虎，无敢过其门者，及闻其父母相继毙，尤却步恐后。公独身亲汤药，昕夕不去。有讽止之者，公曰：‘友翁即吾翁，昔荀巨伯不败，义以求生，贼感而班军。古人为友，刀锯尚不避，予岂惮厉鬼而捐弃友谊耶？’既卒，为视含敛治丧事，无纤毫厌饫掩鼻意，一时咸多公义。”这里记载了潘佛生在一位夙交之家遭传染性疾病且死人之际，不避危险，送药救治，办理丧事，表现出真诚交友的大义。墓志铭接着写道：“公不特敦友谊，而乐善好施尤多著绩。里有潘兴桥，洚水为圮，惟独力是驾，至今行人无病涉之嗟者，公之遗也。里东距三浙，虽称大道，而岁久反仄，轮蹄苦焉。乃捐金甃之，使复如砥行者便之。凡见义必为，有乏必恤，事难悉数也。晚年颇习静家……惟长斋绣佛之前，守兀绳床之上，颐神养真。”这里写了潘佛生乐善好施，见义必为，热心公益的事迹和精神，晚年吃斋念佛，颐神养真，是一个有高风亮节的处士。墓志铭还载其“生四子，长廷护，郡邑饮宾；次廷茂，任奉化县簿；三廷顺，以输粟济边，功拜散官；四廷兴，以廪例入胄监。女二，一适郡城两浙都运使江浩公子社福，一适雄村孝廉曹观公子禄”。子亦非寻常百姓，女所适亦非寻常人家。

五是二十世潘廷护，字公调。赐进士第出身户部主事、婺源人叶天球所撰《公调潘公传》载，“公生末俗，能崇古尚俭，守道秉礼，燕寝闲居，容止靡懈，虽寒暑勤劳，中视膳于尊，人仕源公侧，必肃衣整冠而后进，子弟辈以严见惮，故家庭礼让，一时为世取法。”这里可知潘廷护是个崇尚俭朴古风，遵守道义，秉承礼节，尊敬长辈，与世无争的人。传记还写潘廷护“性耽高隐，好读异书，于谷口卜筑精舍，课耕训子之暇，简练揣摩，凡山经、地志、农圃、医卜、青乌、白马、星纬、风角之学，无不洞悉胸中，指诸掌上。”展现了一个好读异书且掌握诸种异学的隐士与高人形象。所以“郡邑大夫闻公年品高迈，上之监司，举为乡饮宾，并札授冠带，给匾旌焉”。然而“公雅意淡泊，厌一切鲜衣怒马态服，具不敝不更制也”。他早已看破这些虚荣之物，依旧低调处世。最后记廷护公生子五：爱童、敬童、虎童、来童、道童。其中爱童、道童为太学生，来童补郡弟子员。女一，适孝廉江寯子江曙。

几点结论

通过歙县大阜潘氏一至二十二世源流考和几篇志铭传摘述，可以归结出以下几点结论：

其一，明确了潘氏前二十二世在歙县近七百年的迁徙历程。唐晚期，一世祖潘名因两度来歙州任刺史，任满而被乡亲父老挽留，遂定居歙西篁墩，这里不仅是因乡亲父老的挽留，还因他对这片土地的热爱。潘名殁葬榧山营。其子，二世潘敬祖偕弟结庐守墓，后遂以此为家，里人以其兄弟之义，称其地为潘坞。然潘坞毕竟荒野，难以生存衍脉，故若干年后，敬祖兄弟开始了迁徙。敬祖偕子瑫迁于歙县寒山，其弟万二（祀祖）、万三（宏祖）偕卜杏潭，后名潘村，开潘村派潘氏。三世潘瑫精青乌术，不甘郁郁久居于寒山，乃相度四方，见大阜山水之秀，遂在彼构筑别业，遗嘱子细六卜居大阜，以此为聚族之地。四世潘细六遂遵父遗命，让子潘现奉母迁居大阜。到第七世潘芝生三子，长子三宣议迁本里桥东，为大阜桥东派；次子四宣议迁休宁东亭，三子五宣议迁休宁朗源，各自开派。此后，由大阜桥东派圣孙公迁佘坑，永师公迁白洋，由大阜黄栀园派元庆公迁昌化石盘，各自开派。而后迁往苏州的潘氏则是潘芝弟潘英的后裔。

其二，明确了潘氏在歙县一至二十二世的生存状况，基本以农耕为主，兼及读书科举。始祖潘名，以进士起家，两任歙州刺史且颇有德政，受乡亲父老爱戴，自然是世代潘氏后人引以为豪的。其三位儿子亦当读过书，却未入仕。三世潘瑫，既精青乌之术，亦读过书，但也未能入仕，此两代人则以农耕为业。四世潘细六早逝，其子潘现遵祖与父之命，奉母迁居大阜，亦为务农者。六世潘从龙继父业务农，其生二子：潘芝、潘英，潘芝读书入仕，任崇安令，这是歙县潘氏自始祖后第一个为官的，尽管不过七品县令，但有了第一个科举成果。而其三个儿子皆以“宣议”称之，这是个低级的文散官。不过潘芝这一支不是后来与“苏州大阜贵潘”直系相连的一支。直系相连的则是潘芝弟潘英一支。潘英这支到其曾孙、十世潘师心，以文学升上舍，为国学生，后担任桐城税务监，成了基层税务官，而其成就却在于随从上官出使金国有功，迁升成忠郎且代理桐城县事，以裁决如神，刑清讼简，为时人称颂。这是潘氏继始祖后第二个为官的，这自是重视读书的结果。他生四子，皆走读书科举之路，长子潘惇任将仕郎，次子潘恪、四子潘恬皆举进士，而三子潘慥则为太学生，全家在科举上皆有成果。不过，查《歙县志》进士录，两宋三百余年皆无潘氏中进士的记载，不知是歙县历代志书有遗漏，还是记载在桐城的县志上，抑或宗谱有误。潘惇为十一世，有个将仕郎的头衔。此后数世则皆无读书入仕的记载，则定然是以农耕为主了。然不废诵读亦是并存的，因为在徽州素有“十户之村，不废诵读”的风尚，大阜潘氏自然不会例外。如十六世潘祐“负颖质，于书无不读”，后被授冠带，成为地方基层管理人员，甚至被誉为“山中宰相”。到十九世潘佛生，为国学生。他生活在明代宣德至弘治年间，也未入仕。其子潘廷护因高寿85岁，成为冠带耆民，这在乡间也颇为荣耀的。其孙潘道童也是国学生。足证潘氏一直不废诵读，但因学业并不卓著，以致家族并未脱出农门。

其三，表明了潘氏世代皆具有良好的家风且有卓越才能，德望乡里。从记载事迹较为详细的几代人来看，十六世潘祐“见有急者恤之，不责其报也；见有纷者解之，不忍其棼也”，所以“一时环里居民无不奉德辅为祭酒者”，朝廷也授以冠带，让其参与基层管理。十七世潘庆也在自耕田园之余，协助管理一些地方事宜，被赞为“真能为区长者”。十九世潘佛生亦敦友谊，乐善好施，事迹不少，可见前述。二十世潘廷护仅以正气之眉宇，便使市井恶少怀惭而去，后以年品高迈，被举为乡饮宾，授冠带，旌匾额。这些都是耕读相兼、久郁成风的结果。

潘氏从商先驱潘玉溪

从《大阜潘氏宗谱》中可知，大阜潘氏投身商界的第一人是歙县潘氏第二十三世潘玉溪。正是他另辟蹊径，投身商海，才改变了潘氏将近七百年的以农耕为主兼及读书的生活状态，才使潘氏众人越过徽州盆地及四周山脊，到外界去闯荡，并闯出了一个崭新的天地，进而在苏州形成了“大阜贵潘”这个留名青史的徽人外迁家族。因此，潘玉溪在大阜潘氏的发展史上是个关键性的人物。

关于潘玉溪的记载，《大阜潘氏宗谱》的《世系源流考》和《志铭传述》中都有详细的内容。下面即分两部分予以阐述。

《世系源流考》中的记载

《世系源流考》记载潘玉溪是歙县潘氏第二十三世，名孟信，字时义，玉溪是他的号。他是二十二世潘万安的长子，生于明嘉靖三十五年（1556）丙辰六月二十四日，卒于明万历四十一年（1613）癸丑十月七日，享年五十有八。娶妻王氏，生于明嘉靖三十三年（1554）甲寅五月十五日，长丈夫两岁，卒于明万历三十七年（1609）己酉十一月十日，年五十有六。娶侧室刘氏，生于明万历十一年（1583）癸未九月三日，比丈夫小27岁，看来是潘玉溪在业绩有成后娶的，卒于清顺治十七年（1660）庚子九月十二日，年七十有八。夫妻三人合葬于歙县三十五都一图大阜茂林（俗称墓岭头）。然而，潘玉溪还另娶有侧室薛氏，生卒未详，看来二人一起生活的时间不长，故未给后人留下详细的信息，只有“祔葬道童公墓右”的记载，道童是潘玉溪的祖父。很可能这位侧室逝世最早，在潘玉溪夫妻之前。

《世系源流考》载潘玉溪有子四人，女一人。长子仲权为妻王氏所出，次子仲兰、三子仲芳、四子仲蕙皆为侧室刘氏所出，一女为薛氏所出，适程履芳。

《世系源流考》还分别记载了潘玉溪的子孙简况："仲权，字达卿，娶吴氏，葬歙县大阜后塘源，子一，景纯；仲芳，字公华，娶汪氏，葬歙县方村柿木坦，子六：景标、景柱、景栋、景楷、景枢、景植；仲蕙，字子芬，葬歙县方村，娶汪氏，葬歙县程村降丁坑源，子六：景光、景炜、景晖、景璋、景灿、景曜。"潘玉溪生有四子，此考中仅载三子，还有次子仲兰未载，乃是因仲兰为本谱所载"大阜贵潘"的直系，故放在二十四世中单独记载。

从《世系源流考》的记载看，潘玉溪的生平历程，除了生卒年月、娶妻妾生子外，其他皆毫无记载。因而，要详细了解潘玉溪如何成为潘氏从商先驱的，还必须到《志铭传述》中去寻找。

《故弟玉溪公行略》的记载

在《志铭传述》部分中有篇《故弟玉溪公行略》记载了潘玉溪的生平。此文乃其族兄潘惟新于明万历四十三年（1615）四月初一日所谨述。从上面《世系源流考》所载可知，这是潘玉溪故后第二年。族兄为族弟谨述行略，当是非常可信的。而且一开笔就言道："近属玉溪公与予雁行而差小，不以予为谫陋，引为知己者，垂三十年。"这表明二者为直系颇近的兄弟辈且年纪相差不多。谫陋即浅陋，这里是言玉溪公不以自己为浅陋，引为知己达三十年，表明二者关系非同一般。正因如此，兄愿为弟作《故弟玉溪公行略》，亦正因如此，显示其记述的真实性。

紧接着，《故弟玉溪公行略》叙述潘玉溪"以今癸丑卒，予嘉其骨侠而气豪，行修而谊立。会其子仲权请曰：'伯父知先君最深，可无藉手一言，以闻当世君子乎？予不敢以不文辞。'"兄本就为族弟的骨侠气豪、行修谊立的品德所感，而要为弟撰文宣扬。而此时，潘玉溪的长子仲权因为伯父潘惟新是父亲数十年的至交，与父亲交情最深，故特请借其手撰写父亲一生事迹，使当世的君子们知晓。

从《故弟玉溪公行略》的记述中，我们可知，"公讳孟信，字时义，号玉溪。父乔山公元配聂生公三岁而卒；再娶汪举子孟佐、孟儒及女一。乔山公食贫，谓公伟达，课以经义，时室家嗷嗷。公才十五，辄愤然曰：'丈夫不能志得意豪，而乃奄奄伊，吾奚为哉？予闻古圭蠡之徒，置千金特戏耳，是可学而致。’”这里记述了潘玉溪3岁即没了母亲，而且当时的潘家很贫苦，缺衣少食，孩子嗷嗷待哺。不过父亲潘万安虽系一介农夫，却已看出儿子的“伟达”禀性，要其“课以经义”，求学问，以得前途。然已15岁的潘玉溪却不同意父亲的意见，觉得通过读书来改变家庭的状况，已是时不我待了。少年的潘玉溪要仿效白圭、范蠡去经商。于是他跟随族中的长辈老者去浙江经商了，所带资本还不满一千个铜钱。然而这对于一个拮据的农家来说，能够凑这点钱，已是很不容易了。

他们“入富春山中，取土物之易致者，往来严陵、新安间，视时买鬻，以信义结土人，土人谓公童年谙练，咸啧啧嘉公，不逾年，囊有余金，归以甘毳事父母”。从上可知，少年的潘玉溪是随族中的长老去经商的，经商地点是浙江富春山中的严陵，经营的商品是当地的土特产，而且是在当地容易收购的。因为越容易收购，价格越便宜，有赚头。经商活动还不是一次就了结不做了，而是“往来严陵、新安间”，还要看市面行情来进行买卖，其中既有从富春山中严陵那里收购土特产，回家乡新安来卖，也有将家乡新安的物品带去严陵销售，互通有无，各获所需，而他们作为经营者，自然从中获利。少年的潘玉溪一开始经商，就懂得“以信义结土人”，体现了徽商的经营道德。“土人”即当地的百姓，他们钦羡这小小的少年，竟谙练经商之道，都啧啧称赞他。而他也不到一年就“囊有余金”，获得了一些利润。潘玉溪是孝顺之人，获利后回家，带来了甘甜的食品孝敬父母。这段不足百字的记述，即把一位少年徽商的经营地点、经营物品、经营方法、经营品德、经营眼光以及对父母的孝顺都概括了。从初涉商海的潘玉溪身上可以看到徽商的缩影，也预示着潘玉溪经商前景的辉煌。

经过数年的商海奋战，潘玉溪已成为一个颇有经商经验的青年人，也逐渐富裕起来。《故弟玉溪公行略》写道：“开塾延师，训诸弟以文学。”这段记叙写得很明白，即开办私塾，延请教师，以文学大义来培养诸弟。因为他已经亲身体会到，读书对于每个人的重要性。同时也可见，在当时徽州人的思想意识里，经商乃是无奈之举，读书科第则是心向往之，无怪乎多少代后，能够形成一个苏州“大阜贵潘”，足见在潘氏从商先驱者潘玉溪这里就播下了种子。

当然，潘玉溪没有小富即安，富有开拓精神的他，继续进行着经商活动。《故弟玉溪公行略》继续载道：“寻往闽，泛瀛海，洪涛怒波，靓者骇目。而徜徉自恣，意气愈发舒，凡诸岛屿险隘，靡所不历。闽固东南诸番相望之地，奇货辐辏，握算持筹，不数年而橐千金已。”此段较全面地记述了潘玉溪的经商胆略更大了，经营地点已不是与家乡近邻的浙江，而是相隔一个省域的福建且泛舟瀛海之上，成了一名海商。那大海里“洪涛怒波”，一般人已吓得不敢张目，而潘玉溪却是“徜徉自恣”且是“意气愈发舒畅”，凡是福建沿海诸岛屿和险隘之境，他都勇敢前往，搏击行商。因为福建是与东南亚诸番相望之地，货物很多且聚集有大量的“奇货”。有经营头脑的潘玉溪“握算持筹”，赢取了不少利润，“不数年而橐千金”，已是一个相当富裕的商人了。

潘玉溪还有带领宗亲共同致富的举措。《故弟玉溪公行略》载道：“又挟诸弟之不能业举者俱往。盖吾邑地介万山，谷土鲜少，非行贾四方，洗腆无从出，向之嗷嗷待哺者，公固有所感也。又不十年，赀且倍蓰。”这里明确写出了潘玉溪所挟带了诸弟中在读书科举上无希望者，一起随他外出经商。据前面《世系源流考》中记载，可知潘玉溪有两个亲弟弟，即潘孟佐、潘孟儒。《故弟玉溪公行略》写他“挟诸弟”，这自然不只是他自己的两个亲弟弟，定然还有同宗的其他弟弟。因1992年版的《大阜潘氏支谱》的世系在二十二世后，只列载了潘玉溪一支，因此，随他而去外经商的还有哪些诸弟，就不得而知了。从谱上看，潘玉溪的父亲潘万安是独子，但其祖父潘道童却有四个哥哥，即：爱童、敬童、虎童、来童；其曾祖父潘廷护有廷茂、廷顺、廷兴三个弟弟。所以这“诸弟”中定然有其他支下的族弟。这些人中既然有“不能业举者”，何不乐于随经商获得成功的族兄出外闯一闯呢？况且家乡“地介万山，谷土鲜少”，耕种务农，不仅难以富裕，而且难以温饱，唯有“行贾四方”，才能摆脱经济上的困境。“业举”的前途虽美，然而是一条狭窄之路，只有少数人才能取得成功。《故弟玉溪公行略》中这简短的一句话，道出了徽商产生的真谛。潘玉溪带诸弟外出经商的事实，也表明徽商集团是通过宗族与亲戚的纽带而形成的。果然“又不十年，赀且倍蓰”。随他而去的诸弟自然也随之致富了。这不足百字的记述，表明了外出经商确是徽州人值得选择的生存之路。

潘玉溪又一次经商致富返回故里。《故弟玉溪公行略》记载道：“归而营子舍，置田畴，植果木，为二亲娱老计。乔山公病，日夜给侍，衣不解带者阅两月，多方求治不效，乃刲股以进。寻愈，复诣中岳太和山，祷元帝祠下，请为二亲延寿，凡三往。乔山公夫妇年虽耄，犹善饭，错履康强，人谓公孝思致之。嗣后，父母以天年终，附身附棺，必诚必信，动与礼合。”经商致富的目的，自然是为了改善自己的生活环境。潘玉溪自然也是这样，建新居，购买田地，种植果木，而这么做也是为双亲老年的快乐而考虑，这体现了潘玉溪的仁孝品德。而接下来记载的给父亲乔山公治病求医祷告的事迹，更是体现他的孝心达于极致，衣不解带地侍奉父病两月，求治不效竟刲自己大腿肉以进，三次去中岳太和山元帝祠祈祷，如此孝思之诚，能不感人？所以在他极孝的举动下，父母到耄耋之年仍然吃得下饭，走得动路，身体康健，后来终以天年。据前面《世系源流考》载，潘万安享年七十有三，继母汪氏八十有七。故当地人称道是潘玉溪孝思致之。从这段记载中，表明潘玉溪是位道德高尚的徽商。

徽商潘玉溪的高尚品德，还表现在济危扶困上。“平日一意周人急，族有孤，则怜之；有寡，则庇之。不为德施，亦未尝望德报。”记述了潘玉溪周济族人急难的事迹。

《故弟玉溪公行略》接着记叙潘玉溪的外貌与性格。其外貌是“公生而山立，枣面戟髯”。他的性格是“遇不平，眉发辄上指，而口似不能达，剖晰是非，必极平允”，真有疾恶如仇之态，尽管语言表达能力有欠，然而剖晰是非却公正平允。于是人们“人惮其严，亦乐其直，走而质正者，履恒满户”。《故弟玉溪公行略》继续记载，“公虽奔走风尘，手不释卷，晚年以《尚书》授子仲权”。这里表明潘玉溪虽然是商人，但对科举之学还是钦仰的，所以他不仅自己在行商中手不释卷，以读书求知为乐，体现了儒商的风采，而且在晚年时还将《尚书》传授给长子仲权，希望他走科举之途。可见，潘玉溪还具备贾而好儒的徽商特质。

《故弟玉溪公行略》继续记述道：“会宗祠圮，慨然捐数十金，以佐完善；道路倾欹一，因之修葺。生平重义之事，预有闻于郡邑，屡召为乡饮宾，夷然不屑也。”这里继续记载他对乡里公益事业的关注，修理宗祠，修葺道路，都慨然捐资，而这只是他“生平重义之事”的一部分。故他的事迹被郡邑长官所闻知，屡次召他为乡饮宾。然而他竟然被一场痁疾夺去了性命。族兄潘惟新写此，亦大喊“惜哉！”一位善于开拓，不畏艰辛，崇尚诚信，奔走商场数十载，义满乡间的徽商就如此结束了人生的历程，岂不令人惋惜！

接着，潘惟新在《故弟玉溪公行略》中称赞他是个性格豪爽，遇事有谋划，立志行事为民众考虑的“有道君子”。

潘惟新的这篇《故弟玉溪公行略》，文字简洁，基本概述了潘玉溪的一生，虽然对他外出经商的具体事迹记叙不多，但徽州商人的基本特性还是体现了出来。由此，我们可以得出结论：潘玉溪是大阜潘氏从商的先驱者，他为后世潘氏开辟了一条崭新的蹊径，为苏州“大阜贵潘”的形成奠定了基础。

续父为商始迁苏州的潘仲兰

潘玉溪生有四子，长子仲权，次子仲兰，三子仲芳，四子仲蕙，长子仲权为其妻王氏所生，其余三子为其妾刘氏所生。因《大阜潘氏支谱》记载的是外迁苏州的潘氏一支，故其中仅记载了次子潘仲兰这一支系，而潘仲兰也正是继承父亲潘玉溪的经商之志，是首个迁居苏州的大阜潘氏，亦是本书研究的主体。

关于潘仲兰的记载，《大阜潘氏支谱》亦从《世系源流考》和《志铭传述》两方面作了记载，而在《志铭传述》中，则有《潘谷馨先生行状》《谷馨潘太翁墓志铭》两篇记载。下面将《潘谷馨先生行状》与《谷馨潘太翁墓志铭》分而述之，互作补充，以较全面地了解仲兰的一生及其在潘氏发展史上的地位和作用。

《潘谷馨先生行状》的记载

《潘谷馨先生行状》为钱塘人汪肇衍所撰。此人前署衔头不少，主要为赐进士出身，翰林院编修，刑部福建司主事。行状是古时记载一个人品行、行为的传记式文章，一般比传记要简短。谷馨是潘仲兰的字，故此篇行状便以其字而为名。后面要载的墓志铭亦如此。

《潘谷馨先生行状》首先说明行状的重要性，进而说明文章中记载的潘谷馨的重要性。接着即言："若谷馨潘公，可谓存心济物，于物有济者矣。"紧接着指出："谨按公先世荥阳周毕公子食采于潘，爰以命氏。至唐光启间，逢时公刺于歙，遂家篁墩，再迁大阜。"然后继续叙写："玉溪公生四子，公居次，讳仲兰，字谷馨，筠友其别号也。幼失怙，终身哀慕，兄弟不忍析箸。"可知潘仲兰幼少时就失去了父亲。从父子生卒年推算，他14岁时父逝，还是个不能自立的少年。父亲潘玉溪是个辛劳一生而有成就的人，因操劳过度，未及花甲而逝。故潘仲兰心中立下以父为榜样的心愿。他们兄弟间亦是和睦。

接着，《潘谷馨先生行状》记述了潘仲兰的禀性："友于之笃，天性然也。少读书，能观大略，贯穿子史，综览古今，发论常屈其坐人。"然而他"不得已业盐，遨游江淮间，出谋发虑，咸有裨于国课民生，故榷臣交推之"。可见，潘仲兰是迫不得已走上承继父亲经商之道的。潘仲兰经营盐业，是一位盐商，经商地域在长江淮河之间。这地域正是徽州盐商最活跃之地。《潘谷馨先生行状》虽对他经商的具体情况没有叙写，但提到了他是一个善于思考、善于谋划且遵守国家税法的商人，所以得到那些税务人员的赞许与推举。由此可以得知，潘仲兰同父亲一样，是一个成功的商人，是徽商中杰出的一员。

经商致富后的潘仲兰，也是如同其父一样慷慨豪爽。《潘谷馨先生行状》写道："至于扶危拯困，指不胜屈，饥者，待以举火；寒者，待以挟纩；良家女失身于人者，出之陷阱；中岁，饥民有弃其家室者，收恤之，使得完聚；俘掠之惨，相率而入于营伍者，倾赀救解之。若修桥梁，平道路，奉先睦族，抚幼存孤，掩骼埋胔，又时时行之，而无倦容者也。"这里列举了潘仲兰扶危济困的许多方面的内容。因此，潘仲兰也同他父亲一样，是一位有道的义商。

《潘谷馨先生行状》继续记述着潘仲兰"其与人也，推诚布公；其训子孙也，尊师取友为先"。虽仅短短两句，道出了他以诚心待人，教训子弟尊敬老师，结交朋友的优良品质，树立了良好家风。在潘仲兰这种优良品质为楷模和良好家风熏陶下，其子潘景文，博闻强记，不懈怠、不知疲倦地敦行善事，被推选任州司马之职。正当他考虑以俸禄来赡养父亲时，潘仲兰却不幸逝世。所以，潘景文每每思此便伤心落泪，匍匐长号。为了传诵父亲的清芬品质，邀请作者来作一篇行状以纪。

作者汪肇衍应允了，因为其父与潘仲兰交往三十年，知道他的事迹独为详细且"述公之明德，毋忘先人之夙好，并以塞孝子之请，而志其悲思"。

《谷馨潘太翁墓志铭》的记载

此篇《谷馨潘太翁墓志铭》乃潘仲兰的内侄张玲所撰。从篇末可知，潘仲兰元配张氏系同为歙县的漳潭村张怀川之女，即张玲的姑妈。内侄为姑父作墓志铭，当是事实清晰的。

从铭文可知，撰者张玲的姑父潘仲兰于康熙丁巳季夏终于大阜，他曾前往吊唁。不久，潘仲兰之孙潘兆鼎赴浙江应试后，到张玲处，转述了父亲潘景文要求他撰写墓志铭之事。他也曾谦逊地认为自己不是撰写墓志铭的恰当人选而推辞，但终不敢再“违孝子意，谨再拜握管以志”。

《谷馨潘太翁墓志铭》亦先写被志者的名讳、字号、籍贯、族源，紧接即写“玉溪公生子四，公居次，魁梧玉峙。磊落远纤，鄙读书，独见其大，上下古今，粲若列螺，达权制宜，归本孝弟，此其概也”。接着写张玲的叔祖张元任，一见潘仲兰即器重他，就把女儿许之为妻。而张玲的姑母品性静重，不妄言笑，生活勤俭，处事为人识大体。有如此贤妻辅佐，故潘仲兰得以与一些贤豪的长者定交。当然，那些贤豪长者都喜欢与潘仲兰交游，乃是潘仲兰本身的品行才智所至，贤妻的辅佐只是助推器。正因为潘仲兰本身品行才智卓越，故他的到来就让大家像看到了祥瑞的云彩一般高兴。

潘仲兰往来于苏杭二地经商且具有一定的声望。据《谷馨潘太翁墓志铭》所载当时经商获盈余之利，最大的行业是盐业，然赢利亦应用正当之法。但那时操此业的人，不少用一些出奇的手段，投机取巧只管自己丰润。潘仲兰也是经营盐业的，他却看不惯那些所谓“出奇”之类的行为，毅然加以矫正，即使十分辛劳也在所不辞，即使被人怨恨也绝不回避，对种种巧捷获利的手段，都给予了抵御和制止。时间久了，人们都钦服他至诚致信的品格。也正因如此，潘仲兰在苏杭两地所至“望若良瑞”。声望是靠诚信的经营才能获得的，这也正是徽商的本质特征。

《谷馨潘太翁墓志铭》记载潘仲兰的经商之术，与那些锱铢必较的商人是不同的。他像祖辈一样扶持危难者，救助困苦者，因此宗族乡党的人，都交相引以为重，不计其数。潘仲兰的子嗣们都继承了家风，轩朗明达。尤其是长子潘景文，“英英露颖”，在读书求学上获得了声誉。然而当潘仲兰晚年在金湖鹫岭、虎阜灵岩等地欣赏烟云花月，人们都以为他可以颐养天年之时，潘仲兰却出人意料地在一夕之间黯然星殒，得了急症而突然逝世。他突然地离世，自然给亲友们带来巨大的悲痛。

张玲在《谷馨潘太翁墓志铭》深为怀念地写着，当在苏州的南濠间，自己曾在寒夜与姑父拥炉对酒，曾看见姑父牵携着长孙兆鼎，背着书箱就学。然而当自己以举人身份入京应试淹留京邸，南归于苏州谒问姑父时，姑父已经躺在灵柩中在老家安葬了。而趋迎他的潘兆鼎，正是那牵祖父的手背书箱上学的长孙。潘兆鼎向自己叙说着姑父的病状，二人都“惨然动容”，凄恻之情达于极点。因此，整篇《谷馨潘太翁墓志铭》是一个内侄怀着对姑父无比敬爱的心情来写的。从他的笔下，我们见到的是一个忠诚继承父亲遗志，善于以诚信仁义的美德经营处世，在苏杭及乡党中享有盛誉的徽商——潘仲兰。

《谷馨潘太翁墓志铭》最后除记载潘仲兰的生卒年月日时外，还记载了其妻妾儿女的一些信息。由此可知，潘仲兰元配张氏是歙县漳潭张怀川之女，次室倪氏是苏州倪必祖之女。长子景隆，娶歙县黄备张天度之女且先父亲而殁；次子景文，是杭州郡庠生，岁贡，候选州同知，娶妻歙县呈坎罗永叔之女，次室沈氏为苏州沈猷臣之女。

《潘谷馨先生行状》和《谷馨潘太翁墓志铭》都没有明确记载潘仲兰是何时迁居苏州的。但1992年版《大阜潘氏支谱》载列的《迁苏住宅考》中明确指出潘氏一支迁往苏州南濠街，时在明朝崇祯年间，始迁者为潘仲兰，系其“往来吴中侨居之地”，但“现无遗迹可考”。潘仲兰业盐江淮，“往来吴中”，自然是商务活动，因非一日两日之举，那就必然要寻一处较为固定的“侨居之地”。之所以称“侨居”，表明其商籍还在杭州，所以儿子景文、孙子兆鼎还是杭郡或钱塘县庠生。时日已久，潘仲兰即成了大阜潘氏入迁苏州的始祖。

以商入仕的潘景文及所分九派

歙县大阜潘氏自潘玉溪开始经商，其子潘仲兰继承父业，以经营浙盐往来吴中，开始侨居苏州南濠街，到第三代潘景文开始以商入仕，并“于清康熙初年卜宅苏城黄鹂坊桥弄，榜曰研经堂，嗣后遂为吴人焉”。

关于潘景文的生平记载，《大阜潘氏支谱》亦分《世系考》和《诰授奉直大夫候选主事加一级显考其蔚君行述》两方面，现分而述之。

《世系考》的记载

《大阜潘氏支谱》从二十五世起改《世系源流考》为《世系考》，首先记载了潘景文的简况：

“二十五世 景文，仲兰公次子，字其蔚，浙江杭州府岁贡生，候选州同，内阁中书，候选主事加一级，授奉直大夫，生于明崇祯十二年（1639）己卯十月五日，卒于清康熙四十五年（1706）丙戌十一月六日，年六十有八。”

从这个简况中可知，潘景文是浙江杭州府籍，是一位岁贡生。岁贡是科举制度中由地方贡入国子监的生员之一种。候选，在清制中内自郎中，外自道员以下官员，乃经考试和吏部查验属实，允许登记后，听候依法选用，称候选。这里潘景文候选的职务为州同。州同是知州的佐官，掌督粮、捕盗、海防、江防、水利等事。州司马即是州同，故在前面叙述潘仲兰的行状中提到潘景文候选为州司马。潘景文的第二个职务是内阁中书，此职前面未冠“候选”字样，那么可认为是实职。据《简明中国历代职官辞典》载，“内阁中书，官名。清于内阁置中书与贴写中书各若干人，以满、蒙、汉军旗与汉人充任，掌选拟、记载、翻译、缮写等事。康熙初年定制，汉人中书专以进士、举人注拟，间或以散馆庶吉士及进士朝考入选者充任。康熙、乾隆皇帝南巡时，诸生献赋求试之优者，有时亦选拔为内阁中书。”内阁中书选任资格较严，须进士、举人出身方可担任。但康、乾二帝南巡亦选任了一些优秀的秀才。潘景文未中举中进士，只是一名岁贡生，而且他卒于康熙中后期，由此可以推测他是康熙皇帝南巡时被选拔为内阁中书的，后来成为候选主事。从《简明中国历代职官辞典》可知，清代沿袭明代官制，内阁中书乃各部司官中最低一级，是进士分到各部最先补任的职务。潘景文作为康熙南巡时被选拔的内阁中书，也就有了候选主事的资格。后又加一级授奉直大夫，这是一种散官，属从五品。由此可知，潘景文已经由商入仕，尽管官职不高，但可说是开了苏州“大阜贵潘”的先河。

《世系考》接着记载潘景文娶妻妾生子女的情况。他娶了一妻四侧室，生了九子七女，从而形成了一个潘氏大家庭，徽州歙县大阜潘氏宗族在苏州的发脉，也就从潘景文开始了。因此可以说，潘景文是苏州“大阜贵潘”的开创者与奠基者。

潘景文妻罗氏，歙县呈坎罗康兆女，生于明崇祯十四年（1641）辛巳正月十六日，卒于清康熙二十九年（1690）庚午九月廿八日，年五十，赠宜人，合葬歙县九都三图潜庄金盆坦，今属桂林镇岑山村。生子四：兆鼎、兆臣、兆纲、兆夔，在九兄弟中排行一、二、三、五，而次子兆臣承嗣伯父潘景隆后。

侧室沈氏，生于清顺治四年（1647）丁亥五月十二日，卒于清康熙三十六年（1697）丁丑四月八日，年五十有一，赠孺人，祔葬潘景文墓同冢。生子二：兆缙、兆青，行四、七。

侧室金氏，生于清康熙八年（1669）己酉六月二十四日，卒于清康熙五十年（1711）辛卯七月十一日，年四十有三，葬江苏长洲县七都四图景字圩浒墅关北大通桥新椿湾，生子一：兆垂，行九。

侧室顾氏，生于清康熙九年（1670）庚戌五月三日，卒于清康熙六十一年（1722）壬寅正月二十三日，年五十有三，葬歙县三十四都五图方村柿木坦，有抚养子兆科，行六。

侧室高氏，生于清康熙二十一年（1682）壬戌八月十六日，卒于清乾隆七年（1742）壬戌九月二十三日，年六十有一，钦旌节孝，封安人，葬吴县十九都一图王字圩光福上堰南御马头，生子一：兆聪，行八。

潘景文另生有七个女儿，不再赘述。

《诰授奉直大夫候选主事加一级显考其蔚府君行述》的记载

此《诰授奉直大夫候选主事加一级显考其蔚府君行述》是潘景文之子潘兆鼎率众兄弟，在父亲逝世后忆述父亲一生行迹，由赐进士第内阁中书舍人鲍夔记录。现分段而述之。

《诰授奉直大夫候选主事加一级显考其蔚府君行述》以叙述对父亲逝世的哀痛之情为起首，继而叙父姓氏名字及先世迁歙简程，以表明家族之源，再叙祖父诰赠奉直大夫潘仲兰的简历。接着叙曰："府君幼岐嶷，出就外傅，日背诵数百言。稍长，从事举子业，操纸笔立就。外王父永叔罗公一见器重，遂以先慈许字焉。维时王父经营于外，府君与伯父手持一编，篝灯诵读，至夜分不辍。无何伯父撄疾殁，府君友于之爱，痛悼不已，既又念同怀兄弟二人，兄亡，所恃显扬者，责将谁归？于是益发愤下帷攻苦，贯穿经史子集，就试于杭，学使李公拔置府庠第三名，俄以明经入成均。"从上述可知，潘景文幼时就聪明懂事，读书刻苦，每日背诵数百言。稍长大后便投身科举业且擅作为，操纸笔立就，为歙县呈坎人罗永叔"一见器重"，将女儿许配与他。当时，他的父亲潘仲兰经商在外，他和兄长潘景隆自觉读书学习，各人"手持一编"，连夜晚都"篝灯诵读"且至深夜才罢。无奈，兄景隆刚过弱冠之年，即生病而殁。兄长的逝世，他自是"痛悼不已"，不过他悲痛同时，感觉到显扬家声的重责落在了自己身上，于是化悲痛为力量，益加发愤刻苦，将经史子集之学贯穿于胸，所以在杭州府学就试时，被学使李公拔置府学第三名，不久被选贡于国子监就读。

《诰授奉直大夫候选主事加一级显考其蔚府君行述》叙述潘景文在进京读书前，对妻子作了嘱托，要侍奉好公婆，其妻欣然应命。于是他放心地带着衣装干粮和一个仆人就远行了。一路上，山东河北等地的一些有名望的人，都与他结下交情。进京后，他又将自己所写的文章呈献给一些有名望的官员阅看，得到了这些有名望官员的首肯与称赞，在国子监中的考试也都位居前列。这表明潘景文的日常学业文章都很不错。清康熙十一年（1672）壬子，他参加了直隶乡试，便是稍差一点即可得中举人。同窗们一时都为他惋惜且劝他在京找个事情算了。而他则慨然辞谢，解释说，家中双亲俱在，却没有兄弟可以替他照应。古话说，做儿子的不能一日不养双亲，即使用三公的高位来换也不可，因此潘景文决计南归苏州。大家都为他的行为所感动，在临行前纷纷赠诗以赞，其中有“莱衣归舞胜为官”之句，即赞扬他的孝子行为。

潘景文确是一位大孝子。他南归苏州时，父母年已六十有四，于是“日侍左右，先意承志”。丙辰年夏（1676），其父“忽抱危疴”，他于是“日延名医，夜不交睫，手调汤药，躬俟起居”，侍奉极为殷勤周到，遂使父亲从病危中“旋有起色”。人之将老，总是不忘故土的。第二年（1677），潘景文即“奉父归里”，回到了原籍歙县大阜。谁知在故里仅住了三个月，父亲潘仲兰就逝世了。作为孝子的潘景文自然是“擗踊号恸，处苦苫中”，举族的人都称赞他的孝行。而这时，母亲又“将届古稀”，因此他更加“无意仕进，旦暮奉甘旨，为堂上欢”。然而母亲在他的精心奉养下，“年愈高，神愈王（旺），称觞八十时，犹督理家政”。这既是其母生命力旺盛的内因所致，亦有他精心孝养的外因所在。而他的妻子却在为婆婆庆八十寿后的第二年弃世了。潘景文因念与妻子“伉俪之重，不复继娶”，侍奉在母亲膝下，“晨夕勿离”，直至母亲活到九十高龄而终。《诰授奉直大夫候选主事加一级显考其蔚府君行述》载他在母亲逝世“百日后遍觅葬地，日奔走于山谷林麓间，即卜吉，乃营葬事办”。

据《诰授奉直大夫候选主事加一级显考其蔚府君行述》载，潘景文在为母亲服孝满期后，“自顾筋力尚堪，为王事驰驱”，又重现宦途，“效力于圣天子救荒之政，初授中书舍人，寻擢主政”。可见他重入宦途的第一件事，即效力于朝廷的救荒工作，初授之职是中书舍人。因他在这一职位上做出了一定成绩，所以不久就擢升主政，即《世系考》中的主事，却因属候选者，故他“待次家园”。虽如此，“郡邑大夫”仍“重府君之名，咸愿接见”，表明他虽系朝廷候选官员，仍得到地方官员的重视。不过，他也摆正自己的位置，并不过多地参与地方政事。况且，母亲逝世时，他已是花甲之年，孝满进京又干了些时候，回到苏州已是晚年。

丙戌年（1706），春日融和，已68岁的潘景文还精神勃勃地带着儿子等家眷回到家乡，“出游黄山，抵祥符寺，雪深已数寸矣”。潘景文先是“浴于沥池”，第二天“登慈光寺，眺览诸峰于烟云出没中，欲遍游，而山径雪封，不可行”。他也只有作罢且开朗地说：“兹游虽未尽兹山之万一，窃恐好游者反未睹此佳景。”儿子们随侍而行，见他“踏雪登山，往返不倦”，皆“私心庆幸，以为康健如斯，期颐可必”。谁知回到苏州不久，病魔已侵入潘景文的肌体，“服药终未霍然，乃行导引之术，又不效，返歙就医，起居饮食较胜于前”，儿子们便认为此后父亲疾病会渐渐痊愈。仲冬月五日，即十一月初五，潘景文的病突然发作，特别畏寒，不过神志还正常，到半夜却精神恍惚，说起胡话。儿子们“闻言，知非吉兆，惊惶无措”，虽然又“旋即神气朗然，就枕安卧”，次日“黎明遣仆往苏，府君犹口占一札，寄陈羽士，叙述别离，辞意恳切”且披衣坐起，命儿子们去洗漱，“神色不异平时，唯喉间喘息声颇急。医诊视者皆曰，六脉恍惚欲离，奈何倍进参汤药饵，皆下，迨至未刻，忽玉箸下坠而气且上升矣”，潘景文的生命便到此告终。

《诰授奉直大夫候选主事加一级显考其蔚府君行述》后继续追述潘景文的禀性、为人品格等。从文中可知，他一是“平生为学，诚敬为主，非圣贤之书不寓目”，是一位儒学君子。二是“留心经济，坦怀接物”，是一位关注经济和社会事务者。三是“天性孝友”，既对故世双亲祭奠如时且对早逝的兄长尽礼有加，将次子兆臣承嗣兄景隆后，对寡嫂张氏也照顾不弃，对妻子更是“三十余年，相敬如宾”。四是对儿子“督课甚严”，其子分为妻妾所生，故“长幼不齐”，他则“随年教诲，不事姑息”，是一位严格的父亲。五是像先辈一样“敬宗睦族，恤寡存孤，饥而食，寒而衣，有加无已”，“亲戚故旧，始终如一，不以富贵易，更不以贫窶易也”。六是关心社会公益事业，“使桥梁之通济，道路之砥平，置义冢，施棺槥，毫无德色，而为人排难解纷造福者，又不知凡几”。七是“内朗外涵，见解敏捷”。

潘景文支下九派

潘景文，字其蔚，人称其蔚公，他生九子，开枝九派，简述如下：

长子兆鼎，字敷九，遂称敷九公支，浙江钱塘县岁贡生，处州府松阳县教谕。娶内阁中书、晋封奉直大夫部主事汪河符公女，生子七：克顺（东白公）、昱（学良公）、邦靖（卫如公）、暄（闲斋公）、邦凝（次康公）、邦良（进卿公）、邦来（敬远公），以下有孙二十三人。

次子兆臣，字舜邻，遂称舜邻公，出继伯父、待赠登仕郎潘景隆为嗣。娶方君向女，继娶庠生洪敷皇女，继聘洪希文女，生子十：如江（裘英公）、邦协（律和公）、邦怀（民允公）、纶（默庵公）、邦发、邦绩（闲洲公）、邦贤（宾序公）、邦选（掌铨公）、邦图（凤溪公）、邦节（觐侯公），以下有孙四十二人。

三子兆纲，字维倩，遂称维倩公支，太学生，考授州同。娶考授县佐汪景廉女，生子二：倬（令嘉公）、斌（尚宾公），以下有六孙。

四子兆缙，字慎斋，遂称慎斋公支，仁和县贡生，候选训导。亦娶汪景廉女，生子七：以谦（翰廷公）、邦藩（价人公）、邦辑（受益公）、震（惺庵公）、邦享（怀远公）、邦迈（殇）、邦本（照庵公），以下有二十三孙。

五子兆夔，字篁洲，遂称篁洲公支，歙县岁贡生，候选训导。娶廪生江宪侯女，生子六：凤翥（抚云公）、鸾翔（停云公）、邦达（近云公）、邦相（书云公）、邦采（殇）、邦郊（岫云公），以下有八孙。

六子兆科，字紫垣，遂称紫垣公支，仁和县庠生。娶岁贡生、候选训导方麟徵女，继娶程集六女，生子五：邦绥（砚耘公）、邦表（正锡公）、邦镇（抚之公）、邦祚（咏蟾公）、邦卫（素峰公），以下有二十四孙。

七子兆青，字岱封，遂称岱封公支。娶后补知县江天以女，生子四：邦造（殇）、以忠（祇威公）、紘（览亭公）、绍（立庵公），以下有十三孙。

八子兆聪，字立斋，遂称立斋公支。生子五：邦会（寄园公）、邦和（讱斋公）、邦祥（殇）、邦祀（有仁公）、邦衡（梅谿公），以下有七孙。

九子兆垂，字卫亭，遂称卫亭公支。生子四：邦稼（曾若公）、邦明（竹书公）、邦爵（惟五公）、邦赞（莲峰公），以下有五孙。

九个儿子繁衍九派，潘景文如同一株大树，滋生了九巨枝，枝又生枝，形成了一个庞大的徽州人外迁苏州的家族。潘景文即是这个大家族的创立者。

苏州“大阜贵潘”出在潘兆鼎支下

潘景文娶一妻四妾生九子，开派九支，使徽州歙县潘氏在苏州衍生形成一个大家族。然被后世称作苏州“大阜贵潘”的，却主要出在长房潘兆鼎支下。因为九脉中以潘兆鼎支人丁最旺，科第最盛。清代苏州大阜潘氏九进士中有八人来自该支。其次为二房潘兆臣支。其余三房、五房、八房、九房四支，均人丁不旺，传至晚清，已基本无后。四房、六房、七房三支，也家道中落成寒门，在太平军占领苏州期间，人口大为损失。如四房潘兆缙支，于咸丰十年（1860）死亡失踪男子十八人，女子十六人。二房潘兆臣生有十子，除次子潘邦协有长子潘宗硕中举、六世孙潘尚志中进士外，主要继承祖业业盐。其十支房中，一至五房改籍迁回歙县，六至十房虽仍在苏州，但功名不兴。因此，苏州“大阜贵潘”实在潘兆鼎支下。

潘兆鼎的人生

《大阜潘氏支谱》对潘兆鼎的记载有三个方面。

其一，《世系考》载：“二十六世 兆鼎，景文公长子，字敷九，浙江钱塘县岁贡生，处州府松阳县教谕，生于清顺治十五年（1658）戊戌八月二十七日，卒于清雍正二年（1724）甲辰九月一日，年六十有七。”娶汪河符女，侧室崔氏、王氏。生子七，汪氏生克顺、昱、邦靖、暄、邦来，崔氏生邦凝，王氏生邦良。另有三女。这是潘兆鼎的基本情况，难见其人生历程。

其二，《敕授修职郎浙江处州府松阳县教谕五世祖考敷九公府君行略》记载其人生历程就颇为详细了。这是他的五世孙潘遵祁于咸丰三年（1853）口述，由赐进士出身三品顶戴前兵部侍郎戴熙录撰写。文曰：“府君讳兆鼎，字敷九，徽州歙县人也。六世祖其蔚公有子九人，府君居长。当国初时，兵革未息，公往来吴皖，岁无定止。顺治十五年戊戌，六世祖妣罗宜人寓居姑苏之南濠，以八月二十七日生府君，厥后卜宅黄鹂坊桥，实为迁吴之始，即今研经堂老屋。欲从南濠访府君当日诞生之地，盖无人能言之矣。”从这段记载可知，潘兆鼎为徽州歙县人，为九子中的长子。当时清朝初立，尚有一些战事，潘景文往来于苏州歙县之间，没有长期稳定的行止。顺治十五年（1658），潘兆鼎诞生在其祖父潘仲兰寓居的苏州南濠街，后来，潘景文卜宅黄鹂坊桥，这才是潘氏迁吴之始。后世再要寻访潘兆鼎在南濠的出生地时，已是没有人说得清了。

《敕授修职郎浙江处州府松阳县教谕五世祖考敷九公府君行略》继续载道：“府君生时，七世祖筠友公年五十，其蔚公年二十三，世止三人，筠友公奇爱之。明年，海贼郑成功犯江南，陷京口，苏常震惊，避乱回歙，患疮疾，期而始瘳；又避痘于政川，于横干。横干离家近，筠友公间日必往视。六岁入塾，十三岁随罗宜人至苏，十七岁从师游武林。时闽有耿逆之乱，武林与闽近，乃复归歙。是秋，罗贼陷歙，避之昌溪。冬娶吾五世祖妣汪孺人。康熙乙卯（1675），年十八，试商籍入钱塘县学。明年因乱至苏。丁巳（1677）筠友公殁于歙，奔丧反里。自后十年常在歙，凡四赴浙闱。丁卯年（1687）三十，岁贡于浙，侨居武林者二年。”从这段记载可见，潘兆鼎的童年少年的生活是不够安定的，虽然祖父潘仲兰奇爱他，然战乱频繁，让年少的他，不得不随长辈四处避祸。而他自己年幼且身体不好，6岁入家乡私塾，表明潘兆鼎的童年是在祖居地大阜度过的。到13岁少年时，才随祖母罗宜人到苏州。然17岁即到杭州从师就学。这年又因躲避耿精忠叛乱返回歙县。但歙县也不是安宁之地，这年秋，歙县也失陷，遂又避之10余公里外的昌溪。17岁的潘兆鼎在长辈的主持下，娶汪氏为妻。后以商籍就读于钱塘县学。此后十来年中，潘兆鼎在歙、苏、杭三地往来，以住歙为多。不过，他还是在杭州成为岁贡生的且侨居两年。

《敕授修职郎浙江处州府松阳县教谕五世祖考敷九公府君行略》继续记载潘敷九的父亲潘景文虽然已以商入仕，但业盐并未放弃，乃是一个亦儒亦贾者。而潘兆鼎亦继承父亲的衣钵，也是儒贾相兼，于是他常往来于苏杭之间，在杭为儒，在苏为贾。35岁，潘兆鼎考授浙江处州府松阳县教谕，也曾经去过京师，然而很快就回来了。十一年后，潘兆鼎移居刘家浜建谦益堂。1992年版《大阜潘氏支谱》记《迁苏住宅考》载，这是潘家第三迁。此处为“明朝刘缨尚书宅第，康熙癸未（1703），敷九公年四十有二购置，七月甲子自造楼屋整新，十月六日移居。现尚为蓼怀公支篁月公讳奕珧名下聚居之宅，今为二十六号。”《敕授修职郎浙江处州府松阳县教谕五世祖考敷九公府君行略》此处突然记述潘兆鼎逝世之事，中间尚缺20余年的人生历程。其五世孙潘遵祁为何“谨述行略止于是者”？乃是他的祖父潘奕隽“藏府君自订年谱一卷”，即潘兆鼎生前自订一卷年谱，所载事情更详，故其述止。

其三，潘兆鼎《自订年谱》的记载。一是他6岁从业塾师为吴懋成。二是他9岁时，祖父潘景文考进杭州府庠；10岁时，潘景文入国学。三是他17岁在杭州从学的是表伯张露森，讳璘，祖母张宜人之侄。四是他19岁从业师吴正则。五是20岁时，因“监生特开科”而捐监。六是30岁在浙江成为岁贡生。七是32岁在苏业盐。八是35岁考授教谕。九是康熙三十二年（1693）九月，他36岁，大病一场，至次年三月方疾病脱体。十是康熙三十三年（1694）八月，父亲将盐业资本万金，均分给兆鼎和二弟兆臣、三弟兆纲。十一，康熙三十六年（1697），“歙邑岁大饥”，其父潘景文于捐赈外，复买田数十亩，浚塘植荷，周围环以石栏，盖以工代赈。十二，康熙三十九年（1700），他43岁，八月由苏州起身入京都，渡长江到扬州，才知有南北之分；过黄河，始叹黄河水难清；瞻东岳泰山，有高山仰止之思；重阳日，入都门，见皇都之壮丽，后观景山，瞻白塔。据其昆孙潘钟瑞注，他此次入都非应试，乃“奉其蔚公之命以行”。看来是让他再见世面，进行人生历练。十三，康熙四十一年（1702），他45岁，在闰六月开西津桥典。十四，康熙四十二年（1703），他46岁，于七月甲子自造楼屋，于十月初二移居刘家浜。潘兆鼎自订年谱即到其46岁止。

其四，《六世祖敷九公府君年谱辑》的记载。此为他的昆孙潘钟瑞于光绪元年（1875）乙亥正月，在谦益堂为六世祖潘兆鼎续辑的年谱。由此可知，第一，康熙四十五年（1706），他49岁，“春日随其蔚公游黄山，抵祥符寺，雪深数尺，翌日登慈光寺，眺览诸峰，因山径雪峰不可行而止”。这与前面潘景文生平记载相符。第二，雍正二年（1724）甲辰，他67岁，于九月一日辞世。接着记述“先是选授处州府松阳县教谕，未赴任”。看来，潘兆鼎平生并未做官，连此教谕也是有其名而无其实。从潘钟瑞补辑的年谱来看，潘兆鼎逝世前的二十年也并无突出作为，所记也仅是儿孙们的生长变化，他很可能是以养老为主，兼及盐业生意而已。因此，潘兆鼎还是一个以业盐为主兼及儒学杂学的商人。不过，他生了七子，为“大阜贵潘”的衍生打下了基础。

潘兆鼎七子的人生简述

潘兆鼎，本身虽是一位继承先业兼及儒学杂学的平凡商人，但他生了七子。现据《世系考》将这七子的人生分而简述之。

长子克顺，二十七世，原名邦旭，字东白，浙江仁和县庠生。生于清康熙二十一年（1682）壬戌九月九日，卒于清康熙四十九年（1710）庚寅七月九日，年二十有九，娶程时若女。继娶申稼女，生于清康熙二十七年（1688）戊辰八月二十四日，卒于清乾隆二十八年（1763）癸未二月十七日，享年七十有六，钦旌节孝，建坊于吴县北正一图刘家浜住宅东偏。合葬吴县十九都二十图岂字圩光福司徒庙巷。生子一：宗周，程氏出；女二，一程氏出，殇，一申氏出。

次子昱，二十七世，原名邦杰，字学良，浙江杭州府庠生。生于清康熙二十三年（1684）甲子十月一日，卒于清乾隆九年（1744）甲子十二月七日，年六十有一。娶吴晋钟女，生于清康熙二十五年（1686）丙寅七月二十七日，卒未详。生子三：宗关、宗闽、宗鲁；女三。

三子邦靖，二十七世，字卫如，生于清康熙二十五年（1686）丙寅二月七日，卒于清雍正十二年（1734）甲寅五月十三日，年四十有九。娶许楚白女，生于清康熙二十六年（1687）丁卯七月二十四日，卒于清乾隆二十五年（1760）庚辰八月一日，年七十有四，合葬吴县二十一都二十七图福字圩吴山桃花坞，生子三：宗瀚、宗潢、宗泽；女一。

四子暄，二十七世，原名邦英，字赋含，号闲斋，浙江钱塘县贡生，封文林郎内阁中书协办侍读加一级晋赠朝仪大夫，刑部陕西司郎中加一级累赠光禄大夫，经筵日讲起居注官太傅武英殿大学士管理户部事务加八级。生于清康熙二十九年（1690）庚午九月二日，卒于清乾隆三十八年（1773）癸巳十二月十日，年八十有四。娶戴之谔女，生于清康熙二十六年（1687）丁卯九月二十八日，卒于清乾隆二十五年（1760）庚辰六月十一日，年七十有四，封孺人，晋赠恭人，累赠一品夫人。合葬吴县五都五图万青字圩西跨塘万禄山麓，生子六：宗亢、冕、宗衡（殇）、宗郕、宗聿、宗骥；女三。

五子邦凝，二十七世，字次康，生于清康熙三十一年（1692）壬申八月七日，卒于清乾隆二十一年（1756）丙子四月八日，年六十有五，葬吴县一都十一图珠称字圩横塘费家浜。娶鲍如华女，生于清康熙三十二年（1693）甲戌五月十二日，卒于清雍正七年（1729）己酉十二月二十九日，年三十有五，葬歙县。继娶陈某女，生于清康熙五十二年（1713）癸巳五月二十日，卒于清乾隆二十一年（1756）丙子五月十五日，年四十有四，合葬横塘费家浜。生子五：宗起（殇）、宗珏，鲍氏出；宗秩、宗锡（殇）、宗模，陈氏出，女二。

六子邦良，二十七世，字进卿，国学生，生于清康熙四十二年（1703）癸未二月十三日，卒于清乾隆三年（1738）戊午八月十七日，年三十有六。娶吴廷锡女，生于清康熙四十五年（1707）丙戌十月三日，卒于清乾隆四十三年（1778）戊戌六月十九日，年七十有三，合祔葬潘兆鼎侧室王氏墓。生子一：宗夏，女二。

七子邦来，二十七世，字敬远，生于清康熙四十二年（1703）癸未六月十六日，卒于清乾隆三十八年（1773）癸巳十月二十一日，年七十有一。娶顾某女，生于清康熙四十三年（1704）甲申二月十四日，卒于清乾隆三十五年（1770）庚寅四月二十五日，年六十有七，合葬吴县十三都四图律字圩严家湾。生子四：宗瑚（殇）、宗镐、宗辂、宗竑。这里需要说明，邦良、邦来虽同年生，却非同母双胞，兄为潘兆鼎侧室王氏生，弟为正室汪氏生。

从七子情况看，以四子潘暄学历最高，享寿最高，后世科举辉煌的大部出其支，遂在《大阜潘氏支谱》中另载有行述，故本书将其人生事迹按《貤封文林郎内阁中书协办侍读加一级显考闲斋府君行述》所载另作介绍。

潘暄的人生

由潘暄次子冕、四子宗�、六子宗骥“泣血谨述”，赐进士及第、诰授光禄大夫、前经筵讲官、兵部尚书、都察院左都御史、兵刑部左右侍郎彭启封顿首拜填讳的《貤封文林郎内阁中书协办侍读加一级显考闲斋府君行述》，率先记述了潘暄逝世前的情况，说他“年虽耄耋”，仍能够“健步善饭，生平不识医药”。后身体才开始渐渐衰退，容易生病，但也是“病数日即愈，愈即健步善饭，如平时”，便都以为只要“慎加调摄”，便可以“长依膝下”。谁知此次“卧床数日，而竟奄然不起”，再想聆听他一言一笑，便渺茫不可得了。清乾隆三十八年（1773）十二月十日，一位84岁高龄老人与世长辞。他即是潘暄。

接着，《貤封文林郎内阁中书协办侍读加一级显考闲斋府君行述》按常例记述潘暄的名讳字号、祖籍、始祖二十四传至曾祖、祖父和父亲及七兄弟简况。然后述其“少颖悟，善记诵”，随诸兄肄业家塾，受业于两位顾姓的“博学君子”。父亲潘兆鼎因为自己“屡不得志于有司”，故而督促儿子求学甚切且以潘暄“夙慧，尤钟爱之”，“每与吴中诸名士为文酒之会”，必令还是少年的潘暄随同，并当众诵读一些诗古文辞，引得“满座惊羡”。其中有个鲍孝仪太史赞道：“郎君，千里驹也！”足见潘暄少年确是颖悟异常。但他少小体弱多病，“相者咸谓非寿相，但凭心地好耳”。《貤封文林郎内阁中书协办侍读加一级显考闲斋府君行述》继续述道，一天，他偶坐书斋中，忽然感觉鼻子奇痒而不可忍耐，来不及搁笔，便一个喷嚏喷出一条蜥蜴状的东西来，颜色甚白且一下子便不见了。从此后，他的身体便渐渐强壮起来。这里似乎有些神奇。不过，鼻中长有异物，自然对身体有影响，异物去了，身体逐渐强壮，这也很正常。

《貤封文林郎内阁中书协办侍读加一级显考闲斋府君行述》还记载潘兆鼎对潘暄的关爱，两次去京赴试，皆携带他一起北行，一有空暇即自课其读书作文。而少年的潘暄“下笔神速，伸纸立就，虽老宿自谓不如”。所以在“观风季考”中，皆拔其为第一，深加器重，“弱冠，就杭郡童子试，郡守某公三试，皆列府君前茅”。此郡守在考试后，使人劝他顺从郡守之言，可得第一名。潘暄却笑道：“名虽微，可以货取乎？”“卒不应，遂置第二”。这也可看出贪官的龌龊和潘暄的坚贞自好。后来，学使按察杭州郡，将郡守的决定废除了。此后，潘暄便按照规定进入北边雍门就读，更加刻苦研读经史，作文章不屑用那些复杂华丽卑靡的文字，来投好于时尚中的文风。足见少年潘暄在读书治学上，态度端正，成绩优秀。

《貤封文林郎内阁中书协办侍读加一级显考闲斋府君行述》接着记载他“始刻《寸心集》行世”。这当是他的第一部著作。然而潘暄30岁后，即后悔少年之作，将刻书板焚烧了且向诸位有学问的老先生求教。这种敢于否定自己以往的举动是值得赞赏的，否定了过去，才能促进今天与未来。当时的评论者评道：“府君文凡三变，少年文明媚秀丽，有马章民风格；既乃追踪望溪，为汪洋恣肆之文；中年后酷摹徐思旷、高苏生稿，极幽邃夸旷之致。”这里指出，潘暄的文风有三次重要的变化，少年时的文章明媚秀丽，后来文章呈汪洋恣肆之势，中年后则极幽邃平旷之致。文风随年龄增长和阅历开阔而产生变化。

然而文章写得好，科举考试却不一定有把握。《贻封文林郎内阁中书协办侍读加一级显考闲斋府君行述》接着写了潘暄三十三年间十二次应省乡试，皆未得中，可谓科举之途，步步维艰。于是他“始绝意科举，然终以文章自娱”，把读书写文章当作自娱自乐的事，可谓雅趣横生。不过，他只是自己“绝意科举”，对儿孙们还是寄予满腔希望。每给儿子们考写作，总是自己先据题写一篇，然后给儿子指示文章思路与脉络且以先正典型为原则。寄希望于后人之心是何等殷切。也正是这种殷切之心，才逐步孕育出一个“贵潘”家族。

《贻封文林郎内阁中书协办侍读加一级显考闲斋府君行述》继续述道：雍正甲辰（1724）、丙午（1726），潘暄的父母相继逝世。这对他来说，确是“叠遭大故，痛不欲生，擗踊器泣，尽哀尽礼”。将父母“卜葬于邓尉山徐司寇墓前”后，每逢“春秋霜露”，皆前往“凄沧哀感，极终身之慕，不以耄老惮登涉也”。表明其孝心之长久，足可为后人楷模。

潘暄的努力，很快在孙子辈身上结了硕果。长孙潘奕隽于乾隆乙亥（1755）“以成童补博士弟子”。已经66岁的潘暄“色喜”，并于次年携孙一同去省赴乡试且对儿子们说：“非老人见猎心喜，自今以往，家事付儿曹，读书付孙辈，吾两无与焉。”说这话时，潘暄已是虚龄67岁的老人了。他也就“以诗酒朋友为乐，不复措意功名”了。《贻封文林郎内阁中书协办侍读加一级显考闲斋府君行述》述道：“府君诗学，少与禾中布衣沈朴隅、汪鹤汀、汪莱岩相切磋，三公皆诗坛名宿，咸倾倒府君，以为神韵独绝。”少年之诗即被当地三位诗坛名宿所称赞，足见潘暄诗学之深，诗作之优。中年的潘暄，游历的脚印遍及河北、山东且往往一人独行，往来数千里，而兴致不减，这自然创作了不少远游诗作，闻者都称赞他的壮举。也与诗友们登苏州名山名园，赏景赋诗，诗笺盈满竹筒。因此潘暄科举之途虽然不顺，但也是个颇有诗才的文人。当其孙奕隽、奕藻先后中举时，潘暄仍谆谆告诫孙子应当愈发潜心研读诗书，谦虚谨慎，不可自满。后来，此二孙相继考中进士。

乾隆三十八年（1773）冬，已84岁高龄的潘暄，因年老感冒而走完了人生之途。有《制义遗稿》二册、《课孙草》一册、《鸥盟诗草》两卷留存后世。

潘冕的人生

潘冕，潘暄次子，谱名宗冕，字端，号贡湖。因其在七房兄弟中颇为拔萃，又在苏州“大阜贵潘”家族形成中颇具影响力，遂单将潘冕的人生作详细的叙述。

关于潘冕的人生，《大阜潘氏支谱》分别以《敕封儒林郎例晋奉直大夫内阁中书协办侍读加四级显考贡湖府君行述》和《封内阁协办侍读诰敕撰文中书舍人贡湖潘公墓志铭》作了记载。本书以《敕封儒林郎例晋奉直大夫内阁中书协办侍读加四级显考贡湖府君行述》记载为主体，以《封内阁协办侍读诰敕撰文中书舍人贡湖潘公墓志铭》的记载作补充。

《敕封儒林郎例晋奉直大夫内阁中书协办侍读加四级显考贡湖府君行述》在按惯例叙述了潘冕名字号及家世背景后，即述其生时，祖父“梦人授以太极图，故小字应极”，继述其“少颖异，善读书，目数行下”，而父亲亦“课子甚切，口讲指画，咸有法程”，因此潘冕自幼即随兄“习举业”，“从旁耳熟焉，一试笔即成篇”，引得“塾师叹为神敏”。父亲潘暄中年远游在外，兄潘宗亢“遘疾”，年少的潘冕为兄“延医视药，晨夕弗懈”且于兄去世后予以周备丧葬，足见其“孝友天性”。当时，潘暄屡次在科举场上遭败绩，而潘冕则在“环堵萧然”之时，仍“诵声不辍”，志在科举业上弥补父亲的失败。然而，他的母亲却考虑到他兄弟姐妹多，吃用开销太大，便对他说，你不可不为家计着想，当担负管家的责任。此时，长兄已殁，他已是兄弟姐妹中的老大，于是听从母亲的话，放弃了科举业，专管起家政来。他“躬秉俭勤，虑豫备具，以奉两大人”。后来娶妻汪氏，得到贤内助，数年间依次为弟妹办了婚嫁之事，丝毫不让父母受累。故宗党邻居都惊讶他“能为无米之炊”。其实，潘冕此时已开始心力交瘁了，故30岁后，常患惊惧之疾。幸赖妻子“辛勤调护，间岁始愈”，此后，他也知道自己身体素弱，便“守身如玉，暇则阅《灵枢》《素问》等书，并按古方合药”，既自己养生，亦施他人，终身不倦。

此时，潘冕把科举业的希望寄托在诸子身上，“教诸子以通经史，知世务为要”。每当诸子从家塾回来时，他“辄举某经某段令背，或问某史事迹如何”。而当诸子不能对答而恭敬不安时，他便呵责他们。这样软中有硬的批评自然给诸子以很大的触动，以有效的激励。他还经常查看诸子的作业，予以批改。仍然未弃科举业的潘暄，见儿子对孙子课读如此之严，也对孙辈面加提训，尤其偏爱《左传》，要孙辈“能尽卷背诵”，而且“最嗜张京江、韩长洲两家所选数十篇”，作为课本，“亲为解说”，如此严格的家长和家教，自然使儿孙辈受益匪浅。

实际上，潘冕自己所学造诣颇深。当时诸子的业师陆澹明先生与潘冕交往“最契”，“每共谈史事，府君辄举某事在《通鉴》某卷某页，或某年某月，探策果然，共相笑乐。澹明先生尝折服曰：‘吾日授徒固应，尔君何强识之多耶？’”因此，潘冕实因家政事而舍弃了科举业，不然他早就获得成功了。不过，儿子们能获得科举成功，他也感到满足了，后面的事实亦正是如此，他的三个儿子，潘奕隽、潘奕藻先后中进士，潘奕基也通过乡试被挑取誊录四库全书馆，而孙子潘世恩更是高中状元。潘冕岂不心悦？因此，潘冕对苏州“大阜贵潘”的形成，具有重要的奠基作用。

潘冕虽未能中科举为仕宦，但他遇事善于思考且精细，亲朋遇到疑难，都乐于向他请教，而他则诚心诚意地为他人谋划，以达到尽善尽美。孩子们怕他过分操劳而有损身体，以黄老养性之学劝说他。他则说，心为一身之主，愈操劳则愈有神，况且力气就害怕不出。你们不必为我考虑。

潘冕对身入仕宦的诸子屡屡予以教诲。《敕封儒林郎例晋奉直大夫内阁中书协办侍读加四级显考贡湖府君行述》载道，当其次子潘奕藻加内阁中书时，潘冕即要求儿子做遵于职守的官，不要做趋炎附势的官。当三子潘奕基“今秋力荐不售，以在馆行走年满，将邀议叙”时，他寄书信去嘱咐“读书励志，勿急仕进”。他素来崇尚质朴，故经常教训诸子，“少年血气未定，出见纷华而悦，他日必无成就”，“言忠信，行笃敬，违之者，其犹正墙面而立也”，“君子一言以为知，一言以为不知，汝曹不可不慎”。这些训语足见其对诸子训导之切，其人品之正气凛然。

潘冕因苏州与歙县，往来有千里之遥，子孙往往一辈子去不了一两次家祠祭祖，于是在苏州住屋之东建一家祠，将自始迁祖潘仲兰以下到父母亲的木主牌位依次祔之，供后辈“朔望展谒，必诚必谨”。敬宗尊祖是潘冕的良好品德之一。同时，他也同家族先人一样，乐善好施。乾隆丙子年（1756），吴中遭逢大瘟疫，有患者的人家，人们都不敢相问。他叔叔潘邦凝一家都病倒在床。潘冕不惑不惧，为叔叔延医治疗，故后治丧，周旋无间，“延地师卜葬如礼”。父亲分给他名下的遗田有百亩。他病中召来诸弟子，“立公义单，以所授田为万禄山祖茔祭产，曰：‘吾力不能效先贤义庄，庶后有善承吾志者，以岁所赢余，渐扩为支祠经费，是吾望也。’”他与诸弟“友爱一生无闲言，有疾必躬视汤药，有无黾勉，忧喜共之”。潘冕便是如此“宅心仁厚，行己慎恪”。

赐进士出身、日讲起居注官、上书房行走、礼部左侍郎、秀水人钱载为潘冕所撰的《封内阁协办侍读诰敕撰文中书舍人贡湖潘公墓志铭》，亦载他“为人美须髯，善言笑而不苟”，“遇人信，执事谨，性好施与，过则忘之，然终身乐之而不厌也”。从外貌、性格、品行进一步作了评价，尤其是与人交往讲诚信，办事情谨慎实在，乐善好施，不记己恩，表明了潘冕是一个品格高尚的人，与《敕封儒林郎例晋奉直大夫内阁中书协办侍读加四级显考贡湖府君行述》相照应。可见潘冕支是苏州潘氏家族的骨干，更是“大阜贵潘”的主要组成部分。

苏州"大阜贵潘"第一位进士潘奕隽

潘奕隽，字守愚，号榕皋，自号三松居士，歙县潘氏第二十九世，是苏州"大阜贵潘"的第一位进士，亦是"大阜贵潘"大幕的启幕人。潘氏家族科举之路，由潘奕隽始，至潘世恩、潘祖荫支最为兴盛。因此，潘奕隽的首中进士在苏州"大阜贵潘"形成发展史上有着极其重要的作用，他为后代树立了榜样。

现以潘奕隽本人的《三松自订年谱》的记载为主，参照其孙潘遵祁谨述、进士蒋攸铦记录的《貤封光禄大夫礼部尚书都察院左都御史加一级诰封朝议大夫户部浙江司主事加三级钦加四品卿衔己丑进士前内阁中书典籍协办侍读户部贵州清吏司主事加二级显祖考榕皋府君行述》的记载，叙述如下。

家世与幼学

清乾隆五年（1740）三月初七日，在苏州阊门外刘家浜的"谦益堂"里，诞生了一个男孩。他的祖父时年51岁的潘暄，为刚降生的第一个孙子取名奕隽。奕，是个含意很好的字，其一为大，其二为美，其三为再，接连也。隽，乃才智过人也。如此美好的名字，自然寄托着长辈殷切的期望，因为这个历代重视读书科举的业盐世家，竟然数代科考名落，太需要有个重要突破了。果然，潘奕隽没有辜负期望，长大后成了苏州大阜潘家的第一位进士，进而开启了"大阜贵潘"一门九进士、祖孙父子兄弟叔侄翰林之家的先河。这年，他的父亲潘冕、母亲汪氏皆为23岁，且他已经有了一个4岁的姐姐。

从前面所述可知，苏州潘氏祖居徽州歙县大阜，从唐代迁歙始祖潘逢时算起，到潘奕隽已是第二十九世了。潘氏在自唐末到明中后期的二十二代人近七百年的岁月里，一直过着耕读结合的传统生活。到了第二十三世明嘉靖年间的潘玉溪，为贫困的生存所迫，入浙、闽等地经商，开启了以商致富的生涯。此后，其子潘仲兰在继承父业的基础上，业盐于杭州，往来于吴中及江淮间，并侨居苏州。其孙潘景文在经营盐业的同时，以商籍补杭州博士弟子员，并成为杭州府岁贡生、候选主事，希图在科举业上获得成功，而且看中苏州之地而卜宅居住，成为迁苏始祖。潘景文子潘兆鼎也没有放弃先辈的努力，为钱塘县贡生。而后，潘兆鼎子潘暄、孙潘冕，都在作亦贾亦儒的努力，皆仅为贡生、国学生，没有在科举业上获得突破。因此，这潘氏第二十九世孙潘奕隽就肩负着几代人的期望。

潘奕隽是潘冕的长子。2岁时，他家由刘家浜迁居到北元二图马医科巷，这是潘家在苏州的第三迁。这年，他有了妹妹淑芳。以后，分别在他5岁和6岁时，有了弟弟奕藻（字思质）和奕基（字云浦）。幼年的潘奕隽在“环堵萧然”的环境下，仍然“诵声不辍”且“别具一室，人未尝闻嬉笑声”，表现出了爱读书的特质。也正因为他“幼而岐嶷”，聪明懂事，而被父亲“尤钟爱之”。乾隆十二年（1747），8岁的潘奕隽始入家塾读书，业师为嘉兴人谭伊孚（字东来）。谭为人方严古朴，督课甚密，使少年的潘奕隽很受教益。此后六年间，潘奕隽认真地学习了“五经”与《左传》。13岁时，又选读了《国语》《公羊传》《穀梁传》及汉魏六朝文，暇时亦读《离骚》《文选》，学为对偶。行述载其“过目成诵”。而塾课之暇，“贡湖公命习柳诚悬书，并日课唐诗，即多心悟”。13岁时，他还“学为制义”。潘奕隽这么早就学为制义，自然是将目标对准了科举。乾隆十八年（1783），14岁的潘奕隽从钱塘县人吴�竹（字霄翰）为师，学时文。然而不久，吴即病归，推荐其同学宋永浩（字沛苍）来替师职。宋永浩精于楷法，遂从之习悬腕书且读书至深夜。行述还载“每诵一文，手自抄写”，而父亲将他抄录之文装订成册，那质雅圆劲的书法竟有魏晋时期的风格。可见少年的潘奕隽于治学下了一番很深的功夫，为日后的长进打下了良好的基础。

曲折科举路

清乾隆十九年（1754），潘奕隽还是个15岁的少年，但已受父亲潘冕之命，踏上了前途莫测的科举之路。这年冬，学使按试杭州郡，父亲即命他随业师宋永浩先生，以先世业盐的商籍，与从堂兄潘奕腾（字振高，长房潘克顺长子）赴浙应试，寓居杭州涌金门内荷花池头孝廉李次金家。李读书砥行，制义尤擅名于时。潘遂以制义请教于李，效果显著。次年春，赴所在吴县试，即被评卷官评曰："首艺议论精卓，次亦澹逸有致，书法独踵晋人，此童试中之大有造者，拔取第五名。"然而紧接着赴昆山院试，却不售而归。十二月又以商籍身份应试，被拔入钱塘县学第七名。

乾隆二十一年（1756）七月，17岁的潘奕隽在67岁的祖父潘暄携带下，赴杭州参加浙江省乡试，祖孙一同赴试，别有一番况味。对孙子而言，这是第一次，而对祖父来说，则是秋试第十三科了，"年虽迈而志不衰"，还在考前到庵左武庙求签祈祷，得"白马渡江虽日暮，虎头城里看巍峨"之句。然而祖孙俩皆名落孙山。又过了两年，潘奕隽19岁了，尽管还是一名县学生，但婚姻事已摆在面前。于是这年四月，他遵家命娶史氏为妻，完成人生一个新的里程。史氏为湖州归安史世枢（字性存）之孙女，父亲名史明炯（字见山），是一位太学生。然科举之路还在继续，这年冬又赴杭州参加科目考试，案列二等。次年七月，偕堂兄潘振高赴杭州句儿山读书，作赴乡试前的准备，仍旧名落，怅然而归。

科举不顺，生活却要继续。乾隆二十六年（1761），22岁的潘奕隽家居课徒为生且与同里的顾元鳌、周赞、顾葵等举行诗会，倒也互相促进。而且以时艺就正于壬戌进士、前广东上林县知县陆澹明（字桂森）。当时，陆以诗文为吴下祭酒，一时从游者先后有数十人获取科第。因此，潘奕隽遇到了良师。果然，次年六月，潘科试即获一等，八月，乡试即中式，成为一名举人，科举路上获得了第一次成功。73岁的老祖父潘暄则认为当年自己的"白马渡江"二句签语乃是应在孙子身上。科举中第为光宗耀祖之事，于是十月，潘奕隽即由余杭行陆路回原籍安徽歙县大阜，祭祠上坟，告慰祖宗。原籍乡亲亦很高兴，隆重款待。潘奕隽居于博乡堂，竟达一月之久，然后仍由陆路归。

乡试只是科举途上的重要一站，最终结果还要看会试。潘奕隽的会试之途依然不顺。乾隆二十八年（1763）正月，24岁的潘奕隽偕同里一班举人入都，赁屋寓大吉巷且与戴震等名士时时过从。当时太仆卿陈星斋居虎坊桥，潘奕隽以试文就正于陈，颇得许可。然而，大吉巷未给他以大吉，陈太仆的称许亦未能有所助，会试榜发，依旧名落，只好由水路回家，"水程行滞，行五十余日"，直到六月才抵苏州。不过，次年十二月，儿子世璜降生，使他的心情有了好转，打起精神，以备再考。乾隆三十一年（1766）正月到京赴试，又不中，从陆路而归。此后两年，他养病闭关于永定禅院，闲暇中与翟大坤

（字子厚）讲习六法。当然科举之梦未断且专事科举文字，兼读贾谊、董仲舒、韩愈、欧阳修、苏东坡诸大家的文章，以求正果。

功夫不负有心人。乾隆三十四年（1769）正月，30岁的潘奕雋与弟奕藻（字思质）等登车北上，二月至京都，仍寓居大吉巷，会试后终于榜发中式，座师为吏部尚书、武进人刘纶（字文定），吏部左侍郎、长白人德保（字文庄），房师为翰林院编修、广昌人饶学曙（字霁南）。四月殿试，在进呈十卷中，潘奕雋名列第七。然而却以引见迟误，被礼部奏请与第十名未到的季学锦一起革去进士。后奉旨降附三甲，由礼部司官交部议处。五月六日，御试保和殿，皇帝钦定第十一名，总算保住了进士且引见乾清宫，奉旨以内阁中书用。潘奕雋至此才总算踏上仕途，于是八月告假从水路回籍，九月到家。至此，他也正式“改入吴县籍”。行述称，“吾家甲第，实自兹始”。这年其祖父尚在，已80岁。而潘奕雋之父潘冕在手订《放生集》开端中题曰：“誓放生灵三十万，求子某某翰林中书。”这科，潘奕雋得入微垣，于是便认为是“一念之诚而报施不爽”。这自然是一种心灵安慰了。

平淡的宦途

中了进士的潘奕雋继续着好事多磨的人生之途。乾隆三十五年（1770），他在中进士的次年五月即得了一场寒疾，他在《三松自订年谱》中称“几殆”。幸亏适逢南浔眼科名医董掌衡至苏州，遂延请其诊治，服用逍遥散才渐愈。其时，其母汪太夫人见他只生一子，而夫人史氏又多病，便命他纳妾徐氏。此时，中了进士的潘奕雋已是官身，告假已经期满，已然身不由己，于是在八月携妻眷、偕弟潘奕藻及同年同乡曹学诗（歙县雄村人）等，乘舟北上，九月抵京，寓居果子巷四眼井。

乾隆三十六年（1771），32岁的潘奕雋被任汉票签处行走之职，一个一般的小官，遂移居七井胡同。或许是朝廷觉得此职对潘奕雋来说，有点才非所用，故不久又被奏充方略馆总校官。方略馆掌纂修平乱及对少数民族用兵的方略或纪略，并纂办朝廷交辑的其他书史。总校官便是负责校审的主官，比前职要恰当些，但也是一般官吏。后因其时又恭逢圣母皇太后八旬万寿，得覃恩加一级且得以貤封祖父与父亲为文林郎，祖母与母亲为孺人。然而祸福相倚，这年五月，潘奕雋即得咳嗽之疾，又被医家误投燥热升提之药剂，导致咯血，甚是危险。幸为歙县同乡人程景伊制止他服药，咯血才渐止。九月下浣之夜，他得一莲花化鹤之梦，自此疾病渐愈。他很感谢此梦，遂绘《水云图》记之，并请彭允初作叙且因此自号“水云漫士”。十月，为协办侍读事，但他原定的内阁中书之职仍未能补缺。而其弟潘奕藻也会试荐而不售。

次年五月，33岁的潘奕隽才补授内阁中书，正七品官。34岁时，又充任四库全书馆分校官。他在公事之余，便与同僚王宸（字蓬心）作西园之游，还与济南朱文震（字青雷）、钱塘张时风（字虞琴）时时唱和。五月，乾隆去避暑山庄，中秋后幸木兰围，内阁扈跸者分为两班，充任御史兼办侍读之事，潘奕隽被安排值后班，有了一次在皇帝身边当差的机会。潘奕隽自然引以为荣，遂作《护辇随笔》一卷以记。这趟差事直至九月，才自热河归京。然而冬十二月，家中便发生一件悲痛的事，其祖父潘暄卒于家中，享寿84岁。后两年中，三弟奕基来应京兆试，不中。而其妻史宜人又于他36岁时一朝永诀。二弟奕藻会试下第回乡。潘奕隽遂命长子世璜与叔父一起扶母榇归里，他本人只得留京。此时他已生恬退之志。他曾嘱梁吉厓（字谿华）为己绘《秋林宴坐小影》，曹习庵题云：“夫君本是簪毫侣，东华下直门常扃。”吴绣题云：“凤阁舍人肩兀兀，不焚不斋懒朝谒。”这正是他的悲观襟怀的写照。

乾隆四十一年（1776），潘奕隽37岁，朝廷因平定金川，给大臣们施恩，潘奕隽也因此获覃恩加一级。然缺少福气的他，五月又即得病，难以正常当差，遂于九月乞假而归，十月抵徽州故里就医。后经家乡名医治疗，其病得愈。初愈后的潘奕隽即生游兴，与歙县富堨的汪问舟同游黄山，由茅蓬至文殊院，遍览诸般名胜，历经丞相源而归。后又到杭州西湖昭庆寺休养，直到十二月完全病愈才返回苏州。次年九月，潘奕隽继娶太学生沈一帆（字承宗）之女为妻，并携带入都，充任后补中书，仍协办侍读之事。

不过，潘奕隽还是皇帝之近臣。乾隆四十三年（1778）二月，他又随帝辇去易州。当他返京后，即惊闻母亲汪太夫人的讣告，马上由陆路星夜返里奔丧，三月到家。安葬后，潘奕隽按规丁忧，如此，宦途自然又受阻。好在他经过多次曲折已不在意，遂为书坊选编近科墨卷，刻《新科墨准》印行，颇受热衷科举的读书人欢迎。次年，他掌玉峰书院，将子世璜带去学习，以备应童子试。再次年二月，乾隆南巡，曾任皇帝近臣的潘奕隽自然不能错过机会，遂偕光禄寺卿王鸣盛、詹事钱大昕、侍讲庄承籛迎驾于直隶厂。八月，潘奕隽守母丧期满，本该返京述职，但他以父亲潘冕年逾花甲、不忍远离为由，请求留家侍养。然父亲不愿耽误儿子的前程，催促他成行，他只得束装携眷入京，因水程迟滞，到十月才抵达。不料十一月，他前脚刚到，后脚父亲逝世的噩耗即到，遂又赶紧自陆路星夜返回。

三年后的乾隆四十九年（1784），潘奕隽已经45岁，即于三月入都，四月补授原职内阁中书，仍旧协办侍读之事，从中进士起至今，十五年职务不变，原地踏步，对于一个为官者来说是太平淡了。是年，其弟潘奕藻亦经几番曲折终中进士，以庶常（庶吉士）之职用。两年后的正月，潘奕隽终于升官，任典籍京察一等，得引见乾清宫，并奉旨准其一等加一级。二月奏充文渊阁检阅，侍班文华殿。三月随帝辇去五台山。四月，乾隆御试正大光明殿，潘为考官之一。五月奉命典试贵州，已成二品官，取士高廷瑶等四十八人。他自然心情很好，忙碌之中撰写《昳徵随笔》一卷，途中前后得诗百余首，载入《三松堂集》中。十一月返京复命，被皇上召见于养心殿西暖阁。这次召见，乾隆皇帝对他甚为关心，从家世、籍贯，以及途次晴雨、闱中试况问了个遍，直至移晷乃退，天颜甚悦。这一年，对潘奕隽来说，可谓官运亨通之年。次年，四库全书告成，兼任分校官的潘奕隽亦议叙加一级。

乾隆五十三年（1788）四月，内阁侍读缺出，首相阿文成以潘奕隽俸深京察一等，又曾多年协办过侍读之事，提议拟正式任职。谁知亚相却荒唐地提议以拈阄之法来定，结果某中书拈中升任，潘奕隽运气不佳未中，不过改升户部贵州司主事，并任御试考官。潘奕隽本不是热衷官场之人，十月即乞假南归，十一月抵苏州家中。以后几年中，只以与友人文酒唱和为乐。如51岁时，他与王宽（字西园）同游锡山；52岁时，与袁枚（字简斋）、王鸣盛（字西沚）、王文治（字梦楼）、钱大昕（字竹汀），时为文酒之宴。而方伯袁春圃来苏州时，潘奕隽与之会饮白公祠，还与司马蒋业晋（字立厓）等人游复园且集投壶校射以诗纪事，互相唱和，“颇极一时之盛”。行述亦曰：“府君不事干谒，不急进取，十余年中南北往来，宦途多阻，一不以进退得失为意，尝绘《归帆图》以见志，一时名流题咏殆遍。”即印证了潘奕隽《三松自订年谱》的记载。

而这几年中，他的子侄皆科举顺畅。乾隆五十四年（1789），朝廷特开万寿恩科，他的儿子潘世璜赴江宁乡试，榜上有名。乾隆五十七年（1792），他侄子潘世恩（奕基子）中举，又于次年会试中式，殿试高中一甲一名状元，授职翰林院修撰。乾隆五十九年（1794），侄子潘世荣（奕基长子，奕藻嗣子）中举。乾隆六十年（1795），其子潘世璜会试中进士，殿试一甲三名，高中探花，授职翰林院修撰。自此，宦途受阻、早早退归林下的潘奕隽亦很欣慰，他开启的潘家人的科举业得到了光大，苏州“大阜贵潘”也进入了一个旺盛的局面。

闲逸的晚年

嘉庆元年（1796），57岁的他即开始过上闲逸的晚年生活。这年二月，儿子潘世璜改任户部主事，潘奕隽携子妇由陆路入都，一路闲游，至扬州游九峰园，过泰安登泰山，谒碧霞元君庙，到三月才抵都城。他寓居于香炉营，与一班几年未曾相见的同僚朋友见面叙谈畅饮，并拟同游西山，却未果。五月他便出都。十一月，弟弟潘奕藻乞假归里，他们同住在花桥巷。其实迁居花桥巷是三年前的乾隆五十八年（1793）七月，他们即由马医科巷躬厚堂旧宅迁此，颜堂名曰敏慎堂。次年三月，潘奕隽去了杭州，与朋友陆默斋等闲游西泠，后应观察秦小岘之招游玛瑙寺，饮于湖舫，为同席的叶秋槎《北山旅馆图》题书。十月偕弟潘奕藻至太湖东洞庭山游，后题瞿中溶《林屋夜游图》，过着闲逸文士的生活。

然闲逸中家里祸事不断。先是嘉庆三年（1798）五月，其子潘世璜随帝銮赴热河，其继妻沈宜人以潘奕隽年届花甲尚未得孙，即为世璜纳妾袁氏且送至京师世璜身边随侍。然而八月里，沈宜人竟突然病卒，世璜也只得丁忧回家。不料十月，潘奕隽出嫁平阳的姐姐亦卒。

家有祸事，国亦有祸事。嘉庆四年（1799）正月，太上皇乾隆宾天。这年，年及花甲的潘奕隽虽退逸家中，也偕在籍臣工到永定禅院祭悼痛哭，因他毕竟做过乾隆的近臣，有过面见和交谈的往昔。三月七日，是潘奕隽的生辰之日，他谢客贺寿之意，以表对乾隆的哀悼之心，只是偕子世璜及朋友至天平山野游以度且夜宿且山阁，作《六十抒怀》诗四章，以表明自己非凡夫俗子也。此后几年，潘奕隽一直过着访友、闲游、就医、题诗等闲逸生活。他亦善画，63岁时，曾自写《虞山秋眺图》卷。

嘉庆八年（1803），祖籍歙县的潘氏族人来书，两下商定于来岁返新安老家省墓。据行述载，潘奕隽已于乾隆壬午（1762）、丙申（1776）两次至歙省墓，因潘景文以上先祖皆葬歙且“有祭田，名善茔，以给春秋祭祀”，自然是依靠在大阜的族人代为之。然“岁久而弛，或割分他鬻，甚至侵及墓地”。潘奕隽曾“率族人首倡捐资，亲至其地，按册规亩，赎其可归者，请于官，勒石以志”。足见他乃敬宗睦族的人。于是次年三月十三日，潘奕隽即偕堂弟潘奕玙（宗聿公子）、潘奕才踏上赴徽州省墓之行。过杭州时，寓于钱塘门外之陆家湖楼，然后溯富春江、新安江而上，于四月初一抵达故里大阜。初三日即上坟祭祖。初四上徽州府，寓傍溪寺，与徽州太守朱伊、自吏部退休的程振甲会晤，与江西孝廉、时任紫阳书院山长之吴照（字白厂）交，赠其所画兰、竹二帧，又到岩寺镇拜访侍御方大川（字艺兰），然而不遇，遂留诗一首。到四月十二日，即挂帆离歙，归至西湖，与友华秋槎晤。

此后数年，潘奕隽仍闲散在家，唯与一些门生、同年、故旧来访来书，叙旧谈新，才稍遣闲心。其中值得一提的是潘奕隽68岁时，段玉裁（字懋堂）来书，邀他往龙树庵观宋元古梅。那古梅虬枝夭娇，那庵外筱簜戛天之景，都颇极幽致，使他倍增兴致，加上路道偏僻，冠盖稀到，遂吟赏竟日，日昃乃归。

嘉庆十三年（1808），69岁的潘奕隽终于有了长孙。当时，他正在书房闲读《左传》至“祁溪请老”一段，遂给长孙取名“遵祁”。长孙的诞生，给他的闲逸生活更带来了生气与乐趣，竟开辟西圃数弓，聚土为小山，植丛桂、玉兰、海棠于其上，亲题曰“许闲”，还盖了三楹草屋，题为“须静斋”，作憩息之所。然而闲适中还是有些小不适，当年冬十月里，潘奕隽复患咯血之症，不过尚好，未服药而止。次年，赋《述怀》五言诗六章，其常熟女弟子归懋仪（字佩珊）作诗以和，竟胜于乃师。十二月里，次孙女诞生，为其取名“静之”，反映了他自己的心境。此后数年，年过古稀的潘奕隽仍是读书作诗闲游度日，尤其是72岁时，次孙诞生，取名“希甫”。73岁时，长孙遵祁入家塾，侄孙曾沂（潘世恩子）举秀才，为他的平静的闲散生活平添了几分喜气。但这年七月，咯血症复发，因他“究心导养之术”，遂静养月余又痊愈了。

潘奕隽的闲逸生活还在继续。74岁的九月里，他偕王兆辰孝廉至珠街里圆津庵，访慧照长老，留宿漕溪草堂，会晤司寇王兰泉之子王萎溪。次日清晨，放舟至青浦，与沈屺云等一班朋友相会。75岁的三月初三，他应钱咏（字梅溪）招至饮息园，同集者有吴蠡涛和潘家兄弟三人。大家忆谈康熙甲戌年，尤侗、徐乾学、徐秉义等十余人修禊遂园，禹鸿胪之鼎，为作《遂园禊饮图》等事，认为现今雅集不异于当年，独无好画手作图以传韵事，殊可惜也。76岁时，他重游泮宫，得七律四章，一时和者甚众。又应侄子潘世荣（奕藻嗣子）之请，为其汇编将付刻之《听雨楼诗》作序。但这年九月，胞弟潘奕藻卒，他不由痛哭，作楹帖"荆树分荣，记小疾短笫，曩犹我过；雁行中断，痛余年老泪，今为君枯"以悼之。

嘉庆二十一年（1816），潘奕隽77岁。这年春天，他兴致勃勃地游览太平山。然夏天长孙女静之感染时疾而殂。此女读书聪慧，"四书"皆能成诵，尤喜杜甫的诗，五七言、近体诗等能背诵者十有六七。为此，他甚痛惜，以诗悼之，其中有"为语人间知命者，莫将鬼伯作长桑"之句，感叹无医也。七月，商丘陈崇本携所藏宋拓《圣教序》、王石谷《太行山色图卷》、董香光长卷来索题。这时也有喜事，侄孙曾沂乡试中式。他对孙辈们强调，为学要经常复习，而且要习到烂熟于胸，不熟不习，就不能取得成功。他的这种训教，对孙辈的科举前程自然是有益的。事实也正如此，这些孙辈大多取得贡生、举人以上的功名，有的还高中进士。

次年正月，潘奕隽至光福寺，登行素堂，探梅邓尉山，归宿横山草堂。中丞胡克家（字果泉）贻赠所刻翻宋本《资治通鉴》，潘奕隽称其"校订考证俱极精详"。这年，潘奕隽还于王氏的归田园得一太湖石且将此石移置于撷芳亭侧，题曰"米友"。这年除夕，雪霁，潘奕隽游兴又起，去往善庆庵，晤见观心、借云两位出尘上人，颇有倏然物外之趣，遂诗兴大发，得五言古体诗十四韵。门生王学浩（字椒畦）孝廉还为其诗写图，藏于此庵中。潘奕隽的此行及诗作，都体现了他的出尘脱俗、恬淡散逸的心境。

嘉庆二十三年（1818），潘奕隽79岁。四月里，泾县包世臣（字慎伯）、丹徒张铉（字舸斋）先后来拜访。潘奕隽便携张铉至龙寿山房，观阅《三世血经》。不料五月里，他却发肝疾，吐血，不能饮食，目力亦大减。但他谢绝医药，只是掩关静坐，偶尔令琴友林明斋以及族侄潘世瑞弹宫声数弄，或者教两孙子投壶、咏诗，以消漫长的白昼。如此闲养，至六月下旬竟也疾愈。故十一月里，他又兴致勃勃，入山看红叶，游穹窿山，宿"一粟居"。翌日至西山，宿吾与庵，并得诗三首。十二月初四日，徽州婺源胡翔云（字黄海）过访，潘奕隽即邀他游无锡惠山，会晤了朋友秦小岘、齐彦槐。初六日，由秦小岘招饮寄畅园，次日返苏州。这年，潘奕隽作《梁溪游草》一卷。

次年，潘奕隽年届80岁，遂作《八十自述》诗四章，有数十人同作和诗，足见高年的他在苏州文坛享有很高的地位。他的名声不仅在当地颇高，而且在外地也颇有声誉。这年二月，台湾镇总戎武隆阿（字骏亭）进京入觐，经过苏州，也特地以《望云图》来请他题书。三月初二日，长子世璜为他庆80生辰，开筵宴客，诸弟侄亲友为他演剧数日以贺。十二月，他又携孙潘遵祁登天庆观（俗称弥罗宝阁）进香。足见八旬老人潘奕隽身体依旧康健。

此后，潘奕隽依然闲逸度日。81岁那年三月初十，他至光福寺上冢，夜宿查氏山庄。二十五日，与族侄潘世瑞同舟出浒关，连日过无锡，抵京口，自镇江渡长江至焦山，上观音崖，诣关帝阁，夜仍宿庵中。四月一日，放舟象山，坐轿入甘露寺，看唐时铁塔，观吴云壑书“天下第一江山”六字，登北固山，憩于山房。不料于八月，惊闻嘉庆皇帝龙驭上宾，遂与在籍臣工哭临于永定寺。82岁，他安然度过。83岁重遇宾兴，即道光皇帝开基，大吏入奏，其中因魏元煜奏《耆绅重遇宾兴》一折下圣旨，让年逾八旬的江苏原户部主事潘奕隽，著加恩赏给员外郎衔且同新科举人一体给予袍帽靴带，以示新皇帝嘉惠耆儒至意。于是，九月初一，潘奕隽在儿子潘世璜的陪同下，赴省城金陵谢恩，二十日回到苏州的家，便作《纪恩诗》、七律《白门秋兴诗》各四章。在此后，步入衰老之年的潘奕隽，心绪恶劣，触景伤怀，殊难自遣，遂以冥心静坐之法以度终日。虽不能出门，却还以笔墨自遣，并应友人题签。

道光九年（1829）己丑，潘奕隽已90岁高龄。这年，西陲底定，恭遇覃恩，侄子潘世恩以所得一品封典貤封，他也重遇恩荣，因这年正逢会试，遂以年纪跻身九秩得加恩赏四品卿衔且准他重赴恩荣筵宴。他也确实老了，便因长途跋涉维艰而未赴京。三月初七，是他九十生辰，儿子潘世璜等还在“敏慎堂”为他庆寿数日。而他自己也作《九十纪恩诗》七律六章，和者依旧甚众。而他《三松自订年谱》也到此年五月才止。进入道光十年（1830）庚寅不久的正月十七日，新年的气氛尚未散去，然潘奕隽以享年九十有一的高寿告结了漫长的人生岁月。

行述的补载

上述潘奕隽的一生事迹，主要是以他《三松自订年谱》而叙述的，也随机以行述作了补述，现据行述再对他于《三松自订年谱》中所未述及地做一些补载。

行述载潘奕隽“博览载籍，好学深思，悉归于躬行实践；其持己也正而不阿，其待人也朴而弥挚，其御下也严而有恩；精明浑厚，足以干事，勇于为善而不居其名；读书之暇，兼理生计，一生未尝妄费，而施于人常不倦”。子孙们在泣述时都认为自己能“得饱食暖衣，以生以长者，皆府君勤俭积德所致”。这些是晚辈对他的真挚且真切的评价。或许有一些溢美之词，但还是较为真实而可信的。

行述还记载潘奕隽的生活习惯：“春秋佳日，徜徉于灵岩石湖间；好吟咏，原本风雅，发挥性灵，不落唐以后体格。工行楷，兼精篆隶，铁门限外求者，必应。”这里明确指出了他的诗词有唐人之风，他于书法行楷篆隶皆能且不吝笔墨，求者必应。“每晨起，独坐展卷，挥洒数百字以为常。暇即与不孝（儿子）等讲解六经，所背诵有不习，则自为复诵，累累如贯珠。尝手书治心修身之要，揭于座隅，日清心凝神，养气葆精；又日惩忿窒欲，止念省言，喜富郑公自箴，群居守口、独坐防心八字，时时笔之几席间。”将他的喜好、特长、清心养气、修身养性之道，尽皆道之，由此可看出潘奕隽是个有才学，注重品格休养的正气文士。

后又记载了潘奕隽“著有《三松堂诗文集》三十卷，《自订年谱》一卷，《说文蠡笺》十四卷，《居易金箴》二卷，已刊行”。据有关资料，他另有《水云词》二卷。又载其所获职衔及荣誉称号，连其妻史氏、继配沈氏亦得封赠。

几点感想

写毕苏州“大阜贵潘”第一个进士潘奕隽的生平事迹，不免有几点感想流于笔下：

其一，潘奕隽作为苏州大阜潘氏第一位考中的进士，启开了潘氏“贵”的先河。此后，该潘氏家族弟、子、孙们接二连三地在科举场上获得大捷。据《大阜潘氏支谱》之《登进录》载，该潘氏家族仅清乾隆后至清末，共有九人中进士、三十六人中举人（不含连中进士者），其中状元一名、探花二名、点翰林七名。这种科第之盛，享誉当时。显然，潘奕隽在家族中的开创作用是不可磨灭的。

其二，潘奕隽虽是苏州“大阜贵潘”第一位进士，但他科举之途曲折，仕宦之路平淡，无多大功绩，地位还不显赫，最后还是受皇恩才赏有四品卿衔且不及花甲就开始闲逸的晚年生活。究其原因，鄙以为自是他功名之心不强，仕宦之能不高，不善钻营投机且身体多病，家中变故不断等。故其声名远不及其侄潘世恩、其侄孙潘祖荫。不过也反映他为人正直、坦然，故朋友较多。

其三，潘奕隽虽地位不显，声名不高，但其寿年却长，竟活至91岁高龄，这在那平均寿命不长的年月里，是较为罕见的。可见清心养气修身养性，对生命的延续有一定的好处。

总之，潘奕隽在苏州大阜潘氏家族的繁衍发展史上，具有一定地位。

福寿状元四朝元老潘世恩

在苏州“大阜贵潘”辉煌与荣耀中，状元潘世恩是其中最闪亮的光环。

潘世恩，歙县潘氏三十世，潘奕基次子，兄潘世荣嗣伯父潘奕藻后，他遂成为潘奕基支继承者，原名世辅，字槐堂，号芝轩，又号思补。博学多识的清同治进士陈康祺在他的《郎潜纪闻》中称，潘世恩为三百年中第一福气中人，举其生平异数云：“本朝耆臣，生加太傅者五人，重宴琼林者八人，状元作宰相者八人，唯潘文恭兼之，富贵寿考，子孙继武，公之福祉，三百年一人而已。”

潘世恩生前曾自撰《思补老人手订年谱》。下面以其《思补老人手订年谱》为主要资料来源，兼及《大阜潘氏支谱》及其他资料进行补充叙述。

异兆而生

清乾隆三十四年（1769）己丑十二月二十一日卯时，苏州北园二图马医科巷里，乌蒙漆黑，万籁无声。巷中躬厚堂内，年过半百的候选布政司理问潘冕正沉醉在梦乡之中。忽然，他只见有一头麒麟驾着祥云，从杳杳太空中奔腾而降，堕于地上，竟化为一个天庭饱满的婴儿，呱呱直哭，不由得猛然醒来。眼前哪有什么麒麟，不过，呱呱不止的婴儿的哭声，却切切实实地在耳边响着。此时，他才想起自己的第三子潘奕基的妻子黄氏正处分娩之期。他忙起床，将灯火拨亮。而此时老妻汪氏亦正好推门进来，告诉他三儿媳生了，是个男孩。他不由为方才梦中的异兆而高兴，当即给新生的孙子取名世辅，小字曰麟。此婴儿正是后来25岁中状元的潘世恩。这一年，对于潘家，对于潘冕来说是福气的。早在春闱时，他的长子潘奕隽中了进士，即用内阁中书，现在异兆之梦送来了孙子，可谓春冬两季，双喜临门。

苏州马医科巷潘家，祖上先世在安徽歙县大阜居住，他们尊唐僖宗朝官任歙州刺史的潘逢时为始祖，到潘世恩已是第三十世了。潘逢时在歙州刺史任上，既有“省刑、劝农、薄赋、兴学”之善策，又有“息火灾、除虎患”诸异政，因而德政奏闻于朝，泽被于民，任满去官，父老攀留，遂安家于歙西篁墩，为迁歙始祖。四传至潘现，迁歙南大阜后山坞。又十一传至潘祐自后山坞迁来龙山南，即今之大阜村。又八传潘仲兰，以业浙盐自钱塘往来吴中，侨寓南濠街。清康熙初年，潘仲兰与其子潘景文卜宅于苏州城黄鹂坊桥巷研经堂，遂入吴县籍。乾隆六年（1741），景文之孙潘暄迁居马医科巷躬厚堂，成为潘世恩的诞生地。

生有异兆的潘世恩，果然幼年即不同凡响，4岁即偕年长一岁之兄潘世荣（字树庭）一同入塾，师从谭兰皋，授《书》。5岁，亲见二伯父潘奕藻继大伯父潘奕隽后又登科，为之色喜。其曾祖父潘暄见状，于诸重孙中尤钟爱世恩。6岁时，父亲奕基应试北闱，以荐卷挑取四库馆誊录。8岁时，夜闻父亲背诵《诗经》，即生喜状。父亲亦传授他数行，不料即能背诵。自此以后，便开始读“四书”，兼课经书。9岁，从师举人、舅舅黄国华（字晓山），授《书》。11岁，师从浙江丁酉举人莫潍（字维山），授《书》。祖父潘冕时令其背诵《左传》，如一字无讹，赐以笔墨诗笺，当即如愿以偿。一日，他兄弟俩随侍祖父，祖父以“君子食无求饱”命作破题。11岁的潘世恩援笔立成，曰：“以食观，君子志不在饱也。”祖父阅之喜甚，加赐图书及名人书札。12岁师从苏州府庠生陆廷襄（字方舆）授《书》。这年父亲潘奕基仍应试北闱，依然“荐而未售”。这年冬，他却偕同潘世璜、潘世荣二兄一同应吴县试。13岁，又师从元和恩贡蒋华（字实庵），次年再随二兄赴昆山应试，潘世璜得中入泮。15岁，读《文选》及唐人赋，偶作《腊梅花赋》，得老师蒋实庵的赞赏。自后，老师也兼课作赋及古今体诗。这年，他肄业于平江书院，并改名世恩。

科举坦途

潘世恩的科举之途是坦荡平顺的，比潘氏家族任何一位都平顺坦荡。

乾隆四十九年（1784）甲辰，16岁的潘世恩应吴县县试，即被邑宰李逢春（字昶亭）取列第九名。当时，李县令延请的是辛卯进士、清江人杨懋珩（字桐舫）阅卷。复试之日，杨懋珩先生令潘世恩背诵诸经、古文，经历多年严格家庭习学的潘世恩自然是背得滚瓜烂熟，但杨老进士尤其赞赏的还是他的诗赋诸作。杨老进士似乎还不满足，又现场以“范文正天下为任”属对，谁知潘世恩应声即对：“韩昌黎百世之师”。对得不仅快捷，而且工整。杨大喜，说其异日必以文章著称于世。因此将此属对情况录于卷末，呈报给中丞闵鹗元（字峙庭）审阅，闵中丞深为器重。郡试时又得激赏，那负责郡试阅卷的胡鉴泉（讳世铨）先生，竟在卷上评价道：“昔吕文穆见王沂公咏梅诗，以为此子早安排作状元宰相矣。吾于作者亦云。”于是第三覆案出，拔置第一。总评中云：“独是卷言理明切，天然朗润，较胜他作且其年仅成童，而器宇凝重，顾视不凡”，“因拔置首选，用示鼓励”。后院试取入府学第十九名。当时的学使为谢墉（字金圃），以吏部左侍郎外任。同年，潘世恩肄业于苏州紫阳书院，山长为雍正丁未科（1727）状元彭启丰（字芝庭）。这年，他的二伯父潘奕藻成进士，入翰林。此后，潘世恩相继受业于孝廉吴鼎科（字朱庵），科试一等；乙酉解元孙登标（字朗庭）、进士顾礼琥（字莪庭）、进士平江书院院长吴霁（字竹堂）等名师，科试、岁试皆为一等。

潘世恩很快就到了弱冠之年。两年前，大伯父潘奕隽去贵州主持乡试，今年二伯父潘奕藻又去湖南典试。而20岁的潘世恩也奉父母之命，娶候选州同知谢长源（字怡堂）的女儿为妻。尽管他的学业成绩不差，但其父潘奕基仍然亲自督课，还将他与兄长潘世荣一同列坐“留余堂”，每日讲授经义及诗、古文辞。一分耕耘就会有一分收获，这样严格的家庭教育，自然更促使潘世恩取得成功。

乾隆五十七年（1792），潘世恩24岁。这年三月二十六日，其长子潘曾沂诞生，初为人父，自然是喜事。孰料悲喜交加，元配夫人谢氏竟产后病亡。这自然给他带来莫大的悲痛，因为夫人于归潘家五年，事堂上尽孝尽礼，持家勤俭，待下慈祥，口不言人过，举止端重，夫妇相爱甚笃。他在悲痛中为亡妻写了《夫人事略》。不过，丧妻之痛没有阻止他科举途中的步伐，这年秋，他应试金陵，首次赴省乡试，即中式第五十三名举人。主考为礼部左侍郎、满人铁保（字冶亭），内阁学士、钟祥人李潢（字云门），同考为建平知县、德州芦荫文（字海门）。这是他科举之路的一个里程碑且较为顺利。

第二年，乾隆五十八年（1793）癸丑，这是潘世恩一生最辉煌的年头之一。这年正月，25岁的他偕同早他三年中举的堂兄潘世璜（字理斋）、曾给他授业的舅舅黄国华等，一起入京都参加会试，同住在伯父潘奕藻的寓所四眼井。谁知又是一举即中，榜发，他中式第八十六名贡士。主考总裁为吏部尚书刘墉（号石庵）、礼部左侍郎铁保（亦是他乡试的主考官）、工部右侍郎吴省钦，同考官为刑部郎中章煦（字桐门）。复试为二等第五名。两个名次都不算太好。然而殿试竟然高中一甲一名，成了赫赫的状元，赐进士及第，授翰林院修撰。这年，潘世恩25岁。25岁的他，就让十几年的寒窗苦读化作了荣耀的巅峰。

视学育才

潘世恩中状元、授翰林后，即得到朝廷重用。当年九月他乞假归娶，次年正月即娶候选知府汪为仁（字雨村）之女汪氏为继室夫人，并回祖籍新安歙县进主祭祖。新科状元祭祖自然给家乡带来了荣耀，其具体情景无资料表现，但一番荣宗耀祖的景象还是可以想象的，不过他乘便还会晤了在籍告养的朝廷尚书雄村曹文埴。后，潘世恩偕新夫人于返途中游西湖、灵隐诸名胜。返苏州不久，即携眷由水路北上入都，充任《八旗通志》纂修。这年，兄潘世荣也在南闱中举。转眼，27岁的潘世恩又充武英殿纂修、国史馆协修，这是他的文才被肯定的体现。两年的努力即有成果，《八旗通志》书成，他得议叙加一级，记录三次。

嘉庆元年（1796）丙辰，潘世恩28岁，恭进诗册入选，不仅自己蒙赏大缎，连父母亲都得到诰封，父潘奕基为承德郎，母黄氏为安人。嘉庆三年（1798），潘世恩御试翰詹，又名列一等第二，遂蒙恩升侍读，后又充武英殿提调，升詹事府左春坊左庶子，署日讲起居注官，进入了朝廷的核心层。此后，他又相继转侍读学士、升詹事府少詹事、补授内阁学士，兼礼部侍郎衔，升礼部右侍郎，兵部、户部侍郎。30多岁年纪，已成为二品大员，可谓平步青云。

不过，这几年，潘世恩担任实职最久的还是提督学政。嘉庆四年（1799）八月，31岁的潘世恩奉命提督云南学政。九月起程，十二月抵云南学政任。潘世恩牢记父亲及时寄来的戒谕："汝蒙圣主隆遇，当尽心校阅，遴拔真才。"次年正月即下到基层按试云南景东、永昌、大理、楚雄诸郡，视察各郡学的考试情况。这时，他接奉阁学转来乾隆皇帝对其谢折朱批："少年得晋崇阶，又系鼎甲，宜爱惜声名，切勿恣志，前程远大，莫贪小利，秉此寸忱，以匡朝政，勉之慎之。"这一朱批，对潘世恩来说，不仅是此次提督云南学政的指针，而且是他一生谨慎认真为官的座右铭。他在云南基层各郡兢兢业业转巡数月，直到五月才回省，按试云南府。十月，复按试楚雄、大理、永昌、景东。云南省办理考试事宜的书吏们，一向无工食之费，遂唯有取给于新生的红案银子。这无疑是增加了新生的额外负担。潘世恩见此，即出示禁革，道："念书吏等枵腹办公，此项费用由向新生提调，改归各学承担，初覆、再覆卷各五钱，作为书吏等的工资，此外不得丝毫有所取，并咨明督抚存案，严饬提调稽查。"此举，士子甚为悦服。嘉庆六年（1801）二月，潘世恩以云南学政按试澂江、广西州、临安、曲靖等府，在按临广西州试院时，奉到皇帝恩旨，升任为礼部右侍郎，仍留任云南学政。四月，科试云南府。八月同制军中丞会考选贡拔贡，得李宗莲等八十四人。九月会考优贡，得寇伦、廖敦行两人。是科选拔中式者六人，自后每科中式数人。十月，潘世恩同年进士叶琴科来接替任云南学政，潘即交卸起程回京。

潘世恩第二次担任学政之职，是在嘉庆九年（1804）六月，先是蒙恩典浙江乡试，担任主考官。因是顺道，他上奏"恳试竣过苏，给假省亲"，嘉庆帝只准他在家省亲五天，既要他认真选拔浙江人才，又要他沿途察看灾情和赈灾情况，据实密奏，体现了对他的信任。他也认真按照帝谕办事，六月二十一日出京，七月二十四日抵达吴县西南的胥江，兄潘世荣来见，"次日，潘奕基至舟中，曾沂随至"，仅在船上与父亲兄长及儿子相见叙谈。所以他在年谱中感叹"十年睽侍，半日承欢，欣喜之余，益增怅惘"。而父亲还谕示他："两浙人文渊薮，汝膺重任，公正自不待言，尤宜矢以虚心。"潘世恩谨遵父训，皇命在身，不得不匆匆离开，很快于三十日抵达杭州。八月六日即入闱监考。当他正忙于主考乡试之事，十五日即得旨放任浙江学政。于是九月十三日榜发，取了正副榜一百一十二人后，即接了浙江学政大印。且得谕批，要他随时密奏"两浙吏治民风，洋匪情形"，再次体现了皇帝对他的极度信任。次年二月起，一直至嘉庆十二年（1807）三月，潘世恩勤勤恳恳地先后按试浙省所属宁波、台州、绍兴、杭州、湖州、嘉兴、金华、处州、温州、衢州、严州等府，训导全省各地学事，兢兢业业，实心勉励，整顿士习，并随时密奏两浙情况，仅在杭州时稍抽时间陪亲属小游外，其他各处都无暇观光。嘉庆十二年（1807）八月，得旨署户部右侍郎。不过，这两三年里，他人在浙江，却多次得到皇帝颁赏《御制诗文初集》等，体现了皇帝对他的关切之情。

潘世恩第三次充任学职是在嘉庆十五年（1810）八月，他已经42岁，奉命视学江西，行前不忘至热河避暑山庄向皇上请训。九月即出京，十二月二十四日渡九江，望匡庐山，见山容树色峭倩青葱，很有艺术鉴赏力的潘世恩，这回乘便到了庐山一览。虽如此，他亦没忘公务在身，仅稍停一日，便渡章江，寓百花洲。二十七日即至南昌接印。正月初三，眷属到署。二月刚临，潘世恩即先后按试瑞州、袁州、吉安、南昌、抚州、建昌、南海、赣州诸府。在按试中，潘世恩还关注当地社会治安状况，向朝廷奏报江西省"向有担匪，纠伙结盟"，危害百姓之事，并且具体指出了匪伙作案的特点，活动的地域，惩处的情况等，还提出自己的建议。当然，他也认真抓自己的本职工作，继续按试宁都、瑞金、南安等府。年底，江西试院落成，潘世恩进署。次年二月起，又先后按试南康、九江、饶州、广信、抚州、建昌、宁都、南安、赣州、吉安、袁州、临江、瑞州等地。在按试中，他发现有院试卷与县府原卷笔迹不符者，有复试卷与正场卷不符者，有文理不符与卷面不符等作弊行为。他或端坐堂皇，另编堂号；或取其供词，发提调严办；或扣除发审，廪保斥革。经潘世恩严办后，弊端渐渐减少。他如此认真做事，自然比较辛苦，但所拔庶可得真才，心中亦很欣慰。而朝廷也把他的认真作为看在眼里。这年五月，他即奉到颁赏《御制嗣统述圣诗》一函；八月奉赏《全史诗》四套；十二月又得旨补授工部尚书。这是朝廷对他工作业绩的肯定。

典试拔才

主持乡试、会试，担任典试主考官，是潘世恩宦途中的重要阶段。

嘉庆四年（1799）三月，31岁的潘世恩刚踏上宦途没几年，即第一次以侍讲学士之衔充任了会试同考官，得觉罗桂芳等十一人贡士，后来这些人中成伟器者、入词林者皆不少。

第二次是嘉庆九年（1804），以户部侍郎职衔充任浙江乡试正考官，副主考是礼部员外郎卢荫溥（字南石）。

第三次在嘉庆十三年（1808）八月，潘世恩偕同歙县老乡曹振镛尚书典试顺天乡试。不过，他是以吴县籍、礼部侍郎之职，而曹振镛（字俪生）却以歙县籍、工部尚书之职，故曹为主考，潘为副主考。此考榜发，取举人二百三十七人，解元为诸葛光泰。

潘世恩第四次充任考官已是道光十二年（1832）且为年过花甲的64岁老人，并以吏部尚书之职，充任会试正总裁。充当其副手的是刑部尚书戴敦元（字金溪）、工部尚书穆彰阿（字崔舫）、户部尚书朱士彦（字咏斋），取贡士二百零三人，会元是江苏常州人马学易。这科殿试状元是江苏吴县人吴钟骏。

四年后，道光十六年（1836）三月恩科会试，潘世恩第五次担任主考官，这次以内阁大学士之衔。副主考为协办大学士王鼎（字定九）、工部侍郎吴杰（字梅梁）、内阁学士王植（字晓林），取贡士一百七十四人，会元为江苏江阴人夏子龄，殿试状元则为福建侯官人林鸿年。潘世恩也因此而获朝廷赏赐端砚一方。

第六次担任考官是三年后的道光十九年（1839），潘世恩继续以内阁大学士衔充任顺天乡试主考官，这年他已是年过古稀的71岁老人。顺天府为清朝首府，乡试主考官资格高于他省，连副主考亦是尚书、侍郎。这次与潘世恩搭档副主考的是户部尚书何凌汉（字仙槎）、吏部侍郎恩桂（字小山）、工部侍郎徐士芬（字辛庵），录取举人二百四十三人。次年三月，潘世恩又以内阁大学士衔充任会试正总裁，担任副手的是户部尚书隆文（字云章）、礼部尚书龚守正（字季恩）、户部侍郎王玮庆（字藕堂），取贡士一百八十三人，会元为浙江钱塘人吴敬羲，殿试状元为李承霖。这是他第七次任考官。

潘世恩第八次也是最后一次担任考官，是道光二十七年（1847）丁未科会试。这年他已79岁，职衔仍是内阁大学士，副手是工部尚书杜寿田（字芝农）、吏部侍郎福济（字元修）、阁学朱凤标（字同轩），所取贡士二百二十一人，会元为浙江钱塘人许彭寿（字仁山），殿试状元为直隶南皮人张之万。

在八任乡试、会试考官中，潘世恩为朝廷选拔了大批具有真才实学的人，不少成为朝廷重臣，同时，也使他自己的门生遍天下。

朝廷重臣

潘世恩为人正直，端方谨慎，外柔内刚，当官缜密，安静能识大体，历四次京察，皆被称为“克勤克敬，矢慎矢恭”，故在乾隆、嘉庆、道光、咸丰四朝皆深受重任，担当朝廷重臣，被后世誉为“四朝元老”。尤其是在他刚入朝为宦的乾隆时期，当时的乾隆帝红人、大学士和珅，喜弄权柄，见潘世恩前程不可估量，欲拉拢到自己圈子里来，曾暗中予以种种示意，也曾派人私下传话。而潘世恩对他的种种示意，只当不见，不予理睬，对私下的传话，则更是断然拒绝。这令和珅也意想不到，这年纪轻轻的状元，竟然办事如此老成，稳重大方且清廉正直，遂也只有作罢。由此可见，潘世恩为官的正直清廉。

潘世恩作为朝廷重臣，具体表现为：

其一，总裁宫廷文字。他曾历充《八旗通志》纂修（26岁），武英殿纂修、国史馆协修（27岁），咸安宫总裁、本衙门撰文、实录馆纂修（31岁），续办四库馆总裁、文颖馆总裁（39岁），武英殿总裁、国史馆正总裁（46岁）。武英殿本是皇帝举行登基典礼之处，清康熙年间，首开武英殿书局，乾隆朝后成为专司校勘、刻印书籍之处，一直持续到清末，长达二百余年。国史馆则是纂辑国史的国家最高史政机关，最早于康熙二十九年（1690）设于东华门内，掌监修明史、清史，有总裁、总纂、纂修、协修、总校、提调等官。咸安宫为清内务府给三旗子弟开设的官学，称咸安宫官学。实录馆，则是新嗣位的皇帝为已故皇帝特命开馆纂修大行皇帝之实录的临时机构，有监修总裁、总裁官，主要由大学士（也有个别尚书）出任，副总裁大多是翰林院掌院学士或各部尚书、侍郎、御史等选任。四库馆则是编纂四库全书之地。文颖馆则是清代编纂《皇清文颖》一书之地。潘世恩在清廷的许多中央文字机构中，先后担任协修、纂修、总裁等职，既是他文才出众的体现，也可见朝廷对他的信任。

其二，职掌翰林院。翰林院是朝廷掌编修国史、记载皇帝言行起居注，进讲经史，以及草拟有关典礼文件、考议制度、备皇帝顾问的官署，是储才之地。翰林院内设庶常馆，进士殿试唱名后，要再试以论、诏、奏、议、诗、赋，选其优者为庶吉士，通称“庶常”。庶吉士须入庶常馆学习，每月考查学业，三年期满，再试以诗赋，向帝引见后，按等第分别授职。这学习期间，由皇帝派遣翰林院掌院学士、内阁学士充任庶常馆教习。道光八年（1828），60岁的潘世恩在署任吏部尚书的同时，又署任翰林院掌院学士。道光十二年（1832），又派充教习庶吉士。十五年（1835）充翰林院掌院学士稽察，钦奉上谕处理事件，次年正月，派充上书房总师傅，职在掌院学士之上。

其三，殿试、朝考阅卷官。清代，进士经殿试取得出身后，须再应一次殿试，由特派大臣阅卷，称为朝考。然后按朝考成绩，结合殿试和复试（指会试后的复试，主要防止会试舞弊）名次，择其优者为庶吉士。因此，这特派阅卷大臣须由德高望重、正直公正者担任。潘世恩就先后于嘉庆十三年（1808）、十九年（1814），道光九年（1829）、十五年（1835）、十六年（1836）、二十年（1840）、二十四年（1844）七次担任殿试读卷大臣，又先后于嘉庆十三年（1808）、十四年（1809）、十九年（1814），道光九年（1829）、十三年（1833）、十五年（1835）、十六年（1836）、十八年（1838）八次担任朝考阅卷大臣，还十二次担任考试试差阅卷大臣，两任庶吉士散馆阅卷大臣，各一任大考翰詹阅卷大臣和拔贡朝考复试阅卷大臣。这足见他在学问上的优秀和道德品行上的公正，也足见他一贯地被朝廷所信任与委以重任，而他也忠心耿耿地为朝廷选拔了许多人才。

其四，职掌朝纲，位极人臣。嘉庆四年（1799），31岁的潘世恩就恭奉恩纶补授内阁学士兼礼部侍郎，后又兼署兵部右侍郎、左侍郎，户部左右侍郎，兼管钱法堂事务。嘉庆十七年（1812），潘世恩44岁，得旨补授工部尚书，此后历署吏部尚书、礼部尚书、工部尚书，兼署左都御史。道光十三年（1833），65岁的潘世恩得旨为体仁阁大学士。清代大学士系殿阁衔，官阶一品，为文臣最高级，名为协助皇帝处理政务，起草诏令，批答奏章，虽无宰相之名，而有宰相实权，号称辅臣。这表明潘世恩已职掌朝纲。道光十四年（1834）正月二十一日，新年一开始，66岁的潘世恩又蒙恩在军机大臣上行走，两天后，道光帝即赏给他海淀娘娘庙官房一所，赏库缎袍褂料。后又多次随扈驾，多次得封赏端砚、歙砚、绸缎、荷包、貂帽以及茶叶、干水果等。道光十五年（1835），奉命充东阁大学士。道光十七年（1837）元旦，蒙恩晋太子太保，即以朝臣兼东宫太子师傅。潘世恩获此殊荣后，在《思补老人手订年谱》中写道："世恩仰荷特恩，遽加太子太保，渥膺殊恩，渐感交并。"这也使他更加忠于朝廷。

道光十八年（1838）闰五月，70岁的潘世恩又蒙恩充武英殿大学士。这年十二月二十一日，是他70岁生辰，蒙圣恩赐寿。皇上先期钦差署武备院卿英诚捧来赏件，即御笔"熙载延祺"匾，"弼亮宣猷襄密勿，靖共介福锡康强"楹帖，以及福、寿字各一方，梵铜无量寿佛一尊，紫檀嵌玉如意一柄，黄碧玡玭朝珠一盘，还有玉、瓷、铜陈设，缂丝蟒袍面，大卷八丝缎，小卷红绸、线绉、春绉等。又奖谕曰："大学士潘世恩在内廷宣力有年，端方谨慎，遇事细心。现届七旬，精神强固。著加恩赏戴花翎，以示优眷。钦此。"如此恩荣，潘世恩自然于庭中预设毡桌、香案，至大门跪接钦使，向上行三跪九叩之礼以谢恩宠。

道光二十三年（1843），潘世恩75岁，上谕免其入班，并言大学士潘世恩"十年以来夙夜趋公，宣勤佐治，朕心嘉悦之至，允宜特沛殊恩以节劳勚，著加恩在紫禁城乘轿，用示朕优礼耆臣至意"。道光二十五年（1845），皇上又在潘世恩入朝时赐"著一人扶掖"。乃是因为十二月十二日召见时，77岁的潘世恩至养心殿上阶失足，伤唇齿。皇上天恩高厚，体恤逾恒，使他"益深兢惕"，继续为朝廷效劳。78岁时，他蒙恩旨赏穿黄马褂。这自是少有的恩宠。据他的《思补老人手订年谱》载，"恭查本朝文职汉大臣特赏穿黄马褂，自乾隆四十一年大学士于敏中始，继此，则五十一年陕甘总督毕沅、嘉庆五年前河总督吴璥、七年直隶总督颜检、十三年直隶总督温承惠、二十三年直隶总督方受畴，皆蒙特赏。或以军功告蒇，或因畿辅宣勤"。连他一起仅有七人。他自谦"世恩一介庸愚，毫无报称，鸿慈逾格，鹈翼滋渐，感愧之余，益增悚惕"。由此可见，潘世恩是位极其谨慎并知恩图报的人。故他在79岁时，仍充任会试正总裁。

皇上仍不断恩赐有加。道光二十八年（1848）正月初二，又恩晋潘世恩加太傅，赏用紫缰，他恳辞不允，当即叩首谢恩。太傅为辅弼国君之官，可谓一人之下万人之上，而清朝满汉大臣加太傅者，仅范文程、金之俊、鄂尔泰、曹振镛、阮元、潘世恩等六人。这年他80岁生辰，又蒙恩赐寿，御笔"三朝耆硕"匾和"望重三公资燮理，祥开八鞢衍期颐"楹帖，还有寿字、玉佛、佛像、紫檀镶玉如意等，又谕示："大学士潘世恩由乾隆年间供职词垣，嘉庆年间洊擢尚书，经朕简任大学士、军机大臣、充上书房总师傅，襄赞纶扉，宣勤日懋。现在年登八秩，精神强固，朕心嘉悦实深，允宜特沛恩施，以昭优眷。伊孙潘祖荫著加恩赏给举人，准其一体会试。用示朕笃祜耆臣有加无已之至意。钦此。"不仅让他本人受恩，而且恩及其孙潘祖荫，无须乡试，即为举人，获准与应试得中的举人一体参加会试，确是恩赐"无已之至"。而潘世恩是"非梦想所敢期"。于是他"谨赋七律八章以志荣幸"。

不过，他于次年二月"以保举不慎，镌级留任，罢上书房总师傅"。受到一点轻微的处分。后来，他以腰胁作痛请假，准假。假后两次奏请开缺，然道光帝不允。在这种情形下，潘世恩欲急流勇退，但道光帝仍给他一些老面子。道光三十年（1850）正月十四日，道光帝龙驭上宾，离开了人世。二十六日，咸丰帝登基，82岁的潘世恩又覃恩加一级。但他自感老矣，又数次奏请开缺。咸丰帝终于恩准，谕“以大学士致仕，加恩赏给支食全俸”。咸丰壬子（1852）、癸丑（1853）两科会试，潘世恩已是耄耋鹤发时，也正是他中举、中状元满六十年之际，咸丰帝特许他两次重游泮宫，重赴鹿鸣宴，御赐“琼林人瑞”匾额。

潘世恩受重用，还可从以下事例得以佐证。道光二十四年（1844），内阁四个大学士：潘世恩、穆彰阿、宝兴、卓秉恬，后三位大学士皆是潘世恩的门生，足见其威望之高。而一向谨慎的潘世恩也极自豪地赋诗曰：“翰苑由来重馆师，卅年往事试寻思。即今黄阁三元老，可忆槐厅执卷时。”还有道光三十年（1850）三月，潘世恩已是82岁，仍“蒙恩召对”，他遵旨保奏人才，推荐在籍前任云贵总督的林则徐，称其“历任封疆，有体有用，所居民乐，所去民思”，奏请来京，以备简用。他又保奏前任福建台湾道姚莹等，使贤才云集朝廷。

对非议者的辨正

潘世恩在廷枢为相十七年，后人亦有对其非议者。论其于政治无大建树，“中外不甚称其相业”，特别是指责他在鸦片战争时，身居军机大臣重位，却不能抗衡穆彰阿之举动，为时人所讥，连《清史稿》亦说他是个“恪恭保位者”。

其实，潘世恩经历了清王朝由盛转衰的过程，做了不少力所能及的有益的事情。

一是做学政，革时弊。嘉庆五年（1800），32岁的潘世恩第一次奉朝廷之命，离京提督云南学政，发现“滇省书役向无工食，惟取给于新生红案银”，即予“出示禁革，改归各学初复、再复卷费各五钱，书吏作为工食，此外不得丝毫有所取”，并“咨明督抚存案，严饬提调稽查”。士子甚为悦服。后又历任浙江、江西学政，皆内尽力革除时弊，整顿士习，稽查匪患，受人们称道。

二是充任上书房总师傅时，提议坚决稽查漕运中回空粮船夹带私盐、藏匿军器等弊端，“饬令直隶总督，转饬天津道，督率地方文武运委、员弁，于搜查各船私盐之便，统于该处就近河面宽阔处所认真查办，倘各帮船内仍有私藏刀械、鸟枪等器，一经查出，立即从严究办，有犯必惩。如有差役兵目人等得规徇庇，即行从重治罪。派出各员有不实力搜查者，该管上司指名参处，庶声势联络，以专责成而肃漕政”。他的这一奏议，得皇帝肯定颁行，对整肃漕政起了有效作用。

三是反对增屯毁牧。潘世恩考虑问题乃从国家大处着想，“设张举措，务持大体”。乾隆时实行了屯垦守边政策，虽然加强了边疆防务，但也任意开垦了不少天然草原牧场，使地域生产被严重破坏，更有人乘机借此扩大势力。如道光十七年（1837），黑龙江将军哈丰阿等上奏《查明地方情形，酌量调剂添设屯丁开垦纳粮》。身任太子太保的潘世恩认为，“酌量调剂，自应准其照议办理”，但“添设六屯之处，未将有碍游牧与否详晰声叙。臣等查理藩院例载，私募开垦地亩分别加重治罪，及禁止出边开垦地亩，各有专条例禁綦严。该将军等请于都尔博特所属各地方开垦六屯，应毋庸议”。潘世恩之所以坚决不同意，乃是认为黑龙江草原适宜游牧，开垦毁草种粮不利于国家的经济发展。

四是议驳盐课改归地丁输纳。道光十七年（1837），给事中孙善宝上折，请将山东盐课改归地丁输纳，即将盐课划归地方，让百姓自运自销，变成私有。潘世恩认为，盐是国家重要产业，也是朝廷重要财政来源，若“听民自运自销，官私漫无稽核”，则影响不只是山东场灶，“浸灌必更甚于河东，于淮纲引课大有关碍”，必造成全国性的盐业市场混乱，“则商无引地”，而历年积欠“更无可追赔，于欠款仍无着落”，因此“究属窒碍难行，应毋庸议”。表示了他坚决反对的态度，亦得朝廷支持。

五是在鸦片战争爆发前，潘世恩支持林则徐前往广东禁烟，力主严内治，方能御外侮。对林上奏处理“洋务”五条章程，身居军机大臣的潘世恩亦给予坚决支持。

因而指责潘世恩是个“恪恭保位者”是不确切的。当然，潘世恩的为官为人之道是勤劳、谨慎、守正，不是锋芒毕露、咄咄逼人。这与“恪恭保位”不能画等号。冯桂芬等同治《徽州府志》卷八十三，曾载录道光皇帝手谕云：“潘世恩精勤襄赞，一德一心夙夜在公，勤劳备至，朕实难以言谕。”这是一位君主对最亲近的大臣最真切的评价。潘世恩是深谙谨慎为官之道的，所以他小心谨慎地回绝了权臣和珅的拉拢。他在枢桓十七年不与地方大吏私通信牍。而他自己“上前所陈奏，或有所论荐，非宣示，终不以告人，虽家人子弟不闻不知”。潘世恩写字素来有“潘字少一撇”的传闻，这传闻被其六世孙潘裕洽证为事实。因为“潘世恩虽然官至宰相，但头上还有皇帝，照理不能‘出头’”。

潘世恩的为人谨慎，这在《潘文恭遗训》中也得到体现。他教育其子从小“勿妄语，勿戏谑，师心自用，勿矜己长，勿议人短”。他崇尚诸葛亮一生谨慎、审慎，做事精密细致，处理大事从容不迫，所谓胆欲大而心欲小也。故其侄子潘希甫说：“古人有言，忍耐是应事第一法，安祥是处事第一法，谦退是保身第一法，涵容是待人第一法。余生平服膺于此深矣。”其孙子潘祖谦亦以“忍”字为座右铭且训诫子弟能忍则天下无不可。可见潘世恩的仕官精神在其后人中得到了传承。

谪居离朝十三年

其实，潘世恩的官宦生涯并不是一直都一帆风顺，从嘉庆十九年（1814）到道光七年（1827），他曾被谪居吴县老家十三年。他自己的《思补老人手订年谱》中有相关记载。

嘉庆十九年（1814），潘世恩46岁，新年正月初一，他即得皇上赏如意，赴重华宫参加茶宴的待遇，并恭和御制《三友轩联句复得七律二首》元韵，再得赏如意、荷包、端砚、三清茶椀、王翚书卷、烟壶。元宵节，又赴正大光明殿筵宴。二月初二日，经筵直讲，署武英殿总裁，同月《唐文》告成，加二级。三月，署吏部尚书。四月，派阅散馆卷，又派阅新进士复试卷、殿试读卷官。五月，充国史馆正总裁。这表明他的官宦生涯正进入蒸蒸日上之际。然而六月二十日，他接到父亲潘奕基寄来的手谕，报告了对他来说是晴天霹雳的消息，母亲黄太夫人于本月初四日逝世了。他自然是悲痛不已。按规定，他必须回家守孝丁艰。于是星驰就道，于七月下旬到家，十一月选定墓茔，次年十一月下葬。虽然这年九月，他第五个女儿出生，次年九月孙女出生，但此期间，二伯父潘奕藻也离开人世，喜气冲淡不了悲哀。

嘉庆二十一年（1816），潘世恩服母丧期满，按规当返朝上班，他却因父亲“年已七十有一，精力迥不如前”，向嘉庆帝具折陈情乞养。而这年，他的长子潘曾沂中了十九名举人，按规当亲向京城皇上谢恩，他却只上折由儿子带去转呈。两项都没有按规去做，便引起嘉庆帝大为不满，在他的折子上批道：“忠孝二字不可歧视，知所先后则近道矣。”其内涵是指潘世恩没有把忠于朝廷摆在前面，是不懂大道。于是接着颁诏斥责说，潘世恩奏请在家侍养老父，儿子中了举人，也只上折谢恩。他系一品大员，理应亲自来京奏请谢恩，即使因父亲年过七旬，想在家侍养，也该在来京召见时，据实陈奏，朕定会允准。今他在折子里，仅说他父亲的精神不如以前，并非病重，一刻也不能离开。来京往返不过月余，却怕跋涉，轻率地上疏陈情，有悖于人臣之义。命降为侍郎，准他在家侍养。侍养亲事毕来京，以侍郎补用。潘世恩就这样因自己的不慎重，失了一些礼数，便被从尚书位上谪降为侍郎。他也只得“跪读圣训，感激涕零”，由此他也深感为官谨慎的重要性。

被谪降在家的潘世恩，便在自己为奉养老父而购建的“凤池园”宅第内度日。此宅第内的“留余堂”有藏书楼，他即在楼内遍读群书，作诗研史。他收藏有图书数万卷，这便成了他精神徜徉的好场所。他与石韫玉（字琢堂）、吴廷琛（字棣华）、吴信中（字蔼人）等苏州文士互相唱和，写下不少诗作。吴中刻书家黄丕烈以为乡梓盛事，汇刻一卷《四元唱和诗》。潘世恩便也奉杖随从父亲于静摄之暇，散步游览家园，洗竹浇花。而当邓尉梅花盛放之际，便陪父亲坐轿遍游附近诸名胜。也偶尔率子侄辈泛舟虎阜，游玉兰精舍等地。最有意义的是奉父亲之谕：“汝蒙圣恩高厚，宜补读有用书，为异日报地。”因此，他编辑了《读史镜古编》一书。该书有六十四目，三十二卷，每一则脱稿皆呈父亲订正。又博采宋元明诸儒自周子至李二曲先生四十三家之言，择其易知简能、近而可思之语，汇成《正学》一编。又作《潘氏支谱序》。

道光四年（1824），他父亲潘奕基八旬正寿且重游泮宫，京外诸同人及门下士皆以诗文相投赠。谁知到十月十五日，年迈的潘奕基便偶感风寒，体觉微倦，虽还为曾莹、曾绶二孙阅示诗文，然很快即忽然痰厥不语，不久便逝世了。于是潘世恩又得在家守孝三年。

潘世恩虽说谪居离朝十三年，但在这段时间里也曾进京两次。一是嘉庆二十四年（1819）八月十六日，他曾进京恭祝万寿，并得嘉庆帝召见，“垂询臣父年岁、饮食”。他代父亲进贡品二十九件，蒙赏收九件，还得皇上恩赏其父亲如意等八样珍品。十月初六，还参加了朝贺，直到十一月中旬才回苏州。二是次年八月初十，潘世恩惊闻嘉庆帝逝世，遂于十六日起身进京，参加大祭，得新帝道光召见。十月十五日回苏。

道光七年（1827），已是59岁的潘世恩服阙期满，四月初一携眷进京，五月初向道光帝递折召见。道光帝秉承父皇生前的诏令，任命他署理工部左侍郎，不久实授吏部左侍郎、国史馆副总裁，十月升都察院左都御史。到次年七月以后，便先后署吏部尚书、礼部尚书、翰林院掌院学士，才官复原职。

故后恩荣

咸丰四年（1854）甲寅四月二十日，潘世恩逝世，享年八十有六。他的门生、道光进士冯桂芬为他所撰的《诰授光禄大夫太傅武英殿大学士潘文恭公墓志铭》，起首即云："咸丰四年夏四月己巳越二十日戊子，太傅大学士、吴县潘公薨于京第，疏闻，上震悼，命怡亲王致奠恤典，视例有加，入祀贤良祠，谥曰文恭。"朝廷如例祭葬，并命亲王致奠，特旨入祀贤良祠，并予谥号，这是崇高礼遇了。同时，咸丰帝还谕旨赞他："立品端方，学问醇正。"还在其得中状元六十年之际，亲书"琼林人瑞"匾额以赐。享如此恩荣者，有清一朝，不过七八人而已。

潘世恩博览群书，其诗文"敦厚温柔，深得唐人三味"，卓然成家。平生著作除大量《奏议》外，还著有《真意斋文》一卷、《思补斋诗集》六卷，《正学编》一卷，《读史镜古编》三十二卷、《熙朝宰辅录》二卷，《思补斋笔记》八卷，还于生前撰《思补老人手订年谱》。

潘世恩初娶候选州同知谢长源女，后赠一品夫人，淑慎其德，禀命不融，归公仅四年即逝世。后娶候选知府汪为仁女，后封一品夫人，乃潘世恩状元及第后所归，虽年仅十七，却"生而贵富相"，随公六十载，"夫荣子继，重封极品，醇德备祉，克俪于公，为人孝敬慈惠，居卑尊闲，莫不法式，视子女如一无纤毫薄厚，天资好善，赒恤人恐不逮，在京邸捐金建苏太义园，他善举称是"。这是冯桂芬在潘世恩墓志铭中对汪氏的崇高赞语。而且汪氏在曾莹、曾玮二子同时为刑部堂司时，诫曰："刑官可造孽，亦可造福，慎之哉!"这表明她很有一些政治见识。潘世恩还娶有侧室张氏、黄氏。

潘世恩生有五子。长子曾沂为谢夫人所生；次子曾献，幼殇；三子曾莹、四子曾绶为汪夫人所生；五子曾玮为张恭人所生。另生有五女，谢夫人生一，汪夫人生三，黄孺人生一。有孙十三，庭诰（殇）、仪凤（曾沂子），祖同、祖福（殇）、祖喜、祖保、祖桢（曾莹子），祖荫、祖年（曾绶子），祖谦、祖均、祖畴、祖颐（曾玮子）。可谓子孙满堂。

因此，潘世恩是清代少有的集荣华、富贵、长寿、子孙满堂于一身的名臣、重臣。故冯桂芬在其《诰授光禄大夫太傅武英殿大学士潘文恭公墓志铭》最后赞道：“四朝元老，千载要会，风度典刑，邈矣难再。”

其他六位进士事迹

苏州“大阜贵潘”中进士者共有九人，按得中时间顺序，依次是潘奕隽、潘奕藻、潘世恩、潘世璜、潘曾莹、潘遵祁、潘祖荫、潘祖同、潘尚志。因潘奕隽、潘世恩、潘祖荫的地位与声望稍显，本书作单章详细记述，前面已述潘奕隽、潘世恩二位，潘祖荫将在后一章记述，现将另六位事迹集合一章分而述之。

潘奕藻人生事迹

《世系考》载：潘奕藻，歙县潘氏第二十九世，潘冕次子，字思质，号畏堂，吴县庠生，乾隆乙酉（1765）科举人，已丑（1769）科中正榜，甲辰（1784）科会试侯健融榜第六十九名进士，殿试茹棻榜三甲第十七名，朝考入选，钦点翰林院庶吉士，历任刑部山西司主事，安徽司员外郎，陕西司郎中加一级，三通馆纂修，戊申（1788）科湖南乡试副考官，授朝议大夫，晋赠光禄大夫，经筵讲官，体仁阁大学士、管理户部事务，东阁大学士管理工部事务。生于清乾隆九年（1744）甲子二月十日，卒于清嘉庆二十年（1815）乙亥九月二十四日，年七十有二。娶吴成佩女，生于清乾隆九年（1744）甲子五月六日，卒于清道光五年（1825）乙酉九月十三日，年八十有二，封恭人，晋赠一品夫人；侧室陈氏。嗣子世荣，为奕基公长子。生女三。

据《大阜潘氏支谱》之《士显考畏堂府君行述》载，潘奕藻长相俊茂，性格沉静，端正稳重。稍长，与兄奕隽、弟奕基“同塾读书，目数行，下童试辄前列，与吴昙绣、少甫两丈文场角艺，吴中有‘二吴三潘’之目”。乾隆庚辰年（1760），潘奕藻17岁，受知遇于学使刘石庵，获补吴县博士弟子员。壬午年（1762），父亲潘冕命奕藻随兄奕隽和弟奕基一起至武林（杭州）复从师于吴筠竹。这年秋，兄奕隽乡试中举，激发了潘奕藻“益自刻厉，严寒至三鼓犹伊吾不辍”，果然刻苦读书。然父亲潘冕却制止他这样做，认为“得失，命也，毋自苦”。甲申年（1764），21岁的潘奕藻娶妻吴氏。妻很贤良，操持内政，不使丈夫分心。这年，他从名师陆澹明，陆以清初“诸大家之文”来培训他，果然“文格为之一变”，亦很快收到效果。次年，潘奕藻即在乡试中成为第九十六名举人。己丑年（1769），兄奕隽中进士，他是与兄一起进京会试的，其虽未得中，然文章也“已日彀于荐卷中，挑取中正榜”，表明距离进士不远了。然好事多磨，直至十五年后的甲辰（1784）科会试，他才考中第六十九名进士，纪晓岚是这科的考官之一。他们见其对策，都“击节叹赏，以为典核详明，非经生不能道只字”。故谒见座师时，被“极加奖誉”。廷试后为庶吉士，充内廷三通馆纂修。

丁未年（1787），潘奕藻庶吉士学习期满，改任部属官员，分任刑部直隶司行走，旋即补山西司主事。当时总理大臣为阿文成，大司寇为胡云坡，而刑部之总汇案牍工作繁剧。潘奕藻“性刚正，不喜迎合，公事当言必言，意不合，必据理直争”，因此受了不少委屈。胡云坡对他倒是尤为器重，说他“老成练达，结实可靠，为部中不多得之员”，所以“处大疑案”，必令他推讯。而他“亦细心研鞫，务使平允而后已，退食之暇，将部中稿案详论往复，手自批核至夜分，一灯荧然，数易稿始定”。这里可知他办案认真，已成刑部的骨干。他也注意部员之间的关系，“遇事与同僚和衷参议，不执己见，每呈稿案，大僚以为断狱老手，不可更移一字”。因此，潘奕藻的办事能力与工作态度，获得了长官和同僚们的肯定与赞许，连“部中猾吏亦咋舌不敢欺”。此时，其兄潘奕隽在户部为官，“寓居相距咫尺”，下班后，兄弟俩“联床风雨，杯酒论文”，常被同僚们侈为美谈。这年，潘奕藻旋蒙朝廷“恩赏大缎二端”。这是对他办事成绩的奖励。

戊申年（1788）夏，潘奕藻奉皇命典试湖南，即乡试副考官，与他一起同事的是检讨、仁和县人蔡共武。他认为自己资格浅新，因此“闻命感悚”，“入闱后，与蔡公勤慎校核”，录取了一班“皆一时孤寒名俊”，事后得到当地士人的肯定。他二人以勤奋谨慎的工作态度，公正地为国家选拔了人才。潘奕藻与其兄潘奕隽一样，喜欢以诗寄兴情与心志，在沿途经过邯郸吕翁祠、汤阴岳忠武祠、张桓侯故里、韩魏公故里，“皆有题咏，载归《云轩诗稿》中”。

潘奕藻“秉性耿介，无丝毫妄取，服官十余年，敝车羸马，衣服仆从，俱尚朴素。尝曰：‘京师居，大不易，事事节省，尚虑不能支持，他人以绚烂为工，或以吾为不合时宜，然吾素性然，非矫情以立异也。’”可见他是一个清正廉洁的好官。这年冬天，当他还在湖南典试之时，其兄潘奕隽已辞官归田，那种在一起“联床”“杯酒”的日子再也没有了，故而“一旦睽违，不胜怅怅”。好在近几年中，弟奕基子潘世恩与兄奕隽子潘世璜先后中状元、探花，都进京都。所以他欣然曰：“吾离家五载，两侄联翩直上，同聚京华，虽在异乡，转有团圆之乐，国恩高厚，难酬万一。”于是他借此告诫子侄“汝辈亦知今日科名所自来乎？此皆先世积善敦行，隐而弗耀，郁之愈久，发之愈光，汝等能知此意，厚自培植，食报正未有艾，但恨大父母不及一见，为可痛耳。”指出今日之功名乃先世积善积德之故，要求小辈人不要随意炫耀。

潘奕藻自湖南典试回京后，仍在刑部任职，每日下班甚晚，曾对两位侄子说：“汝兄弟官职清闲，真神仙中人。吾审案烦冗，求片刻之暇不可得，劳逸相去何如?”乙卯年（1795）端午那天，潘奕藻因署中事务稍闲，便即准备饮点小酒来表现欢悦之情。谁知“未及举杯，而衙吏又以派委要件来告”，他只得“匆匆进署”。他就是如此公务繁忙。正因他勤勤恳恳做事，遂早在庚戌年（1790）就题补刑部安徽司员外郎，不久又升任该部陕西司郎中，后又两次保送御史。然被总理阿文成和大司寇胡云坡皆以他“为部中熟手，未经保送”。

于是，潘奕藻同乃兄潘奕隽一样，“年逾五十，即有归志”。丙辰年（1796），52岁的他即决意弃官。同僚中有人劝阻他，不要这么过早地退职。他却说：“吾有两侄在朝可报国恩，吾生平淡于进取，分宜乞休。”这自然是借口，实际是不满当权者对他的压制，不过，淡于进取，也是他的禀性。他遂与夫人吴氏在九月中旬由水路遄归，十一月抵家，与兄奕隽、弟奕基“欢然话旧”。侄子潘世恩在京送行诗中，有“童仆聚看疑是客，亲朋听说便称仙”之句，表达了一种雅慕之情。潘奕藻返苏州，与兄潘奕隽同居花桥。庚申年（1800），嗣子潘世荣自躬厚堂（生父潘奕基居处）来侍奉嗣父。然不久迁居蒋桥，一座五路五进的木结构深院，名为“存诚堂”。

《士显考畏堂府君行述》载，潘奕藻退休在家，“除读书作字外，一无所好”，不过，还是在所居中“艺花种竹，怡然自适”。他“性笃友爱”，虽与兄弟分居，但“常诣三松堂”，与潘奕隽“商榷考订，煮茗谈心，或同至凤池园”，与潘奕基“赏花钓鱼，留连永日，人皆以为三寿作朋，精神矍铄，无不啧啧称羡”。

《士显考畏堂府君行述》还载潘奕藻“学有根柢，于书无不读，在京与戴东原、罗台山、邵二云、洪素人汪存南诸先生，以道义相切磋，不屑屑为词章之学；在乡则与汪爱庐、彭尺木两先生尤契合。集中有《送爱庐丈主讲来安》诗云：‘雅识吾推舅，虚心子得师。’《送尺木丈入都》诗云：‘知交苟一心，天涯讵能隔。’”既表现了他同汪、彭二人的密切关系，也表明他与兄潘奕隽在爱好上有所不同。当然，他对词章之学也并非截然排斥。《士显考畏堂府君行述》载他“诗学酷嗜少陵集，常置案头，朝夕吟览”。爱的是杜甫的诗，表明他是一个崇尚实在的人。他也喜欢书法，即前面所云“作字”，“每日黎明即起，摹唐碑数纸，阅经史几页。尝曰：‘吾饭前自有功课，饭后无事，随意游息，或婆娑庭院，或兄弟追欢，或亲友道故。’”这退休生活是非常闲情雅致的。《士显考畏堂府君行述》还载他的学习“由博返约，晚岁专阅五经、四子书”且“谓孙辈曰：‘汝等作文，须将书理看透，然后落笔，再以书卷佐其议论，自然识解真道理，足不患无好文字。’”他还告诫道：“近时文尚华靡，不求法脉，甚至牛鬼蛇神，几于背道蔑经。吾不愿汝曹效也。”这里透露了当时一些不良的文风，固守传统的潘奕藻是反对的，所以不希望孙辈被不良文风所污染。他又以自身的经验告曰：“汝等既要读书，清晨须虔诵感应篇，阴骘文，其余儒门法语、寸耕钞略等书，不可不读，庶几触目知警，吾乡彭访濂先生喜刊善书行世，迄今科第连绵，积累非一日也。”他又教导子孙如何做人，“汝辈口过切宜深戒，功名尤非所宜，见人之短，当先克己之私，其道贵乎自反”。体现了他“严于律己，宽以待人，本身作则，敦勉无已”的品格。

《士显考畏堂府君行述》载潘奕藻70岁生日时，许多亲朋前来“制锦称祝”，他“悉辞不受”。唯一的活动，即是与兄潘奕隽、弟潘奕基“泛舟山塘，欢聚竟日”，可见其脱俗之风。他曾自撰楹帖云：“开卷时与古人相对；策杖间偕造物者游。”并嘱学士蔡生甫书写此联。即此又可见他的“襟怀浩落，了无罣碍”。《士显考畏堂府君行述》还载他：“俭约性成，食不兼味，无故不杀(生)，常曰：‘吾以此惜福耳。御下严而有恩，与人交不设城府。晚年艺兰数盆，手自灌溉，夏秋之交，明窗净几，清香满室，手挥一尘，摊书吟咏其间。’”从这里可以看出，潘奕藻是一个既作风简朴，又热爱生活，待人诚恳的文雅士子。年过古稀后，潘奕藻虽然“面貌清减，而精神意气不异”。乙亥年（1815）七月中旬，72岁的他还与侄子潘世恩“同步花桥”，到兄潘奕隽处，与之侃侃清谈，日昃方归。不料数日后即得病，延医诊治效果不佳，挨到九月二十四日，竟与世长辞了，享年七十有二。

潘奕藻在文学上可能比乃兄潘奕隽稍逊一筹，不过所著亦有《听雨楼诗集》《听雨楼制艺》《馆课偶存》等行于世。顾元熙铭曰：“潘氏之先，世为歙人。自公高祖，迁于吴门。承德累叶，蕃其子孙。笃生英硕，乡之达尊。民有懿德，好是正直。公全其真。积学务殖，蟠根于深。枝茂而茁，匪琢匪彫。有楷有则，矫如长松。古干伟容，特立朝右，挺乎劲风。”给潘奕藻的人生作了很高的评价，自然不免有一些溢美之词，但还是比较贴切的。

潘世璜人生事迹

潘世璜为苏州大阜潘氏第四位中进士的。《世系考》载：“潘世璜，歙县潘氏第三十世，奕隽公子，原名世章，字黼堂，号理斋，吴县廪膳生，乾隆己酉恩科举人，乙卯恩科会试第六十三名，殿试王以衔榜一甲三名探花，赐进士及第，钦授翰林院编修，户部浙江司主事，兼云南司行走加三级，授朝议大夫，晋赠荣禄大夫，二品顶戴，加一级按察使衔，河南彰卫怀道。生于清乾隆二十九年甲申十二月二十七日，卒于清道光九年己丑十月一日，年六十有六。道光壬寅奉旨入祀乡贤祠。娶陆氏恭公女，生于清乾隆二十六年辛巳八月十四日，卒于清道光二年壬午十二月三十日，年六十有二，封恭人，晋赠一品夫人。侧室袁氏，享年四十有一，赠宜人，晋赠一品夫人；侧室黄氏。生子二：遵祁、希甫；女二：一殇，一适汪景纯，皆袁氏出。”简述了潘世璜的名字号，科举职衔，生卒年月，娶妻妾及生子情况。

《志铭传述》中收载了吴县石韫玉为潘世璜撰写的《农部理斋潘君家传》。石韫玉，字执如，号琢堂，乃乾隆五十五年（1790）状元，曾任山东按察使兼布政使、翰林院编修，学问博洽，尤长于经世之学，与潘家乡谊很深，曾为潘世恩在苏州临顿路宅第撰记，遂在潘世璜逝世后为之撰写家传，亦足见潘世璜在苏州的影响。

《农部理斋潘君家传》起首载曰：“君讳世璜，字黼堂，号理斋，吴县人，榕皋先生之子也。”继而载述其家庭世系背景，然后续载：“君生时，曾祖闲斋公梦人送‘云汉天章’四字额，因命名世章，后应试乃改今名。幼承庭训，经明行修，祖贡湖公、祖母汪太夫人尤钟爱之。年十二，丁史夫人（其生母）忧，哀毁如成人。乾隆己酉举于乡，乙卯成进士，殿试一甲第三名及第，授编修，习清书。嘉庆丙辰散馆，改主事，补户部浙江司。三年随銮赴热河。”潘世璜高中探花，是潘氏在科举场上的又一个辉煌，所以他很快就成为皇帝近臣。然而“旋丁继母沈夫人忧，回籍。时，榕皋先生已于乾隆戊申冬，乞假归田。君服阕后，即请假养亲，朝夕侍奉左右，洁养无方，三十年如一日也”。潘世璜刚入仕途不久，就仿效父亲弃官了。他弃官面上的缘由是因为父亲年迈要侍养，实质上也是像他父亲一样功名心不强的表现。《农部理斋潘君家传》又载：“君天性诚孝，为人安详谨饬，谦以待人，和以处众，绩学好古，手不释卷。尝辑宋明诸儒书，录其切要者，复自著《一得录》四卷，汇为成书。”叙述了潘世璜的禀性与好学的品行。《农部理斋潘君家传》接下来记述了他的晚年情况：“晚岁日课首楞严咒，重刻天如禅师《楞严会解》，以证明心见性之学。”表明他晚年已成为信佛之人。“道光九年九月，偶患腹疾，不浃旬，竟不起，时年六十有六。”只不过是偶然的一次腹部疾病，不到十天，竟然离世。

此传记文字简洁而明快，记述了潘世璜虽科第获捷，但宦途平淡无为，与其父一样早归林泉，既孝养父亲，又自己究心卫养，但寿命短于其父，竟先行赴九泉。不过其禀性亦类乃父，是位诚孝谦和，绩学好古，稍有文果的儒学士子。父亲送子，不免悲哀。

《大阜潘氏支谱》还收载了一篇《诰修朝议大夫赐进士及第户部浙江清吏司主事加三级前翰林院编修理斋潘公墓志铭》，此乃是潘世璜乙卯科同榜进士、兵部左侍郎贾允升所撰。《诰修朝议大夫赐进士及第户部浙江清吏司主事加三级前翰林院编修理斋潘公墓志铭》载曰：“君久假在籍侍养，予方系官于朝，惟邮书相往来而已。”分隔已远，仍有书信往来，二人可算为知交。遂在潘世璜故后二年，潘世璜子潘遵祁“先以家传寄京师”，来请父亲的同榜进士为父亲撰墓志铭，贾允升自然应允。此墓志铭亦先叙家世，再叙“君生而岐嶷，动止不苟，髫龄即失恃，禀承庭训，经明行修。年十九补吴县博士弟子员，乾隆己酉举于乡，乙卯登进士及第，授翰林院编修，习清书。嘉庆丙辰改部主事，补户部浙江司兼云南司行走。三年随銮赴热河，旋丁继母沈夫人回籍”等，皆与《农部理斋潘君家传》大同小异，后面亦然，不复赘述。所谓小异，乃“髫龄失恃”，指其生母史氏夫人在其幼年时即病故，这是《农部理斋潘君家传》中未述及的。

后作者对潘家仕风进行了评议，曰：“予尝读史至邴曼容之为人而羡之，为其官不俟显而自免去也。今君以亲年高，辄得遗外膴仕，修明子职，以终其身，尤为世所仅见。其后，君从弟树庭中翰，以洁养不应礼部试。今大司空芝轩先生，尝以一品官陈情在告，娱侍封公者且十年一门，以内克修天伦融泄之乐，当世莫有比者。论者谓实自君始之，是足以风矣！”此段评议中提到的邴曼容，乃汉代琅琊人邴丹，曼容是其字。他事琅琊鲁伯习受《易》经，养志自修，做了个俸粮不过六百石的官，遂自己免职而去。他的这一举动竟被时人与后世所钦羡。贾允升用这汉代的故事，来印证潘世璜为奉养父亲中年辞官的行动，在那个热衷官场的时代，是世间所罕见的。但潘家不止潘世璜一人这样做，他的堂弟潘世荣已然中举，也以洁养不去应礼部的考试，连已经官至一品大司空的潘世恩也曾向朝廷陈情告退，以娱侍父老。这潘氏一门十年竟有数人为修天伦之乐而不贪恋官位的，在当世是罕见的。于是贾允升认为，这足以形成一种风范。这里也足见苏州“大阜贵潘”族人，既能以自己的才情博取科举功名以显贵，又能不贪恋权贵，甘于急流勇退，去过一种坦然平淡的娱亲生活，这更是尘世间所难能可贵的。

所以贾允升在《诰修朝议大夫赐进士及第户部浙江清吏司主事加三级前翰林院编修墓志铭》的最后对潘世璜铭赞曰：“才裔皇兮登上第也，性谦抑兮洽俦类也。秉盅澹以为志兮，韬锋锷而不试也；修婉愉以娱颜兮，用吾情而自致也。终其身尽孺慕兮，异乎世之遗内行而趋势力者也。卜仁者之后其必昌兮，视斯铭以为契也。”

在《大阜潘氏支谱》中，还载有潘遵祁为父亲潘世璜所写的《先府君先妣先生妣行实》，也对父亲的一生作了记述。为避免重复，现将《农部理斋潘君家传》《诰修朝议大夫赐进士及第户部浙江清吏司主事加三级前翰林院编修墓志铭》中所未载者摘出，以作补述，使之一生事迹有所完整。

《先府君先妣先生妣行实》载潘世璜幼年曾出痘亦甚凶险，因此身体先天不足。6岁入塾，从陆渔村先生受业；7岁随父母入都，先后师从吴永潮、丁级、黄日桂、王宬等先生。12岁时因母亲史夫人逝世，扶柩南下，与两堂弟潘世荣、潘世恩一同受业于谭兰皋、黄晓山先生。19岁补邑诸生，20岁娶妻陆氏。21岁，父亲潘奕隽复出补官，他留在苏州家中，旧有咯血之症，在丙午乡试正要出闱时大发吐血，只得归家调治。不久，父亲弃官归里，他即专心下帷，肄业于苏州紫阳书院，己酉科再赴乡试，即中举。六年后中进士中探花，授职编修，散馆改官户部主事，学习考核文书簿籍，很快便能与老官吏对册会计。

《先府君先妣先生妣行实》载，潘世璜于戊午年（1798）随嘉庆帝銮驾赴热河滦阳，前后达四月之久。一日稍闲，便与韩桂舲、言皋云二位渡武列水，游会龙山海云寺，寻访石洞子沟，席地面山而坐，只见树木森然，一树来禽果正成熟，有个孩童竟然摘来献给他们食之，又沽来村上醪酒，边饮边相与唱和，甚是欢乐。久随皇帝身边，是拘谨而枯燥的，能乘闲一乐，也颇难得。潘世璜是爱读书的，随銮中稍有闲暇，他即从友人那里借来何义门先生评点苏东坡的诗，每日阅读数十首且手自过录，可见他对东坡诗的热爱。直至九月初回京，即因继母沈夫人讣告至而奔回故里服阙。此后，他在侍奉父亲潘奕隽之余，“惟讲求心性之学，并以体弱善自卫养”，已经没有出山场的意思了。

《先府君先妣先生妣行实》载，潘世璜曾于一年元旦，陪侍父亲在三松堂观钱香树（讳陈群，嘉兴人）的《尚书文集》，“中多有益身心之语”，而父亲亦从中拈出一些章句予以训示，他即“深悟其旨”。在侍养父亲的同时，学识亦有所增长。潘世璜还“每日阅二程（程颐、程颢）遗书，及宋明诸大儒语录，手自钞缀，并抒心得，积久成帙，今所刊《不远复斋遗书》是也”。可见，他在家中既侍养了尊亲，又悉心研习学问，精神生活甚为充实。他还书写座右铭以自箴，即：“执玉奉盈，孝子守身，临深履薄，夙夜战竞，奈何举足忘其亲？”又曰：“朝乾夕惕，日进无疆，怠以一息，惟德之荒。”又曰：“口舌伤人，利于镆铘，三缄其口，无作祸芽。”都体现了潘世璜守孝守德，不伤他人的人生处世的谨慎态度，也是他精于为学、慎于做人的心得。

《先府君先妣先生妣行实》还详载了潘世璜对父亲潘奕隽孝养的细节。潘奕隽素来近视，晚年双耳又稍有重听，每天起床都较早。潘世璜必服侍他盥洗，凡有所需，必在侧提供。有客人想要向潘奕隽陈述事情而又不敢表达时，潘世璜便善于引导之。若是父亲不喜欢，他便向客人“婉曲逊谢，勿使拂意”。春秋佳日，父要出行，他必为父携带手杖鞋屦。到夜间，则陪伴“翦灯侍谈，娓娓无倦容”，待父亲睡熟后才退出房间，“寒暑不稍易”。如此孝行，实为可赞。

对潘世璜的文化生活状况也有所记载。“家藏经籍，排比修整，遇善本手自评校”。这是他的藏书活动。父亲潘奕隽“精鉴别，金石书画，与外大父陆谨庭先生契最深”。陆谨庭是潘世璜的岳父，更是潘奕隽在鉴藏上的契友。此时，潘世璜“每侍坐，所见益广”。他也亲身投入收藏实践之中，“友人有收藏名迹，辄往观悉，札记其原委、款识”，不仅眼看，而且手记，足见其态度认真虚心。学必有所得，学识渐富的潘世璜，便在“石琢堂先生榭当事修郡志”时，参与了修志工作，“分得选举，及物产、详异、杂记各门”。石琢堂是乾隆进士石韫玉的号，他与地方当局偕修郡志，邀请潘世璜参与，自是信任其才学。潘世璜亦不负所望，“参订商榷，期于征信”，圆满地完成了任务。潘世璜还“善抚琴，每风日清朗，焚香默坐，或召琴友，安弦调轸，鼓《鸥鹭忘机》一曲，听者移情”。不过，自从两位夫人先后辞世，便“为之撤御，不复弹矣”。

《先府君先妣先生妣行实》又继续载道，潘奕隽“耄岁益康健”，庚辰年（1820）三月，年已八十有一，依然兴致勃勃，“携友游金焦北固诸胜”。已56岁的潘世璜没有随侍而去，但心一直系在父亲身上，“眷念几忘寝食”。壬午年（1822），潘奕隽重赴鹿鸣宴，上面定了由主政黄荛圃同行，潘世璜留家。但他如何能够心安，临行前夕，黄主政对潘奕隽交谈，认为如此盛典，世璜应该随身侍奉。于是潘世璜连夜收拾行装，陪侍父亲到江宁府署，“操杖扶持，礼成而出，观者如堵，传为美谈”。

潘世璜活到66岁，在那个时代还不算英年早逝，亦算是位富有人生经验的老人了。他在重病缠身，自知不久于人世时，给子孙留下了谆谆嘱咐。《先府君先妣先生妣行实》载道：“汝等才质尚可，望进步作文，亦颇知路径，切须沈潜用功，不可暴弃。”这是科举学业上的希望嘱托。“至于处世之道，全未历练，切不可率意任情，被人背议。有以忠言告汝者，当敬受之。大要处世，以谦为主；治家以勤为主，居家以俭为主，三言尽之矣，不可被旁人摇惑。”这是处世治家的要领。“以后诸事，禀命祖庭，慎勿伤高年心，须时时慰解，仰事之责付之汝等矣。”又曰：“弟兄固须财上分明，亦不可过于分明，须法古人推让之意。汝等平日颇识此意，我心甚慰也。”上述这些话，乃是潘世璜临终“索笔砚，端坐书遗训”，“书毕不复语，神明湛然，延至亥刻，溘然长逝”，何等悲壮！故其后人“一旦遭此大变，五内崩裂，莫知所措”。

太仓人叶裕仁还载潘世璜“尝悯族人之贫者，遗命置田千亩，设义庄以赡之，曰成先志也”。据长洲陈奂于咸丰三年（1853）谨撰之《松鳞义庄记》

载，早在潘冕时即“授祭田，供祭祀，手书遗训，俟后人之赢，济族人之绌”。所以潘世璜以自己生不能完成祖志为憾，临终前仍遗命儿子完成先志。后其子潘遵祁、潘希甫秉承遗志，即“捐田一千四百亩，又造庄屋一所”。当时，潘世恩子潘曾沂已“设丰豫备荒仓，惠邻里乡党”。于是潘遵祁将此“惠族之事”，向叔叔相国潘世恩咨询后，才予以实行。这样一件善举义事得到族内支持，“故云浦公（潘奕基）支下捐二百亩，又畏堂公（潘奕藻）支下捐番银二千，资其费用。既复积租入之，余益置九百九十亩。贡湖公（潘冕）旧遗十六亩亦归入庄。以原其所始共田二千二百二十亩有奇”。这里即有潘世璜之遗功也。

潘曾莹人生事迹

潘曾莹是苏州大阜潘氏家族第五位中进士的。他是三十一世中进士的第一人。下面据《大阜潘氏支谱》及有关资料，叙其人生事迹。

《世系考》载，潘曾莹，歙县大阜潘氏第三十一世，潘世恩次子，字申甫，号星斋，吴县附贡生，道光戊子、壬辰顺天乡试挑取誊录，甲午科顺天举人；乙未考取国子监学正学录记名，补授学正；辛丑恩科会试蔡念慈榜第五十八名贡士，殿试龙启瑞榜二甲第十五名进士，朝考入选，钦点翰林院庶吉士，编修，大考一等；历任詹事府右春坊右庶子，左春坊左庶子，日讲起居注官，翰林院侍讲学士、侍读学士，光禄寺卿，内阁学士兼礼部侍郎衔，吏部左侍郎，工部左侍郎加五级，随带加七级，覃恩加一级；历署国子监祭酒，兵部右侍郎，刑部左侍郎，工部左右侍郎兼管钱法堂事务，礼部左侍郎，户部左侍郎兼管三库事务；历充国史馆分校、协修、纂修，起居注协修，咸安宫总裁，功臣馆纂修，本衙门撰文，内阁协同批本，稽察中书科事务，稽查左翼宗学；道光丙午科云南乡试正考官，庚午科会试同考官，咸丰癸丑科会试副总裁；道光丁未、庚戌，咸丰壬子教习庶吉士，咸丰己未、庚申殿试读卷大臣，己未武殿试读卷大臣，癸丑、己未、庚申朝考阅卷大臣，授光禄大夫。生于清嘉庆十三年（1808）戊辰十一月四日，卒于清光绪四年（1878）戊寅三月三日，年七十有一。娶陆澧女，生于清嘉庆十三年（1808）戊辰七月九日，卒于清光绪四年（1878）戊寅三月三日，年七十有一，封一品夫人。合葬吴县十三都十一图难字圩木渎东万安桥白塔浜寮里村。生子五：祖同、祖福（殇）、祖喜、祖保、祖桢；女一。

从上述《世系考》中可看出，其一，他是状元潘世恩的次子，但科举之途没有父亲那么顺利，父亲中举中状元，皆是一考即成，而他赴乡试，两科都被挑取誊录皆未中，到第三科才中举；赴会试，亦一科被挑取誊录却未中，到六年后才得中恩科二甲进士。其二，他中进士后，官运还是亨通的，虽未达到父亲的高度，却也颇为得意，庶吉士大考一等。此后又相继日讲起居注官，侍讲学士，在皇帝身边任职，掌典领奏章，勘对公文。继而任光禄寺卿、内阁学士兼礼部侍郎衔；在此后，在吏、工、兵、刑、礼、户六部轮转，皆任侍郎且管过钱法堂、三库等。其间还做一些宫廷校修撰等笔墨事务，后又典任乡试、会试考官，多次在殿试读卷阅卷，终授光禄大夫，成为正一品官员，在“大阜贵潘”进士中官职仅低于潘世恩、潘祖荫，居第三位。其三，也年过古稀。其四，生子五人，仅殇一子，因此子嗣较多。所以潘曾莹在“大阜贵潘”家族中，具有较重的分量。

关于潘曾莹的生平事迹，其子潘祖同、潘祖喜在《诰授光禄大夫赐进士出身吏部左侍郎加五级先考星斋府君暨诰封一品夫人先妣陆太夫人行述》中记载得更为详细。

潘曾莹“生于京师之贾家胡同，三岁随任江西，六岁随先大母回籍，十九补诸生，二十侍先大父母入都”，大父大母即祖父祖母，因是潘曾莹二子的口气，故而以此称之，在潘曾莹而言，则父母亲也。后记叙述曾莹科考情况，“辛丑科会试中式，复试一等第二名；殿试二甲第十五名，赐进士出身；朝考入选第九名”，后庶吉士“散馆一等第十二名，授编修”等，正因其成绩颇佳，才为其以后在朝廷中官运亨通打下基础。

后记载了潘曾莹的任职过程，从中可知，他是道光十四年（1834）中举，年26岁；七年后中进士，已33岁；三年后授编修，再两年后充功臣馆纂修，同年任云南乡试正考官；过两年，40岁补国史馆纂修，充教习庶吉士，成了新进士们的教官，同年又升詹事府右春坊右庶子，不久充起居注日讲官，走近皇帝身边，一步步得到朝廷信任；次年升翰林院侍讲学士，再次年三月，42岁的潘曾莹任会试同考官，四月到太庙恭缮仁宗睿皇帝神牌，九月随扈道光帝至慕陵，成为送皇葬者之一员。

换了新皇帝，朝廷对潘曾莹的信任度不减。“咸丰元年二月，充咸安宫总裁，九月充教习庶吉士；二年正月协同内阁批本，五月署国子监祭酒，转侍读学士，充教习庶吉士，六月升光禄寺卿，七月署兵部右侍郎，八月派稽查左翼宗学，九月随扈东陵，十一月升内阁学士兼礼部侍郎衔”。一年中多次更换岗位，潘曾莹成了咸丰皇帝手中一粒能干的算盘子，在宫廷大算盘中被拨动着。自然他也乐意这种拨动，因为在每一次的拨动中，都显示出了他的才干，职位都得到了升迁。《诰授光禄大夫赐进士出身吏部左侍郎加五级先考星斋府君暨诰封一品夫人先妣陆太夫人行述》继续载道：“咸丰三年正月，（潘曾莹）派稽查中书科事务，二月署工部左侍郎，三月恭送孝和睿皇后神牌升祔太庙，充癸丑科会试副考官，四月充朝考阅卷大臣。”此后，他将六部侍郎任了个遍，九次任阅卷读卷大臣。其间，咸丰四年（1854）四月，父亲潘世恩逝世，丁忧回籍，十二月母亲汪氏逝世，接着丁忧，直至咸丰八年（1858）服阙才进京，继续任侍郎之职。其间，他具体兼管过工部钱法堂和户部三库事务。

行述还列载了几位皇帝对潘曾莹的看重。

一是“宣宗成皇帝（道光）雅重儒术，府君（潘曾莹）甫受馆职，即蒙特旨召对御试翰詹，拔置一等第四名，繇是越级超擢；晋阶清要翰院事简，轮应值班日，或循例递无事片，亦数蒙召对便殿，论说移晷”。这里说道光帝雅重儒术，即看重潘曾莹，特旨召对他面试，越级提拔且因翰林院事简，便数次在便殿召对，论说儒术，往往是时光流逝了，君臣还在谈论着，足见道光帝对潘曾莹的器重。

二是“文宗显皇帝（咸丰）初登极，勤于求治，特命府君撰《尚书讲义》以进，复以御试前列，奉旨遇缺题奏，并赐大小卷缎匹。有差初直省，岁除即邀麞鹿之赏，侍经筵日，文渊阁赐茶，武英殿东配殿赐宴”。刚登极的咸丰帝对潘曾莹也是恩荣有加。他特命潘撰写《尚书讲义》作为自己勤于求治的重要理论典籍，又因潘御试居于前列，便给他奖赏，后又屡次赐茶赐宴。能得如此器重，乃是潘曾莹才学过人之故。“万寿圣节，命进同乐园听戏，并特颁玉佛、玉如意、大小荷包、帽纬、袍褂料，官窑瓷器，及尚方克食蜜饯、瓜果诸品以赐。”这还是咸丰帝对潘曾莹的恩宠。皇上如此恩赏隆厚，潘曾莹自然感激涕零，不能不有所回报，于是在此“时值用兵之际，府君请谕令各省带兵大臣，察看发往军营人员，甄别去留，以收实效”。咸丰认为这确是整顿军营的一计良策，故“奏上奉硃批云：军营人员岂能皆系有用？徒为若辈取利之薮，著即行文各军营统兵大员，酌量分别去留，奉文后速行复奏，不准迟延，钦此”。潘曾莹见自己献策即被皇上采纳，遂又“两上封章，皆奉旨留中”。足见他甚得咸丰帝的器重与信任。

三是庚申（1860）五月，潘曾莹“奏保大理寺卿晏公端书为江北督办团练大臣，内阁学士庞钟璐为江南督办团练大臣”。晏端书，背景详情不知。庞钟璐，字宝生，常熟人，道光进士。此二人出任江北、江南督办团练大臣，皆系潘曾莹奏保咸丰皇帝而获准的，再次证明了他在咸丰帝前的受信任度。

四是当时“亲王某方用事，有尚书某某为之羽翼，会京城有警，某等怂恿圣驾出巡。府君与廷臣交章固争，力言不可。上不以为忤”。说的是在京城有警时，掌握大权的某亲王及其羽翼某尚书，竟不顾朝廷之安危，怂恿圣驾随意出巡。潘曾莹和一些廷臣一起上奏反对，力言不可。咸丰皇帝斟酌以后，还是采纳了潘曾莹等的意见。由此事可知潘曾莹不是一个随声附和的庸官，而是一个对时势有明察有见解并敢于坚持原则的能臣。所以皇上听从了他的意见。

五是当时“科场狱起，两王主其事，牵累多人”。潘曾莹子潘祖同“亦以株连被逮。两王故嗛，府君不附己，因罗织其罪以上，欲陷以重典。上特原之，得从末减”。这里叙述了潘祖同被迁连到科场舞弊案中，主办此案的两位王爷故意看潘曾莹的好戏，希望他来附和自己，以从中得利。然潘曾莹没有附和他们，于是这两位王爷便罗织罪名呈奏皇上，欲陷潘曾莹于困境中，并受朝廷重典处治。但咸丰帝了解了案情的原委，谅解了潘家父子，不仅没有对无辜的潘曾莹进行处治，而且连涉案的潘祖同也以从末者而减轻处治。由此可见潘曾莹是颇受隆恩的。潘曾莹也深知于此，故“每与家人言及先皇高厚鸿慈，未尝不呜咽流涕”。

行述详述了潘曾莹办团练抗击太平军守卫苏州的事。太平军打到长江两岸时，潘曾莹因父亲潘世恩逝世“在籍守制”，但得朝廷谕令督办江苏团练。此时金陵、镇江已陷于太平军之手，苏州城也在太平军包围之中，旦夕不保，人心惶惶。潘曾莹在战情迫在眉睫时沉着镇静，以善于观察部署的大将风度，加以周密布置，使太平军不战而退，从而立下守卫苏州的功绩。此外还细载了潘曾莹带领苏州人开展赈灾和推崇移风易俗的事迹。即在大旱之年，他既冒着酷暑偕同绅士们去祈祷求雨，还设立施粥厂救济难民，其中从金陵流来的难民累万。吴人因为地域富裕，崇尚华靡，致使一些贫穷的人家，因财力薄而稽延婚嫁的。潘曾莹即以汉代大儒马融不拘礼节的事例，亲劝大家实事求是、量力而行，不要为华靡之俗所累，结果各家婚嫁之事都顺利办妥。潘曾莹还协助地方剿匪反盗，对维护治安做了有益的事。

潘曾莹在籍守制期间为地方做了众多好事，朝廷自然闻知。朝廷要他奉诏从优叙职。而他“自连遭大故，毁瘠之余，躬任艰巨，自以代承宠眷，又特被信任，遇事必殚忠竭诚，不辞劳勚，服阕召还朝，将就道疾作。上闻，许休沐数月。府君恋阙殷，未尽瘳，遽北上就任，后昕夕趋公，不遑调摄”。这里叙述了潘曾莹在家连遭变故，咸丰四年（1854）父亲潘世恩逝世，同年母亲汪氏去世，堂兄潘曾琦离世；咸丰五年（1855），亲兄潘曾沂病故；咸丰八年（1858），堂兄潘希甫去世；咸丰十年（1860），堂兄潘曾龄去世。短短六年间，父母和兄长竟有六人先后离开人间，这对一个人的打击是很沉重的。然而圣眷仍然宠幸信任，他也深感皇恩浩荡，应为朝廷“殚忠竭诚”，不辞劳苦，一旦丁艰服满，即被召还朝。谁知正要动身上路时，自己又染疾在身。圣上闻知，倒很体贴他，允许他“休沐数月”。但潘曾莹也眷恋朝事，疾未痊愈，就急忙北上受任，晨夕为公办事，没有闲暇来调摄自己的身体。表现了潘曾莹鞠躬尽瘁的忠臣形象。

行述继续载道，潘曾莹离开江苏不久，太平军就攻陷了苏州城。他闻知，便“扼腕长叹，谓所亲曰：‘吾有督办团练之责，不克终竟其事，坐视行省被祸，上贻宵旰之忧，能恝然乎？’由是愤懑日深，病遂增剧”。忧国忧民使他疾病加重。如今京都已然戒严，潘曾莹除了要承担部务外，又奉命会办五座城的团防事情，自然是更加心力交瘁，于是他怕这难以痊愈的病体要耽误国事，请求解职。皇上也看到他的实际情况，遂恩准了潘曾莹的辞呈，足见咸丰帝确是宠信他的。然而仅过了一年，潘曾莹的病稍有好转，不料咸丰帝却升遐了。即位的同治皇帝还是一位少年，只能由慈安、慈禧两位皇太后垂帘听政。这时，潘曾莹又为小皇帝和太后执政担心，遂急欲出山，图报皇恩。然而他的儿子们却以他“久病甫痊”，劝他稍缓出山。谁知他竟“泣曰：‘吾受先朝知遇，顾自逸乎？’遂起疾”。这年他54岁，仍然带病出山。由此可见，潘曾莹与父亲潘世恩相仿，因为圣眷甚隆，故其为宦之心亦重。

潘曾莹自幼随侍父母亲四十余年，只要不是应试和奉使出差，他没有一天不到父母跟前晨昏定省。父亲潘世恩长久掌朝廷枢密之职，居于皇上赐在圆明园的宅第。潘曾莹每与诸兄弟“更番趋侍，往来无间”。他在出使云南时，父母“思念不置，几废寝食。比还家乐甚，谓府君曰：‘儿在吾侧，亦自不觉，自儿去后，殊觉少一人耳。’”足见他在父母亲心中亦是不可或缺的。故“闻者莫不感叹，知府君之得亲顺亲，实有在形声外者”。

行述还载述了潘曾莹在当时诗书画界的风雅事迹。他典试云南结束，有门人以南极老人像为执礼。潘曾莹题赞其上，曰：“老人星寿者相，祝高堂寿无量。”他还嘱当时著名画家戴熙（谥文节）为自己游览飞云岩作《飞云揽胜图》，“一时名流题咏殆遍”。而他自己则于“途中著《皇华吟草》一卷”。曾于道光时官至体仁阁大学士的阮元（谥文达）为其题诗，其中有“寄赠有父子，持衡先后来”之句，指的是潘世恩、潘曾莹父子先后在朝廷中执掌考试，把握众官员命运的事情。

从行述所载看，潘世恩、潘曾莹父子皆是精于诗歌。癸丑年（1853），85岁的潘世恩在自己中状元六十年后重赴琼林宴，而潘曾莹又“奉命典官试”，于是老状元又喜赋诗云：“大罗天上会群仙，子舍承欢侍赐宴。笑指新阴桃李盛，小门生认老同年。”仍是充满后继有人的喜悦。故习于掌故的长洲人陶梁（号凫芗）对人说：“父子济美代有之，若此者实我朝佳话，不独一家之荣也。”这是对潘氏父子由衷的赞誉。

潘曾莹“在翰林时，尝作《词林圭臬十则》，质诸座师”。卒谥文端的体仁阁大学士祁寯藻认为潘曾莹的词是“有体有用，卓然自道，其所得至是”。又说潘曾莹“取才以储国用，得士以博亲欢，为臣子者，可谓两尽其职矣”。这是对潘曾莹为人的赞赏。后载，潘曾莹“居忧日裒集先大父遗训，汇为一册，朝夕省览”。还流着泪对儿子们说：“吾持躬立行，一禀庭训。今音容已渺，欲再聆一二语不可得，仅守是编，益深隐痛，吾今不及汝曹有福也。”这是他对父亲的怀念，也是对儿子们的嘱托。

潘曾莹受业的师长有乌程的张鉴（号秋水）、德清的杨道生（号干村）、长洲的朱临（号竹瓢）、毛鼎亨（号春门）、华亭的沈笰（号松盟）。又载潘世恩辑《读史镜古编》三十二卷时，每日令潘曾莹“侍案旁，手钞数过，雠校无伪，乃付梓”。所以潘曾莹“于乙部书尤熟，弱冠名藉甚”。所以潘家能够一代代在科举场上获得丰收，家庭文化氛围浓郁，这与自幼就进行严格的家庭教育是离不开的。而潘曾莹所交往的，也都是一些有学问有名望的诗友。如福建的诗人张际亮（字亨甫），“负才兀傲”，然见潘曾莹的诗作，便“击节称赏，作文以赠”。

潘曾莹的书画才能亦出众，“书法初学吴兴，既由欧柳以上，窥晋人之奥；晚岁所作，自谓得襄阳神髓。人以香光目之”。潘曾莹于昆山访问孝廉王学浩（号椒畦），与他论画。又到李宗瀚（号春湖）、姚元之（号伯昂）两先生家“遍观所藏古人名迹，悠然有会”。而当书画名家戴熙看见潘曾莹所画山水，不禁发出感叹。能得戴熙如此之叹，足证潘曾莹画作水平不低。行述载他“花卉以青藤白阳为宗”。青藤，即明代书画家徐渭，号青藤道士，擅绘画，特长花鸟，用笔放纵，水墨淋漓，有所创造。白阳，即明代画家陈道复，号白阳山人，擅画写意花卉，淡墨浅色，风格疏散，后人把徐渭、陈道复并称“青藤白阳”。潘曾莹即宗法他们而绘花卉。其母亲诞辰之日，潘曾莹曾绘《松鹤延年图》以献。后来，其子潘祖同亦“偶于暇日，学为丹青”。却被潘曾莹劝阻道：“此艺林余事，向祖母喜此，吾故习之。汝无过人之资，当多读有用书，以裨益身心，毋为此不急之务也。然此亦颇足养性，祖祯体羸弱，不耐刻苦，又酷嗜染翰，故弗之禁耳。”可见，潘曾莹把绘画作为业余爱好，只是因为母亲喜欢，才习画以博母乐。而他认为潘祖同没有这方面的天资，不如多读些有用的书，但绘画亦颇有颐养人性情的功效，小儿子潘祖祯身体羸弱且又特别喜欢染翰，所以不禁止他。这也体现了潘曾莹对儿子因材施教的理念。

行述记载了潘曾莹病后的生活仍不失雅致文士本色，读书，闲游，吟咏，为子传授学识，谈古论今，乐道不倦，直闻到敲更之声才罢。而当他60、70岁生日之时，不仅儿子们“绥衣奉双卮介寿，顾而乐之”，而且门生黄云鹄（字湘芸）观察、敖册贤（字金甫）比部等也“为文以祝”。他则“深加激赏，并自赋述怀诗数章以寄兴”，颇为怡然之乐。

潘曾莹是位不管生活琐事，只知读书诗画的人。他“不亲细务，生平不识斗秤，未尝持筹握算，每退直之余，循陔之暇，惟以书籍诗画自娱，不问家计。庚申，苏郡失守，家产荡然。时在京供职，犹叠次捐助军饷数千金。自是敝车羸马，晏如也。每闻四方兵革水旱之事，则忧形于色。前因西北荐饥惄焉，伤之恒，以无力捐振为憾”。一日，与袁文诚（讳保恒）同坐，袁概述豫中荒旱情形，府君即席感赋云：“听说中州旱，尊前涕泪多。相残到骨肉，何忍计催科。空向苍天泣，其如赤地何？长官勤抚恤，急为起沈疴。”岁除，又感赋二律云：“太息灾区广，哀吟鸿雁篇。膏腴成废壤，饥馑逼流年。苍昊精诚格，深宫祷祀虔。惟期甘泽普，万户起炊烟。”“晋豫灾尤甚，流亡满道途。妻孥拌决绝，人鬼判须臾。沟壑诚堪悯，萑苻亦可虞。筹荒须实惠，民气望重苏。”由上述事迹和诗赋可见，潘曾莹不管的是自家的生活琐事，却切切关心着国计民生，在战乱造成“家产荡然”之际，仍多次捐助军饷，视四方兵革水旱为己事，在遗憾无力捐振之时，只有以诗来寄托自己的关切之情。这也足证潘曾莹忧国忧民之心。

潘曾莹“素性淡定，和而不同。晚年清介自持，尤为知者钦服”。当苏州平复后，其弟潘曾绶屡以书来劝其“为林泉娱老计”，其“后亦颇动归思，终以意惮跋涉，迁延未果，还山之愿竟不能遂”，逝世于京都。落叶未曾归根，故其子们悲呼：“呜呼痛哉！”

潘曾莹的著作有：《赐锦堂经进文稿》一卷、《小鸥波馆文钞》四卷、《诗钞》十二卷、《补钞》二卷、《词钞》一卷、《题画诗》四卷、《画识》三卷、《画品画寄》《墨缘小录》各一卷。这在潘氏家族中可谓佼佼者也。

行述最后表达了儿子们对父亲潘曾莹的评价：“府君一生，于学问文章、事亲居官之道，得尽心致力，专一不纷泊。赋闲后更得萧然物外，无纤芥俗虑，为天怀扰者，则深赖我先妣勤俭持家，不遗细微之助焉。”如此评价，是客观而真切的，尤其是最后指出，父亲的一生之所以能够如此，也离不开母亲这位贤内助之功。

潘遵祁人生事迹

潘遵祁是苏州大阜潘氏家族中第六位中进士者，但却是潘冕支潘氏三十一世的第一位中进士者。他得中道光乙巳（1845）恩科会试蒋超伯榜第一百零三名贡士，殿试萧锦忠榜二甲第十六名进士，朝考一等五名，钦点翰林院庶吉士。下面据《大阜潘氏支谱》及其他资料所载，记述其人生事迹。

《世系考》载，潘遵祁，歙县大阜潘氏第三十一世，潘世璜长子，潘奕隽长孙，潘冕长曾孙，字觉夫，号顺之，吴县廪膳生。道光丁酉（1837）科拔贡，分发试用教谕，内阁中书，国史馆分校，本衙门撰文。癸卯科（1843）顺天举人，乙巳（1845）恩科二甲进士，翰林院庶吉士、编修，国史馆协修，加三级钦加侍读衔。光绪丙戌（1886）重游泮宫，授奉直大夫，晋封光禄大夫，二品顶戴，加一级按察使衔，河南彰怀卫道。生于清嘉庆十三年（1808）戊辰五月十二日，卒于清光绪十八年（1892）壬辰六月二十五日，年八十有五。他在拔贡后又重投科举考试，中举中进士，再做了不太大的官，享受了二品待遇。不过，他却同他祖父潘奕隽一样很长寿，宦绩上却不如同岁的堂弟潘曾莹。娶汪诒德女，生于清嘉庆十年（1805）乙丑七月十九日，卒于清同治四年（1865）乙丑三月八日，年六十有一，封宜人，晋封一品夫人，合祔葬潘世璜墓同冢。侧室郑氏，生于清道光二十五年（1845）乙巳七月十一日，封一品夫人。生子六：观保、上达（殇）、康保、惠吉（殇），汪氏所出；敦先、睦先，郑氏所出。女四。

著名文人俞樾于光绪二十三年（1897），也就是潘遵祁逝世五年后，为其撰写了《西圃潘君家传》，收录于《大阜潘氏支谱》中。此家传载道："君讳遵祁，字觉夫，别字顺之，自号西圃。潘氏其先自歙迁吴，世为吴著姓。君为榕皋先生之孙，理斋先生之子，世系炳然，可无述焉。"这里字号与《世系考》中略有不同。在《世系考》中，顺之是号，这里却成了别字；而自号西圃，《世系考》中无载，当可互补。

《西圃潘君家传》续载道："道光六年，君与弟补之君（潘希甫）同入吴县学，逾二岁，以高等补廪额，又逾岁，为道光九年，榕皋先生年九十，重赴恩荣宴，赐四品卿衔，海内叹羡，称盛焉。俄理斋先生卒。越明年，榕皋先生又卒。君承祖命父命，与补之君谋捐田千亩，请于从父文恭公（潘世恩），建立松鳞义庄，自始祖唐歙州刺史逢时公以下，咸秩祀之；族之人婚丧皆有助。"这里述潘遵祁承祖父和父亲的遗命，和弟弟潘希甫一起捐田千亩，建立松鳞义庄，既祭祀歙县潘氏始祖潘逢时以下的历代先祖，又帮助后世子孙婚丧事宜及读书等，这是在潘氏家族史上一件了不起的善举。义庄的资助规定很具体："生子，予之饩；子能读，予之师；不能读，予之业；读而成名，奖助尤厚。潘氏科名甲吴下，由君振兴之也。"苏州"大阜贵潘"的形成，潘遵祁、潘希甫建立的松鳞义庄立下了汗马功劳。而松鳞义庄的宏伟规划和细致的具体条目，都是潘遵祁亲手制定的且一直到七年后才将义庄建设完备。

《西圃潘君家传》载道，松鳞义庄建成这年，学使将潘遵祁定为拔贡生。这自然是潘遵祁在学业上努力的结果，也是对他建松鳞义庄的一种褒奖。又载潘遵祁入都后，居住在叔父潘世恩得赐于圆明园的宅第中，同潘曾莹、潘曾绶、潘曾玮一班堂弟一起读书切磋。在朝考时，他的学识都被诸考官击节欣赏，却终以诗末之联欠佳而被摈弃，甚为可惜。那么他的末联究竟如何？俞樾在《西圃潘君家传》中详尽载道："诗题为荷珠。君尝阅《曰下旧闻考》

知禁苑有御题‘麴院风荷’额，故于末联用之。而阅卷者或未之知也。”潘遵祁阅读过《日下旧闻考》，知道禁苑中有皇上御题的有关荷的匾额，即在诗的末联引用，谁知阅卷者孤陋寡闻，有眼不识金镶玉，误弃了一位真才，实在冤枉。那么潘遵祁对此是如何态度？潘遵祁并没有把他人一时之误而导致的科举失利放在心上，而是坦然南归，还有兴致登泰山观日出，并嘱友绘《岱顶观云图》且欣然就职教谕，捐了内阁中书，体现了一位文士的坦荡胸怀。

潘遵祁于道光“二十三年入都供职，应京兆试，中式；二十五年成进士，改庶吉士；二十七年授编修。才望既崇，门第又盛，佥谓跬步公卿”。

然潘遵祁不是醉心宦途的人，他很快便“指顾闲事”，“淡于仕进，即有归隐之志”。与其祖父潘奕隽、父亲潘世璜的秉性相近。而此时，他的弟弟潘希甫也做了中书，所居之处在偏僻的京城之南，名很雅致，为“涵秋阁”，是号为野云山人祝鹤年的旧居。潘遵祁欢喜这里清旷无躁嚣，便在此消夏，当暑气稍过，便向朝廷乞假归里，还自镌“四十归田”小印以自诩。年方不惑，宦途刚起步不久，前程当会辉煌，然潘遵祁却归田不出了。这与同年纪的堂弟潘曾莹大为不同。

《西圃潘君家传》续载：“姑苏繁华，为海内最；而山水之胜，则在郡城西南数十里外。君厌城市之喧呶，喜山林之幽寂。夫人汪氏亦有同志，乃于邓尉筑‘香雪草堂’；又得宋杨逃禅老人《四梅花卷》，即于草堂西偏筑‘四梅阁’。春秋佳日，逍遥湖山，青鞋布袜，望若神仙。钱塘戴文节公为作三图，曰《山居图》，曰《四梅阁图》，曰《湖山偕隐图》。”故俞樾在撰写于此，不禁叹道：“玉堂天上之思，久已不置怀抱矣！”

当然，潘遵祁也不是一个只贪图享乐、不顾人间疾苦者。潘遵祁在邓尉山香雪草堂仅过了短暂的舒心日子。次年苏州一带即发洪灾。他便积极投入救灾之中。一是发起捐款拯救灾民的倡议，亲自到各乡农民家稽查灾情。二是在查灾中发现许多贫困农民无力养护耕牛，一些牛瘦弱得快要死了，于是想了一个很好的办法，即组合一些志同道合者，在盘门外青阳之地，设一个以钱质当牛的厂子，用钱把农民的牛质当过来，一头牛一千钱，而质当的牛并非拿来出售，而是帮农民代饲养，解决贫苦农民无力饲养的问题。待洪水退去后，仍拿一千钱来赎回去，不取利息，极贫困者或酌量减少。通过此法，共质养牛六百余头，于是耕牛没有受损一头，第二年的农事就没有耽误。三是设立粥厂，救济饥饿的灾民。这里还出现了一点曲折，即一日，不知何因，粥厂的粥变味了，有人便说这是饿死鬼来吃过的缘故。潘遵祁为人很认真，他也知道这种说法是荒唐的，但仍有一部分人相信，于是他便撰文祭鬼，有人便笑他迂腐。然而也怪，此后粥便不变味了。人们遂认为是他的诚心感动了鬼魅，这当然是一些无稽之谈。后来，潘遵祁便因此而患抑郁之症，体现了他以民之忧而忧的精神。

《西圃潘君家传》续载太平军攻克了金陵（今南京），苏州立即戒严，此时当局筹备防御筹集军饷，都来向潘遵祁询问计谋，足见他声望之高，热心之诚。而他也尽力而为之。事情一忙，他旧疾复发。他的亲弟弟潘希甫闻知，便深为挂念，竟乞假归来，照应兄长。他当然很高兴，即命人开垦数弓地，在此地上建筑房屋数间，在屋边种菜栽竹，并挂牌“西圃”，他也以此为自己的号。足见他兄弟间情谊之笃诚。

“大阜贵潘”之贵，不仅在于科举之荣，而且在于文化之盛，是一个注重内修的文化大族。潘遵祁亦是一位诗词大家。《西圃潘君家传》记载潘遵祁先是集结爱好诗作的同人作消寒会，即围着火炉，作诗吟诗，以消除严寒，竟得诗作一百五十篇，可谓收获颇丰。后又与吴下黄荛圃（字绍武）倡结“问梅诗社”，与石韫玉、韩桂舲、吴棣华等老前辈一起诗歌唱和，欢乐聚会，亲密无间。可见潘家与这些文士世谊很深，也可见潘遵祁在诗咏唱和之中悠然自得的状态。

然而乐中有悲。潘遵祁的弟弟潘希甫竟以48岁的年纪逝世了。作为亲兄的他自然悲痛，于是吟咏诗歌等活动停止半年，以寄托哀思。祸不单行，苏州陷落，潘遵祁只好避居上海，但他没有蜗居，而是在蕊珠书院担任了讲席。“同治二年，克复苏城”，潘遵祁从上海返回苏州，首先去看先人的墓茔情况，结果看见父亲潘世璜的墓已塌毁了一半。他自己已建了生圹，遂决定将父茔迁去。然还有四十天要到春节了，此时不宜迁，但战乱之后，物力稀少，极是不易，幸运的是最后把事情办妥了。所以他感叹，这样做有些不合古礼，但也是迫不得已，为此他还专门撰写了《迁先茔记》。战争给人们带来的灾难可见一斑。

不过，潘遵祁并没有失去人生信念，而是投入到战乱善后中去。战后，在江苏当政者咨询潘遵祁如何处理善后事时，他首先关注的是文化建设，修建文庙，教习礼容乐舞，经过五年才恢复旧观；其次兴建丰备仓，即丰年备荒之粮仓，这也是关系民生的要务。林则徐在任江苏巡抚时已建过，但要改进他的管理办法。足见潘遵祁既于文化事业有建树，也于经济建设很有见解。《西圃潘君家传》续载："光绪二年，江北大旱，饥民渡江就食，诏发苏州丰备仓谷，及息银各十之三，以备赈济，凡发谷一万三千石，钱一万四千缗，全活无算。大吏于收复苏城时，录君前劳，请加奖叙，有旨赏翰林院侍读衔。及义仓之建，君在咸丰时曾捐田千八百亩，亦议追录之。君悉以移奖族姻，惟辑《义仓全集》八卷，以存掌故，而谂来者。"

潘遵祁对社会的贡献还不止如此。《西圃潘君家传》又细载道："他如筹备宾兴经费，增加书院膏火，整理善堂章程，无不殚心力以为之。而主讲紫阳书院二十余年，造就尤广；选刻《课艺》至十有七编，诸生中得鼎甲者三人，其入玉堂登贤书者，盖不可胜数也。"这里记载了潘遵祁殚心竭力所做的几件事，尤其是主讲紫阳书院二十余年和选刻辅助秀才考试的《课艺》一书，贡献尤广，其中有三人得中科举。这里须要说明的是此紫阳书院是康熙五十二年（1713），江苏巡抚张伯行创建的苏州紫阳书院，而非徽州歙县的紫阳书院。不过，亦因康熙皇帝曾钦定《紫阳全书》，倡导朱熹之学，遂以此定名。这倒与徽州紫阳书院本意相同。潘遵祁的如此贡献，故俞樾撰写此处，亦不禁感叹："呜呼！君之功在梓桑何其伟欤！"潘遵祁不仅对苏州卓有贡献，而且对祖籍地歙县也牵挂在心。"君念七世祖以上墓皆在歙，命从子钟瑞岁往致祭。又念六世以下未葬者，积有二十棺，皆为卜地营葬。"还"始建义庄，即修家谱，十七寒暑，克有成书；后毁兵火，重加搜辑，又阅四年，谱牒乃告备。可谓敬恭祖旧者矣！"可见，潘遵祁对宗族的贡献是全方位的。

岁月在流逝，人事在变动。《西圃潘君家传》载道："汪夫人于同治四年下世，偕隐不终。然香雪草堂至今无恙，戴文节三图亦完好如新。君赋《还山诗》有曰：'天留茅屋老余生。溯自缔造之初，在咸丰甲寅之岁，享山居之福，垂四十年，天之福君者厚矣。"妻子不能与己偕隐终老，潘遵祁自然很有感慨。

后又继续载道："君工诗，又善画，见一材一艺，称道勿衰，晚年作'吴中七老会'。七老者，彭君慰高、顾君文彬、吴君艾生、蒋君德馨、吴君嘉椿，余二老则君与从弟季玉（潘曾玮）也。君始多病，后读《素问灵枢》有得，乃益强固。七十九岁重游泮宫，有诗记录之。光绪十八年六月丁未，卒于里第，年八十有五。著有《西圃文集》五卷、《诗词集》十五卷、《题画诗》两卷。"足见潘遵祁亦是工诗善画有才艺的文士。还记载了其妻室子女情况，

《世系考》中已载，不赘。唯“配汪夫人，即湖山偕隐者也。君有诗云：‘老妻亦解幽居乐，催促移桡共入山。’可知其贤矣”。

《西圃潘君家传》最后记载了作者俞樾评论之语：“论曰：君之生也，榕皋先生读《左传》适至‘祁奚请老’，故以命名。然祁大夫老而致仕，君四十归田，古今何必同乎？余与潘氏有世讲之谊，盖伯叔行也，而又为丁酉同年，君折行辈而与兴交，尝以‘香雪草堂’属之为记，故知君最详。两中书君请为家传，书此以应之。君于诸子已仕者，必以严刻为戒；未仕者，先教以立品。尝述理斋先生遗训曰：‘处世以谦和为主，居家以勤俭为主。’此名言也。学问淹雅，品行纯粹，宜其获福于天之厚矣。”作者最后之论，一是道明其名之由来；二是叙述自己与潘氏的世讲之谊；三是述及潘遵祁对子辈的教育，虽有已仕未仕之分，但皆严格，并以立品为先，尤其指出其父潘世璜的两句遗训是至理名言；四是给潘遵祁定的结论是“学问淹雅，品行纯粹”，这样的君子，当是应获得上天赐予之厚福的。

潘祖同人生事迹

潘祖同是苏州大阜潘氏家族进士榜上的第八位进士，属歙县潘氏第三十二世。他这位进士首先是享了祖父、四朝元老潘世恩的福，于咸丰四年（1854）甲寅被皇帝所钦赐进士。不过为了检验真实水平，他还是在两年后参加了丙辰科殿试，在状元翁同龢榜中二甲第四十名，继而参加朝考，为一等第十名，遂被钦点翰林院庶吉士。他是潘冕第五世孙，潘世恩之孙，潘曾莹子，算是祖孙三代皆进士。下面据《大阜潘氏支谱》及其他资料，对潘祖同的人生事迹进行叙述。

《世系考》载：“潘祖同，曾莹公长子，字桐生，号谱琴，咸丰元年辛亥四品荫生，辛亥顺天乡试挑取誊录、国史馆誊录，癸丑钦赐举人，考取国子监学正学录记名，补授学录，署学正，补授学正兼管典簿厅事务，国史馆分校覆校，加二级。甲寅钦赐进士，丙辰科殿试二甲，翰林院庶吉士，国史馆协修，钦加五品衔，封光禄大夫，户部左侍郎，加二级。生于清道光九年己丑六月十三日，卒于清光绪二十八年壬寅十一月二十三日，年七十有四，祔葬曾莹公墓左。娶仲氏浙江桐乡县籍浩公女，生于清咸丰三年癸丑八月二十二日，封一品夫人；侧室钱氏，生于清咸丰四年甲寅五月二十二日，卒于清光绪四年戊寅十一月二十二日，年二十有五，以子成穀官封孺人，祔葬曾莹公墓左。嗣子成穀，兼祧本生父祖喜后；亨穀，兼祧祖祯后，两祧祖畴子。”

据上所载，可知除其字号外，还得到以下信息：

其一，潘祖同是沾了祖父潘世恩的光而进入仕宦之途的，其生员资格是“荫生”，即荫庇之生，举人与进士身份也都是钦赐的。当然不是由此而否定其真才实学，因为他也在顺天乡试中被挑选录取为国史馆誊录，考取了国子监学正学录，并署其职，还兼管章奏文牍事务的典籍厅事务，后又在殿试中进入二甲，朝考一等，成为翰林院庶吉士，继续深造后成为国史馆协修，再后官运不错，竟到户部任左侍郎之职，为正二品官，故其妻被封为一品夫人。如此佳绩的取得，自有他本人的努力，也自有祖与父的荫庇作用。

其二，潘祖同的年龄与妻妾的年龄甚为悬殊。其妻仲氏生于咸丰三年（1853），侧室钱氏生于咸丰四年（1854），而他生于道光九年（1829），妻妾出生时，他已是24岁的青年。待此二女长到可婚之年16岁以后，他已是40余岁的中年人了。奇怪的是，其妻仲氏无卒年记载，莫非成婚不久即殁？其侧室钱氏卒时仅25岁，他还只是50岁的中年人，而他享寿74岁，此后还有二十余年过鳏夫生活。这在潘家是不正常和不太可信的。为何出现这种情况？宗谱没有记载，也无其他资料佐证，故一时难以解释。

其三，潘祖同的两个嗣子成穀、亨穀皆是两弟所生，前者生父为潘祖喜，后者生父为潘祖畴。

不知何故，《大阜潘氏支谱》中竟未载潘祖同的行述、墓志铭或传记之类，使我们对其生平不甚了解，也只有另觅他途。

通过查阅其他资料，可知潘祖同大致生平概况：

潘祖同，清末藏书家，字桐生，号谱琴，晚号岁可老人。咸丰八年（1858）因受顺天考试舞弊案牵连，被免去官职，充军新疆。归田以书画、收藏古籍为事。家有藏书楼“竹山堂”“岁可堂”，藏书至四万余卷，皆手自校雠一遍，分四部而藏。藏书印有“旧史氏”“还读书堂”“梅逸道人”“吟兰书屋图记”“祖孙父子兄弟叔侄翰林之家”“同是天涯沦落人”等。著《竹山堂联话》《竹山堂随笔》《竹山堂诗补》及《竹山堂诗文集》《竹山堂词稿》等。

又据“祖辈墓志铭”之说明文字载：潘祖同的藏书“后递传给嗣孙潘博山、潘景郑兄弟。1919年，藏书楼竹山堂改名宝山堂，藏书达三十万卷，终成潘氏藏书之最”。

由上可以推测，《大阜潘氏支谱》中之所以未载潘祖同的行述或墓志铭之类，原因之一是没有上述之类文字，二是他是一位科考舞弊案的涉案者，一位因此而被免职者，一位充军新疆者，这对煌煌的以科考盛名于世的潘氏家族来说，自然是莫大的耻辱，也自然没有撰写其行述、墓志铭之类文字的必要，或撰写了也不能收载于宗谱中。故而在《世系考》中也略去了其涉案被免职的情节。在封建宗法制度中，宗谱如同宗祠，都是一座神圣的荣誉殿堂，容不得半点污垢。

那么，咸丰八年（1858）科考案究竟是怎么回事？潘祖同又因何受牵连的？通过相关资料可知：

咸丰八年（1858）戊午在京城顺天府举行乡试，钦点的主考官为军机大臣、协办大学士户部尚书柏葰，两位副主考为兵部尚书朱凤标和都察院左副都御史、户部右侍郎程庭桂。当时，送条子，作暗号，科考作弊已然成风。本科八月九日开考，共考三场，参考上千人，录取三百名，过程还较顺利。九月十六日发榜，一切都平静如水。发榜后，咸丰皇帝认为非常顺利，没出纰漏，于是给主考官升为大学士，由原从一品升为正一品，在不设丞相的清代，兼任军机大臣的大学士即具有宰相的职责和地位。然而不久即有御史上奏科考有弊。咸丰帝很是吃惊，而且他对科举舞弊早就切齿痛恨，即任命怡亲王载恒、郑亲王端华、满人兵部尚书全庆和汉人兵部尚书陈孚恩四位官员会审。果然查出舞弊事实且内幕甚为肮脏黑暗。会审团商议，拟将主考官柏葰等四位斩立决。咸丰帝在勤政殿召见会审团成员及绵愉、彭蕴章、肃顺、赵光、文祥等十七位亲王、大臣商议。大臣们都默默俯首静立，独肃顺认为柏葰罪不可宥，非正法不足以儆在位！咸丰帝再也无法姑息，将柏葰等四人斩首于菜市口。

而潘祖同被牵连于案中，乃是江苏监生谢森墀想送条子给副主考程庭桂，因与程素不相识，即找同乡好友潘祖同，潘与程庭桂之子程炳采是多年好友，即为谢代递了条子。程庭桂接到儿子送来四张条子，直冒冷汗，恨得牙痒，即统统付之一炬。然烧条子时被杂役发现，当即传开。于是刑部开始捉拿涉案人员。时任工部侍郎的潘曾莹得知儿子牵入该案，惊恐之余，即主动坦白，请求惩处儿子潘祖同，并以教子无方自请处分。于是副主考程庭桂被流放军台效力赎罪，其子程炳采斩立决，谢森墀、潘祖同等七人发配新疆，潘曾莹等以“失察子弟，放纵儿子违法”，降一级官职调用。后以纳银赎罪，潘祖同才未被发配。潘祖同于是只得归田返回苏州，以书画和收藏古籍为事。

潘祖同故后是有墓志铭的。据所存墓志铭拓片知，撰文者为余杭人章炳麟，书丹为吴县王同俞，篆盖为江宁邓邦连，刻石为孙仲渊。现将潘祖同墓志铭录于下：

清故翰林院庶吉士潘君墓志铭

君讳祖同，号谱琴，字桐生，江苏吴人。祖世恩，清太傅，武英殿大学士，谥文恭；考曾莹，吏部左侍郎，母陆太夫人，有子五人，君其长也。生而端重，稍长，以名教自任。初以荫得主簿，旋赐举人，考授国子监学正。文恭薨，以恩赐进士。后二岁，改翰林院庶吉士，充国史馆协修。君虽以门第上遂，然少勤学，文行有声，畴人间吏部所交，皆一时闳硕，并折节与君齿在，翰林人不以门荫蔑也。咸丰八年，肃顺等起科场狱，自大学士柏葰以下论死者五人，蔓连既广，君亦以嫌被逮。初吏部素不事权贵，尝面折亲藩用事者，会其人主狱事，欲以危法中。君奏上，清显帝察其冤，得免官纳赎。君惩于仕途险巇，自是绝意进取，以文史自娱。犹侍吏部，处京邑者二十年。性至孝，陆太夫人老，齿不没战，而性不弃物。君每侍，辄乞其吐余茹之，其先意承志如此。光绪初，吏部与陆太夫人同日卒。肃毅伯李鸿章，故吏部门下士也，以白金千两赠。君力谢之，曰：家虽贫，丧纪能自尽，不以累公。鸿章叹曰：吾师有子矣！居丧，哀毁骨立。既归葬，杜门读礼，不交人事，比祥除，家无余财，以田二顷自给，而蓄书至四万余卷，皆手自钩校，分部而处。始文恭在受赐内府宝玩甚众，吏部又善绘事，藏法书名画亦不訾。君悉推与诸弟，独取书数簏，曰："此我所好也。"竟以是成书藏焉。平生不信鬼机，不事蒲博，尼师、巫妪无敢阙其门者，家风肃然，为乡里矜式。顾好觞咏，善诗及宋元乐语。尝自度柳梢青词，以笛饮之中律，一时传诵焉。初在京师，顺德李文田独推重君。及在吴，与先师德清俞君善，先师所著经说，时与君商订。云有《竹山堂随笔》《国朝人物徵疑年纪录》，校勘随笔提要，便拣及诗文若干卷，唯诗行世。潘氏自文恭以来，再世为宰辅，群从成进士、入词苑者以十数。君独以受诬顿踬。清中兴，君不与其盛，自是四十余岁政衰。八国联军之后，君臣奔逃，而君亦不与其败，将天以图书觞豆禄，君故不以圭组束也。君免官后，以从弟祖荫贵，貤封光禄大夫，户部左侍郎。光绪二十八年十一月卒，春秋七十有四。明年葬于木渎镇察里村之阡。配某氏，以得罪出。妾钱氏摄内政，寻亦卒，继配仲夫人，浙江桐乡人，归时，君已过五十矣。家居财数匮，夫人以勤朴董之，鸡鸣而起，黹僮仆粪除，夜即篝灯络纬，自奉至约，而觞客未尝有吝，比君砺后绩功，复十余岁，家计裕如矣。性好施与，独以逸游至乏者，即峻辞拒之，尤恶蒲博，故潘氏室中无博具。自以不逮，事舅姑享祭必腆。藏书既多，岁辄一暴之，断编虫蚀，手自补治，曰："所以诒子孙者，莫是先也"。后君二十九年以民国二十年十一月卒，春秋七十有九。嗣子二，长成穀，清光禄寺典簿，先君卒；次亨穀，清光禄寺署正，先仲夫人卒。孙六，承典、承厚、承弼、承誉、承彬、承岵。承弼出为君弟祖桢后。女孙三，长适顾，次适曹。承典等以二十一年十二月，奉仲夫人附于君之宅。礼也。铭曰：有马千驷耶，孰若藏书以自厚；有奉万石耶，孰若壹醉以自富？嗟南箕之哆口兮，独呼天而无救；惟吉凶之纠缠兮，吾将贞之于北。叟苏除于奏院兮，沈踣碑于陇首；伊沧浪之咫尺兮，固前修其时有。没三十年而不铭兮，铭之犹足以信后。

从上述潘祖同的墓志铭，我们既可以进一步了解潘祖同坎坷的人生轨迹，又可以对先前的一些疑惑找到答案。

其一，潘祖同不是科班出身。这在《世系考》中已经载明，尤其是在祖父潘世恩病故后，他犹得咸丰帝恩赐进士且以翰林院庶吉士而充任国史馆协修。不过，他还不是胸无点墨的"官后代"，人品学识皆还不错，故没有被同僚因其是门荫为官而蔑视。

其二，潘祖同的人生好景不长。因为官居宰辅的祖父潘世恩不在世了，虽然他父亲潘曾莹仍是在职的吏部侍郎，但曾因父亲"素不事权贵"，冒犯过某亲王，于是在戊午科场案中，他仅为人代转一条子就被牵连，既免去官职，还将被发配新疆，当然终因纳银而赎罪，免了一番流放之苦。

其三，潘祖同自此感到官场的风险，遂绝意进取，以文史自娱，侍奉父亲潘曾莹在京二十年。只是在堂弟潘祖荫于光绪中兴时，官至工刑兵诸部尚书和军机大臣等，他才沾光被貤封光禄大夫、户部左侍郎等虚衔。不过，他在侍养父母时"性至孝"，尤其对母亲陆太夫人照顾极佳，母亲年迈牙不好，他则将食品咬碎后给母亲吃，以助其咀嚼。光绪初年，父母亲同日逝世，这对他是非常沉重的打击。此时，家境已有衰败之状。父亲在吏部任职时的门下士李鸿章见之，甚为同情，赠以白金千两相助。然潘祖同"力谢之"，没有接受，表现了曾经豪门留存的骨气。所以李鸿章当时就感叹"吾师有子矣"！在故乡苏州安葬了父母后，潘祖同便"杜门读礼，不交人士"，但"家无余财”，只有倚仗两顷祖田的田租度日。艰难的日子里，他还坚持收藏所喜的图书，竟至四万余卷，并且“手自钩校，分部而处”，表现出他是真正的藏书家。他的祖父潘世恩受几个皇帝的信任，得宫中所赐的诸类宝贝很多，父亲潘曾莹因善绘事而得的各种书法名画亦很多。但他只按自己所好，选了其中的“书数簏”，而将其他宝贝书画尽让给诸位弟弟。足见他对藏书情有独钟。

其四，潘祖同平生不信鬼神，不事赌博，僧尼巫师神婆赌汉皆屏之门外。他只好诗书觞咏乐律且自度《柳梢青》词，被一时传诵，也得到诸多同好者的推崇。俞樾在著经说时，就曾经与潘祖同商订过一些内容。他也有《竹山堂随笔》与诗文集等作品行世。

其五，在潘氏诸位进士中，潘祖同“独以受诬顿踬”，境遇最差。清光绪中兴时，他“不与其盛”，没有享受到恩荣；八国联军进京，慈禧太后携光绪西逃，他“亦不与其败”，也没有受到牵连。虽曾沾点堂弟潘祖荫的光，得到一点封赠的虚荣，亦只是闲散文人一个。

其六，潘祖同是早年娶过妻子的，“墓志铭”载为“配某氏，以得罪出”。查阅《清代野记》，找到了一些原委。其中有则《杨查孽缘》载，淮安山阳才子杨鼎来，幼随父在苏州任校官，官署近邻居住海盐查姓富商，杨校官与查富商成莫逆之交，两家家眷亦经常往来。杨鼎来遂与查家婉香小姐有“青梅竹马”之交，岁月让二人心中萌情。然而婉香早已许配吴县潘门公子潘祖同，后且成婚，查婉香即潘祖同的元配夫人。后来，杨鼎来中举进京会试，而在苏州时，杨也曾受业于潘曾莹门下，故进京后，借看望恩师之名进了潘府。谁知他醉翁之意不在酒，而是暗中与查氏幽会。此时，潘祖同正受科场案所牵连，潘曾莹亦由侍郎降职失势，杨查二人遂无所顾忌。而潘曾莹已以侍郎退休就养在家，终于在无意中发现杨与查在唱和诗词，语多狎昵，便料定必有私情，十分震怒，将杨逐出。杨竟于次年再来京，深夜逾墙入潘宅，将查氏带走。这样一件丑事，所以《大阜潘氏支谱》没有记载。

其七，当时，潘祖同有妾钱氏，摄理内政，然钱氏短命，仅活25岁就辞世了。以后，他过了多年的单身生活。再娶桐乡仲氏时，潘祖同已年过半百。此时他在苏州已到贫穷之极。幸有仲氏夫人以勤俭朴素持家，鸡鸣而起，篝灯缝补，自奉节约，而有客人来，则不吝接待，既顾及了潘祖同的面子，又让他过了一段“家计裕如”的日子。潘祖同逝世后，仲氏又过了二十九年，为夫嗣继二子。嗣长子潘成穀先祖同而逝，嗣次子潘亨穀又先仲氏而逝，足见嗣子也不昌顺。不过好在有嗣孙六人，嗣孙女三人。而潘祖同的藏书后来达三十余万册，则有潘博山、潘景郑两位嗣孙的功劳。至于《世系考》中所以未载仲氏卒年，可能是当时编谱时，仲氏尚在世。而1992年版《大阜潘氏支谱》因袭的是老谱，编辑时没有注意而疏漏也。

潘祖同进士的人生是颇为坎坷的人生。

潘尚志人生事迹

《大阜潘氏支谱》之《登进录一·进士》最后载道：

光绪丙戌科刘培榜，尚志，第一百九十五名。

总裁 吏部尚书锡珍（蒙古镶蓝旗人，同治戊辰进士）

都察院左都御史祁世长（山西寿阳县人，咸丰庚申进士）

户部左侍郎嵩申（满洲镶黄旗人，同治进士）

工部左侍郎孙敏汶（山东济宁州人，咸丰丙辰进士）

同考 翰林院编修支恒荣（江苏丹徒县人，光绪丁丑进士）

题 子张问行 全章

中庸不可能也

取诸人以为善 三句

赋得保雨早霞生 得生字五言八韵

己丑 殿试张建勋榜三甲第一百二名

朝考入选，钦点即用知县。

这是潘尚志中进士的上榜情况，包括会试、殿试所中的名次，会试总裁与同考官名单，考题，及朝考入选，钦点即用知县等。

在潘氏九位进士中，潘尚志是最后一名进士，光绪丙戌科，时在1886年，而殿试却在三年后的己丑（1889）。他还是唯一的潘冕支之外的潘氏子弟，那么潘尚志是属于潘氏哪一支呢？

据《大阜潘氏支谱》与唐力行等著《苏州与徽州——16—20世纪两地互动与社会变迁的比较研究》一书记载，潘氏第二十五世祖潘景文移居苏州，生九子，开枝九派，因其兄景隆无后，遂将次子潘兆臣承嗣其后。潘兆臣，歙县潘氏第二十六世，生有十子，曰：如江、邦协、邦怀、纶、邦发、邦绩、邦贤、邦选、邦图、邦节。孙一辈则有42人。

长子潘如江，二十七世，生子三：宗彝、宗盛、宗德。

次子潘邦协，二十七世，生子七：宗硕、宗盘、宗翘、宗吉、宗远、宗献、宗傅。

三子潘邦怀，二十七世，生子二：宗器、宗茂。

四子潘纶，二十七世，生子五：应椿、宗辙、宗馥、宗举、应梁。

五子潘邦发，二十七世，嗣纶公子应梁。

六子潘邦绩，二十七世，生子十四：前九子宗开、宗昭、宗恪、宗扬、宗俨、宗烈、宗立、宗敏、宗峨皆殇，后五子宗粹、宗述、宗肤、宗培、宗倓。

七子潘邦贤，二十七世，生子三：宗保、灏、宗华。

八子潘邦选，二十七世，生子三：宗传（殇）、宗原（殇）、宗彬。

九子潘邦图，二十七世，生子四：宗厚、宗镛、宗度、宗贽。

十子潘邦节，二十七世，生子一：宗懋。

据《苏州与徽州——16—20世纪两地互动与社会变迁的比较研究》一书载，潘兆臣十子，一至五子迁回大阜，世守桑梓；六至十子迁至苏州。与潘兆鼎支相比，潘兆臣支在科场上极为不顺，较高的功名只有一名进士、两名举人，贡生、庠生都不多见。族人或继承祖业，小本经营商业，或在乡务农。不过，大阜族人无论是业儒问学，还是经商谋生，都始终与苏州族人保持联系且世代受苏州族人的泽惠。其中交往以潘兆臣次子潘邦协和四子潘纶两房为主，大阜族人中的功名也基本集中于这两房，而苏州族人回歙展墓的活动，也主要由他们组织陪同。下面将与第九位进士潘尚志有紧密关联的潘邦协一房的情况作较详的叙述。

潘兆臣次子潘邦协，二十七世，字律和，“幼治经，能通郑孔学，为文出语便惊人”，学问颇深厚。虽迁回歙县，但他“时游姑苏，兄弟雍睦”，与苏州的宗亲保持了文化学术上的交流，从而提高了素养。然而科场还是困顿，屡不得志，心情自然不好，曾“独坐松鳞别墅，一灯荧荧，然风雨不辍”，故尽管科举未中，而“学已成家”“文名著江浙间”，连桐城派大文豪方苞也与他交往颇深。

潘邦协生七子，其长子潘宗硕，二十八世，字在涧，12岁读毕全部经书，15岁能将经史举其概要，18岁在歙县县学学习，后又以高等成绩获得食饩的资格，再后被主讲紫阳书院的方公赞为“新安六子之冠”，足见潘宗硕学问颇有底蕴。他“奉祖父居故乡，护祠墓”，虽未投身科举，然致力经学研究，与桐城刘大櫆、婺源江永“往来辩证，互有折衷”。刘是桐城派代表人物之一，江是皖派经学的先驱，潘宗硕能与他们切磋学问，足表明其非同一般。而歙县著名学者程瑶田则出于他的门下。

潘宗硕后继有人。他的孙子潘世镛，三十世，字东甫，道光二十五年（1845）恩贡，“文章远承家学”，幼年即得族伯、潘氏第一位进士潘奕隽的见许，后又曾以诗为贽，谒见当时的大学者赵翼，并得其引为忘年交。他的诗作“以性灵为宗”，被誉为“大江南北‘诗老’”。他的妻子方氏亦能诗善画。他的弟弟世钟、世铎皆业贾于小丹阳（今安徽当涂县丹阳镇），成为兄长做学问的有力资助者。

潘世镛也后继有人。他的长子潘绍曾，三十一世，字复堂，号翰芬，生而岐嶷，未成童已读尽群经。道光丁亥（1827）以院试第一人庠，“弱冠入都门，从伯祖文恭公方官尚书，府君受业门下，濡染熏陶，所诣益进。日课一帖诗，文恭公悉亲为点定，目曰清华之选。与星斋、绂庭两叔道义切劘，花晨月夕，晤对一堂，尤为友爱”。他是状元宰辅潘世恩亲自授业的门生，还与状元的两位公子一起切磋学业，可见是深有熏陶的。三年后，因祖母和父母年迈而返歙县，肄业于紫阳书院，得院长朱见庵“亟赏之，称为大手笔”。然而科场运气不佳，“秋闱屡荐不售，援例贡成均，以训导需次”。多次赴乡试，虽被荐卷，却终不取，只有按照惯例成为一名贡生，并以训导见用，成为里居经生师，“受业者屦满户外”。太平天国期间，他因参办了地方团练，以功加知州衔。在同辈兄弟中，潘绍曾与苏州潘氏本族联系最多，尤与同辈的潘遵祁相交“最契，每至吴门”，必过潘遵祁在花桥的住宅，“宴谈竟日”。潘遵祁建义庄、刊支谱等事，都同他邮函商订。潘绍曾亦深受苏州“大阜贵潘”文化品位的影响，“居家终日端坐，仆婢帖然，不识斗称，不知博弈，不信卜筮，不谈佛老，治经之外，讲求理学，于修身养性之道夙所究心”。由此可知他是一个只注重治经求理，不管日常生计，不赌博下棋，不迷信，不礼佛道，但究心修身养性的儒夫子。但他对“敬宗收族，力行不怠，于宗祠规模，多方整顿，先代茔墓在远乡者，岁必恭自展谒，周巡省视，数十年如一日”。他的行止，与苏州潘家皆为相似。

潘世镛的次子潘典曾，字慎夫，号诵芬，少年即奉父命“出游姑苏”，即到苏州潘氏宗亲处接受文化熏陶与培养，后返里“重习举业”，然亦科场坎坷，到36岁仍是一位童生，此后便无意科举，以坐馆糊口。在道光二十六年（1846），他命12岁的长子潘望龄“往姑苏习贾”，寄希望于苏州潘氏本家。

潘绍曾之子潘晋龄和典曾次子潘璐龄分别在同治四年（1865）进歙县和吴县的县学读书。七年后，潘晋龄之子潘尚志，三十三世，也进歙县县学，年仅18岁。但因家贫，“就馆于苏垣，为同族顺之太史所识拔，会课惜阴书屋，屡列前茅。光绪甲申，苏抚卫公荣光甄别紫阳书院，三千人中拔置第一，文誉大噪”。由此可知，潘尚志的有所成就，也是得力于苏州族亲的支持。他先在家乡歙县读县学，因家贫转往苏州学习，得潘遵祁的识拔，先进惜阴书屋，再入苏州紫阳书院，竟在三千人的甄别考试中得第一名，足见其才学非凡。故随后于次年乙酉（1885）考中举人，接着于丙戌（1886）高中进士，成为在歙县大阜潘氏家族中第一位也是唯一中进士者，也步入了苏州“大阜贵潘”的行列中，成为第九名进士，成为一名钦点即用知县。从潘尚志的成功里，清楚地表明苏州族人和苏州文化环境对他产生了关键的影响。

不过，我们可以看到，歙县大阜潘氏族人往苏州投奔本族，既有求学之举，但更多的是谋生之行。如前面提及的潘望龄即迫于生活之困而赴苏业贾。他本“赋性聪颖，夙世举业”，丧父后“仍力学不倦，至十九岁方就贾于山塘”，“二十四岁于横塘遂自设店，生涯甚薄”。同潘望龄一样在苏州业贾的还有：潘涑龄（绍曾次子）、潘缉志（望龄子）、潘桂馥（璐龄子）、潘肇曾（世钟子）、潘秀龄（肇曾子）等。光绪年间，苏州族人潘钟瑞等人回歙县展墓，主要由潘晋龄、潘涑龄、潘璐龄、潘尚志等人陪同和接待。

多才探花潘祖荫

潘祖荫，潘曾绶长子，状元潘世恩之孙，歙县潘氏三十二世，字东镛，号伯寅，又字在钟，小字凤笙，亦号少棠、郑盦。咸丰壬子探花，在清廷南书房行走近四十年，最高官至军机大臣、尚书、太子少保，谥号文勤，是苏州“大阜贵潘”中地位仅次于潘世恩的显赫人物，与乃祖号称“祖孙军机大臣”。

现据其弟潘祖年撰《潘文勤公年谱》与《大阜潘氏支谱》及其他资料，综述其生平事迹。

少年坦途

清道光十年（1830）庚寅十月初六日，在京都米市胡同，时任工部尚书兼署左都御史的62岁的潘世恩第四个孙子诞生了。在之前，其长子潘曾沂生二子，长庭诰，7岁而殇，次仪凤；其次子潘曾莹生子祖同。这第四个孙子乃其第三子潘曾绶所生。此时，或许潘世恩觉得自己一家已屡获科场成就是祖上积德所荫，抑或许自己已居一品高位，对后人亦有所荫庇，遂亲自为孙命名祖荫，字东镛，号伯寅，小字凤笙。

的确，潘祖荫的少年时代是在祖父的光辉照耀下坦然度过的。1岁时，祖与父皆有诗志喜。4岁时随着父母亲南旋，寓居外祖父汪贻德宅第。虚龄5岁，父亲潘曾绶即为他同候选太常寺博士、平阳汪铁芸姑丈之女订了婚姻。然后又随父母亲回京，受业蒙师为胡清绶（字若卿）先生。6岁受业于沈庆蕃（字亘之）先生。9岁，师从沈祖望（字也鲁）先生。这年，祖父潘世恩充任武英殿大学士，职掌朝政。不幸的是，10岁时母亲汪夫人逝世。11岁时，潘家捷报频传，他祖父充任会试正总裁，二伯父潘曾莹补国子监学正，父亲潘曾绶中式顺天乡试第二十六名举人。14岁，受业于王嘉福（字铁卿）先生。

然这一年，父亲继娶才一年多的继母陆夫人逝世。次年，便随父亲送母亲、继母的灵榇南旋。16岁，随父亲北上，受业于陆增祥（字星农）先生。

道光二十六年（1846）丙午八月，17岁的潘祖荫应顺天乡试，被挑取誊录。这年，潘家又是福气盈门，祖父潘世恩特旨赏穿黄马褂，二伯父潘曾莹充云南正考官，父亲潘曾绶充国史馆总校、玉牒馆总校，叔父潘曾玮补太常寺博士。次年18岁，受业于钱世铭（字警斋）。道光二十八年（1848）十二月，潘世恩80岁生辰，朝廷格外施恩，19岁的潘祖荫先是侍陪祖父在淀园读书，后蒙恩赏给举人，准许他一体会试。次年八月，20岁的潘祖荫娶原订的汪氏为妻。

道光三十年（1850）三月，21岁的潘祖荫本该参加会试，谁知二伯父潘曾莹充任会试同考官，他只得照例回避。不过，八月考取国子监学正、学录第24名。他仍没有放松学业，又受业于吴增儒（字咸斋）、陈庆镛（字颂南）二先生，始治许氏之学。次年，请业于曾国藩，受教以治《说文解字》，复治《毛诗故训传》。咸丰二年（1852），23岁的潘祖荫参加会试，中式第九名贡士，复试二等第一名，殿试一甲三名，高中探花。然，其时他身出风疹，先向礼部具呈，遂胪唱未到。此后朝考一等第四名，授职编修。

潘祖荫从此走上仕宦之路。

仕宦之路

潘祖荫同其祖父潘世恩一样多才多能。正因如此，几任皇帝都信任他重用他，不断地委以重任，他才步步高升，最后累官至军机大臣、太子少保。他的宦途表现在：

其一，以文才出众，被委纂修和总裁宫廷文字。殿试朝考后授职编修的潘祖荫，即留在翰林院中工作。咸丰三年（1853），他又考取了国子监学正、学录。次年二月即充国史馆协修，六月又充实录馆纂修。咸丰六年（1856）正月，27岁的潘祖荫充功臣馆纂修，九月充咸安宫总裁，十一月奉旨在南书房行走，实录庆成，深得咸丰帝赏识，即下旨“遇缺题奏，即行升用”，果然于十二月即赏戴花翎。次年正月，又得赐宴同乐园，赐袍褂、帽纬、紫铜手炉、蓝玻璃瓶等件。咸丰帝欣赏他的文才，还常要他作诗奉和。咸丰七年（1857）正月二十四日，即命他和御制《对鸥舫雪望》诗二首、《昆明晓泛》

诗一首。三月十三日，南书房行走诸臣被咸丰帝赐同游春雨轩、淳化轩、澄心堂，到畅和园看玉兰，并命大家分体赋诗且赐膳两席，潘祖荫位列其中。显然是潘诗在众臣诗中拔萃，故二十一日又命他和御制《观画五古》元韵，二十三日又恭和御制《皇长子周岁之喜有作》元韵，四月初八日恭和御制《四月初七日雨时》元韵。和诗有赏，五月端午和六月初九万寿圣节，两次都获得纱袍、细葛、玉如意、玉杯等赏赐。此后，咸丰帝还多次命他恭和御制诗。光绪二年（1876）九月，充玉牒馆总裁，光绪四年（1878）九月，充实录馆副总裁，光绪七年（1881）正月，充国史馆正总裁。这些都表明潘祖荫不是一个倚仗祖父的恩典而入仕的庸宦，乃是一位有真才实学的能臣。

其二，像祖父一样，多次被委任乡试、会试典试官。咸丰三年（1853）十月，24岁的潘祖荫即充武殿试受卷官。这当然只是殿试中的普通官员，但这是他今后多次充任典试长官的开始。果然，咸丰六年（1856），潘祖荫即充会试同考官，比前次进了一步。两年后更进一步，29岁的潘祖荫以侍讲学士奉旨充陕甘乡试正考官，常熟人翁同龢以修撰为副考官。他六月任职，赶到西安已是八月初三，初六即入闱开考，九月初六揭晓，得士六十六人。十月十四日即回都城，一路风尘，干练洒脱，体现了一位能臣形象。次年二月，又充殿试收掌官。同治元年（1862）四月，充殿试弥封官。七月奉旨以光禄寺卿充山东乡试正考官，又是常熟人杨滨石以编修充副考官，得士一百六十四人。同治十年（1871）正月，充会试知贡举，九月充武会试副考官。光绪十一年（1885）八月，已是56岁的潘祖荫以署兵部尚书充顺天乡试正考官，常熟人翁同龢再次与其搭档，以工部尚书任副考官。光绪十五年（1889）三月，充会试副总裁，偕相国李鸿藻（字兰荪）、宗室尚书昆冈（字筱峰）、侍郎廖寿恒（字仲山）主持会试，得士三百一十八人，会元为顺天大兴县人许叶芬。潘祖荫一生参与主持乡试、会试十次，比祖父潘世恩还多两次。

其三，潘祖荫担任最多的职务还是各类考试的阅卷官。咸丰十一年（1861）八月，潘祖荫充接谈换卷大臣，十月充磨勘大臣。次年二月，充各省复试总司稽察大臣，六月派阅考试汉御史卷。同治三年（1864）五月，派考试汉誊录大臣。九月，派拔贡朝考阅卷大臣，各省磨勘大臣，顺天乡试复试阅卷大臣。同治四年（1865）二月，派各省乡试复试阅卷大臣，又派补复试阅卷大臣。四月派会试复试阅卷大臣，散馆阅卷大臣，朝考阅卷大臣。六月，派拔贡补行朝考阅卷大臣。同治七年（1868）三月，派各省乡试复试阅卷大臣。又派补复试阅卷大臣。四月派会试复试阅卷大臣，殿试读卷大臣，朝考阅卷大臣。闰四月，派优贡朝考阅卷大臣。七月，派考试教习阅卷大臣。八月，派复核朝审大臣。十月，派考试誊录贡监考职阅卷大臣。同治九年（1870）八月，派宗室乡试复试阅卷大臣，复核朝审大臣。同治十年（1871）二月，派乡试复试阅卷大臣。四月，派会试复试阅卷大臣，散馆阅卷大臣，朝考阅卷大臣。六月，派优贡朝考阅卷大臣。同治十二年（1873）九月，派阅孝廉方正卷。十一月，派考试汉荫生阅卷大臣。光绪元年（1875）八月，派复核朝审大臣。光绪二年（1876）二月，派各省乡试复试阅卷大臣，派补复试阅卷大臣。三月，派复勘试卷大臣。四月，派补复试阅卷大臣，会试复试阅卷大臣，殿试读卷大臣。五月，派考试差阅卷大臣。九月，派磨勘试卷大臣，乡试复试阅卷大臣。光绪三年（1877）四月，派会试复试阅卷大臣，散馆阅卷大臣，查看标识大臣，朝考阅卷大臣。六月，派优贡朝考阅卷大臣。七月，派考试教习阅卷大臣，复核朝审大臣，考试汉御史阅卷大臣。十二月，派考试学正、学录阅卷大臣。光绪四年（1878）二月，派阅考孝廉方正卷。四月，派考试汉御史阅卷大臣。光绪五年（1879）四月，派考试差阅卷大臣。七月，派宗室乡试复试阅卷大臣。九月，派顺天乡试复试阅卷大臣。光绪六年（1880）四月，派散馆阅卷大臣。光绪七年（1881）二月，派阅考孝廉方正卷。闰七月，派考试汉御史阅卷大臣。十月，又派汉御史阅卷大臣。光绪八年（1882）三月，派考试汉荫生阅卷大臣。九月，派乡试复试阅卷大臣。光绪十二年（1886）四月，派会试复试阅卷大臣，派散馆阅卷大臣，派殿试读卷大臣，派朝考阅卷大臣。六月，派阅各省拔贡卷。光绪十三年（1887）二月，派考试汉御史阅卷大臣。光绪十四年（1888）八月，派宗室乡试复试阅卷大臣。九月，派顺天乡试复试阅卷大臣，充武乡试监临。光绪十五年（1889）二月，派阅各省乡试复试阅卷大臣。十月，奉上谕充武乡试监临。光绪十六年（1890），这年是潘祖荫人生最后一年，年仅六十有一，闰一月，派阅各省乡试复试卷，四月，派会试复试阅卷大臣，散馆阅卷大臣，朝考阅卷大臣。综上所述。或许连他自己也记不清楚阅了多少试卷，又核查了多少试卷。从咸丰到光绪，潘祖荫为何能数十年担任阅卷或相关的大臣？究其因，一是他办事认真、公正，二是他业务熟悉且能力强，得到三朝皇帝的信任。可以说，他为朝廷选拔人才立下了汗马功劳。

其四，潘祖荫办事认真、公正，还体现在他的许多任职中。潘祖荫曾受命御史，敢于直言献策，参奏贪庸。如咸丰八年（1858）六月，他奉旨充陕甘正考官，临行前，上疏请酌加旗兵放款，以固巡防。皇上下旨交户部议且被召对于勤政殿后殿。咸丰十年（1860）闰三月二十三日，具疏奏保左宗棠。当时左宗棠以一介举人，参赞于骆秉章的军务，有人对其弹劾。潘祖荫在密奏中，极力为左辩诬，并“请饬酌量任用，以尽其长”。同月三十日，又以四川军务紧急，奏请宜速筹防剿，以顾大局，上陈“救时八策”，其中言道，四川即靖，盐釐各税可以下济两湖，两湖军饷不竭，然后可以兼顾他省。当时，正值太平军与朝廷军队激战正酣之时，潘祖荫又上疏《团练章程》十二条，对江苏、浙江等地的军情调处献计献策，显示其胸怀大局的气概。这年八月，咸丰皇帝在南方各地战事纷纭之时，竟离朝巡幸木兰。潘祖荫三次上疏力争谏止，其他廷臣亦会衔上疏。然皇帝执意不听，结果于次年病逝热河。

咸丰十一年（1861）八月，潘祖荫署宗人府府丞。宗人府是掌皇亲宗族事务的官署。潘职任在身，即与许仁山合疏重议咸丰皇帝升祔大礼。同治皇帝登极后，他向新帝上疏密陈五事，为勤圣学，求人才，整军务，裕仓储，通钱法。嗣后又疏请免钱粮，以缓和民间饥困；淘汰零碎杂捐，以保护民力；严肃军队纪律，以拯救百姓生活；扩大乡试、会试中榜名额，让更多的文人士子有出头为国的机会。这条条皆是国家大计，也展示了他的从政主张。他还附片请求撤销各省设立的团练大臣，弹劾了声名狼藉、大为民害的厘捐委金安清，请饬两江总督曾国藩严密参查。同治皇帝批准他奏请的条陈，并且推行下去。

同治元年（1862）正月，33岁的潘祖荫补光禄寺卿，二月即兼署都察院左副都御史。三月，由南书房、上书房诸臣编的《治平宝鉴》成功，潘祖荫参与合词进呈。这年，对于清朝来说是个多事之秋。针对众多事端，年轻的潘祖荫既密陈陕省营务废弛，回民叛逆之事，请命将如多隆阿等以剿甘肃撤匪为名，由潼关、商洛两路进剿；又疏参署淮扬镇总兵龚耀伦纵寇肆掠，请饬查明惩办；还奏请于江苏、安徽、山东、河南之交添设四界镇，以制“捻匪”。同时附片奏参署浙江金、衢、严道江允康、西安县知县丁寿辰的劣迹，以及严肃通州、泰兴等处江防，还为苏州、常州殉难绅民奏请恤典。这年七月，潘祖荫奉旨充山东正考官，得士六十四人。回京后，又疾恶如仇，疏参陕西藩司毛震寿拥兵养寇、贪婪诸状，请饬查办；疏参统兵大臣胜保养寇纵兵，贻误大局，请旨严密查办；奏请治前署江南提督曾秉忠之罪；疏参直隶督臣某持禄养交事多坐废，请旨早予罢斥等。潘祖荫以国事为己任，在兼署都察院左副都御史任上尽职尽责。

其五，身任工户部侍郎，管钱管仓管工程。同治三年（1863）七月，潘祖荫署理工部右侍郎兼管钱法堂事务。十二月转为正式职务且兼署刑部左侍郎。这是朝廷对他上年辛勤劳作的回报，而且继续对他的才干能力表示赞赏和信任。次年四月，朝廷派他查勘福陵工程，他即奉旨带工部郎中、主事等前往办理。谁知五月里的一天，归宿新民屯时，跌损了左膝，但他仍坚持职守，至六月完毕回京复命，膝伤仍未痊愈。福陵在盛京，即今沈阳。他且为此事撰《沈阳纪程》一卷。同治八年（1869）二月，潘祖荫调补户部左侍郎兼管三库事务。既管过钱，又管国家三库，皆表明朝廷对他的信任。二月二十一日，武英殿遭灾。潘祖荫身为户部左侍郎，却被委派修阜成门城墙工程，又派勘估武英殿工程。而在上一年他又被派管理火药局兼署吏部左侍郎。真是一位多面手的能臣。同治九年（1870）十二月，又命其兼吏部右侍郎。同治十一年（1872）九月，恭逢同治皇帝大婚典礼，身受重任的潘祖荫赐太和殿赴宴，赏给头品顶戴，还得赐御笔、文摛、锦绣、匾额，还传旨“不必谢恩”。这对43岁的潘祖荫来说，是荣耀与信任。故这年，他又被派查估地坛工程。

其六，疏忽失印遭贬，皇恩犹存信任在。同治十二年（1873）正月二十六日，同治皇帝亲政。二月，潘祖荫受召见于养心殿。三月，被派查估贡院工程。然而这月初四，他随同治帝扈跸东陵，途中遇雨，他还兴致勃勃地作《行帐听雨诗》一首，写着《定陵恭纪》。谁知十一日回京，却以户部行印遗失，受到部议革职留任的处分。好在同治帝没有因此对他失去信任，六月又让他兼署吏部左侍郎，还在养心殿召见了他；七月又赐他御笔“龙”字及七言对一联。不过，十二月经礼部奏磨勘处分，奉上谕给他降二级调用。这只能怪他自己疏忽失误。仅过了一个来月，同治十三年（1874）正月，皇上又赏给他翰林院编修，仍在南书房行走。六月，奉旨以侍郎候补。十二月初三，同治帝意外身体不快，召见潘祖荫于养心殿东暖阁寝宫。初五日，病情加重，又传旨召见。潘祖荫见皇帝沉重如此，即伏地痛哭。谁知当日申刻即升遐而去。两宫太后再召见潘祖荫，迎光绪帝入宫，潘祖荫在月华门侍班。这一切，足见正受处分之中的潘祖荫并没有失去清朝统治者对他的信任。

其七，官复原职，继而步步高升，终至位极人臣。光绪帝登基后，对潘祖荫恩遇有加。光绪二年（1876）正月，他即恢复原职，署刑部右侍郎。三月，补礼部右侍郎，仍兼署刑部右侍郎，身兼二部。闰五月，被召见于养心殿。六月，他恭进《穆宗毅皇帝全集》，他是参与编纂者，遂蒙赐一部，并拜袍褂蟒袍帽纬之赐。八月，又兼署工部左侍郎，派查勘泰陵碑楼等处工程，当即出都，一周后回京复命。十月又查勘众皇陵修理工程。光绪五年（1879）正月又升左都御史，仍兼署工部左侍郎。三月，补授工部尚书且得光绪帝谕奖："尚书潘祖荫前在都察院左都御史任内，特旨派署该部左侍郎。该尚书承办一切，倍加勤慎，深堪嘉尚，著加恩赏，给太子少保衔。钦此。"四月，调补刑部尚书。十月，赏紫禁城骑马。此后，光绪帝对潘祖荫更加重用。光绪六年（1880）正月，潘祖荫奉旨查办崇文门勒索廓尔喀贡使及蒙古一案。办毕，得设宴赐物。三月，兼署工部尚书。九月，奉上谕与惇亲王、恭亲王、醇贤亲王、翁同龢尚书，一起专办中俄交涉事件。次年，中外大局初定，遂条陈善后练兵、简器、开矿、造船、筹饷五策。光绪八年（1882）八月，署礼部尚书。十月，得皇太后赏御笔画兰四幅。十一月初六日，得帝召对于养心殿，面奉谕旨，授为军机大臣。随后，得赐皇太后和皇帝御书与貂皮袍褂等。光绪九年（1883）正月二十二日，潘祖荫父亲潘曾绶逝世，二十四日，即奉上谕追赠三品卿衔，赏银两千两治丧，四月扶榇南归。光绪十一年（1885），潘祖荫丁艰期满，五月回都，上谕其署理兵部尚书，仍在南书房行走。十一月，补授工部尚书，派管理火药局事务。光绪十三年（1887）正月，光绪帝亲政，潘祖荫得保和殿侍宴，并恩诏加一级。九月，奉旨著兼管顺天府尹事务。光绪十四年（1888），兼署户部尚书，派管理沟渠河道大臣。这样，朝廷六部尚书之职，潘祖荫全任过遍。光绪十五年（1889）二月，奉懿旨赏加太子太保衔，又以工部堂官赏加二级。至此，潘祖荫已位极人臣。

鞠躬尽瘁　救灾而殁

光绪十六年（1890），61岁的潘祖荫没想到，这一年将走向自己人生的终点。

这年正月，潘祖荫随皇帝查勘河道，又被派为管理沟渠河道大臣。此职，他先前在兼署户部尚书时已派任过，看来是他有经验有成效，故复派之。闰正月十四日，他又扈跸东陵。后，连着两月充任阅卷大臣。此时，光绪帝虽已亲政，但大权仍掌在慈禧太后手中。慈禧太后见潘祖荫所办各差都还不错，于是五月初一，即赐潘祖荫御笔山水折扇一柄，团扇一柄。

六月，京师淫雨为灾，京畿二十四州县同时被水所淹。初六日，兼管顺天府尹事务的潘祖荫与京尹陈彝（字六舟）上折会奏水灾情形，并告已广延绅士商议救灾，要派人员分路查放义赈，在玉清观、卧佛寺、功德林、普济堂设立粥厂四处，又拟先在六门外择地酌量添设粥厂。经查，近畿一带惟东、南、西三隅被灾最巨，已择卢沟桥等六处一律添设粥厂，以期附近灾民便于就食，并恳请钦派三四品京堂分驻稽查弹压监放。一面拨放京仓米石以备城镇各厂分领煮散，再近畿各镇开厂照案拨银两千两以作经费，均请饬下户部照拨。潘祖荫又片奏，京师城外向无民船，惟通惠一河有运送粮米船只，现作函商借移用。车马不通之处购买沙篙扎缚木筏，木筏不通之处济以筐箩，力所能尽，罔不尽心，冀挽奇灾，以纾宸念。由此可见，查明灾情，各项救灾措施细致周密，体现了潘祖荫抗灾救民的殷切之情与扎实的能力，朝廷自然予以大力支持。六月十二日，他又续奏情形一折。七月以后，各属饥民至京师就食者络绎于门。人多拥挤，并皆遣弁送广仁、资善各堂及安平公所安插，还函请各省官绅募银助赈。他自己则前后捐银达数千两，而且每遇到下属禀报各地灾情时，他皆呜咽流涕。可见潘祖荫对灾民们的关切之情。

八月五日，潘祖荫继续向朝廷奏报："顺属灾区太广，饥民众多，转瞬严寒，生路更窘，请再赏给米石。"光绪帝接报后，即下谕："著再赏给粳籼米十万石，由京仓拨给，作为顺天各属冬春赈需，所赏米石著仓场侍郎饬各仓监督，认真查看，如有搀合短少情弊，即著潘祖荫等据实奏参。"九月二十二日，顺天府奏大兴县境灾民较多，遂添设青云店、岳家务两处粥厂。此时，潘祖荫见冬春赈务为日方长，于是又请拨银米以资要需。即奉上谕："著照所请，由户部再拨经费两千两，并拨京仓米八千石，即著潘祖荫等饬属妥为散放，以恤灾黎。钦此。"足见朝廷对赈灾是重视并切实支持的，对潘祖荫所领导的这场救灾工作也是信任的。但灾情太重，所需量很大，于是潘祖荫不得不于十月十五日，再疏请拨银米。朝廷又下谕："著再赏给京仓漕米五万石，以备冬抚之用。"

此时，已过花甲的潘祖荫在赈灾前线，日夜操劳，给身体造成很大影响。十月二十三日，他忽然感到身寒，热汗出而不止，但这夜他还勉强起身入值。二十五日，他去查验火药局，归来即发作气喘。到二十六日，气喘益发加重，才开始具折请假延医诊治，服了疏散之剂。二十七日，热度解了，而气喘如故，汗下如雨，遂隐于几榻假寐，然梦中喃喃所言皆赈灾之事，足见他一心系于灾民，鞠躬尽瘁。到了三十日，潘祖荫自知此病将不会有起色了，遂在京兆陈六舟来探视病情时，谆谆以公事相托且曰："吾其为周小棠乎？"因周小棠也是在担任京兆尹时办赈尽瘁而殁的。他在为自己担心了。果然，这天申时，他痰声骤然涌起，到酉时即瞑目而去。潘祖荫实在是为赈灾积劳成疾，猝然而故。临死前，遗命弟潘祖年之子潘树孳为嗣子。

对于因赈灾鞠躬尽瘁而猝死的潘祖荫，朝廷予以了充分肯定和高度评价。当遗疏上闻时，即奉上谕："工部尚书潘祖荫学问渊通，才猷练达，于咸丰年间由翰林入直南书房垂四十年，勤劳最著，历受先朝知遇，叠掌文衡，洊升卿贰。朕御极后优加倚畀，擢任正卿，加太子少保衔，在军机大臣上行走。丁忧服阕补授工部尚书并兼管顺天府尹，加太子太保衔。本年近畿水灾，尽心筹划，劳瘁不辞。前以偶染微疴赏假调理，遽闻溘逝，轸惜殊深。著赏给陀罗经被，派贝勒载滢带领侍卫十员，即日前往殿醊。赏银二千两治丧，由广储司给发。加恩晋赠太子太傅，照尚书例赐恤，任内一切处分悉予开复，应得恤典该衙门察例具奏。伊弟潘祖年著赏给郎中，分部学习行走。伊子潘树孳著赏给举人，准其一体会试。其灵柩回籍时，着地方官妥为照料。用示朕笃念荩臣至意。钦此。"内阁奏谥法，朱笔圈出"文勤"。

这份上谕对潘祖荫的一生评价恰切且高，对他故后的恤典安抚也很全面，表明光绪帝和慈禧太后对潘祖荫是"笃念荩臣至意"的。谥号"文勤"亦很恰切，既有文才，又很勤劳，这正是潘祖荫一生的特点。

潘祖荫虽不若乃祖潘世恩既荣耀又长寿，但在晚清时期，绝对是一代名臣。

多才探花

以殿试探花进入仕途的潘祖荫不仅宦绩卓著，而且多才多艺。他以"学问渊通，才猷练达"著称，秉性直爽，敢作敢为，"自入翰林，遇事敢言，飚举锋发，不顾忌讳"，曾仗义疏救素不相识的左宗棠，直言："国家不可一日无湖南，即湖南不可一日无此人。"潘祖荫是潘氏家族又一中流砥柱。

潘祖荫的多才多艺表现在：

其一，善诗能词，才情横溢。据《潘文勤公年谱》载，咸丰四年（1854）甲寅二月，25岁的潘祖荫即集癸丑年所作词为《涟漪阁琴意》，又自叙旧所作《芬陀利室词》，可见其吟诗作词已然很久。

潘祖荫中探花后，即授职翰林院编修，有了在朝中唱和诗作的机会。《潘文勤公年谱》中有许多和御制诗的记载。咸丰六年（1856）三月，他充会试同考官，即在闱中与同僚们作诗唱和。咸丰七年（1857），他曾奉命和御制《对鸥舫雪望》诗二首，《昆明晓泛》诗一首。咸丰八年（1858）正月十七日，他又奉命和御制《上元越二日幸园》元韵。这年六月，他与翁同龢分任陕甘正副考官，途中二人唱酬之作甚多。咸丰九年（1859）四月十七日，他又恭和御制《宿斋蒙恩微雨诗志感畏》元韵。五月十七日，移园寓居近光楼，自撰联句云："槎客路三千，料斯行荔子香中，鸿爪因缘怀日下；林园天尺五，客小住藕花深处，鹊声欢喜报尊前。"且自注云："近光楼滨石居之，今年夏滨石典闽试，余移居焉。楼外有鹊巢二，故末语及之。"此联表现了移居时所见所思，颇为真挚，具有一定的艺术性。咸丰十年（1860）正月初二，又恭和御制《太和殿赐宴诗以纪事》元韵。

同治七年（1868）二月，内官传旨撰拟对联及写说文以进。这是皇帝考验近臣才学的一种手段。三月，潘祖荫即恭进《楹帖联珠》四册。四月初又呈进《篆写说文》四函、《艺文备览》四函，圆满地完成旨意，显示出他不凡的文才。咸丰帝喜作诗，故潘祖荫多次奉命和诗。同治为帝年纪尚轻，或许想学撰写诗联文等，也如父皇一般显示风流，才有要求臣子进以诗联文等。潘祖荫亦迅即恭进，这是他忠于皇帝的表现。其实，与同僚及名士们一起唱和，则格外自在。同治十一年（1872）夏，43岁的潘祖荫与诸名士作销夏联吟，他首唱六律一、拓铭二、读碑三、品泉四、论印五、还砚六，检书张孝达、李炁伯等皆有和作，还刻成《壬申销夏诗》一册。同治十二年（1873）三月，他扈跸东陵，途中遇雨，作有《行帐听雨诗》及《定陵恭纪》。同治十三年（1874）二月，万柳堂补栽新柳，潘祖荫会诸名士于夕照寺绘图、征诗，并刻补万柳堂印。八月，扈跸南苑，九月回京途中，有《南苑杂事诗》，并与南斋同直诸公唱和诗。

与亲友相遇和离别，亦是作诗的时机。光绪三年（1877）三月，潘祖荫奉命勘查东陵及各地皇陵开工情况，在通州偶遇族兄潘霨新简任湖北布政使，遂作诗留别。潘祖荫还常以诗纪事。光绪元年（1875）九月，潘祖荫恭送同治帝及后梓宫奉移山陵，曾作恭纪诗曰："丁年侍宴玉皇家，亲见真龙驭绛霞。自运枢机平祸乱，更通琛赆达幽遐。重华云断苍梧野，九月霜凄白柰花。廿载再逢真不幸，侍臣和泪入风沙。"表达了对同治帝恩遇自己的谢意及惋惜之情。光绪四年（1878）三月，他前往东陵请训，至隆福寺同治帝灵柩暂安处叩谒，也恭纪以诗。十一月派查东四牌楼工程，又前往西陵复勘，途中遇雪，遂作诗以纪，其中有"三度行陵三遇雪，惜无妙手写关荆"之句。

潘祖荫作为一个朝廷官员，其诗作自然是奉和之作为多，虽谈不上什么社会意义，但至少表明他是个有才情者。

其二，刻书出版，为社会留下精神财富。潘祖荫出生在一个具有深厚的文化底蕴之家。《潘文勤公年谱》载，潘祖荫童年为伯父潘曾沂所钟爱。潘曾沂曾闭关谢客，虽至亲莫得见，唯潘祖荫常在身侧。后，祖荫随父北上，潘曾沂曾寄信给弟潘曾绶，说："凤侄虽少年，而读书作事眼明心细。"这是对侄子有深刻了解的评语。据《潘文勤公年谱》记载，潘祖荫刻书约始于同治二年（1863）七月，他恭编《文宗显皇帝诗文全集》刊刻进呈，这是大行皇帝咸丰的遗著，编与刊刻皆是奉命而作。不过，这开拓了他刻书业的先河。同治六年（1867）十一月，他即刻《求古录礼说补遗》，此书为临海金城斋撰，由赵益甫得于台州。此月，还刊刻龚自珍先生《泰誓答问》。同治七年（1868），刻长洲陈硕父先生《公羊逸礼考徵》，由弟子陈倬担任校雠。

同治八年（1869），刻释湛然《辅行记》。潘祖荫还亲为此书作序，指出"释湛然《辅行记》十卷，沉薶彼教，世少知者"。同治十年（1871），潘祖荫与赵之谦（字㧑叔）、胡澍（字甘伯）访求古籍，得宋元椠本甚多，从赵之谦处得胡仁圃《虞氏易消息图说》、叶润臣《桥西杂记》即付刻。同治十一年（1872）夏，刻自己与诸名士销夏联吟之《壬申销夏诗》，又刻《吴项儒遗书》《炳烛编》《张文节公集》《嗽橄榄馆稿》《越三子诗》等。同治十二年（1873）夏，他与李炁伯、王芾卿诸君联吟，复刻《癸酉销夏诗》。这年，还刻绩溪胡秉虔《尚书序录》《卦本图考》《说文管见》，密县王守基《盐法议略》《艺芸书舍宋元本书目》，胡澍《素问校义》，周济《宋四家词选》。同治十三年（1874），刻长兴《春秋左氏古义》六卷、许海秋《玉井山馆笔记》。

光绪年间，潘祖荫刻书更多。光绪三年（1877），刻冯已苍《怀旧集》，江郑堂《炳烛室杂文》、吴玉搢《别雅订》五卷、《钮匪石日记》《许印林遗著》、程稺蘅《吴郡金石目》、程子準《稽瑞楼书目》、吕世宜《爱吾庐文钞》

及娄东汪子超、元和沈诗华诗集。光绪四年（1878）秋，刻吕氏《百专考》、韩氏《宝铁斋金石跋尾》、陈簠斋《传古别录》《鲍臆园手札》。光绪五年（1879）正月，将伯父潘曾沂《闭门集》付刻。十二月，自长秋官刻《洗冤录》，详义秋审情实条款，刻合肥李光禄《贯垣纪事诗》、濮文暹主事《提牢琐记》。自丁丑年后，以晋、豫诸省偏灾迭告，刻《救荒活民书》《农桑实际》及伐蛟、治蝗、担粥诸说。光绪六年（1880）六月，刻钱叔美先生《松壶集》，潘祖荫不太藏书画，却独嗜好松壶画，故刻之。至是，取嘉定程序伯所刻《画赘画忆》，属太史徐琪（字花农）写而梓之。光绪八年（1882），刻沈西雍先生《说文古本考》。

光绪九年（1883），潘祖荫54岁，正月二十二日，他父亲潘曾绶逝世，享年七十有四。四月二十日扶榇南旋，他遂丁忧在家。八月，闻直隶、山东存饥，捐赈银一千五百两。在家有闲，刻书尤多。九月，即属族兄、明经贡生潘钟瑞刻同里朱条生《万卷书屋诗》、叶调生《楙花盦诗》、石蕴士《听雨楼诗》、石梅生《葵青居诗》。十月，刻《徐元叹遗诗》。又属族侄潘志万写刻《百宋一廛赋注》，及太史杨雪渔所书《藏书纪要》。这年，潘祖荫所刻书尚有刘贵阳《经说》《日本金石年表》。

光绪十年（1884），这是潘祖荫刻书汇总的年头，也是他刻书最多的年头。二月，刻屠元饮《小草诗钞》。不道四月他患了目疾且屡治屡剧，直拖到冬天才渐愈。不过，他还是坚持以旧所刻诸书汇为《滂喜斋丛书》四集，复汇刻《功顺堂丛书》《周人经说》四十一卷、《论语孔注辨伪》一卷、《平定罗刹方略》四卷、《王氏经说》六卷、《左传补注》十二卷、《左传地理补注》十二卷、《西清笔记》二卷、《国史考异》六卷、《泾林续记》一卷、《广阳杂记》五卷、《半毡斋题跋》一卷、《无事为福斋随笔》二卷、《南涧文集》二卷、《冬青馆宫词》三卷，又别刻《士礼居藏书跋记》六卷。又以《钮氏说文校录》及张秋水先生《西夏纪事本末》《乌台诗案》《墨妙亭碑考》，给予书局刻之《匪石遗书》。眼看自己十年的刻书锦图，如今即将完成，潘祖荫不由在心中为之一快。更何况他又得北宋本《广韵》，即泽存堂所刻祖本，南宋本《竹友集》，皆杨广文（字星吾）自东瀛所访得的。光绪十一年（1885），续刻《古籀疏证》六卷、《范石湖诗补注》三卷，编入了《功顺堂丛书》。四月，他丁忧期满，即携眷北上，又入宦途。可见丁忧在家，为他大量刻书创造了良好时机。果然，他便因主持考试、朝考阅卷、查估工程、赈济灾情等事，官位一升再升，宦事一忙再忙，无暇再作刻书，后因积劳成疾而猝亡。

其三，醉心收藏鉴赏，为国家保存众多文物。深受家族文化熏陶的潘祖荫，对文物的收藏与鉴赏有一种特殊的天资与兴趣。潘祖荫的“读书作事，眼明心细，加以精研阅历”，不仅表现在刻书上，而且体现在文物收藏与鉴赏上。据《潘文勤公年谱》载，道光二十九年（1849），20岁的潘祖荫在成婚之后，携眷北上去祖父潘世恩、父亲潘曾绶处生活，在过山东邹县时，即拜谒了亚圣孟子庙，瞻仰族封田石刻《汉食堂记》。咸丰三年（1853）四月，刚中探花不久的潘祖荫，以翰林编修身份接待了朝鲜来客李尚迪（字藕船），两人以笔相问答。潘祖荫询以彼土金石文字及郑麟趾、申叔舟诸家之书，表现了在收藏鉴赏方面的素养。那李尚迪顿生敬服，即举箧中所携《陈真兴王北狩碑》《唐平百济碑》及《桂苑笔耕》以赠。这或许是他金石碑帖收藏之始。次年正月，李尚迪的弟子吴元秬（讳庆锡）从朝鲜来，与孔宪彝（字绣山）、叶名沣（字润臣）、阮福（字赐卿）诸先辈为文酒之会，25岁的潘祖荫亦参与其会。许是潘祖荫的学识谈吐不凡，亦或许因李尚迪推荐，令吴元秬对潘祖荫有相见恨晚之感，遂又赠潘以《唐平百济碑》《刘仁愿纪功碑》《红流洞石刻六种》《真鉴禅师碑》《兴化寺碑》《文殊院记》等，这些皆是海东古石刻。于是更增添潘祖荫的收藏兴趣，从此广搜拓本，发愤编为《海东金石录》，经过其努力，逾年而成，共二十四卷，还自己作序。该序是说：“诸家搜辑详于中土，略于外域。《萃编》惟载《平百济》。一碑至《朗空塔铭》，则不完本耳。《筠清碑目》所载十余种，但列其名，文不存焉。朝鲜李祖默有《罗丽琳琅考》，所载仅七种，亦不录全文。余闻之洌水李藕船云其国以《汉彭吴通貊道碑》为最古。”又作《两汉碑表》。不仅表现了他对金石碑帖的兴趣，而且体现了他在这方面很深的造诣。

同治九年（1870）十二月，潘祖荫得宋刻《金石录》。其弟潘祖年在《潘文勤公年谱》中写道，此即《敏求记》所称冯研祥家本，清朝乾隆间为扬州江氏所藏，递归赵晋斋、阮文达，最后入韩小亭观察玉雨堂，兄从韩氏得此书，即仿冯氏刻一印曰“金石录十卷人家”。因以前流转之家相承皆用此印。潘祖荫刻此印，表示了自己亦传承者。《潘文勤公年谱》载，潘祖荫夙有三代文字之好，同治十一年（1872），得部钟四及史颂、匽侯诸鼎，先成《攀古廔款识》二卷，自作序，其中云：“钟鼎彝器之学，萌芽于汉，昌于宋，极盛于国朝。乾隆中，命廷臣编《四清古鉴》。”朝廷之旨在于“以游艺之余功，寄鉴古之远思”。接着以《四库提要》及各种史书的论述，来说明钟鼎之鉴藏对认识和见证历史的重要意义。继而表明自己性嗜金石，比年来专力吉金，每有所得，摩挲研思，略辨瘢肘，必加推按至没字而后已。

同治十三年（1874）十一月，左宗棠自关中辇至盂鼎。潘祖荫有保奏左宗棠之功，左宗棠遂以潘之所好作报答。潘祖荫的好友鲍子年在《盂鼎拓册》跋中指出，“鼎乃嘉道间岐山出土，初为宋氏所得，置秘室不以示人。周雨蕉明府侦知之，遽豪夺去，余曾乞其打本请观，则不可，诡云已送归南中。文凡二百九十有五字，陈寿卿叹为史佚之作，其心醉如此。刘丈燕庭辑《长安获古编》，亦以未得是鼎及《虢季子白盘》为憾也。雨蕉逝鼎复出，左季高相国购以重资，拟舁送关中书院置中天阁上，旋闻伯寅爱之，即慨然持赠。”叙述了盂鼎自出土到辗转最后归潘祖荫的过程。光绪十五年（1889），潘祖荫得善夫克鼎、大几与盂鼎埒，上有铭二十九行，每行二十字，便属侍郎李文田（字仲约）及门下士之同好者皆为释文。这是《潘文勤公年谱》中关于潘祖荫收藏的最后记载。综览全谱，关于潘收藏的内容不及刻书多，或许有其他一般的收藏未收载，但重要物件皆已载入，还是可见其收藏家之一斑。据有关资料载，潘祖荫所藏鼎彝器达五百余件，成为清以来收藏吉金第一家。攀古楼是他存放青铜器和石碑的储藏处。另还有《汉沙南侯获刻石》目录可知。

关于潘祖荫喜收藏的逸闻，晚清小说家李伯元在其《南亭笔记》中亦有记载。一条记潘祖荫极赏识因喜收藏金石，致使一贫如洗，典衣绝粮的翰林祭酒王廉生，体现了潘祖荫亦有同好。一条记他酷嗜金石，修墓回籍，闻某处有碑石，欣然往觅。此石碑在某姓家子妇床后壁间，他持烛折索良久，飞尘满头亦不顾，审为真本后，立予五百金舁之处。写出了他“酷嗜”的形态。这些轶闻，确也衬出了他喜收藏的品性。

潘祖荫亦喜好藏印，有官印、印凡三百零四版，其印有“吴县潘氏郑盦藏”朱隶方，“伯寅藏书”朱大方，“祖”“荫”朱小方，“伯寅经眼”朱方，“如愿”朱长方，“攀古廔”朱长方，“潘祖荫藏书”朱长方，还有“九涛十八涧中人”“八求精舍”“龙威洞天”等。

潘祖荫为收藏节衣缩食，大把的银子都投入收藏中，以致所乘车马轿舆是众大臣中最破烂的。但每发现彝器文物，仍必倾囊购之，至罄衣物亦不惜。他的收藏眼光也闻名于当时的收藏界，一眼即能看出眉目，故有“潘神眼”之称。当时朝廷内众太监凡得古玩，必请潘祖荫鉴别，连孝钦皇后也曾说，

“潘祖荫所鉴定者固无甚大谬也”。

潘祖荫亦擅长书法，其与祖父潘世恩、伯祖潘世璜曾并称书法“苏州三杰”。

综上所述，潘祖荫“多才探花”之誉名副其实。

李慈铭在《诰授光禄大夫太傅工部尚书潘文勤公墓志铭》中的评价

“李慈铭，会稽人，字悉伯，号蕙客，光绪进士，官山西道监察御史，数上封事，不避权要。中日事起，败问至，感慨扼腕，卒于官。慈铭精思闳览，最致力于史，诗文尤负重名。性简略，议论臧否，不轻假借，人多忌之。然虚中乐善，后进一言之合，誉之不容口，门下著录甚众。著书甚富，已刻者有《湖塘林馆骈体文钞》《白华绛柎阁诗初集》《越缦堂日记钞》。”这是《中国人名大辞典》中的记载。从中可知，这是一个正直而有才学的官吏文人且与潘祖荫有较深的交往。由他撰写的《诰授光禄大夫太傅工部尚书潘文勤公墓志铭》，当是真实无虚、公正不谀之文，对潘祖荫的评价是诚恳而恰切的。

李慈铭在《诰授光禄大夫太傅工部尚书潘文勤公墓志铭》中客观地记叙了潘祖荫一生事迹后，写道：“公天怀伉爽，开济为务，自入翰林，遇事敢言，飙举锋发，不顾忌讳。戊午（1858）以后，大寇外夷，海县交讧，怀忠愤发，娄上密疏，请诛媚夷辱国之粤东督抚。”接着罗列潘祖荫弹劾的一班有罪之臣，于是“后先秉轴者皆嫌公以清切词臣，哓哓言事，虽同乡巨公，亦有嗛于心者，故自庚申以后，数载不迁，官光禄卿至满三年。虽公气不少挫，亦恃上有定仁，能保全之”。继而述潘祖荫“之尤有功于天下者”的事，即于咸丰之末为左宗棠辩诬，并“三疏荐之，谓左宗棠在湖南关系事势甚大，国家不可一日无湖南，即湖南不可一日无此人”，从而保举了一位晚清名臣重臣。接着列举潘祖荫在请减江苏赋额，“性通敏，遇事理解，批牍答简，挥笔如风，无不洞中利弊；长刑工两部，积年百废俱举，官吏秉成严而不苛”，以及久直内廷等功绩，从而在潘故后，“无不流涕，谓如公者不可复见也”。李慈铭首先即评价潘祖荫的胸怀慷慨爽朗，充满正气豪情且以开拓济世为人生要务，所以入翰林后，遇事敢言，疾恶如仇，“怀忠愤发”，请惩处“媚夷辱国”者。他的这种正直无畏的作为，必遭一些人的忌恨，以致久不升迁，但他意气并不因此而挫丧，好在皇上知他为国为民的初心，保全了他。事实胜于雄辩，最后潘祖荫以身殉职，使得大家“无不流涕”，体现了他做人的价值。

李慈铭又在《诰授光禄大夫太傅工部尚书潘文勤公墓志铭》中评价道：“公幼服膺家教，谦恭下士”，并不是一个仗势自傲的人；“文藻艳发，兼工诗词，既官京师，遍交天下士，士至都者，无不愿识公”。又评价潘祖荫天性爱才，在担任考官和阅卷官时，必为国家录取一些奇才博才且不拘一格，最不喜欢那些歪门邪道者。

李慈铭对潘祖荫的才华评价道：“公夙治说文，耽耆汉学，所刻书几及百种，皆有功学者；少精楷法，中年以后好临书谱，日必数纸，至今为世所宝，尤留心金石文字。自咸丰甲寅辑朝鲜碑刻，附以日本，为《海东金石录》二十四卷，其后搜看益勤，闻有彝器出土者，倾囊购之，至罄衣物不恤，所得有郘钟四、齐镈史颂鼎、匽侯鼎、盂鼎、善夫克鼎，皆世之殊绝。”

李慈铭在最后给了潘祖荫长长的铭赞之语，其中铭赞道：“三圣莅朝，是倚是畀。以人事君，中兴以济。回翔卿贰，映曜文昌。清流仰敬，吾道有光。”指出潘祖荫乃是三朝皇帝倚赖的重臣，是光绪中兴的柱石，是朝廷众官敬仰的名臣，是给朝廷带来光彩的人物。这是很高的评价，也是恰切的评价。

潘氏举人录

《大阜潘氏支谱》之《登进录二》记载了苏州“大阜贵潘”得中的三十六位举人。现据《世系考》和传记、行述、墓志铭将他们的事迹生平简述于下(已中进士的不再赘述):

潘应椿

乾隆己卯科(1759)江南乡试孙全敞榜第七十六名举人,号皆山公,潘兆臣(舜邻公)孙,歙县潘氏第二十八世,父潘纶(默庵公),属老二房潘兆臣支。

潘　瑛

乾隆庚辰(1760)恩科浙江乡试陈朗榜第六十三名举人,号蘼畦公,潘兆缙(慎斋公)孙,歙县潘氏第二十八世,父潘邦享(怀远公),属老四房潘兆缙支。

潘宗硕

乾隆乙酉科(1765)江南乡试孙登标榜第八十六名举人,号在涧公,潘兆臣(舜邻公)孙,歙县潘氏第二十八世,父潘邦协(律和公),属老二房潘兆臣支。

潘世荣

乾隆甲寅（1794）恩科江南乡试陆仁虎榜第五十名举人，潘兆鼎（敷九公）五世孙，歙县潘氏第三十世，嗣父潘奕藻（畏堂公），属老长房潘兆鼎之新四房潘冕支。

《世系考》载，潘世荣生父本为潘奕基，原名世灏，字锦堂，号树庭，晚年自号息缘居士，吴县廪贡生。中举后，拣选知县，内阁中书，加四级，授奉直大夫，晋赠朝议大夫，候选郎中加一级，累赠光禄大夫，吏部左侍郎，加七级。生于清乾隆三十三年（1768）戊子五月十八日，卒于清道光六年（1826）丙戌正月十一日，年五十有九。娶顾珊女，赠宜人，晋赠恭人，累赠一品夫人；继娶陆宇昌女，封宜人，晋赠恭人，累赠一品夫人，合袝葬潘奕藻墓；侧室郭氏。生子五：曾彦、曾琦、曾龄，陆氏出，曾丙、曾毅，郭氏出；女二。从他晚年自号息缘居士，可知他在年衰时止息尘缘之念。

萧山汤金钊撰《诰授奉直大夫内阁中书加四级甲寅恩科举人树庭潘君墓志铭》载，潘世荣，生而孝谨，动止不苟，6岁入塾，敏慧过人，比长，受业于蒋实庵先生之门。每制一义，必参合先辈大家之说，而镕以古文法律。年17岁，受知于学使者谢金圃先生，补吴庠弟子员。是年，嗣父潘奕藻成进士，见嗣子颖异，绝爱之，前后让他从诸名师，学日益进。当时主讲苏州紫阳书院的是嘉定钱竹汀先生，他与诸名士颉颃文场，尤为钱先生所器重。后，从兄潘世璜和弟潘世恩先后登贤书，遂弥自刻励，果然于甲寅年乡试得捷。再后，兄弟皆中进士且为京官，而他却被一些客观因素所耽误。嗣父潘奕藻对他说："汝日在左右，吾愿已足，何必求名耶？"潘世荣遂"澹于进取，有终焉之志"。他性坦白，无城府，见人善称不容口，处家俭约，尝以宋儒语录自省，为文好深湛之思，尤耽吟咏，尝自编近作曰《息缘小草》，书法宗唐人，遇事操劳，未尝一日安也。当时，他伯父潘奕隽、嗣父潘奕藻先后辞官归田，与在家的生父潘奕基一起白首欢聚，而堂兄潘世璜也为侍养父亲潘奕隽而辞职，弟潘世恩也乞假在家。于是吴中人言，"科第人文之盛者，必以潘氏为称首"。潘世荣也便在其间"雍容进退，叙门内之乐，无急功近名之念"。

潘奕揆

嘉庆丙子科（1816）江南乡试林端榜第十名举人，歙县潘氏第二十九世，支系不明。

潘曾沂

嘉庆丙子科（1816）江南乡试林端榜第十九名举人，潘兆鼎（敷九公）六世孙，歙县潘氏第三十世，父潘世恩（芝轩公），属老长房潘兆鼎之新四房潘冕支。

《世系考》载，潘曾沂为潘世恩长子，原名遵沂，字企曾，号功甫，自号小浮山人，吴县廪膳生，内阁中书，国史馆分校，加一级议叙光禄寺署正衔，赠光禄大夫，吏部左侍郎，加七级。

同县吴家淦撰《潘功甫舍人家传》载，潘曾沂，少颖悟，读书不为章句之学，稍长即喜为诗，自抒心得，语意清远。曾经说自己“一生行事尽于数卷诗中，舍此求之不得也”，表明诗文是其行事的指南。他与里中诸子“吟赏谈宴，殆无虚日”。举孝廉后，入直内阁，与京师的名公巨卿在一起切磋文章，有些文士气概。当时父亲潘世恩“门生故旧半天下，而识其面者，殆不数人”，说明潘曾沂不是一个倚仗父亲之势而滥交朋友的人，即使是父亲的门生故旧也不例外。一日，潘曾沂按例谒见阁师相国松公，还未坐定，那松公就遽然发问，你愿考军机吗？潘曾沂默然不应，体现了他对荣禄名利的淡泊。凡是来谒见之客，无论贵贱，他一概以平等视之。一次，他从外边回来，看见自家仆人与客人并坐谈话，立即感到怠慢了客人，即将仆人遣去，从此以后仆人们再也不敢怠慢客人了。潘曾沂曾五次参加礼部的会试，然而都未中榜，于是告假返里。当时，父亲潘世恩正以侍养老父潘奕基告休在家，所居之处为凤池园，园内具有亭台花石等胜景。潘曾沂也就闭门不出谢绝宾客，究心于佛学中的三乘宗旨。他曾经说：“佛是过去之儒，儒是方来之佛，儒释功夫，皆从力行实事。”意思是指佛与儒有共性之处，而且都须身体力行才能实现，可谓卓见。正因如此，潘曾沂居家二十余年，虽然足不出户，但他“利济民物之心，时时见诸行事”，表现出他的言行一致的品格。他曾请示父亲潘世恩，将分给自己的田产中捐出二千五百亩田，建立“丰豫义庄”，以备灾荒之年将粮食平价粜给缺粮的穷人。他还在遭遇歉收的年岁，或全部免除田租，或减免一半，乡里的人都感戴他的恩德。他在经过一些调查之后，言道：“田制之坏，与赋之重，莫甚于吴。”于是，他仿照“古区田法行之”，在获得大丰收后，详细制定了规制，著写了《直讲三十余条》，其目的在于让它“传之久远，以利民食”。吴县尧峰山的农民请求他支持开浚兴福塘河，他答应了这个请求，并予以建成了一个有十二里长的大塘，取名为“尧峰湖”，可以资助农民们灌溉田亩。他还在沧浪亭举行了放生会，任它们自由地生存发展，并说要想取得大用，莫如对它们施以仁爱，这样可以通过长期的放养而得到发展。他还在葑门钟楼的时习堂举行过“尊经文会”。其他“修宗谱，赡贫族，养弃婴，恤流民，散仓粟，凿义井”等利济民众的事，他或独立办之，或倡议实行，都看作是自己分内之事。

这时，父亲潘世恩已经进入内阁，参与朝廷机务，因此潘家的“门望益显”。然而潘曾沂却不仗势显耀，而是更加韬晦自己，不与地方官们往来，而且在书信之间，或到京邸省侍父亲时，都不随意交往一个客人。他这种丝毫不仗父亲之势的品行，在那个时代确实弥足珍贵。潘曾沂10余岁时，曾陪侍祖父潘奕基休养在浙江，浏览了西湖美丽的风景，甚是快乐，所以嗣后曾屡次往来其间。后来，还曾经游玩过径山，攀登过天目山，踏上过严陵钓台且渡过钱塘江到会稽山阴一游，跋涉天台山，览过石梁。凡是所游览之处皆兴致勃勃地撰写诗句。然而在旅行之中，有人问他姓名字号时，他皆不直接答复，以致人们竟不知他是高官的儿子。这是他不仗父势的又一例。潘曾沂的游兴较高，还曾溯长江而上，游览了匡庐、君山等名胜，登临了黄鹤、岳阳二楼，在这些名胜古迹上，他纵情地徘徊瞻眺，身心俱爽，真有飘飘凌云之意。他的游船停泊江夏时，正任两湖总督的林则徐邀他上岸一行，谁知他只在船上与林总督做简短的交谈就离开了。潘世恩对林则徐有推荐之恩，但潘曾沂不因此而去做过分的联络，这又是他不仗父势的一例。

外出旅游回来后，潘曾沂便每日独坐一室，不参与外边那些无益的事情，这主要是指那些官场上无谓的往来。但对百姓的饥寒却常常像是自己的疾痛一样关切，只要可以救助生全的，他无不殚精竭虑。因此他的精神也就逐日衰退，人也逐渐衰老，特别是闻知那些“兵事不靖”，便“忧不成寐”。他素有痰喘之疾，因忧国忧民而更加剧烈。到了临终时，他还“神清气朗”，但

“无一语及家人琐屑事”，唯对儿子潘仪凤说：我只思念你祖父母啊。

潘曾沂生于清乾隆五十七年（1792）壬子三月二十六日，卒于咸丰二年（1852）壬子十二月二十日，年六十有一，比父亲潘世恩还早逝两年。娶严荣女，生于清乾隆五十七年（1792）壬子十一月七日，卒于咸丰五年（1855）乙卯七月一日，年六十有四，赠一品夫人；侧室杨氏，年五十有六，封淑人。生子二：庭诰（殇），严氏出，仪凤，杨氏出；生女三，皆严氏出。著有《功甫小集》十一卷、《闭门集》六卷、《放猨集》一卷、《桐江集》一卷、《江山风月集》一卷、《船庵集》十二卷、《东津馆文集》三卷、《船庵词》一卷、《丰豫庄本书》一卷、《小浮山梦志》二卷、《护生庵集》一卷，藏于家中。足见潘曾沂也是一位著作较多的文士。故《潘功甫舍人家传》撰者最后赞曰：缙绅子弟，内无声色之好，外不横于乡里者，已为自好之士。若君子居家，而以民物为念者，殆无其伦也。终岁键户，一童子应门，过者有“闭门相府似深山”之语。综上所述，潘曾沂是一位正直有善心，多才而不眷念官场，品格高尚的文人士子。

潘遵礼

嘉庆乙卯（1819）科江南乡试严保庸榜第九名举人，潘兆鼎六世孙，歙县潘氏第三十一世，父潘世经，属新长房潘宗周支。

《世系考》载，潘遵礼为世经公次子，字典三，号子雅，长洲县廪膳生，嘉庆戊寅（1818）副贡。中举后，候选太常寺博士。道光丙戌（1826）大挑二等。任广德州学正，署江阴县训导，赠中议大夫。后，特用知府分发，补用同知加二级，随带加二级，晋赠通议大夫四品卿衔，随带加二级，刑部后补主事。累赠资政大夫，道衔加四级，分部行走郎中。生于清乾隆五十三年（1788）戊申七月十九日，卒于清道光十五年（1835）乙未十二月二十七日，年四十有八。娶张崧女，生于清乾隆五十五年（1790）庚戌九月十七日，卒于清咸丰十年（1860）庚申六月五日，年七十有一，赠淑人，累赠夫人。合葬吴县十九都十五图惟字圩光福珍珠坞。生子四：嘉秀、绍先（嗣潘遵西后）、馥、嘉穗；女五。

潘希甫

道光乙未（1835）恩科江南乡试吴家榍榜第六十五名举人，潘兆鼎六世孙，歙县潘氏第三十一世，父潘世璜，属新四房潘冕支。

《世系考》载，潘希甫为潘世璜次子，字保生，号补之，吴县廪膳生，中举后，拣选知县，候选太常寺博士，内阁中书，协办侍读，本衙门撰文兼稽察房事，国史馆分校覆校，方略馆分校，玉牒馆眷录，诰敕房行走兼中书科事务，实录馆分校详校，升任主事，钦加员外郎衔加十级，随带加三级，授奉直大夫，晋赠荣禄大夫，二品顶戴，加一级按察使衔，河南彰怀卫道。生于清嘉庆十六年（1811）辛未四月十日，卒于清咸丰八年（1858）戊午六月六日，年四十有八。娶查氏偁女，生于清嘉庆十六年（1811）辛未四月十一日，卒于清道光二十年（1840）庚子五月二十八日，年三十，赠宜人，晋赠一品夫人，合葬吴县十三都下二图宿字圩双桥，同治丁卯迁葬吴县十九都二十一图养字圩光福弹山下张家涧。侧室余氏，生于清嘉庆二十二年（1817）丁丑七月二十二日，卒于光绪二十三年（1897）丁酉十月十四日，年八十有一，以子诚贵官封孺人，葬与夫同；侧室刘氏、褚氏。生子六：介繁、诚贵、敬宽（殇），查氏出，介祉，余氏出，思鞠（殇），刘氏出，介福，褚氏出；女六。

道光进士、累擢湖北巡抚、益阳人胡林翼（字贶生）撰之《诰授奉直大夫内阁中书协办侍读升用主事钦加员外郎衔加十三级乙未恩科举人显考补之府君行述》载，君之生也，刚好祖父潘奕隽读诗至仲山甫之章，因取今名且有诗志喜，其意思是科名的取得，须上天之意与才调相匹，我等则拳拳于明哲保身之义，体现了潘奕隽一贯的思想。潘希甫是一个忠厚本分的孩子，先后从师顾虎人等诸先生，写文章也是一板一眼地照经书而为之。12岁应童子试，得江西万浣云先生赞赏。后来两遭家庭变故，未能参与院试。16岁补博士弟子员。正当祖父潘奕隽90岁华诞，得以重届琼林宴且蒙恩赏之际，父亲潘世璜忽染痢疾逝世，第二年祖父又逝世。迭罹大故，必然给他的科举之途带来影响。当丧事办完守制告结后，他才“刻苦励志，闭户读书者数年”。此时家事都靠兄潘遵祁治理，他也于中相助，“怡怡然恪守弟道”，兄长也“曲致友爱之谊，并以植品励学，互相切磋，继承先志，盖四十年如一日”。壬辰年（1832）秋前往金陵应乡试，不料患病没有入场，回来历四月才愈，确是机遇不好。于是延至三年后的乙未年（1835）应试，终成举人。

后与兄潘遵祁承祖父潘奕隽和父亲潘世璜的遗意，捐建松鳞义庄，并且落成，奉唐歙州刺史潘逢时以下栗主入祠，设立条约，酌定经费，俾垂久远。因例报捐内阁中书，癸卯（1843），潘希甫携眷进京，闰七月分发到阁行走兼稽察房事，十月充本衙门撰文。甲辰（1844）八月充国史馆分校，秋日从宣武门南横街潘遵祁处移居宣武门大川淀朱鹤年旧居涵秋阁。这里地处城南清旷之地，秋潦成渠，芦花如雪，凭栏远望，致足娱神。十月，国史馆的《蒙古王公表传》完成，潘希甫在议叙中列为一等，奉旨加一级，记录两次且到诰敕房行走，兼中书科事务。是年冬，还与诸同乡举《销寒集》，年丈汪廷儒（字莼汀）为其写《涵秋咏雪图》。丙午（1846），潘希甫充方略馆校对，七月国史馆《一统志全书》告成，他又议叙列为一等，奉旨加一级，记录三次，十一月，奏充玉牒馆誊录。丁未（1847），方略馆承办军机汉档，又议叙列为一等，奉旨加一级，记录三次。这时，潘遵祁来京散馆，寓居涵秋阁，授职后即乞假归。到秋日，潘希甫也乞假归里。戊申（1848），潘希甫在家乡为长子介繁娶妇，介繁入府庠学习，次子诚贵也入吴县庠读书。十二月，玉牒告成，议叙仍列一等，奉旨以本班两班后用。己酉（1849），潘希甫携带潘介繁等眷属北上，仍寓居涵秋阁，唯有次子潘诚贵留在南边，娶桐乡陆费氏。十一月，任协办侍读，但还是国史馆臣工且议叙奉旨加一级。次年八月又充实录馆校对。九月在勤政殿被引见，上谕补授内阁中书且奉派恭送道光帝梓宫到慕陵饷殿暂安，礼成，奉旨赏加随带一级。辛亥（1851），次子潘诚贵携眷北来，一门团聚，潘希甫"顾而乐之"。乐事接踵而至。八月，诚贵应恩科顺天乡试中举，冬日，潘希甫在实录馆蒙恩得赏狍鹿、瓜果、卷面等件。壬子（1852）五月，实录馆黄绫本成，议叙列为一等，奉旨遇有内部主事缺，双月先用。七月，充实录馆红绫本详校官。九月，总办汉票签秋审勾到事务，会议户部筹饷章程，复校国史馆《画一大臣传》。是年长子潘介繁应顺天乡试中举，潘希甫欣然色喜，并"绝奔竞，慎交游，谆谆训勉"。于是父子三人皆为举人。癸丑（1853）二月，完成了国史馆总复通本，夏天即以病乞假南归。此时，金陵、维扬皆在太平天国控制之下。途中，山东济宁以南皆闹洪灾，一路耽搁，直到重阳后才抵故里苏州。而长兄潘遵祁久病杜门，精神孱弱，潘希甫便协助参订兄所编的《大阜支谱》。咸丰八年（1858）五月二十七日，潘希甫偶触暑痧，便寒热间作，至六月初，连热不解，烦躁少寐，加上天气炎酷，服药无效，延至初六日子刻即逝世了，年仅四十有八。

从上述可知潘希甫的为人品格，不过行述则记载得更明白，其与人交，然诺必践，视人事如己事。教育子辈凡事必从本原上做起，忍耐是应事第一法，安详是处事第一法，谦退是保身第一法，涵容是待人第一法。又载其性节俭，自奉尤约，无樗蒲丝竹之好，无容饰服玩之娱，一丝一粟未尝妄费。而且教育子辈说，汝等承祖余荫，当常思物力之艰，世上唯能惜福者，乃能享福耳。潘希甫性爱山水，曾经请画家侍郎戴熙（字醇士）绘了《崦西草堂图》，并亲自题句："在山泉好清无比，上水船难退便安。"依然体现了他洁身自好、明哲保身、平凡淡泊的素性品格。潘希甫中年还集有《花隐庵诗词》若干卷，喜读书，尤其熟读南北诸史。他居官勤慎，先后十载所交无非端雅之士。这从上述在京为官历程中已窥见一二。

潘曾绶

道光庚子（1840）恩科顺天乡试刘日萼榜第二十六名举人，潘兆鼎六世孙，歙县潘氏第三十一世，父潘世恩，属新四房潘冕支。

《世系考》载，潘曾绶为潘世恩第三子，原名曾鉴，字若甫，号绂庭，国学生，道光乙未（1835）顺天乡试挑取誊录，五年后庚子恩科才中举。辛丑（1841）考取内阁中书记名，补授中书，协办侍读，钦加侍读衔，内阁侍读加三级，钦加四品卿衔，赏戴花翎，两次京察一等，任职国史馆分校、复校、总校，方略馆分校，本衙门撰文，玉牒馆总校，诰敕房行走，文渊阁检阅，授朝议大夫，后以子潘祖荫职晋封光禄大夫、太子少保、刑部尚书，加三级。生于清嘉庆十五年（1810）庚午五月六日，卒于清光绪九年（1883）癸未正月二十二日，年七十有四，特旨追赠三品卿衔，赏银两千两治丧。娶汪贻德女，生于清嘉庆十二年（1807）丁卯十月七日，卒于清道光十九年（1839）己亥九月九日，年三十有三，赠恭人，晋赠一品夫人。继娶陆澧女，年二十有四，赠恭人，晋赠一品夫人，合葬吴县十一都。侧室张氏，年四十有三，封恭人。生子二：祖荫，汪氏出；祖年，张氏出。女四，皆殇。

会稽李慈铭为潘曾绶撰的《诰封光禄大夫四品卿衔内阁侍读追赠三品卿衔潘公墓志铭》载其，幼颖悟，有至性，因家法严，与二兄皆出入恂恂，一派谨慎，兄弟间以读书相切磋，年未到弱冠即随父亲潘世恩入京，以诗文与诸位老先生往来，都被他们称赞为佳。道光二十年（1840）顺天乡试中举，次年考取内阁中书。当时父亲潘世恩已久任宰辅。潘曾绶皆丝毫没有依势而怠慢工作，而是奉职中秘，勤习故事，历充国史馆、玉牒馆总校，方略馆分校，本衙门撰文，文渊阁检阅且屡以编纂辛劳奉旨优叙。咸丰元年（1851）擢升内阁侍读，京察再列一等，被诏晋秩。咸丰二年（1852），父亲、太傅潘世恩以年高致政，潘曾绶遂引疾乞求侍养父亲。两年后，父母皆逝世，潘曾绶即扶榇南归，遂不复仕。然服丧尚未除，即投身吴中抚恤济众的事情中，他也因此得朝廷赏加四品卿衔。咸丰七年（1857），潘曾绶就养京邸，此后便优游文史，奖掖后进，以一介布衣呈萧然之态，与寒素的百姓无异。但他仍以覃恩被封为光禄大夫、太子少保，显荣光大于朝野。综其一生，出处之大节，以孝友忠爱为做人的基本，辅以和平乐育，自幼奉侍二亲承欢，朝夕不离左右，老而愉愉有孺子色，兄弟间友悌弥笃。少即工诗文及词，晚年尤其嗜诗，无一日弃书不观。著有《陔兰书屋文集》十卷、《诗集》十卷、《陔兰书屋词》六卷、笔记二卷、《怀旧录》一卷。书画家赵之谦也言他“孝友纯固，忘宏微之让；文史娱乐，修士宗之业。朝市岩谷，处静味道；优游簪佩，觞酒赋诗”。道出了潘曾绶作为一个士人世家子弟的精神生活状态。在潘世恩三子中，二兄先后为进士，唯他仅中举，似乎不及，但他生子潘祖荫中探花，便也是荣耀。

潘　馥

道光庚子（1840）恩科浙江乡试俞承德榜第二十七名举人，潘兆鼎七世孙，歙县潘氏第三十二世，父潘遵礼，属新长房潘宗周支。

《世系考》载，潘馥为潘遵礼次子，原名燕先，字翼岂，号小雅，浙江杭州府庠生，道光庚子恩科举人，拣选知县，景山官学教习。庚戌（1850）考取国子监学正学录。咸丰癸丑（1853）考取内阁中书，后选授武康县训导，继而钦加国子监典簿衔，刑部后补主事江西司行走，担当主稿，得钦加员外郎衔。再后奉旨随办江南团练，赏戴花翎，钦加四品卿衔加一级，覃恩加一级，随带加二级，授通议大夫。生于清道光元年（1821）辛巳二月十二日，卒于清光绪十五年（1889）己丑十一月十四日，年六十有九。娶赵文麟女，生于清道光元年（1821）辛巳六月一日，卒于清光绪五年（1825）己卯十月十六日，年五十有九，封淑人，合葬吴县十九都十六图盖字圩光福费家河头。生子一：志芬；女三。

潘　霁

道光癸卯（1843）科江南乡试陈时升榜第三名举人，潘兆鼎七世孙，歙县潘氏三十二世，父潘遵澄，属新长房潘宗周支。

《世系考》载，潘霁为潘遵澄第四子，字杲庭，号晴初，长洲县廪膳生，道光壬寅（1842）岁贡，候选训导。癸卯科举人，拣选知县通州，后任学正，加一级赠朝议大夫，同知衔，加一级任广东感恩县知县。生于清嘉庆六年（1801）辛酉七月十四日，卒于清咸丰十一年（1861）辛酉七月十三日，年六十有一。娶刘焕女，生于清嘉庆六年（1801）辛酉八月十二日，卒于清同治十年（1871）辛未八月九日，年七十有一，赠恭人，合葬铜井山，生子二：宾宸、志赓；女三。

潘诚贵

咸丰辛亥（1851）恩科顺天乡试王题雁榜第二十四名举人，潘兆鼎七世孙，歙县潘氏第三十二世，父潘希甫，属新四房潘冕支。

《世系考》载，潘诚贵为潘希甫次子，字宜亭，号时轩，吴县廪贡生，咸丰辛亥恩科举人，候选国子监学正学录，加一级。生于清道光九年（1829）己丑十一月二十日，卒于清咸丰五年（1855）乙卯十月九日，年二十有七。娶陆费瑔女，生于清道光八年（1828）戊子五月二日，卒于清光绪二十八年（1902）壬寅三月四日，年七十有五，钦旌节妇，合葬吴县一都十六图忠字圩居家营。生子二：志颖、志裘（嗣五叔潘仁麔）。

他的业师太仓人张元培撰《潘生时轩小传》载其出生时，祖父潘世璜刚逝世逾月，而曾祖父潘奕隽因抱上了曾孙子，少解失子之忧戚，便给他起名诚贵，字时轩，可见他的诞生对于这个家庭的宝贵。况且他自幼性行诚笃，6岁入塾读书即颖异，随侍至京邸，学益进，用力益刻苦，被师长们视为伟器。熟审志概，有寻常子弟所万不能逮者。但年方12岁，父亲潘希甫即逝世，于是潘诚贵早早地知晓了处世之道。而且为制举文，思力刻挚，镕铸经史，故于场屋尤利，一试青其衿，成为秀才，再试获得食饩资格，读书吃饭由官家付费，而所作诗赋皆被中选。己酉年（1849）初应省试，虽得到主司激赏，却因官生名额已满而被抑置。两年后再赴京兆试，即获捷报，得中举人。一年后壬子（1852）应试礼部未中，隔年即随侍南归，竟绝仕宦之途。性好吟咏，所作古近体及试帖诗，刻意练冶，心手既调，成不淹顷，后镌所辑都门诗社试帖为《南鸿雪集》，以其诗为最多，兼清雄秀赡之胜，尤工倚声。尝举诗词各体，就正外舅陆费瑔（号春帆）中丞，得其赞不绝口。生平无俗嗜好，诗文外，颇好图石，得名家镌印宝玩，自订印谱，诣极精美。著有《听香室遗稿》四卷、《箭红词》一卷、《历代词选》四卷、《子史撷腴》若干卷。短短二十七年人生岁月，即有此成就，无愧“贵潘”之一员。

潘介繁

咸丰壬子（1852）科顺天乡试张之洞榜第九十名举人，潘兆鼎七世孙，歙县潘氏第三十二世，父潘希甫，属新四房潘冕支。

《世系考》载，潘介繁为潘希甫长子，字穀人，号椒坡，苏州府贡生。道光己酉（1849）、咸丰辛亥（1851）顺天乡试挑取誊录，壬子科顺天举人。候选国子监学正学录，实录馆誊录，湖北候补知县，钦加五品衔，赏戴花翎。钦加运同衔，补用同知，直隶州知州，历署湖北咸宁、麻城等县知县，充光绪乙亥恩科湖北乡试同考官，回避，改省湖南。历署湖南茶陵州知州，临湘、永顺、清泉、衡山等县知县，加五级，随带加二级。生于清道光八年（1828）戊子十月十三日，卒于清光绪十九年（1893）癸巳正月十八日，年六十有六。娶汪棰女，生于清道光六年（1826）丙戌十月二十六日，卒于清同治二年（1863）癸亥五月二十三日，年三十有八；继娶徐述昺女，生于清道光二十三年（1843）癸卯十二月十三日，卒于清光绪十一年（1885）乙酉正月十一日，年四十有三，合葬吴县十九都十五图；侧室叶氏。生子一：志万；女五。据研究者评价，潘介繁辞赋具工，以婉约绵丽为宗，委婉含蓄之语作多，或借景抒情，或寓情于景，辞藻华丽唯美，是晚清时期潘家词作的代表。

潘祖保

咸丰甲寅（1854）钦赐举人，潘兆鼎七世孙，歙县潘氏第三十二世，父潘曾莹，属新四房潘冕支。

《世系考》载，潘祖保为潘曾莹三子，字子厚，号味琴，国学生，甲寅钦赐举人，同治癸亥（1863）、光绪丙子（1876）会试挑取誊录，却未得进士。候选国子监学正学录，刑部候补郎中，江西司行走，四品衔，因父任刑部侍郎，回避改分兵部候补郎中武选司兼车马驾司行走，司务厅汉本房坐办，赏戴花翎，授中宪大夫。生于清道光十五年（1835）乙未正月十三日，卒于清光绪四年（1878）戊寅八月四日，年四十有四。娶陆廷杰女，生于清道光十二年（1832）壬辰五月二十四日，卒于清同治十三年（1874）甲戌三月七日，年四十有三，封恭人。合祔葬潘曾莹墓左。生子二：志实（殇）、志鸿（殇），嗣子宝縠，堂弟祖均子；女一。

潘观保

咸丰戊午（1858）科顺天乡试戈泰征榜第三十四名举人，潘兆鼎七世孙，歙县潘氏第三十二世，父潘遵祁，属新四房潘冕支。

《世系考》载，潘观保为潘遵祁长子，字玉生，号辛芝，吴县廪膳生，咸丰壬子（1852）优贡，戊午科顺天举人。赴己未科（1859）会试，被挑取誊录，未中进士，遂候选国子监学正学录，任职内阁中书，钦加侍读衔，本衙门撰文，国史馆分校兼稽察房事，方略馆分校，实录馆详校。截取同知升班，先选用知府，赏戴花翎，河南候补道，钦加按察使衔，赏给二品顶戴，署河南彰、卫、怀道，加二级随带加五级，授荣禄大夫。生于清道光八年（1828）戊子六月十九日，卒于清光绪二十年（1894）甲午五月八日，年六十有七。娶何先庚女，生于清道光九年（1829）己丑九月一日，卒于清同治二年（1863）癸亥七月二十三日，年三十有五，赠一品夫人，合葬吴县十九都二十一图；侧室端木氏，生于清道光二十九年（1849）己酉八月十五日，卒于清光绪二十九年（1903）癸卯正月二十四日，年五十有五，封宜人。生子六：志诒、以縠（殇）、志窸、志霄（殇）、志欣（殇），何氏出，志冈，端木氏出；女二。

朱以增撰之《潘君辛芝家传》载，潘观保年及弱冠才入邑庠，文名之声甚为大噪，累次考试辄获高等，享食廪饩，以优等成为国学贡生。后以议叙筹饷，捐输劳务，得授内阁中书。中举后，历充国史、方略、实录诸馆校对官，补译署章京，累次获保举至道员应用且加按察使衔，签分贵州。遂以父母亲年老央告就近安排，便改任河南。此时潘观保已46岁。朱以增与潘观保曾同在京师为官，知道潘观保在办公事上从不懈怠，因此每每感叹他精力过人，也知道他担任河南观察时，从未以权谋私，如总理军需局事务，按照规制稽核报销，则恐怕不清晰。潘观保曾说凡事预则立，所以他的办事效果甚佳，同僚们都很钦服。潘观保两次摄理彰、怀、卫道职，清理了以前留下的很多文牍，遇着疑难的狱案，必虚心研鞫，亲自判决。而在巡视工程，总是轻骑简从且不避寒暑。他还在武陟县捐出自己的薪俸，筹建栗大王祠。因此在叙绩时，得以赏二品衔和推荐入省。省里委任他办理转送赈灾粮米之事，他不仅运输快，而且省费用，事情办完后又有优秀的成绩上报。潘观保在河南任职十载，政绩尤为卓著。正当他在仕宦路上健步前进之时，因为曾任编修的父亲潘遵祁年事已高，决意乞退归里侍养尊亲。朱以增不禁感叹："非其至性过人而能若此哉！"潘观保遇事反应灵敏却言语谨慎，这是得他老师张护航训导之故。太平军占领苏州时，他侍奉父亲家人到上海避难。后来不得已而"旅食京师，暂违色养"，但也不时乞假回来省亲。再后来，父亲潘遵祁建立松鳞义庄，命潘观保担任庄正，管理义庄，他即欣然领命，而且增修了支谱，付诸刊刻。在每日定时问候双亲安好之暇，潘观保绝不参与外事，"惟以诗酒自娱"。著有《十三经异文考义》《疑年汇编》，藏于家中，唯有《雒泉山馆词》付梓行世。壬辰年（1892），父亲潘遵祁逝世。谁知潘观保为父服丧未满，即于后两年（1894）病故，寿年比父亲少十八载，稍有些遗憾。

潘康保

咸丰己未（1859）恩科并补行乙卯（1855）正科江南乡试余鉴榜第四十九名举人，潘兆鼎七世孙，歙县潘氏第三十二世，父潘遵祁，属新四房潘冕支。

《世系考》载，潘康保为潘遵祁次子，原名贵生，字良士，号秋谷，吴县附贡生。中举后，于同治壬戌（1862）考取咸安宫教习。癸亥（1863）考取国子监学正学录，随后任湖北候补知县，钦加五品衔，赏戴花翎。继而历署湖北嘉鱼、钟祥、麻城等县知县。又历充同治庚午（1870）科、癸酉（1873）科、光绪丙子（1876）科湖北乡试同考官。后因回避改省浙江，署诸暨县知县。又尽先补用知府，先换顶戴，加三级。生于清道光十四年（1834）甲午正月二十六日，卒于清光绪七年（1881）辛巳七月十一日，年四十有八。娶汪槿女，生于清道光十六年（1836）丙申七月十九日，卒于清光绪三十三年（1907）丁未十一月三十日，年七十有二，合葬吴县十九都二十一图。生子四：志晖、志鄂、志卓、志愈；女六。

潘遵祁曾为先自己而故的次子作《亡次子康保事略》，言其19岁所娶乃母亲之侄女。在太平军与清军战事纷乱时，于庚申年（1860）勉强与兄观保同赴公车，行抵清江浦，遇上了捻军正盛，遂折回。而此时，占领金陵的太平军旋即南下，趋向苏州，不久苏州城陷，全家避乱山中。九月，山中亦乱，潘遵祁与长子潘观保皆患疟疾，潘康保便独自到太湖之滨寻觅到一只渔船，这夜在风雨之中屡闻战事警报，全家人在泥水之中奔波十余里，终于得以登舟，由太湖到了上海，行囊尽失，几乎无以生存。待稍为平定，潘康保又潜入山中，冒险取来御寒之具及旧藏的书画且予以变卖，以充当旅居在外的资费。在上海定居了两年，又陷入困乏之中，此时潘遵祁的堂弟潘曾玮以军事入都，招呼潘康保同行，遂以一肩行李，随同经过海上抵达京都。后来两次参加会试失败，却考取到国子监任职。癸亥（1863）秋，潘康保即随堂叔潘曾玮回上海。这年冬，李鸿章收复了苏州城，潘曾玮即在此军中，潘康保偕同堂兄潘介繁一起辅佐戎幕。进苏州城后，至梅花桥老屋，所见真是一片残破，幸而在残破之余，还有一些居住之所。潘康保又单骑出了胥门，去谒见先乡贤公墓，只见那墓冢已有一半被踏平且掘了壕沟在四面环绕，如此不堪之状，潘康保不由失声痛哭。当时已是家徒四壁，虽有薄田，但也都荒芜，他也只得稍做整理，布置粗定，暂作安生。之后，他又进京会试两次，皆未得中，乃以军功进入仕途，以县令之职发往楚北（即湖北）就任，此后在楚先后十年。后来改任浙江诸暨县令，此县素称难治。潘康保下车伊始即屏绝一切送礼的，坚决剔除旧日积弊，每日或坐在县堂听人们诉冤决断，或者下乡访民疾苦，从未稍自暇逸。于是在任两年，过于辛苦而得病，病中仍坚持办事，一直延了半年，实在不行了，才禀请上司交卸职日。谁知仅过了半月就一病不起了。

《亡次子康保事略》续载，康保之律身狷介，不苟取，对仕途中的龌龊的事情深恶痛绝，一定要除去，生怕污染。其居官切切，以除暴安良为务。老百姓都喜欢他的清勤行为，而一些爱贪便宜的吏胥以及地方上的豪猾之徒便不高兴了，许多人便笑他戆直，他虽然忤违俗物，但是也不改变自己的初心。他从湖北到浙江时，顺道经过吴江，闻知在湖北时的同僚已经病故，便特地访问其家，拿出三百饼钱当面交付其子，要他拿入内室奉给母亲。而这时，他自己的钱囊实际已经空了。故《亡次子康保事略》评价潘康保入仕途十四年，居官前后两省，公而忘私，两袖清风。这虽是父亲对儿子的评价，但笔者认为，这是真实而恰切的。

光绪十二年（1886），潘观保也为弟作《秋谷弟小传》。从中可知，光绪七年（1881）辛巳季夏，秋谷弟自诸暨县任引疾归，归旬余卒于家，这与父亲所述是符合的，回家途中需四五天，到家旬余，二者相加，正是“越半月病革”。潘观保在《秋谷弟小传》中叙述弟生平历程后，写其所至有政声，嫉恶严，持己尤谨以勤，能覈实，除暴安良为治，上游每倚重之。虽性耿介，却虑事有条理，手札识微鉴远，井然秩然。同时指出，潘康保少年时并豪饮，弟尤不自节，每饭必饮，饮辄醺然，余常规之，别后贻书亦时奉劝之，而竟以酒致疾，胸项间患核如覆碗，不可转侧。义安地僻，无医药疾，日甚，犹视事不少息，屡引疾不报，比得请归，病深矣，遂至不起。

潘志俊

光绪丙子（1876）科顺天乡试高炳辰榜第二十八名举人，潘兆鼎八世孙，歙县潘氏第三十三世，父潘霨，属新长房潘宗周支。

《世系考》载，潘志俊为潘霨次子，原名志定，字颇初，号子静，苏州府附监生，光绪丙子科顺天举人，任职内阁候补中书，钦加五品衔。后奏调北洋海防，差委补任知府，候选道，奏派出使大臣随员，赏给二品顶戴，赏戴花翎，又记名简放道，奏留北洋随办事务，署山东登莱青胶兵备道东海关监督，署直隶交涉使，授资政大夫。生于清咸丰六年（1856）丙辰十二月二十二日，卒于民国己未年（1919）正月二十六日，年六十有四。娶汪均女，生于清咸丰七年（1857）丁巳二月十七日，卒于清光绪二十六年（1900）庚子四月十日，赠夫人，合葬吴县十九都二十图；侧室李氏、王氏。生子八：承甲、承颐、承禧（殇）、承福（嗣堂弟志嘉后）（以上汪氏出）、承骞（殇）、承庆（李氏出）、承祐（汪氏出）、承章（李氏出）；女六。

潘志寀

光绪丙子（1876）科顺天乡试高炳辰榜第一百三十四名举人，潘兆鼎八世孙，歙县潘氏第三十三世，父潘观保，属新四房潘冕支。

《世系考》载，潘志寀为潘观保次子，字培三，号鹤庭，吴县附贡生，同治庚午（1870）顺天乡试挑取誊录，国史馆誊录，光绪丙子科中举后，先候选内阁中书，授徵仕郎，继而晋赠奉政大夫，同知衔。后累赠中议大夫，四品衔，任农工商部员外郎，加四级。生于清咸丰四年（1854）甲寅五月十四日，卒于清光绪四年（1878）戊寅三月二十九日，年二十有五，葬吴县十九都十六图光福下河亭桥。娶王伟桢女，生于清咸丰七年（1857）丁巳七月九日，封孺人，晋封宜人，累封淑人。生子二：承谋（嗣兄志诒后）、承矩。

其父潘观保生六子，三存三殇，不料当长的二子也先他而去，于是白发人送黑发人，不禁含泪为二子作《志诒志寀小传》，以寄哀思。其中写道，志寀身体壮实，面貌丰满，胜于兄，性格简默若讷，不肯多言，似乎木讷，但心地颇为明了。因此庚午年应京兆试，即被挑取誊录，遗憾未能中式，但还是补于国史馆做事。这年冬，随父南归省亲。癸酉年（1873）授室秀水王氏。秋天即进京应京兆乡试，谁知却须回避而归里。而潘观保在河南任职，父子分离。第二年（1874）志寀携妻来豫，八月长孙承谋诞生，此时，兄志诒已故，遂遵父命将此子嗣兄后。终在两年后丙子科中式顺天举人。次年二月，次子承矩生，而志寀却赴春闱会试去了，因知生子，试毕即回河南。戊寅年春天，援例得内阁中书之职。谁知五月十七日得微疾，然医药无效，到二十九日竟遽然而逝，自京师抵家仅半个月。逝世时年仅25岁，而距其兄故世刚十年。兄弟二人虽有一定才学，但皆短寿而无为。

潘志颖

光绪己卯（1879）科江南乡试翟洪铨榜第四十八名举人，潘兆鼎八世孙，歙县潘氏第三十三世，父潘诚贵，属新四房潘冕支。

《世系考》载，潘志颖，诚贵子，原名志登，字稻孙，号熙年，吴县庠生，光绪己卯科举人，议叙主事衔，大挑知县，分发浙江，署松阳县知县，同知衔。生于清咸丰元年（1851）辛亥二月三日，卒于清光绪二十九年（1903）癸卯正月十九日，年五十有三。娶吴斯萤女，生于清咸丰三年（1853）癸丑十月三日，卒于清光绪二十年甲午七月二十八日，年四十有二，合葬诚贵墓侧。生子二：承悦、承恕；女三。

潘志裘

光绪壬午（1882）科顺天乡试黄耀奎榜第七十一名举人，潘兆鼎八世孙，歙县潘氏第三十三世，父潘仁麐，属新四房潘冕支。

《世系考》载，潘志裘为仁麐嗣子，生父为潘诚贵。其字仲冶，号泉孙，吴县廪贡生，候选训导。光绪壬午科举人，即任广东补用盐课大使，分缺间用知县，后署灵山县知县。再充光绪庚子、辛丑恩正并科广东乡试同考官，继而统带灵勇全营，加二级，随后因军功随带加一级，记录四次。生于清咸丰四年（1854）甲寅十一月二十七日，卒于清宣统元年（1909）己酉三月二十一日，年五十有六。娶冯氏芳缉公女，生于清咸丰三年（1853）癸丑正月二十三日，卒于清光绪三十二年（1906）丙午十一月二十五日年，五十有四。合祔葬潘曾彦墓西北隅。生子四：承高、承增、承益（殇）、承武，女一（早卒）。

潘树孳

光绪庚寅（1890）钦赐举人，潘兆鼎八世孙，歙县潘氏第三十三世，父潘祖荫，属新四房潘冕支。

《世系考》载，潘树孳为潘祖荫嗣子，生父为潘祖年。其字甫，号孟多，光绪己丑（1889）一品荫生，庚寅钦赐举人，生于清光绪十三年（1887）丁亥八月三日，卒于清光绪二十七年（1901）辛丑五月二日，年十五，祔葬潘祖荫墓另冢。嗣子承象为堂兄树声子，幼殇，又由潘祖颐的第五子登榖之子承镜兼祧树孳、树芑（祖年子）。上述可见，潘树孳年仅3岁即因潘祖荫官高位显而得赐荫生，次年，潘祖荫病逝于赈灾中，4岁的他又得钦赐举人，或许是荣耀太重，经受不住，15岁即亡故，成为悲剧，连嗣子亦殇，只有换嗣子兼祧多门，亦不幸也。

潘志询

光绪辛卯（1891）科江南乡试孙多捷榜第七十七名举人，歙县潘氏第三十三世，支系不明。

潘志畬

光绪甲午（1894）科江南乡试何其纯榜第一百一十六名举人，歙县潘氏第三十三世，支系不明。

潘志憘

宣统己酉（1909）赏给农科举人，潘兆鼎八世孙，歙县潘氏第三十三世，父潘澍，属新长房潘宗周支。

《世系考》载，潘志憘为潘澍次子，字和仲，号子欣，日本东京蚕桑学校毕业，部试赏给农科举人，即用知县。生于清光绪二年（1876）丙子九月二十三日，卒于公元1950年1月，年七十有五。娶王宝莹女英，字菊和，日本蚕桑学校毕业，生于清同治十三年（1874）九月五日，卒于民国丙寅年（1926）十月二十四日，年五十有三，侧室王氏。生子三：承孝（嗣兄志桓后）、承淦（殇）、承诰；女二。

潘志怙

宣统己酉（1909）赏给陆军步兵科举人，歙县潘氏第三十三世，支系不明。

潘承福

宣统己酉（1909）赏给商科举人，潘兆鼎九世孙，歙县潘氏第三十四世，父潘志嘉，属新长房潘宗周支。

《世系考》载，潘承福为潘志嘉嗣子，生父为潘志俊。其字尔绥，号备庵，英国牛津大学毕业，部试赏给商科举人，历任马尼拉萨摩岛领事。生于清光绪八年（1882）壬午正月二日，卒于民国三十一年（1942）壬午，年六十有一，葬萨摩岛。娶邹嘉来女，生于清光绪六年（1880）庚辰三月二十六日，卒于民国二十三年（1934）甲戌六月十三日，年五十有五。生子四：家骧（殇）、家璘、家聪、家骥，女二。

潘承曜

宣统庚戌（1910）赏给举人，潘兆鼎九世孙，世系潘氏第三十四世，父潘志恂，属新长房潘宗周支。

《世系考》载，潘承曜为潘志恂次子，字日华，号斗南，北京实业学堂专科毕业，部试赏给举人，以州同分省，有限补用江苏省立第六工场场长，江苏省议会议员。生于清光绪十二年（1886）丙戌七月十六日，卒于民国二十三年（1934）甲戌八月三日，年四十有九。娶程德铸女，生于清光绪十二年（1886）丙戌十一月十四日，卒未详。生子五：家骅（嗣兄承宣后）、家炽、家扬（殇）、家望、家企；女三。

综合上述潘氏二十七位举人，自清乾隆己卯（1759）科起，到清宣统庚戌（1910），前后时间一个半世纪，自歙县潘氏第二十八世到三十四世，前后七代人。除其中支系不明者四人（潘奕揆、潘志询、潘志畲、潘志怙）外，其属房分布为：老二房潘兆臣支二人：潘应椿、潘宗硕；老四房潘暄支一人：潘瑛；新长房潘宗周支七人：潘遵礼、潘馥、潘霁、潘志俊、潘志憘、潘承福、潘承曜；新四房潘冕支十三人：潘世荣、潘曾沂、潘希甫、潘曾绶、潘诚贵、潘介繁、潘祖保、潘观保、潘康保、潘志窾、潘志颖、潘志裘、潘树孳。也可见“贵潘”主要集中在潘冕、潘宗周两支。还有父子、兄弟先后中举者，加上父子兄弟先后中状元、探花、进士者，亦可见“贵潘”之盛在有清一朝前后达一个半世纪之久。其实，还不止这些，苏州大阜潘氏为贡生者，及以后上大学者更多，本书将在《潘氏贡生录》和《延脉之光录》中载出，以进一步见证“贵潘”之贵，见证一个由商入仕的徽州外迁家族的荣耀。

潘氏贡生录

本章在记述潘氏贡生录之前，先把贡生的内涵叙述一番，以供读者理解。

据上海辞书出版社出版，沈起炜、徐光烈编著之《简明中国历代职官辞典》载，贡生，在科举制度中，生员（秀才）一般隶属本府、州、县学，若考选入京师国子监读书，则不再是本府、州、县学的生员，而称为贡生，意思是把人才贡献给皇帝。明清两代贡生有不同名目。明有岁贡、选贡、恩贡和纳贡。清有恩贡、拔贡、副贡、岁贡、优贡和例贡。本章所述潘氏贡生大多在清代，故将清代五贡介绍如后，五贡均系正途出身资格，而例贡是靠捐纳钱物取得的贡生，不在五贡之内，不算正途。

清代五贡，首为恩贡，明、清定制，凡遇皇室庆典，据府、州、县学岁贡常例，本年加贡一次，作为恩贡。清又特许“先贤”后裔入监者，亦称恩贡。拔贡，是由地方贡入国子监的生员之一种，清制，初定六年一次，乾隆中改为十二年一次，每府学二名，州、县学各一名，由各省学政从生员中考选，保送入京，作为拔贡。拔贡者经过朝考合格，可充任京官、知县或教职。副贡，是在乡试录取名额以外列入备取的，可入国子监读书，称为副贡。岁贡，明、清两代，一般每年或两三年，从府、州、县学中选送廪生升入国子监读书，因称岁贡，由于大都挨次升贡，故俗称“挨贡”。优贡，清制，每三年由各省学政从儒学生员中考选一次，每省不过数名，亦无录用条例。同治中规定，优贡经廷试后可按知县、教职分别任用。国学生乃国子监学生，故本书亦一并录之。

苏州大阜潘氏贡生及国学生为数不少，下面从以商入仕的潘景文开始记述，前面已详载生平的只大略录之，未载生平的则尽量以《世系考》及传记、行述和墓志铭提供的作较详记述，并以世系为序。

歙县潘氏二十五世

潘景文 《世系考》载，其为潘仲兰次子，字其蔚，浙江杭州府岁贡生，候选州同，内阁中书，候选主事加一级，授奉直大夫，生于明崇祯十二年（1639）己卯十月五日，卒于清康熙四十五年（1706）丙戌十一月六日，年六十有八。

歙县潘氏二十六世

潘兆鼎 《世系考》载，其为潘景文长子，字敷九，浙江钱塘县岁贡生，处州府松阳县教谕，生于清顺治十五年（1658）戊戌八月二十七日，卒于清雍正二年（1724）甲辰九月一日，年六十有七。

歙县潘氏二十七世

潘　暄 《世系考》载，其为潘兆鼎四子，原名邦英，字赋含，号闲斋，浙江钱塘县贡生，封文林郎，内阁中书，协办侍读加一级，晋赠朝议大夫，刑部陕西司郎中加一级，累赠光禄大夫，经筵日讲起居注官，太傅，武英殿大学士，管理户部事务加八级，生于清康熙二十九年（1690）庚午九月二日，卒于清乾隆三十八年（1773）癸巳十二月十日，年八十有四。

潘邦良 《世系考》载，其为潘兆鼎六子，字进卿，国学生，生于清康熙四十二年（1703）癸未二月十三日，卒于清乾隆三年（1738）戊午八月十七日，年三十有六。娶吴廷锡女，生于清康熙四十五年（1706）丙戌十月三日，卒于清乾隆四十三年（1778）戊戌闰六月十九日，年七十有三，合祔葬潘兆鼎侧室王氏墓，生子一：宗夏；女二。

歙县潘氏二十八世

潘宗周 《世系考》载，其为潘克顺子，字希濂，号蓼怀，国学生，候选按察司经历，生于清康熙四十年（1701）辛巳十二月九日，卒于清乾隆三十年（1765）乙酉八月二十一日，年六十有五。娶方志儒女，生于清康熙四十一年（1702）壬午六月十三日，卒于清乾隆四十九年（1784）甲辰正月二十九日，年八十有三，合葬吴县十九都十五图隆字圩光福珍珠坞；侧室王氏，祔葬潘宗周墓同冢。生子四：奕腾、奕超（殇）、奕珧，方氏出，奕份，王氏出；女五。

潘　冕　《世系考》载，其为潘暄次子，原名宗冕，字端元，号贡湖，国学生，候选布政司理问，封承德郎，内阁中书，协办侍读加三级，晋赠朝议大夫，刑部陕西司郎中加一级，累赠光禄大夫，经筵日讲起居注官，太傅，武英殿大学士，管理户部事务，加八级。事略见前。

歙县潘氏二十九世

潘奕腾　《世系考》载，其为潘宗周长子，字云庄，号芷香，浙江仁和县附贡生，候选训导，累赠光禄大夫，湖北巡抚加二级。生于清雍正五年（1727）丁未六月二十七日，卒于清乾隆三十九年（1774）甲午九月五日，年四十有八，娶杨士栻女，生于清雍正六年（1728）戊申九月二十一日，卒于清乾隆十一年（1746）丙寅五月六日，年十九，累赠一品夫人；继娶黄伟女，生于清雍正六年（1728）戊申九月二十九日，卒于清嘉庆六年（1801）辛酉十二月一日，年七十有四，累赠一品夫人，合葬吴县十九都二十一图鞠字圩光福铜井山张家涧。生子三：世琳、世京、世翰，女二。

潘奕珧　《世系考》载，其为潘宗周次子，字鹭瞻，号篁月，国学生，候选同知，议叙四品顶戴，赠中议大夫，特用知府，分发补用同知，加二级随带加二级，晋赠通议大夫，四品卿衔，随带加二级，刑部候补主事。生于清雍正八年（1730）庚戌八月二日，卒于清乾隆五十四年（1789）己酉九月十八日，年六十。聘杨焯长女，生于清雍正九年（1731）辛亥八月十三日，卒于清乾隆十年（1745）乙丑五月二十六日，年十五，迎柩归，赠淑人；娶杨焯次女，生于清雍正十三年（1735）乙卯十一月六日，卒于清乾隆四十六年（1781）辛丑十二月十一日，年四十有七，赠淑人，合葬吴县十九都十六图草字圩光福费家河头。生子三：世治、世经、世谦（殇），女三。

潘奕基　《世系考》载，其为潘冕三子，原名奕箕，字汝勤，号云浦，浙江杭州府附贡生，改入吴县籍，乾隆甲午（1774）顺天乡试挑取誊录，四库全书馆誊录，议叙州同。道光甲申重游泮宫，累赠光禄大夫，经筵日讲起居注官，太傅，武英殿大学士，管理户部事务，加八级。生于清乾隆十年（1745）乙丑八月十八日，卒于清道光四年（1824）甲申十月十七日，年八十。娶黄钦女，生于清乾隆十一年（1746）丙寅五月二十四日，卒于清嘉庆十九年（1814）甲戌六月四日，年六十有九，累赠一品夫人，合葬元和县二十三图贵字圩谭泾桥浜；侧室陈氏，年六十，以孙曾沂官封孺人，祔葬潘奕基墓。生子二：世荣（嗣兄潘奕藻后）、世恩；女一。

赐进士出身、兵部侍郎兼都察院右副都御史、巡抚陕西之卢坤为其撰之《诰封光禄大夫经筵讲官户部尚书加二级四库馆议叙州同吴县附贡生显考云浦府君行状》载，其生而孝谨，动止不苟，至性过人，13岁作文，即得师赞曰，议论笔力绝类欧阳公。应县试拔前列，自此并驾文场，有“二吴三潘”之目。就试杭州府，拔置第二，与章桐门、吴两峰订交，三人同庚，共砚席，暇相与泛舟西湖。在二兄相继成进士后，益自刻厉，论文贵言简理足，无艰深奇险靡丽之习，尤喜杜牧“意全胜者，文愈朴而词愈高”和李翱“文能到古人者，则仁义之词也”的论语。曾以文就正于大司马彭芝庭，得彭器重。自是文格屡变益上且言为学当鞭迫近里，玩物丧志吾弗为也。甲午（1774）应京兆试，以荐卷挑取誊录，校书四库馆，却眷恋庭闱，不欲遽就。庚子（1780）再试京兆，虽得呈卷推荐，却以额满见遗。此时，得知父亲患病，即星夜南驰，然抵家，父已去世。遂痛不欲生，得心悸之疾，以课子读书度日，绝意进取，余则手批《史记》《汉书》、魏晋六朝以下之文，俾知沿流溯源，教育子辈不得以务采色夸声音为能事，尤兢兢于立身植品，务为切近之学。后因子潘世恩中状元官宰辅而得封赠并享荣华富贵。

歙县潘氏三十世

潘世琳 《世系考》载，其为潘奕腾长子，原名世烈，字施远，号心余，国学生，生于清乾隆十八年（1753）癸酉正月二十八日，卒于清嘉庆元年（1796）丙辰六月五日，年四十有四。娶汪本乐女，生于清乾隆十七年（1752）壬申八月十五日，卒于清乾隆四十八年（1783）癸卯四月十四日，年三十有二；继娶汪本乐三女，生于清乾隆二十九年（1764）甲申二月五日，卒于清乾隆五十二年（1787）丁未四月二日，年二十有四，合葬吴县十九都十五图光福珍珠坞费家墩；侧室陆氏，年三十有九，钦旌节孝，祔葬潘世琳墓同冢。生子四：遵潢、遵仁，汪氏出，遵序、遵庠，陆氏出；女一。

潘世京 《世系考》载，其为潘奕腾次子，字深易，号谏斋，国学生，生于清乾隆二十一年（1756）丙子三月二日，卒于清嘉庆三年（1798）戊午九月三日，年四十有一。娶吴时楷女，生于清乾隆二十一年（1756）丙子九月四日，卒于清道光八年（1828）戊子五月五日，年七十有三，合葬吴县十九都二十图光福马驾山。生子三：遵训、遵度、遵俭；女二。

潘世翰 《世系考》载，其为潘奕腾三子，字西林，号素岑，国学生，议叙同知，加二级，累赠光禄大夫，湖北巡抚加二级。生于清乾隆二十二年（1757）丁丑八月二十二日，卒于清嘉庆十三年（1808）戊辰二月十四日，年五十有二。娶费彬女，生清乾隆二十三年（1758）戊寅八月二十一日，卒于清嘉庆三年（1798）戊午十月十三日，年四十有一，累赠一品夫人，合葬吴县十九都二十一图光福铜井山；侧室钱氏，年五十有八，钦旌节孝，祔葬潘世翰墓同冢。生子八：遵澄、遵涵、遵勖（殇）、遵谟（殇）、遵淳、遵渊，费氏出，遵灏、遵瀛（殇），钱氏出；女六。

潘世治 《世系考》载，其为潘奕珧长子，字安国，号息渔，国学生，候选按察司经历，生于清乾隆十七年（1752）壬申八月二十九日，卒于清道光三年（1823）癸未正月六日，年七十有二。娶唐文横女，生于清乾隆十八年（1753）癸酉九月二十八日，卒于清道光十七年（1837）丁酉四月一日，年八十有五，合葬吴县十九都二十一图光福铜井山。生子五：遵诰、遵辙、遵义、遵路、遵恺；女三。

潘世经 《世系考》载，其为潘奕珧次子，字殿鸿，号翔圃，国学生，候选州同，加二级赠中议大夫，特用知府分发，补用同知，加二级随带加二级，晋赠通议大夫，四品卿衔，随带加二级，刑部候补主事，累赠资政大夫，道衔加四级，分部行走郎中。生于清乾隆二十年（1755）乙亥六月二十八日，卒于清嘉庆十八年（1813）癸酉三月二日，年五十有九。娶缪珽女，生于清乾隆十八年（1753）癸酉二月二日，卒于清道光十年（1830）庚寅二月八日，年七十有八，赠淑人，累赠夫人，合葬光福铜井山。生子五：遵西、遵骞（殇）、遵礼、遵慕（殇）、遵范；女五。

据吴县赵文麟撰《翔圃潘公暨配缪宜人合葬墓志铭》载，其父潘奕珧为候选府同知，以办理浙盐捐输军饷，特恩加一级。其母为杨恭人。其读书颖悟，幼即工文，童试辄冠侪偶。年15岁，因父足疾弃举业，襄办盐务，出纳不苟，而于国课尤慎，内行纯悫，孝事二亲，友于之谊，老而弥笃。性直谅，重然诺，赴人所急，孳孳无倦容。课子先行后文，严而有法。配缪宜人，贤明识大体，事尊嫜惟孝，处妯娌惟和，抚子女爱劳兼至，治家勤俭，戚党无闲言。撰者赵文麟习闻行实，故最后铭曰：行之敦也，接物以诚；才之练也，干事以贞。猗伉俪之同德，幽壤勒其令名；宰木森森昌厥后兮，臁茂实而蜚英声。展示了潘世经夫妇的良好品行。

潘世道 《世系考》载，其为潘奕份长子，字是经，号莘垞，国学生。生于清乾隆三十二年（1767）丁亥三月六日，卒于清嘉庆三年（1798）戊午六月二日，年三十有二。娶吴时楷女，生于清乾隆三十年（1765）乙酉十一月二十六日，卒于清道光二十三年（1843）癸卯十二月二十五日，年七十有九，合祔葬潘奕份墓。生子二：遵澂、遵泌（殇）；女三。

潘世琪 《世系考》载，其为潘奕份次子，字璞山，号笠翁，浙江杭州府廪膳生，改归吴县籍，嘉庆己巳恩贡，候选直隶州州判。生于清乾隆三十七年（1772）壬辰正月六日，卒于清道光四年（1824）甲申二月十三日，年五十有三。娶杨诚基女，生于清乾隆三十八年（1773）癸巳七月五日，卒于清嘉庆八年（1803）癸亥十二月十九日，年三十有一，合祔葬潘奕份墓左；继娶陈钰润女，生于清乾隆五十九年（1794）甲寅十一月十七日，清咸丰十年（1860）庚申四月十五日苏城殉难，年六十有七，奉旨旌恤并钦旌节孝；侧室蒋氏。生子五：遵涑（殇）、遵沆、遵游（殇），杨氏出，遵钤（殇）、尊钺，陈氏出；女二。

潘世韶 《世系考》载，其为潘奕份三子，字箫成，号荫园，国学生，生于清乾隆三十九年（1774）甲午正月十九日，卒于清道光三年（1823）癸未六月二十三日，年五十。娶庞鸣佩女，生于清乾隆四十二年（1777）丁酉十二月十七日，卒于清道光二十二年（1842）壬寅九月八日，年六十有六；侧室陆氏，年四十有一，钦旌节妇，合祔葬潘奕份墓左。生子三：遵麟（殇），庞氏出，尊鐄、尊鈜，陆氏出。

歙县潘氏三十一世

潘遵仁 《世系考》载，其为潘世琳次子，字蔼如，号芝桥，国学生，候选县丞。生于清乾隆四十年（1775）乙未二月十二日，卒于清道光二十三年（1843）癸卯二月二日，年六十有九。娶陆德恒女，生于清乾隆四十一年（1776）丙申二月二十二日，卒于清嘉庆十一年（1806）丙寅正月十五日，年三十有一，合祔葬潘世琳墓右。生子二：修先（殇）、懋先；女一。

潘遵澄 《世系考》载，其为潘世翰长子，原名遵理，字玉清，号雅三，长洲县贡生，赠修职郎，通州学正，晋赠朝议大夫，盐运使司运同衔，累赠通奉大夫，福建布政使，加二级。生于清乾隆四十年（1775）乙未闰十月四日，卒于清道光十二年（1832）壬辰四月七日，年五十有八。娶蒋诗庭女，生于清乾隆三十八年（1773）癸巳三月二十七日，卒于清嘉庆二十五年（1820）庚辰三月十七日，年四十有八，赠孺人，晋赠恭人，累赠夫人，合葬吴县十九都二十一图光福铜井山；侧室方氏祔葬同冢。生子五：时先、雷、霆、霁、霨；女二。

其堂叔、状元潘世恩应其子潘雷等之请，为其作《雅三小传》，载潘遵澄晚号笑拈，为素岑三兄长子，幼即敦孝道，事父能得欢心。19岁到县学读书，后在洞庭东山从吴梦溪、黄杏园两位孝廉为师，潜心理窟，出入于贾谊、董仲舒诸家之学，故为文根底深厚，不事摭拾，秋试必膺荐。丁卯岁（1807）乡试，主考以其文为佳，已经推荐入彀，然而因为名额已满而被遗弃，人们都为之惋惜。而他却不以为意，益加肆力于古文之学且旁及马郑义疏，参考同异，每获一义，辄手录之，积有成册。后肄业于苏州紫阳书院，为诸山长所器重。再后，因丁外艰，自己又患足疾，便止于举业，而以读书属于后人，下帷课子。此外，惟承继先业，办理盐务，以秉公持正的精神，二十年如一日地经营着，推进了潘家的盐业。他有个堂兄游幕远出，长期无有音信，然子女俱幼。他便与弟潘遵淳代行子职，为伯父潘世京安葬，堂兄的长女依然在室，他又为其遣嫁。他的胞弟潘遵涵早逝，留下三个孤儿，他视如己出，延请教师和自己的儿辈同塾课读。戊寅（1818）、庚辰（1820），他的儿子潘雷、潘霁先后入庠，侄子潘雯也于辛巳（1821）参加科试，受教于学使姚秋农。他很高兴，认为可以让弟念堂在地下得到安慰了。他就是如此性格豪爽，友爱兄弟。他还好施与，亲友间有缓急之事，他都给予解决。到晚年，他更是究心于人性修养，喜欢放生，闲暇则好吟咏，与其外舅蒋韵庵孝廉暨刘默臧、叶香岩、汪纬堂诸君，并祖辈的潘奕隽，都有唱和之作。他将自己之作编辑为一书《浮白集》。潘世恩还为他的独立图小影题诗，其中有“不愿骋才华，但愿固根柢”之句，称颂他的真才实学。潘世恩写此，也禁不住感叹道：“以侄之清才美誉，何患不掇巍科、取青紫？乃晚而不遇，自托于泉石间，栽花种竹，涵养性真。闻其易箦时，口诵佛号，颜色不改。”潘世恩对堂侄的记载实在，评价亦恰切。

潘遵淳 《世系考》载，其为潘世翰三子，原名遵仪，字真卿，号竹珊，国学生，生于清乾隆五十年（1785）乙巳十一月九日，卒于清咸丰二年（1852）壬子十二月十四日，年六十有八。聘陶惟森女，生于清乾隆四十八年（1783）癸卯正月二十六日，卒于清嘉庆十年（1805）乙丑六月二十二日，年二十有三，迎柩归；娶黄铣女，生于清乾隆五十四年（1789）己酉十一月二十七日，卒于清道光十五年（1835）乙未八月十三日，年四十有七，合葬吴县十九都十五图光福元墓山官路；侧室惠氏，年七十有四，祔葬潘遵淳墓。生子八：霦、霖、霝、霦，黄氏出，霓（殇）、庆辛（殇）、又辛（殇）、庚同（殇），惠氏出；生女十一。

潘遵渊 《世系考》载，其为潘世翰四子，字眉川，国学生，候选县丞，累赠光禄大夫，湖北巡抚加二级。生于清乾隆五十四年（1789）己酉六月二十七日，卒于清咸丰六年（1856）丙辰四月二十三日，年六十有八。娶汪嘉穀女，生于清乾隆五十四年（1789）己酉十月二日，卒于清道光四年（1824）甲申七月十一日，年三十有六，累赠一品夫人；继娶陶绪沣女，生于清嘉庆五年（1800）庚申四月二十一日，卒于清光绪六年（1880）庚辰正月五日，年八十有一，累封一品夫人，合葬吴县十九都二十一图光福大墓头。生子五：霪（殇）、霨，汪氏出，露、辰（殇）、澍，陶氏出；女三。

潘遵恺 《世系考》载，其为潘世治五子，字赓虞，号心培，国学生，生于清乾隆六十年（1795）乙卯二月十日，卒于清道光十九年（1839）己亥七月二十七日，年四十有五。娶陈烜女，生于清嘉庆四年（1799）己未七月二十三日，卒于清道光元年（1821）辛巳六月二十一日，年二十有三；侧室翁氏，年五十有四，合葬吴县十九都二十一图光福珠华山。生子三：宝儒（嗣潘遵义后），陈氏出，知先、譓先（殇），翁氏出；女二。

潘遵西 《世系考》载，其为潘世经长子，字溯岐，号榛山，赠奉直大夫，员外郎衔，刑部主事加一级，生于清乾隆四十三年（1778）戊戌十二月三日，卒于清嘉庆十三年（1808）戊辰五月九日，年三十有一。娶顾汝锡女，生于清乾隆四十三年（1778）戊戌四月七日，卒于清道光十九年（1839）己亥六月八日，年六十有二，钦旌节孝，赠宜人，合葬吴县十九都二十一图光福铜井山。生子二：孚先、恭先（殇）、嗣子绍先（潘遵礼子）。

潘遵范 《世系考》载，其为潘世经三子，字锡畴，号莲峰，赠修职佐郎，国子监典簿衔，浙江武康县训导，晋赠中宪大夫，特用知府分发，补用同知加二级，生于清嘉庆元年（1796）丙辰六月十二日，卒于清道光四年（1824）甲申正月十八日，年二十有九。娶蒋锡辰女，生于清乾隆五十八年（1793）癸丑八月七日，卒于清道光十年（1830）庚寅四月二十三日，年三十有八，钦旌孝妇，赠孺人，晋赠恭人，合葬吴县十九都二十一图光福珠华山大安里。生子三：茂先、守先（殇）、钟瑞；女一。

（以上属潘宗周支。）

潘曾彦 《世系考》载，其为潘世荣长子，字宽夫，号松泉，吴县廪贡生，候选员外郎，候选郎中，加一级授朝议大夫。生于清乾隆五十八年（1793）癸丑八月二十七日，卒于清道光十九年（1839）己亥九月十三日，年四十有七。娶陆濬女，生于清乾隆五十七年（1792）壬子十月六日，卒于清道光十八年（1838）戊戌七月二十二日，年四十有七，赠恭人，合葬吴县十三都下六图庙桥浜马庄，生子一：仁麐。

举人周岱龄为潘曾彦及妻陆恭人作之《诰授朝议大夫即用郎中加一级吴县廪贡生松泉潘公暨配诰赠恭人陆恭人合葬墓志铭》载，他刚弱冠之年，即攻读科举业，不为尘世纷乱所干扰，而且在乡试中屡次得到推荐，后来年纪已大，便任职部郎，效力于朝廷。1833、1834年间，苦于霪潦不止，暴发洪水，大遭灾年，当局很是担忧，便留下潘曾彦参与筹集赈灾款项，于是集资十四万多两银子，拯救众多灾民。潘曾彦又亲自步行至偏僻乡村，约集同志分厂散赈，不假手给那些胥役，以防止他们从中渔利。他们按照户口簿依次分给，让那些老弱的灾民没有奔走之苦，经过数旬才完成赈灾的事情。他又捐出自己盈余之款投入疏浚城河，以利于丁运；修筑城墙，以护卫民居。凡是这些事情，他都鞠躬尽瘁，以泽物为务，也显示了自己的才干。他还以行善为己任，可惜的是他还没有得到任用，就突然辞世了。不过老百姓还是记着他的恩德，将他置于乡社中予以祭祀之礼。

潘曾琦 《世系考》载，其为潘世荣次子，字稚圭，号竹桥，元和县附贡生，候选光禄寺署正，加三级。生于清乾隆六十年（1795）乙卯二月十八日，卒于清咸丰四年（1854）甲寅六月二十二日，年六十。娶陆苞女，生于清嘉庆二年（1797）丁巳四月十九日，卒于清嘉庆十九年（1814）甲戌五月十日，年十八；继娶沈廷荣女，生于清乾隆五十九年（1794）甲寅正月十一日，卒于清道光元年（1821）辛巳七月十六日，年二十有八，合葬吴县廿上六都十一图苍坞；侧室钱氏，年五十有一，祔葬潘曾琦墓。生子五：仁鼇，钱氏出，仁虎、仁凤，沈氏出，仁鹤、仁骙（殇），钱氏出；女一。

进士周沐润撰《竹桥潘公墓志铭》载，他有隽秀之才，12岁即能写文章，弱冠年与兄潘曾彦一同读县学，成绩拔萃，而且自奋刻苦，希望能够科举中第，哪知十二次赴乡试皆不中。戊申（1848）夏秋之交，江水暴涨，金陵、京口、淮扬诸郡城受灾。第二年（1849）天降淫雨，吴地几乎没有尺寸干土。潘曾琦出来襄助当局，筹划灾赈，分司各粥厂，“老者瞋瞋，以引以翼；幼者姁姁，以嬉以遨；疾病者稷稷乌乌，以无札瘥死；丧者检检怙怙，以无暴露”。虽是一副惨状，但救灾成效甚好，这自然是当局救灾及时，但潘曾琦也在其中有颇多贡献。他那时还是壮盛之年，意气奔放，也常“命酒催诗，跌宕自喜”。他关心百姓疾苦，居住乡间，如同一个农民或樵夫，颈项干枯，面孔黝黑，手足起硬皮老茧，自己农作。他的儿子潘仁鼇当时选为海州学官，曾劝告他不要混同一个普通百姓。然而他“岁时伏腊，祭灶赋耜”，过着和普通百姓一样的生活，就算在宴席中居末座，也不感到丢身份，而乡人都认为这是他具有盛德的表现。因此可看出，潘曾琦是一个甘于平凡人生且品德高尚的士子。

潘曾龄 《世系考》载，其为潘世荣三子，字子寿，号梅垞，国学生，候选布政司理问，加二级议叙同知，随带加一级。生于清嘉庆元年（1796）丙辰十月四日，卒于清咸丰十年（1860）庚申六月二十九日，年六十有五。娶陆濂女，生于清嘉庆元年（1796）丙辰正月二十一日，卒于清道光二十六年（1846）丙午七月十四日，年五十有一；侧室王氏，年五十有一，合葬吴县十三都上十三图外双桥。生子六：仁鹄、仁麒、仁龙、仁骏（殇）、仁獬（殇）、仁鹏（殇），王氏出；女二。

潘曾丙 《世系考》载，其为潘世荣四子，字汉吉，号菊如，国学生，候选布政司理问，生于清嘉庆十三年（1808）为此正月二十四日，卒于清道光二十一年（1841）辛丑正月二十日，年三十有四。娶陆潮女，生于清嘉庆八年（1803）癸亥七月六日，卒于清道光十九年（1839）己亥三月十三日，年三十有七；侧室张氏，年二十有四，合葬吴县十三都上五图万禄山。生子一：

仁鹿，张氏出。

（以上属潘冕支。）

歙县潘氏三十二世

潘　雷　《世系考》载，其为潘遵澄次子，字雨田，号迂恬，长洲县附贡生，议叙同知，钦加运司衔。生于清嘉庆三年（1798）戊午七月一日，卒于清同治十二年（1873）癸酉十一月二十一日，年七十有六。娶汪鏠女，生于清嘉庆五年（1800）庚申八月二十八日，卒于清道光七年（1827）丁亥八月二十九日，年二十有八；继娶汪开照女，生于清嘉庆十四年（1809）己巳八月二十五日，卒于清咸丰元年（1851）辛亥八月二十七日，年四十有三，合葬吴县十九都二十一图光福铜井山。生子五：拱宸（嗣兄潘时先）、翊宸（嗣弟潘霆后），汪氏出，光宸、受宸、福宸，继配汪氏出；女五。

潘　霨　《世系考》载，其为潘遵澄五子，字紉轩，号卿华，国学生，候选翰林院待招。生于清嘉庆十四年（1809）己巳十二月六日，卒于清咸丰十年（1860）庚申八月十三日，年五十有二。娶费振镛女，生于清嘉庆十八年（1813）癸酉五月八日，卒于清道光十七年（1837）丁酉五月五日，年二十有五，合葬吴县十九都二十一图光福珠华山官路子山；继娶费振镛三女，生于清道光五年（1825）乙酉二月五日，清咸丰十年（1860）庚申四月十六日，苏城殉难，年三十有六，奉旨旌恤，祔葬长洲县二都九图浒墅关镇山费振镛墓。生子二：康宸（殇）、志恭；女四。

潘　霳　《世系考》载，其为潘遵淳三子，字叔夔，号跃如，国学生，议叙同知。生于清道光三年（1823）癸未六月二十七日，卒于清咸丰十年（1860）庚申八月十五日，年三十有八。娶戴运溥女，生于清道光元年（1821）辛巳三月二十六日，卒于清同治十三年（1874）甲戌三月九日，年五十有四，合葬光福元墓山。生子二：锡凤、锡麟（殇）；女二。

潘　霦　《世系考》载，其为潘遵淳四子，字季瑜，号均如，国学生，广东候补府经历。清道光三年（1823）癸未六月二十七日与潘霳孪生，卒于清同治十二年（1873）癸酉闰六月二十九日，年五十有一。娶朱嘉培女，生于清嘉庆二十四年（1819）己卯四月十九日，卒于清咸丰七年（1857）丁巳九月一日，年三十有九，合葬吴县十九都二十图光福卧龙山大墓头；继娶张鸿寿女，生于清道光十七年（1837）丁酉正月二十日，卒于清光绪十八年（1892）壬辰十一月二十九日，年五十有六。生子一：志莱，张氏出；女二。

潘　霨　《世系考》载，其为潘遵渊长子，字赓紱，号伟如，国学生，顺天府西路厅司狱，候选布政司理问，直隶天津县知县，昌平州知州，天津府知府，钦加道衔，山东登莱青兵备道东海关监督，加三级，钦加盐运使衔，赏戴花翎，钦加按察使衔，浙江盐运使，山东盐运使，钦加布政使衔，加二级，福建按察使、福建布政使，钦差帮办台湾海防事宜，湖北布政使，湖北巡抚，江西巡抚兼提督全省军务，贵州巡抚，兵部侍郎，兼都察院右副都御史，加节制通省兵马衔。历署天津县知县，山东按察使，湖北巡抚，江西学政，贵州巡抚。历充同治庚午科福建乡试监试官，癸酉科提调官，光绪己卯科湖北乡试监临，武乡试主考官，戊子科贵州乡试监临，武乡试主考官。奉旨查阅江西全省行伍，贵州全省行伍，加十级，记录十五次，授光禄大夫，振威将军。生于清嘉庆二十一年（1816）丙子七月十五日，卒于清光绪二十年（1894）甲午八月二十日，年七十有九，奉旨照巡抚例赐恤谕赐葬银谕赐祭银谕赐祭文。娶陶惟模女，生于清道光元年（1821）辛巳四月八日，卒于清道光三十年（1850）庚戌五月二十七日，年三十，赠一品夫人；继娶沈丙辉女，生于清道光七年（1827）丁亥正月二十八日，卒于清光绪三十四年（1908）戊申九月二日，年八十有二，封一品夫人，合葬吴县十九都二十一图光福铜井山大墓头；侧室周氏，年六十有五，祔葬潘霨墓；侧室金氏，同祔葬。生子五：联桂（殇）、志枏、受保（殇）、志俊、志恂，沈氏出；女二。潘霨是潘宗周支少有的高官，以一介贡生而获得如此高位，足见其从政才干且屡任盐运使，对潘家经营盐业是大有好处的。

潘　露　《世系考》载，其为潘遵渊次子，原名廷荣，字湛廷，号捷如，国学生，广东西汇关批验所大使，钦加五品衔，赏戴花翎，历署茂晖电茂等场大使，钦加运同衔，升用同知，补用知府，候选道，钦加二品顶戴，奉旨办理贵州矿物。生于清道光七年（1827）丁亥七月十九日，卒于清光绪十六年（1890）戊寅七月十六日，年六十有四。娶陶惟模女，生于清道光七年（1827）丁亥八月十六日，卒于清咸丰十一年（1861）辛酉十二月十一日，年三十有五，合葬光福铜井山大墓头；继娶孙承业女，生于清道光十八年（1838）戊戌闰四月二十三日，卒于清光绪二十九年（1903）癸卯五月二十二日，年六十有六。生子一：志嘉，陶氏出。

潘　霨　《世系考》载，其为潘遵渊三子，原名廷庆，字叔颖，号醴如，国学生，候选翰林院待招，盐课司提举，议叙盐运司运同。生于清道光十八年（1838）戊戌十月二十二日，卒于清光绪七年（1881）辛巳五月十七日，年四十有四。娶沈楚林女，生于清道光十八年（1838）八月十四日，卒于清光绪十三年（1887）丁亥五月二十七日，年五十，合葬光福铜井山。生子二：志桓、志憘；生女五。

潘履诚　《世系考》载，其为潘遵灏次子，字贞孚，号甄甫，国学生，候选府经历，生于清道光十二年（1832）壬辰十二月十八日，卒于清光绪十九年（1893）癸巳十月一日，年六十有二。娶胡寿康女，生于清道光二十七年（1847）丁未四月八日，卒于民国壬子年（1912）九月十五日，年六十有六，合葬吴县光福东山头。生子二：志潮（嗣兄潘寿祺后）、志鸿；女二。

潘绍先　《世系考》载，其为潘遵西嗣子（潘遵礼次子），原名彦先，字衣德，号复生，官名容，国学生，候选按察司照磨。生于清嘉庆二十三年（1818）戊寅十一月二十九日，卒于清同治元年（1862）壬戌八月二十五日，年四十有五。娶顾本宏女，生于清嘉庆二十二年（1817）丁丑七月二十九日，卒于清光绪二十八年（1902）壬寅九月二日，年八十有六。合祔葬潘遵西墓前。生子六：志成（嗣兄潘孚先后）、志继（嗣潘孚先后）、佚名、志同、志曾（殇）、志济；生女三。

潘嘉秀　《世系考》载，其为潘遵礼长子，原名秀先，字善禾，号颖生，国学生，封奉直大夫，员外郎衔刑部主事，加一级。生于清嘉庆二十一年（1816）丙子八月十八日，卒于清同治元年（1862）壬戌九月六日，年四十有七。娶蒋茂庚女，生于清嘉庆二十年（1815）乙亥正月三十日，卒于清光绪十四年（1888）戊子正月七日，年七十有四，封宜人，合葬吴县光福铜井山大墓头。生子五：志初、志增（殇）、志祖、志熙、志锡；生女二。

潘嘉穗　《世系考》载，其为潘遵礼三子，原名宏先，字子玖，号桐生，苏州府附贡生，议叙光禄寺署正，分发补用通判，钦加五品衔，赏戴蓝翎，分发补用同知，赏换花翎，钦加知府衔，补用知府，军功随带加四级，钦加三品衔，封资政大夫，道衔，加四级分部行走郎中。生于清道光六年（1826）丙戌正月二十三日，卒于清光绪三十二年（1906）十二月二十四日，年八十有一。娶陈其章女，生于清道光五年（1825）乙酉十月十二日，卒于清光绪十九年（1893）正月十一日，年六十有九，赠夫人，合葬光福香雪海。生子二：廷枞、廷湛；生女一。

潘茂先 《世系考》载，其为潘遵范长子，字小华，号松生，国学生，议叙从九品。生于清嘉庆二十一年（1816）丙子十一月四日，卒于清光绪十五年（1889）己丑三月二十三日，年七十有三。娶蒋绳曾女，生于清嘉庆二十二年（1817）丁丑四月二十三日，卒于清光绪五年（1879）己卯二月三十日，年六十有三，合葬光福毛斯涧。生子二：志蕊、志惠（兼祧弟潘钟瑞后）；生女一。

潘钟瑞 《世系考》载，其为潘遵范次子，原名振先，字圜云，号麟生，长洲县增贡生，议叙国子监典籍，太常寺博士。生于清道光三年（1823）癸未八月五日，卒于清光绪十六年（1890）庚寅六月十八日，年六十有八。娶陈其章女，生于清道光二年（1822）壬午十一月四日，卒于清咸丰二年（1852）壬子十月二十二日，年三十有一，合葬光福毛斯涧，兼祧子志惠（兄潘茂先子）。

（以上属潘宗周支。）

潘敦先 《世系考》载，其为潘遵祁三子，字叔重，号符生，吴县廪贡生，江西候补同知加一级，覃恩加一级，署庐陵县知县，知府衔，赏戴花翎，封荣禄大夫，二品衔，随带加一级，直隶候补道。生于清同治七年（1868）戊辰三月二十三日，卒潘宗谱未载。娶程廷桓女，生于清同治五年（1866）丙寅四月十六日，封一品夫人。生子五：志常、志原、志彤、志冼、志瑢；女一。

潘睦先 《世系考》载，其为潘遵祁四子，字季孺，号少圃，吴县附贡生，湖北试用县丞，署湖北布政司照磨，兼盐道库大使，补用知县，即补同知，钦加四品衔，升用知府，奏派出使各国考察政治大臣随员，直隶候补道，随带加一级，赏给二品衔，赏戴花翎，佩戴俄国圣士丹尼宝星、德国四等红鹰宝星，义国四等王冕宝星。生于清同治十年（1871）辛未二月九日，卒未载。娶吴大澂女，生于清同治十一年（1872）壬申六月五日，卒于清光绪十八年（1892）壬辰三月三十日，年二十有一；继娶沈寿瑢女，生于清光绪元年（1875）乙亥九月十六日，卒于清宣统三年（1911）辛亥正月二十七日，年三十有七，俱祔葬吴县光福涧上外浜。侧室梅氏。生子六：志浛，吴氏出，志泽、志湜、志濬（殇）、志潜，沈氏出，志淞（殇），梅氏出；生女四。

潘仁麐 《世系考》载，其为潘曾彦子，字德圃，号砺甫，吴县附监生，议叙詹事府主簿，候选光禄寺署正，候选主事，钦加五品衔。生于清嘉庆十九年（1814）甲戌二月二十三日，卒于清同治元年（1862）壬戌十月七日，年四十有九。娶江启圻女，生于清嘉庆十九年（1814）甲戌八月十七日，卒于清光绪十三年（1887）丁亥十一月十一日，年七十有四，合祔葬潘曾彦墓；侧室杨氏，生于清道光十五年（1835）乙未正月二十三日，卒于清光绪二十八年（1902）壬寅十二月十五日，年六十有八，钦旌节妇，祔葬潘曾彦墓。生子二：国梁（殇）、国栋（殇），江氏出，嗣子志裘（堂兄潘诚贵子）；女一。

潘仁鼇 《世系考》载，其为潘曾琦长子，字冠峰，号静叔，元和县附贡生，议叙国子监典籍，海州训导，候选教谕。生于清嘉庆二十三年（1818）戊寅五月十三日，卒于清同治七年（1868）戊辰八月二日，年五十有一。娶谢与权女，生于清嘉庆二十二年（1817）丁丑五月十日，卒于清道光三年（1823）庚戌十二月十九日，年三十有四；侧室刘氏，年二十有八，合葬吴县小黄山；某氏。生子三：志悦（殇）、志怡（殇），某氏出，志恢嗣弟潘仁虎（潘仁凤后），刘氏出；生女六。

潘仁虎 《世系考》载，其为潘曾琦次子，字召扬，号同甫，国学生，候补布政司理问。生于清嘉庆二十三年（1818）戊寅十二月二十一日，卒于清道光十三年（1833）癸巳七月六日，年十六。嗣子志恢（兄潘仁鼇子）。

潘仁凤 《世系考》载，其为潘曾琦三子，字鸣冈，号正叔，吴县庠生，改归元和县籍附贡生，候选训导。生于清嘉庆二十五年（1820）庚辰九月十七日，卒于清咸丰元年（1851）辛亥十月十八日，年三十有二。娶徐元福女，生于清嘉庆二十四年（1819）己卯二月十九日，卒于清同治十三年（1874）甲戌三月四日，年五十有六，合葬小黄山（与潘仁鼇同冢）。兼祧子志恢（兄潘仁鼇子）；生女二。

潘仁鹄 《世系考》载，其为潘曾龄长子，字友鸿，号莲甫，国学生，议叙光禄寺典簿。生于清道光七年（1827）丁亥六月二十九日，卒于清咸丰二年（1852）壬子四月二十八日，年二十有六。娶汪堉桂女，生于清道光四年（1824）甲申十月十日，卒于清同治二年（1863）七月二十日，年四十，钦旌节孝，合祔葬潘曾龄墓。生子三：尔茂（殇）、尔康（殇）、尔昌（殇），嗣子志緐；生女二。

潘仁龙 《世系考》载，其为潘曾龄三子，字鲤门，号恂甫，国学生，太常寺博士，候选光禄寺署正，加二级。生于清道光十年（1830）庚寅闰四月二十九日，卒于清同治元年（1862）壬戌十二月二十三日，年三十有三。娶王锡璋女，生于清道光七年（1827）丁亥八月四日，卒于清咸丰十年（1860）庚申六月二十日，年三十有四，合祔葬潘曾龄墓。生子一：志蕃（殇），嗣子志洁（堂弟潘仁鹿子）；生女二。

潘仁鹿 《世系考》载，其为潘曾丙子，字嘉宾，号笙甫，国学生，议叙光禄寺署正。生于清道光十三年（1833）癸巳正月二十六日，卒于清光绪十九年（1893）癸巳九月二十七日，年六十有一。娶吴仁立女，生于清道光十四年（1834）甲午九月二十八日，卒于清光绪二十一年（1895）壬寅十二月二十一日，年六十有九，合葬吴县五都五图万禄山；侧室杨氏，年五十；侧室马氏，年四十有六。生子十：志繇（嗣堂兄潘仁鹄后），杨氏出，志繇，马氏出，志爔（嗣堂兄潘仁麒后），杨氏出，志夸（殇）、志彝（嗣弟潘仁騋后），马氏出，志联，杨氏出，志纯、志荪（殇），马氏出，志洁（嗣堂兄潘仁龙后）、志缃（殇），杨氏出；生女十一。

潘仪凤 《世系考》载，其为潘曾沂子，字虞禽，号东园，咸丰辛亥正一品荫生，以员外郎用，钦加郎中衔，钦加四品衔，赏戴花翎，加一级授中议大夫。生于清道光六年（1826）丙戌十二月二十四日，卒于清光绪二年（1876）丙子二月十九日，年五十有一。娶胡清绂女，生于清道光十年（1830）庚寅五月四日，卒于清光绪六年（1880）庚辰六月十九日，年五十有一，封淑人，合祔葬潘曾沂墓；侧室王氏，年五十有二。生子二：丰穀（殇），胡氏出，豫穀，王氏出；生女五。

潘祖喜 《世系考》载，其为潘曾莹次子，字歌起，号怡琴，国学生，候选光禄寺署正，户部候补郎中，广东司兼云南司行走，兼办督催所八旗现审处事务，回避改封工部候补郎中虞衡司行走，赏戴蓝翎。生于清道光十三年（1833）癸巳八月十七日，卒于清光绪十九年（1893）癸巳二月二十一日，年六十有一。娶吴若準女，生于清道光十三年（1833）癸巳四月二十日，卒于清同治十年（1871）辛未七月二日，年三十有九，合祔葬潘曾莹墓右；侧室王氏，年三十，祔葬潘曾莹墓右另冢。生子五：成穀（嗣潘祖同后，两祧）、有穀（殇）、劭穀（殇）、延穀（殇）、良穀（殇），皆吴氏出；生女三。

潘祖桢 《世系考》载，其为潘曾莹四子，字子固，号干臣，赠文林郎，太常寺博士衔。生于清道光二十一年（1841）辛丑十月三日，卒于清咸丰七年（1857）丁巳正月十九日，年十七，祔葬潘曾莹墓右次。兼祧子亨穀（堂弟潘祖畴子，与潘祖同兼祧）。

从其父潘曾莹所撰《亡儿祖桢小传》可知，潘祖桢是位小画家且得赠职衔，故本书亦附载于贡生录中。《亡儿祖桢小传》载，祖桢为幼子，生于京师之米市胡同，幼孝谨，读书颇慧，得祖父潘世恩及奶奶欢心。曾于灯下读唐人诗，音节谐婉，得祖父母顾而乐之。体素弱，不耐功苦。祖父授以性理书，亲为讲解，又示以名家画。遂日事临学，稍稍进，尤嗜画，写兰竹，楚楚有致，然于近人画鲜当意者，惟崇戴熙笔墨。侍郎寄以山水小帧，喜甚，即付装池。尝曰："近时画史涂抹为工，苦乏真趣，能得乾坤清淑气者，戴丈一人而已。"性喜恬淡，遇佳山水，辄流连不能去。斋中书籍卷册，排比精整，小草小花，手自灌溉，一切嬉游事非所好也。既为祖母钟爱，遂在祖父母相继去世时潸然泪下。其素有肝疾，随父母回原籍后，水土不甚习惯，病不时复发，投以和中理气之剂，终无效而殁，年仅17。殁之前数日，曾垂泪对父母说，儿每夜梦中侍奉祖父母饭，儿不久矣，独不忍抛父母而去耳。潘曾莹听此，悲而挥泪为幼子作此小传。

其长兄潘祖同也作《弟祖桢事略》记之。其中有云，吾母命予代为与讲唐人诗，弟恒娓娓乐闻，尤嗜王韦，读至澹逸处，悠然神往。年7岁，大父命学作诗，以早梅命题，弟诗云："百花犹未放，先占一枝春。"大父欣赏。喜作小画，幽兰、丛篠，备极清致。甲寅，大父母先后薨，弟悲不自胜。大父曾赐以手书楹帖团扇，自后展对辄流涕，其至性过人如此。

从两篇小传可知，潘祖桢是得人喜爱的，其才华亦是过人的，因此其早逝令人惋惜。

潘祖年 《世系考》载，其为潘曾绶次子，字西园，号仲午，议叙州同衔，特赏郎中，兵部候补郎中武库司兼武选司行走，选补刑部云南司郎中，兼福建司行走，记名繁缺知府，钦加盐运使衔，赏戴花翎加四级。生于清同治九年（1870）庚午十二月二十三日，卒于民国乙丑年（1925）正月十二日，年五十有六。娶吴大衡女，生于清同治八年（1869）己巳七月二十八日，卒于清光绪二十二年（1896）丙申六月二日，年二十有八，祔葬潘曾绶侧室张氏墓同冢；继娶祁兆熙女，生于清同治十一年（1872）壬申二月二十八日，卒谱未载。生子二：树孳（嗣兄潘祖荫后）、树芑；生女二。

潘祖谦 《世系考》载，其为潘曾玮长子，字济之，号寅生，吴县廪膳生，同治癸酉（1873）科优贡，朝考二等，以教职用，内阁中书，指分北河同知分省补用，知府道员用，钦加盐运使衔，赏戴花翎，分省补用道，钦加二品顶戴，随带加一级，覃恩从一品封典，授荣禄大夫。生于清道光二十二年（1842）壬寅二月六日，卒于民国甲子年（1924）八月二日，年八十有三。娶毕长庆女，生于清道光二十年（1840）庚子五月二十六日，卒于清光绪二十七年（1901）辛丑十一月二十日，年六十有二，赠一品夫人，合葬吴县五都六图木渎兴福塘严家桥；侧室吴氏，生于清光绪十一年（1885）乙酉十一月三十日，卒于民国丁巳年（1917）三月八日，年三十有三，以孙承善官封宜人，祔葬潘祖谦墓另冢。生子七：树穀（殇）、崇穀、蕃穀、勋穀、敬穀、利穀、贞穀；生女一。

吴县曹允源为之撰《诰授荣禄大夫花翎二品顶戴分省补用道潘公家传》，详细地记载了潘祖谦的生平。起首言潘祖谦晚岁自号平愉老人，在记述家族背景后，述其幼颖异，所读书背诵不遗一字，常得祖父潘世恩奖励。祖父逝世时，祖谦13岁，侍奉丧南下，举止若成人。18岁入吴县县学，第二年即食饩。19岁那年二月，配毕氏，其为曾任宫保毕沅（弇山）之曾孙女，以贤孝闻名。继而叙述“洪杨乱作”，父亲潘曾玮官刑部，祖谦即先期奉母避地浦东。在太平军陷苏州时，潘曾玮南下奉旨督办团练，祖谦即奉母自浦东迁上海，父亲笑赞道：“若少年有先见，今日得会集于此，若之功也。”同治间祖谦得中优贡，朝考二等以教职用，改官内阁中书。光绪丙子（1876），祖谦即以亲老谒假归养，家居十年，父亲逝世，便杜门读礼，不参与世事。然不久奉南洋通商大臣曾檄，办通商事宜。当时母亲春秋已高，祖谦只往来宁沪间，不忍远离母亲膝下，依恋若孺子。后来母亲逝世，祖谦两罹父母大故，尽哀尽礼，后凡遇父母忌日，皆呜咽流涕，数十年如一日，足见其孝。此后，他也绝意进取，专务利济民物的事。庚寅（1890），京城周围大水，堂兄潘祖荫担任顺天府尹，正忙于筹集赈灾，尽瘁王事。潘祖谦闻悉，即极力辅佐堂兄，帮助规划，募集白金数万。此后，各行省水旱灾赈，他皆尽力参与。疆吏将他所为叙劳入告朝廷，遂得旨以道员分省补用。丙申（1896）苏州开商埠，勘定租界，被划入租界内的居民惴惴不安，千方百计进行阻挠。知府向潘祖谦问计。祖谦遂亲自去往居民中予以劝导，晓以利害关系，数言而定。庚子（1900），畿辅发生义和团运动，江苏省当局即筹备团防事务，潘祖谦担任会办，亲手制定了规程，他参考了父亲办团练之法并进行变通，使民众都安下心来。辛亥（1911），发生武昌起义，巡警总监某人因所属部下索要饷银，即将引起哗变。当局又深夜向潘祖谦告急。潘祖谦便从家中拿出金银，尽数交给，始得无事。葑门外金鸡河，是入城要冲，河堤狭隘，潘祖谦又请得江南水利局，筹资九千金，修治了河堤。他还在管理女子普济堂中出纳必谨，积岁有赢，又兴办女子职业中学，从此兴起女学。他还与一些富商寓公商议济贫扶困事项。总之，他乐善不倦，诚意天性。他曾告诫子弟曰："持躬涉世，莫善于忍。能忍，则天下无不可处之。"他年逾80岁，仍神思不衰。故家传作者赞潘祖谦"宅心以爱人为主，盖有郑大夫之风。其行善也，知无不为，为无不力，多不可胜纪，非中心笃好而能然乎？"

潘祖均 《世系考》载，其为潘曾玮次子，字仲平，号和甫，吴县廪膳生，光绪庚辰（1880）恩贡，候选光禄寺署正，五品衔。生于清道光二十三年（1843）癸卯四月二十七日，卒于民国癸丑年（1913）十一月二十八日，年七十有一。娶吴嘉椿女，生于清道光二十一年（1841）辛丑八月十八日，卒于民国壬子年（1912）七月十七日，年七十有二，合葬吴县一都九图管家浜。生子八：修縠、宝縠（嗣堂兄潘祖保后）、明縠、树声、传縠、树棠、富縠、韶縠；生女五。

潘祖畴 《世系考》载，其为潘曾玮三子，字叔九，号叙亭，吴县廪膳生，光绪乙亥（1875）恩贡，候选国子监典簿，五品衔。生于清道光二十六年（1846）丙午二月二十五日，卒于民国丁巳年（1917）六月五日，年七十有二。娶汪宝庆女，生于清道光二十六年（1846）丙午九月十四日，卒于民国辛酉年（1921）十一月十一日，年七十有六，合葬吴县十九都二十图光福吾家山；侧室宋氏。生子五：元縠、亨縠（嗣潘祖同后，兼祧潘祖桢后）、尚縠（殇），汪氏出，康縠（殇）、诜縠，宋氏出；生女七。

潘祖颐 《世系考》载，其为潘曾玮四子，字祝年，号竹岩，吴县增贡生，议叙太常寺博士，加三级，浙江绍兴府海防总捕同知，候补知府，历署台州、处州、温州等府知府，补用道，钦加三品衔，赏戴花翎。生于清道光二十八年（1848）戊申十二月二十三日，卒于清宣统元年（1909）己酉闰二月十五日，年六十有二。娶吴云女，生于清道光二十五年（1845）乙巳十一月五日，卒于清同治十二年（1873）癸酉十月十六日，年二十有九；继娶吴钟骏女，生于清道光二十九年（1849）己酉十月十六日，卒于清光绪二年（1876）丙子九月二十六日，年二十有八；继娶周尔镛女，生于清道光三十年

（1850）庚戌十月十三日，卒于清光绪十七年（1891）辛卯十一月一日，年四十有二；继娶孔广晋女，生于清同治三年（1864）甲子十月二十一日，卒于清光绪三十一年（1905）乙巳八月十八日，年四十有二，合葬吴县红菱浜。生子八：能穀、怀穀、声穀，吴氏出，廉穀、登穀、经穀（殇）、纶穀（殇）、书穀（殇），周氏出；生女五。

（以上属潘冕支。）

潘氏三十三世

潘志荣 《世系考》载，其为潘葆先子，字欣堂，号桂山，国学生，河南候补县丞。生于清道光十六年（1836）丙申十二月二十五日，卒于清光绪十六年（1890）庚寅七月十二日，年五十有五，娶陆昌言女，生于清道光二十三年（1843）癸卯四月九日，卒于清光绪四年（1878）戊寅四月二十三日，年三十有六，合葬光福族墓；侧室曹氏，亦葬光福族墓。嗣子承谏（堂弟潘承桂子，兼祧）。

潘光宸 《世系考》载，其为潘雷长子，字臻百，号佑之，长洲县附贡生，候选光禄寺署正，赏戴花翎，五品衔，附带加四级。生于清道光十四年（1834）甲午八月二十一日，卒于清光绪二十年（1894）甲午四月二十一日，年六十有一。聘章涛女，生于清道光十四年（1834）甲午二月十三日，卒于清咸丰二年（1852）壬子十一月一日，年十九，迎柩归；娶章泰女，生于清道光十六年（1836）丙申二月十八日，卒于清光绪十四年（1888）戊子七月二十四日，年五十有三，合葬吴县十三都四图横塘红菱浜，民国十五年（1926）迁葬天池山麓。生子三：承大（嗣三弟潘福宸后，兼祧四弟潘翊宸后）、承业、承潞（嗣二弟潘受宸后）；女一。

潘福宸 《世系考》载，其为潘雷三子，原名熙臣，字瑞瀛，号缉之，长洲县附贡生，光禄寺署正，加四级。生于清道光二十一年（1841）辛丑五月二十二日，卒于清同治六年（1867）九月二十五日，年二十有七。娶吴钟骐女，生于清道光二十年（1840）庚子四月七日，卒于清同治八年（1869）己巳十月六日，年三十，合祔葬雷墓左。嗣子承大（潘光宸子，兼祧潘受宸）。

潘志赓 《世系考》载，其为潘霁次子，原名赓宸，字咏虞，号子飏，长洲县附监生，广东潮州府经历，大计卓异，升授感恩县知县，同知衔，加一级历署廉州府经历，兼理白石场大使，潮阳县县丞，授朝议大夫。生于清道光十四年（1834）甲午十一月一日，卒于清宣统元年（1909）己酉十二月二十三日，年七十有六。娶郭继高女，生于清道光十四年（1834）甲午十二月二十五日，卒于清同治六年（1867）丁卯四月五日，年三十有四，赠恭人；继娶徐廷恩女，生于清道光二十七年（1847）丁未七月二十七日，卒于清同治十年（1871）辛未二月二十六日，年二十有五，赠恭人；继娶朱庚芸女，生于清道光二十五年（1845）乙巳四月二十二日，卒于清光绪二十六年（1900）庚子正月二十八日，年五十有六，封恭人，合葬吴县光福卧龙山道士坞；侧室邓氏，生于清同治八年（1869）己巳三月一日，卒于民国三十一年（1942）壬午六月十四日，年七十有四。生子七：汝延（殇）、承宝（嗣兄潘宾宸后）、承衔，郭氏出，承华，朱氏出，承运、承泰（嗣弟潘志恭后）、承函（嗣堂弟潘志鸿后），邓氏出；生女六。

潘锡芝 《世系考》载，其为潘霖长子，字振之，号同轩，官名志新，国学生，议叙盐课大使。生于清道光十八年（1838）戊戌十二月二十六日，卒于清光绪八年（1882）壬午十二月四日，年四十有五。娶钱湘女，生于清道光十八年（1838）戊戌七月三十日，清咸丰十年（1860）庚申四月十三日苏城殉难，年二十有三，奉旨旌恤，祔葬潘霖墓。嗣子承德（弟潘志渤子，兼祧）；生女一。

潘志莱 《世系考》载，其为潘霈子，字班士，号紫东，国学生，候选通判，盐课司提举衔。生于清同治四年（1865）乙丑二月九日，卒于清光绪三十四年（1908）戊申九月二十一日，年四十有四。娶彭国礼女，生于清同治三年（1864）甲子三月七日，卒于清光绪二十二年（1896）丙申四月四日，年三十有三；继娶王仁宇女，生于清同治十一年（1872）壬申十二月十七日，卒于清光绪二十四年（1898）戊戌二月一日，年二十有七，合葬吴县十一都五图观音山；继娶张奎桢女，生于清光绪元年（1875）乙亥十二月四日，卒于民国三十一年（1942）壬午七月十七日，年六十有八。生子六：承瑞、承颖（嗣堂兄潘锡凤后），彭氏出，承槐（殇），王氏出，承鄂（殇）、承昌（殇）、承汉，张氏出；生女二。

潘志枏 《世系考》载，其为潘霨长子，原名志厚，字坤一，号子宜，国学生，候选郎中，苏州府庠生，光绪乙亥二品荫生引见，以光禄寺署正用，珍馐司行走，分发浙江补用同知，钦加知府衔，赏戴花翎，候补知府，钦加三品衔。生于清咸丰三年（1853）癸丑八月七日，卒于民国九年（1920）庚申十一月一日，年六十有八。娶陈戴女，生于清咸丰二年（1852）壬子八月十六日，卒于民国四年（1915）乙卯九月十四日，年六十有四；侧室童氏、刘氏。生子四：承燮、承贤、承桀、承鼐，陈氏出；生女九。

潘志恂 《世系考》载，其为潘霨三子，字鸣谦，号子牧，苏州府附贡生，山东候补知府，补用道，钦加三品衔，东昌府知府，历署武定、兖州等府知府，授通议大夫。生于清咸丰十年（1860）庚申十一月四日，卒于清宣统三年（1911）辛亥十二月十日，年五十有二。娶彭祖贤女，生于清咸丰八年（1858）戊午八月十八日，卒于清光绪二十四年（1898）戊戌二月二十二日，年四十有一，赠淑人，合葬吴县光福大亩头铜井山。生子五：承宣、承实（殇）、承寓（殇）、承曜、承学。

潘志嘉 《世系考》载，其为潘露子，字进谟，号子祥，国学生，广东候补通判，盐课司提举衔，署韶州府通判，授奉直大夫。生于清道光三十年（1850）庚戌八月一日，卒于清光绪十四年（1888）戊子七月二十七日，年三十有九。娶陈肇仁女，生于清道光二十七年（1847）丁未三月十七日，卒于清同治十年（1871）辛未五月二十六日，年二十有五，赠宜人；继娶彭祥徵女，生于清咸丰五年（1855）乙卯十月三日，卒于清光绪十一年（1885）乙酉十月六日，年三十有一，赠宜人；继娶王祖庆女，生于清咸丰十年（1860）庚申十一月二十七日，卒于清光绪三十年（1904）甲辰二月二十三日，年四十有五，封宜人。嗣子承福（潘志俊子）；生女二。

潘志桓 《世系考》载，其为潘澍长子，原名志愉，字雄伯，号子乐，国学生，翰林院待诏，苏州府庠生，生于清同治九年（1870）庚午十月一日，卒于清光绪二十一年（1895）乙未七月十七日，年二十有六。娶吴寅女，生于清同治九年（1870）庚午五月二十日，卒于民国十二年（1923）癸亥正月二十二日，年五十有四。嗣子承孝（弟潘志憘子）；生女一。

潘志潮 《世系考》载，其为潘寿祺嗣子，潘履诚生子，字子韩，号海秋，分省补用县丞，知县用，五品衔。生于清同治五年（1866）丙寅八月十八日，卒于民国二十年（1931）辛未六月五日，年六十有六。娶张涵中女，生于清同治九年（1870）庚午闰十月十一日，卒于清光绪二十八年（1902）壬寅七月二十九日，年三十有三，葬吴县光福珍珠坞；继娶孙宝琦女，生于清光绪十六年（1890）庚寅十二月二日，卒未详。生女三。

潘志恒 《世系考》载，其为潘觉先子，字可善，号春树，吴县庠生，候选训导，钦加五品衔。生于清道光十九年（1839）己亥二月十七日，卒于清光绪十三年（1887）丁亥六月二十一日，年四十有九。娶蒋清藻女，生于清道光二十一年（1841）辛丑十二月十一日，卒于清同治元年（1862）壬戌闰八月十三日，年二十有二，合葬觉先墓；继娶芮启荣女，生于清道光十七年（1837）丁酉九月二十六日，卒于清光绪二十八年（1902）壬寅六月二十六日，年六十有六。生子二：承联（殇）、承垚；生女二。（按：潘志恒乃一庠生，本不应列本章中，因其职衔五品而录之。）

潘廷枞 《世系考》载，其为潘嘉穗长子，原名志枞，字侣镛，号璧臣，长洲县附贡生，议叙国子监典籍，员外郎衔，赏戴花翎，分部行走郎中，钦加道衔，随带加四级。生于清咸丰六年（1856）丙辰十一月二日，谱无卒年。娶徐德昭女，生于清咸丰三年（1853）癸丑四月二十七日，卒于民国九年（1920）庚申八月二十二日，年六十有八，祔葬潘嘉穗墓；侧室王氏。生子三：秉钧（嗣堂兄潘志芬后）、承鞠（兼祧弟潘廷湛后），徐氏出，承培（殇），王氏出；生女三。

潘志惠 《世系考》载，其为潘茂先次子，潘钟瑞兼祧子，字卿侨，号仰连，湖北补用巡检，五品顶戴。生于清道光二十四年（1844）甲辰八月三日，卒于清光绪二十九年（1903）癸卯七月二十一日，年六十。娶杨理燮女，生于清道光二十四年（1844）甲辰正月二十九日，卒于清光绪十四年（1888）戊子十月二十六日，年四十有五，合葬吴县光福香雪海。生子四：承启（嗣兄潘志焘后）、承铭（续嗣潘志焘后）、承悌（承祧潘钟瑞后）、承煦；生女一。

（以上属潘宗周支。）

潘志诒 《世系考》载，其为潘观保长子，字汝翼，号燕庭，苏州府庠生，赠徵仕郎、内阁中书，晋赠奉政大夫，同知衔，累赠中议大夫，四品衔，农工商部员外郎，加四级。生于清道光三十年（1850）庚戌二月八日，卒于清同治七年（1868）戊辰九月八日，年十九。嗣子承谋（弟潘志窯子）。

其父潘观保曾作《志诒志窯小传》，其中言志诒弥月即患咳嗽之疾，百计医疗，稍好。5岁前即得授诗经，6岁从师就读，如常儿喜弄笔墨，温习经书，每审观旁注，以其意解释。后能将历朝次第国姓、庙号、历代名臣诵记于心，时年仅9岁。后侍祖父潘遵祁整理书籍，能指出卷中误字。后又因避战乱乡居，痰火症时而发作，转徙上海，时年已12岁。后学业渐进，都十三经及文选，颇知贯串诸子百家且读有己见。应童子试，名列一郡前茅。然当父亲潘观保忙于科举赴京礼闱时，久已病重在身的儿子志诒却以突发微疾逝矣。可知，此乃少年才子，然运不济也，破例编录于此章，亦惜其才也。

潘志晖 《世系考》载，其为潘康保长子，字葵生，号仰春，吴县庠生，江西候补县丞，湖南补用通判，监课司提举衔，赏戴花翎。生于清同治四年（1865）乙丑五月十九日，卒未详。娶吴乃健女，生于清同治五年（1866）丙寅六月七日，卒于民国十三年（1924）甲子十月二日，年五十有九，葬吴县光福珠华山。生子四：承畯、承渥、承畬、承稷；生女三。

潘志鄂 《世系考》载，其为潘康保次子，字仲华，号咏韡，国学生。生于清同治八年（1869）己巳六月六日，卒于清宣统三年（1911）辛亥八月十九日，年四十有三。娶屈泰清女，生于清同治八年（1869）己巳十月十三日，卒于清光绪二十八年（1902）壬寅七月二日，年三十有四，合葬光福潘福荫墓。生子四：承嵘、承魁、承立、承则（殇）；生女二。

潘志卓 《世系考》载，其为潘康保三子，字汉声，号倚梅，国学生，候选巡检。生于清同治十一年（1872）壬申十月二十日，卒于民国十一年（1922）壬戌七月二日，年五十有一。娶翁荣义女，生于清同治十二年（1873）癸酉十一年十一日，卒于民国七年（1918）戊午四月五日，年四十有六，葬光福潘福荫墓。生子四：承炯、承斌（殇）、承瀛、承枢；生女一。

潘志愈 《世系考》载，其为潘康保四子，字勤业，号学韩，国学生。生于清光绪七年（1881）辛巳四月九日，卒未详。娶汪朝模女，生于清光绪九年（1883）癸未九月三日，卒未详。生子一：承榥；生女三。

潘志原 《世系考》载，其为潘敦先次子，原名志朋，字尔臧，号绶三，国学生，生于清光绪十二年（1886）丙戌九月二十三日，卒未详。娶江氏标公女，生于清光绪十四年（1888）戊子三月十三日，卒未详。生女二。

潘志万 《世系考》载，其为潘介繁子，字子保，号硕庭，苏州府岁贡生，议叙主事衔。生于清道光二十九年（1849）己酉六月十九日，卒于清光绪二十五年（1899）己亥六月二十七日，年五十有一。娶吴清彦女，生于清道光二十九年（1849）己酉十二月二十九日，卒于清光绪十二年（1886）丙戌二月十六日，年三十有八，合葬吴县光福梅花地；侧室汪氏，年四十，祔葬潘志万墓。生子六：承撰、承揆，吴氏出，承抝（殇）、承振（殇）、承搢、承掞（殇），汪氏出；生女十二。

潘志发 《世系考》载，其为潘介祉长子，字祥伯，号明卿，吴县庠生，历任北洋财政局、沈阳盐运司职员，上海、江苏银行掌银库事，苏州分行经理。生于清光绪二年（1876）丙子正月二十七日，卒于1954年2月8日，年七十有九。娶朱以塄女，生于清光绪六年（1880）庚辰七月九日，卒未详。生子五：承霖、承范、承迈（殇）、承鞬（殇）、承镮；生女二。

潘志仪 《世系考》载，其为潘介福长子，字德隅，号箫来，国学生。生于清光绪七年（1881）辛巳七月十五日，卒于民国六年（1917）丁巳十月二十五日，年三十有七。娶汪鼎燮女，生于清光绪五年（1879）己卯五月二日，卒未详；侧室胡氏。生子一：承璋（殇），胡氏出，嗣子承功（弟潘志侃子）。

潘志恢 《世系考》载，其为潘仁鼇子，潘仁虎嗣子，潘仁凤兼祧子，凡三祧，字星辉，号复齐，国学生，议叙中书科中书，同知衔，随带加一级。生于清同治三年（1864）甲子七月二十七日，卒于清光绪三十一年（1905）乙巳六月十七日，年四十有二，祔葬潘仁鼇墓右。娶汪之昌女，生于清同治三年（1864）甲子三月九日，卒未详。生子四：承圭（殇）、承扬（殇）、承丰（嗣潘仁虎后）、承夔（兼潘祧仁凤后）；生女一。

潘豫穀 《世系考》载，其为潘仪凤子，字泰生，号稻斋，国学生，议叙光禄寺署正衔，加二级。生于清同治二年（1863）癸亥正月六日，卒于民国十年（1921）辛酉正月八日，年五十有九，祔葬潘曾沂墓。娶汪之昌女，生于咸丰十一年（1861）辛酉十月十九日，卒于清光绪十二年（1886）丙戌六月十七日，年二十有六；继娶沈赓元女，生于清同治七年（1868）戊辰七月二十日，卒于清光绪十八年（1892）壬辰七月二十一日，年二十有五，俱祔葬潘仪凤侧室王氏墓，民国五年（1916）丙辰迁柩合祔葬潘曾沂墓；继娶许欢荣女，生于清光绪六年（1880）庚辰三月十日，卒未详。生子一：承枚；生女一。

潘成穀 《世系考》载，其为潘祖同嗣子，潘祖喜子，两祧，字丽川，号钧伯，同治壬戌四品荫生，光禄寺典簿。生于清咸丰三年（1853）癸丑十一月十七日，卒于清光绪元年（1875）乙亥三月二十四日，年二十有三。娶祝崇祺女，生于清咸丰三年（1853）癸丑十二月三十日，卒于清光绪十一年（1885）乙酉九月九日，年三十有三，合祔葬潘曾莹墓右另冢。嗣子承典（潘宝穀子，兼祧本生父）、嗣子承厚（潘亨穀子）。

潘崇穀 《世系考》载，其为潘祖谦长子，字伯高，号子宝，国学生，光禄寺典簿衔。生于清同治四年（1865）乙丑七月二十四日，卒于清光绪三年（1877）丁丑二月十二日，年十三，袝葬潘世恩侧室张氏墓右另冢。嗣子承汾（弟潘勋穀子）。

潘蕃穀 《世系考》载，其为潘祖谦次子，字仲硕，号子楙，赠奉政大夫，候选同知。生于清同治六年（1867）丁卯四月十四日，卒于清光绪十年（1884）甲申七月一日，年十八，袝葬潘世恩侧室张氏墓右，与潘崇穀同冢。嗣子承祚（潘利穀长子，殇），继嗣承卜（潘利穀四子）。

潘勋穀 《世系考》载，其为潘祖谦三子，字叔铭，号子常，吴县附贡生，浙江试用县丞，按察司经历，补用通判监课使，提举衔，赏戴花翎。生于清同治七年（1868）戊辰闰四月二十一日，卒于清宣统元年（1909）己酉八月一日，年四十有二，葬吴县十三都十图双泾浜。娶汪树勋女，生于清同治八年（1869）己巳五月二十六日，卒未详。生子五：承群（殇）、承焕（殇）、承铨（殇）、承汾（嗣潘崇穀后）、承佑；生女一。

潘敬穀 《世系考》载，其为潘祖谦四子，字季恭，号子寅，吴县附监生，议叙中书科中书。生于清同治八年（1869）己巳五月十一日，卒于清光绪十九年（1893）癸巳二月十二日，年二十有五。娶徐若藩女，生于清同治九年（1870）庚午三月十二日，卒于民国六年（1917）丁巳闰二月四日，年四十有八，合袝葬潘祖谦墓右另冢。嗣子承昌（潘贞穀子），生女一。

潘利穀 《世系考》载，其为潘祖谦五子，字孟喆，号子义，吴县附贡生，候选同知，赏戴花翎。生于清光绪四年（1878）戊寅八月八日，娶丁有珩女，生于清同治十三年（1874）甲戌三月十六日，卒于清光绪三十三年（1907）丁未九月七日，年三十有四，合葬双泾浜；继娶刘树仁女，生于清光绪十三年（1887）丁亥十月十二日，卒未详。生子四：承祚（嗣潘蕃穀后）、承禔（殇）、承炽、承卜（嗣潘蕃穀后，两祧），刘氏出；生女五。

潘贞穀 《世系考》载，其为潘祖谦六子，字仲甡，号子起，国学生，湖北试用县丞，补用知县，升用知府，盐运使衔，赏戴花翎。清光绪四年（1878）戊寅八月八日与利穀孪生，卒未详。娶金祥熊女，生于清光绪八年（1882）壬午九月二十日，卒未详。生子四：承昌（嗣潘敬穀后）、承善、承洞、承彪；生女三。

潘树声 《世系考》载，其为潘祖均三子，原名衍穀，字季眉，号子颂，苏州府附贡生，江西候补县丞，六品衔，赏戴蓝翎，广东补用同知，赏换花翎。生于清同治六年（1867）丁卯十二月二十二日，卒于清光绪三十四年（1907）丁未七月十五日，年四十有一，祔葬潘祖均墓。娶吴乃健女，生于清同治八年（1869）己巳四月二十二日，卒未详。生子八：承纲（嗣潘修穀后，兼祧潘明穀后）、承谟（嗣潘富穀后）、承楷（殇）、承聪、承龄（嗣潘傅穀后，兼祧潘树棠后）、承桂（殇）、承象（嗣潘树孳后）、承拭（殇）。

潘元穀 《世系考》载，其为潘祖畴长子，字伯初，号子会，吴县附贡生，浙江候补盐运司经历，五品衔，赏戴蓝翎，江苏清河地方审判厅推事，金山县管狱员。生于清同治三年（1864）甲子九月七日，卒于民国三年（1914）甲寅十月二十三日，年五十有一。娶汪乃昌女，生于清同治四年（1865）乙丑二月一日，卒于民国十四年（1925）乙丑十月二十三日，年六十有一，褒给"懿德可风"匾额，合葬吴县六都十一图塘冈头。生子二：承禄、承鳌；生女二。

潘能穀 《世系考》载，其为潘祖颐长子，字伯武，号子刚，国学生，广东候补盐运司经历，五品衔。生于清同治五年（1866）丙寅四月十六日，卒于清宣统元年（1909）己酉四月十八日，年四十有四。娶戴球女，生于清同治元年（1862）壬戌七月七日，卒于民国十五年（1926）丙寅十二月二十三日，年六十有五。生子四：承赞（殇）、承泽（嗣潘怀穀后）、承锡、承礼（殇）；生女二。

（以上属潘冕支。）

歙县潘氏三十四世

潘承安 《世系考》载，其为潘拱宸子，字汝敦，号静甫，五品顶戴。生于清咸丰二年（1852）壬子正月十二日，卒于清光绪二十九年（1903）癸卯十月十五日，年五十有二，葬吴县光福栈山。聘贝某女，生于清咸丰三年（1853）癸丑九月四日，卒于清同治元年（1862）壬戌九月十日，年十岁，迎柩归厝通州城外；娶李椿龄女，生于清咸丰三年（1853）癸丑二月十二日，卒于清光绪二十八年（1902）壬寅九月十四日，年五十，与夫合葬。生子三：家达、家驹（殇）、家骐；生女二。

潘承业 《世系考》载，其为潘光宸次子，字保宏，号骏甫，国学生，中书科中书衔。生于清同治八年（1869）己巳三月二十七日，卒未详。聘张鸿禄长女，生于清同治七年（1868）戊辰六月二十日，卒于清光绪十四年（1888）戊子九月二十日，年二十有一，迎柩归，祔葬潘光宸墓右；娶张鸿禄次女，生于清同治十年（1871）辛未五月二十八日。生子五：家堃、家龙（殇）、家鼇（殇）、家鹏（殇）、家源（嗣兄潘承大后，并兼祧）；生女四。

潘承潞 《世系考》载，其为潘受宸嗣子，字彦俦，号冀甫，国学生，候选盐课司大使。生于清同治十年（1871）辛未五月二十八日，卒于清宣统元年（1909）己酉三月三日，年三十有九。娶陆宝善女，生于清同治十三年（1874）甲戌十一月四日，卒于清光绪三十一年（1905）乙巳四月二十日，年三十有二，合葬木渎兴福塘。生子一：家范；生女三。

潘承大 《世系考》载，其为潘福宸嗣子，兼祧潘翊宸，字迂孙，号容甫，长洲县附贡生，候选光禄寺署正。生于清同治三年（1864）甲子十二月二十四日，卒于清光绪十年（1884）甲申六月十四日，年二十有一。娶严锡康女，生于清同治三年（1864）甲子正月六日，卒于民国七年（1918）戊午九月十日，年五十有五，合葬吴县五都六图木渎兴福塘。嗣子家源（潘承业子，兼祧）。

潘承宝 《世系考》载，其为潘宾宸嗣子，潘志赓子，原名承印，字汝佩，号斗若，长洲县附监生，浙江试用从九品。生于清咸丰九年（1859）己未七月十四日，卒于民国十三年（1924）甲子十二月十八日，年六十有六。娶王镜清女，生于清咸丰五年（1855）乙卯二月二日，卒于民国十五年（1926）丙寅九月十七日，年七十有二。生子一：家元（兼祧潘承衔后，又祧潘承华后，三祧）。

潘承华 《世系考》载，其为潘志赓次子，原名承模，字森季，号则甫，国学生，江苏两级师范学堂简易科毕业。生于清同治十二年（1873）癸酉四月二十四日，卒于民国元年（1912）壬子，年四十。娶王镜清女，生于清同治十一年（1872）壬申六月十六日，卒于民国三年（1914）甲寅闰五月三日，年四十有三，合葬光福族墓。兼祧子家元（潘承宝生子，又祧兄潘承衔）；生女一。

潘承祥 《世系考》载，其为潘宏猷子，字袭于，号元吉，国学生，议叙盐课司大使。生于清道光三十年（1850）庚戌六月三日，卒于清光绪二十一年（1895）乙未十一月十九日，年四十有六，葬吴县光福乌山。娶朱兰徵女，生于清咸丰十一年（1861）辛酉十二月二十二日，卒于民国二十二年（1933）癸酉六月二十五日，年七十有三。生子四：家钜（嗣潘承飏后，兼祧本生父）、家闲（殇）、家陆（殇）、家镠（殇）；生女三。

潘承德 《世系考》载，其为潘锡芝嗣子，潘志渤子，两祧，字慎修，号达三，国学生，五品县丞，授奉政大夫。于光绪二十九年（1903）受俞太史曲园之聘，为其二曾孙、文学家俞平伯兄弟启蒙座师。光绪三十三年（1907）出任安徽颍州府属下县丞。是年大旱，越年又大涝，民尽流散，死者无算，路皆弃儿，上峰催税银甚急，潘承德不忍威逼百姓，两袖清风，弃职而归。宣统二年（1910）受命赴任原紫阳书院，竟于八月十八日因患腿骨髓炎弃养长逝，见者无不痛惜。其生于清光绪二年（1876）丙子八月四日，年仅三十有五，祔葬潘霖墓。娶杨景康女，生于清同治十三年（1874）甲戌八月十二日，卒于清光绪三十年（1904）甲辰九月五日，年三十有一，封宜人，葬光福族墓；继娶闵氏，为清驻日本国领事闵广纶女，生于清光绪七年（1881）辛巳三月二日，卒于1962年9月，封宜人，葬灵岩塔院。生子一：家振（潘承兼祧）；生女一。

潘承锷 《世系考》载，其为潘志溥子，原名承钰，字蕴伯，号念孙，官名尧奎，苏州府廪贡生，日本法政大学法律科毕业，指分江西府经历，改分山西候选同知，江苏谘议局议员，省议会议员，参议院议员，二等大绶嘉禾章，二等宝光嘉禾章，二等文虎章。生于清光绪四年（1878）戊寅九月三十日，卒于1949年11月20日。娶毛宝清女，生于清光绪五年（1879）己卯十一月三十日，卒于1958年10月9日，合葬光福玄墓山。生子三：家本、家田、家永；生女四。

潘承燮 《世系考》载，其为潘志枬长子，字伯阳，号阁臣，国学生，议叙同知。生于清同治十二年（1873）癸酉十月十六日，卒于清光绪三十一年（1905）乙巳五月十八日，年三十有三。娶胡松年女，生于清同治十年（1871）辛未五月十二日，卒未详。生子一：家丞；生女二。

潘秉钧 《世系考》载，其为潘志芬嗣子，潘廷枞子，原名承鋆，初更名承钧，字伯治，号士衡，国学生，候选都察院都事，员外郎衔。生于清光绪元年（1875）乙亥正月八日，卒于民国三十四年（1945）乙酉正月八日，年七十有一。娶汪树勋女，生于清同治十三年（1874）甲戌十一月二十八日，卒于民国四年（1915）乙卯九月二十四日，年四十有二；侧室谈氏，年六十有八；侧室王氏，合葬吴县光福珍珠坞。生女一。

潘承鞠 《世系考》载，其为潘廷枞子，潘廷湛兼祧子，字士潜，号仲佳，国学生，浙江补用县丞，五品衔。生于清光绪十五年（1889）己丑十月十四日，卒于民国三十三年（1944）甲申六月十一日，年四十有六。娶王沂女，生于清光绪十七年（1891）辛卯九月二十一日，卒于民国四年（1915）乙卯正月十八日，年二十有五，合葬光福珍珠坞；继娶沈傅甡女，生于清光绪十五年（1889）己丑正月二十五日，卒未详。嗣子家震（潘承匡子）。

（以上属潘宗周支。）

潘承谋 《世系考》载，其为潘志诒嗣子，潘志寀子，字聪彝，号省安，又号轶仲，吴县庠生，光绪丁酉（1897）科顺天副贡，内阁候补中书，方略馆校对，奏调商部通艺司行走，农工商部主事，工务司行走，升用员外郎，加四级，四品衔，赏戴花翎，授中宪大夫。生于清同治十三年（1874）甲戌八月一日，卒未详。娶许之晋女，生于清同治十三年（1874）甲戌十月一日，卒于民国七年（1918）戊午五月二日，年四十有五，封恭人，祔葬潘志寀墓左；继娶赵绎曾女，生于清光绪十一年（1885）乙酉三月十七日，卒未详；侧室蒋氏，祔葬潘志寀墓左。生子六：家洵、家述（嗣潘承矩后）、家诠（殇）、家骥，许氏出，家治、家驷，蒋氏出；生女五。

潘承恕 《世系考》载，其为潘志颖次子，字仲唯，号贯生，国学生，江西候补巡检。生于清光绪元年（1875）乙亥五月二十一，卒未详。娶冯世澂女，生于清光绪四年（1878）戊寅五月二日，卒于清光绪三十三年（1907）丁未十月十一日，年三十，祔葬潘诚贵墓；侧室孙氏，生于清光绪七年（1881）辛巳九月十八日，卒于1956年，年七十有六。生子六：家岑，孙氏出，家松（殇），冯氏出，家尌（殇），孙氏出，家浚，冯氏出，家崇、家峋，孙氏出；生女四。

潘承高 《世系考》载，其为潘志裘长子，字念祖，号祝萱，国学生，直隶试用县丞。生于清同治十二年（1873）癸酉八月十六日，卒于清光绪三十二年（1906）丙午三月十五日，年三十有四，祔葬潘曾彦墓志裘冢。娶张世英女，生于清同治十三年（1874）甲戌八月一日，卒于1960年9月1日，年八十有七。生子二：家督、家兴；生女二。

潘承武 《世系考》载，其为潘志裘三子，字叔绳，号梅岭，国学生。生于清光绪六年（1880）庚辰十月六日，卒于清光绪二十六年（1900）庚子闰八月二十二日，年二十有一，祔葬潘曾彦墓另冢。

（以上属潘冕支。）

歙县潘氏三十五世

潘家元 《世系考》载，其为潘承宝子，潘承衔、潘承华兼祧子，字至善，号长卿，元和县庠生，宣统己酉科拔贡，日本明治大学法科专门部正科毕业，明法学士，明治大学高等研究科法科毕业，法学士，安徽候补直隶州州判，州同衔，补用知州。生于清光绪六年（1880）庚辰正月二十八日，卒于民国三十七年（1948）戊子十二月，年六十有九，葬光福香雪海麓。娶马程动女，生于清光绪三年（1877）戊子丁丑八月八日，卒于清光绪三十一年（1905）乙巳十一月二十四日，年二十有九，祔葬光福卧龙山；继娶金杉女，生于清光绪十四年（1888）戊子二月二十七日，卒于民国二十七年（1938）戊寅正月九日，年五十有一，祔葬香雪海。生子二：裕资、裕锽（承祧潘承衔后，兼祧潘承华后）；生女二。

（以上属潘宗周支。）

以上载录了苏州“大阜贵潘”自二十五世至三十五世共十一代人的一百一十名贡生、监生、国学生和少数有官职顶戴的庠生的简历与事迹，其中二十五、二十六世各一人，二十七世二人，二十八世二人，始按潘宗周、潘冕两支分列；二十九世三人，潘宗周支二人、潘冕支一人；三十世八人，全属潘宗周支，潘冕支此世虽无贡生等，却兄弟三人各中状元、探花、举人；三十一世十一人，潘宗周支七人，潘冕支四人；三十二世三十人，潘宗周支十三人，潘冕支十七人；三十三世三十五人，潘宗周支十四人，潘冕支二十一人；三十四世十六人，潘宗周支十二人，潘冕支四人；三十五世一人，潘宗周支。自二十八世至三十五世的八世中共计，潘宗周支五十八人，潘冕支四十八人。从上述统计看，两支可谓旗鼓相当，潘宗周支总数比潘冕支多十人，然潘冕支中进士、举人者却多于潘宗周支且有一状元二探花，因此从科第大势上看，还是潘冕支略胜一筹。从发展趋势看，呈抛物线状，即最初少，中后期向高发展，到后期便呈下落之势。因此总的来说，到清末，“贵潘”的科举大势还是有所衰退，这与清廷大势的衰退有关。

除了潘宗周和潘冕二支以外的其他房支的子孙中，也有贡生、国学生及从九品以上职务的，亦可入“贵潘”之列，现予以载录之。

潘兆鼎支三房潘清如支

潘奕正 《世系考》载，其为歙县潘氏二十九世，潘宗瀚嗣子，潘宗潢子（两祧潘清如支与潘斯翼支），字树范，号月池，国学生，生于清乾隆二年（1737）丁巳二月二十日，卒于清嘉庆七年（1802）壬戌十一月十五日，年六十有六。娶裘小园女，生于清乾隆二年（1737）丁巳三月二十一日，卒于清乾隆三十二年（1767）丁亥九月十六日，年三十有一；继娶吴酉山女，年十九即逝世；再娶杨玉泉女，享年六十，合祔葬潘邦靖墓；侧室徐氏，享年七十，钦旌节孝，亦祔葬潘邦靖墓。生子一：世瑞（兼祧），裘氏出；生女一。

潘世瑞 《世系考》载，其为歙县潘氏三十世，潘奕正子，承兼祧，原名世佳，字履安，号乐亭，国学生，候选府经历。生于清乾隆三十年（1765）乙酉十二月十日，卒于清道光元年（1821）辛巳十二月十八日，年五十有七。娶吴东旭女，生于清乾隆三十一年（1766）丙戌正月十九日，卒于清乾隆五十五年（1790）庚戌七月二十五日，女二十有五；继娶吴晓帆女，生于清乾隆三十九年（1774）甲午十一月八日，卒于清嘉庆元年（1796）丙辰四月十日，年二十有三；再娶程慎斋女，生于清乾隆四十一年（1776）丙申五月十二日，卒于清嘉庆十五年（1810）庚午五月二日，年三十有五；四娶汪锦泰女，生于清乾隆五十三年（1788）戊申正月二十六日，卒于清道光十五年（1835）乙未正月三日，年四十有八，合葬吴县吴山桃花坞。生子三：遵焘（承嗣潘宗瀚支），继配吴氏出，遵椿（承祧本生潘斯翼支），程氏出，遵铦（同承祧本生潘斯翼支），汪氏出；生女二。

潘福先 《世系考》载，其为歙县潘氏三十二世，潘遵焘子，字啸坪，军功五品顶戴。生于清道光二年（1822）壬午三月二十三日，卒于清同治四年（1865）乙丑十一月九日，年四十有四。娶孙时芳女，生于清道光九年（1829）己丑五月二十二日，卒于清咸丰十年（1860）庚申十月二十六日，年三十有一，合葬吴县吴山陈湾。生子一：修洁（殇）、嗣子志庸（兼祧潘斯翼支本生斌先，后殇）。

潘兆鼎支三房潘斯翼支

潘遵椿 《世系考》载，其为歙县潘氏三十一世，潘世瑞次子，承祧潘斯翼支，字厚栽，号东山，国学生，候选布政司理问。生于清嘉庆六年（1801）辛酉四月三日，卒于清道光三十年（1850）庚戌七月二十五日，年五十。娶钱棠女，生于清嘉庆八年（1803）癸亥九月二十九日，卒于清咸丰十年（1860）庚申九月二十一日，年五十有八，合祔葬潘世瑞墓。嗣子斌先（潘清如支潘遵焘子），生子一：得先；生女一。

潘遵铦 《世系考》载，其为歙县潘氏三十一世，潘世瑞三子，同承潘祧斯翼支，字云龙，号晓舲，议叙从九品。生于清嘉庆十九年（1814）甲戌三月七日，卒于清同治六年（1867）丁卯八月二十六日，年五十有四。娶钱恩绅女，生于清道光元年（1821）辛巳十二月二十六日，卒于清光绪十二年（1886）丙戌二月二日，年六十有六，合祔葬潘世瑞墓。生子二：奂、英。

潘斌先 《世系考》载，其为歙县潘氏三十二世，潘遵椿嗣子（潘清如支潘遵焘子），原名清泰，字少山，军功八品顶戴。生于清道光六年（1826）丙戌二月十二日，卒于清光绪十年（1884）甲申八月二十七日，年五十有九。娶张玉书女，生于清道光十八年（1838）戊戌九月二十八日，卒于清光绪九年（1883）癸未八月四日，年四十有六，合葬吴县木渎澄湾。生子二：玉保（殇）、志庸（嗣潘清如支潘福先，后殇）；生女一。

潘兆鼎支四房潘肃亭支

潘宗邺 《世系考》载，其为歙县潘氏二十八世，潘暄三子，字愿侯，号肃亭，国学生。生于清康熙六十一年（1722）壬寅五月八日，卒于清乾隆四十一年（1776）丙申六月六日，年五十有五。娶卜讷女，生于清康熙六十一年（1722）壬寅五月四日，卒于清乾隆三十九年（1774）甲午十一月十一日，年五十有三，合葬元和县下二十五都十四图南华林。生子五：奕兴、蓉、奕棠、奕昂、奕梅；生女四。

潘　蓉 《世系考》载，其为歙县潘氏二十九世，潘宗邺次子，原名奕勋，字日初，号秋水，浙江杭州府附贡生，改归吴县籍。生于清乾隆十五年

(1750) 庚午七月十日，卒于清嘉庆十七年（1812）壬申五月十日，年六十有三。娶彭曾懋女，生于清乾隆十七年（1752）壬申七月二十六日，卒于清乾隆五十三年（1788）戊申五月二十六日，年三十有七，合葬元和县九都十二图虎丘绿水桥浜；侧室沈氏，年八十有三，祔葬潘蓉墓同冢。生子二：世锡(嗣潘奕兴后)、世第，彭氏出；生女七。

潘奕棠 《世系考》载，其为歙县潘氏二十九世，潘宗邺三子，字荫南，号二梧，国学生。生于清乾隆十七年（1782）壬申十一月十一日，卒于清道光八年（1828）戊子八月二十日，年七十有七。娶沙汉纶女，生于清乾隆十九年（1754）甲戌八月二日，卒于清嘉庆十五年（1810）庚午七月十九日，年五十有七；侧室陈氏，年七十有七，合葬元和县九都十三图虎丘鸭脚浜。生子三：世寅、世森、世梅；生女五。

潘奕昂 《世系考》载，其为歙县潘氏二十九世，潘宗邺四子，字迈千，号熙堂，国学生。生于清乾隆二十二年（1757）丁丑十一月十五日，卒于清道光二十年（1840）庚子二月八日，年八十有四。娶蔡玉海女，生于清乾隆二十五年（1760）庚辰十月二十四日，卒于清道光六年（1826）丙戌十月二十六日，年六十有七，合葬吴县五都九图尧峰山柴场村南。生子五：世惇、世望（殇）、世光、世观、世钰；生女三。

潘世锡 《世系考》载，其为歙县潘氏三十世，潘奕兴嗣子，潘蓉长子，原名世球，字晋蕃，号雪香，候选州同。生于清乾隆三十九年（1774）甲午正月十五日，卒于清道光十五年（1835）乙未八月十九日，年六十有二。娶王宏惇女，生于清乾隆四十二年（1759）丁酉六月二十三日，卒于清道光十七年（1837）丁酉二月十七日，年六十有一，合葬吴县五都八图兴福塘石马浜。生子五：曾裴、曾莱、曾凯、曾魏、曾戴；生女三。

潘世第 《世系考》载，其为歙县潘氏三十世，潘蓉次子，字金花，号杏庭，国学生。生于清乾隆四十九年（1784）甲辰三月二十六日，卒于清道光六年（1826）甲午正月十五日，年四十有三。娶陶惟森女，生于清乾隆五十年（1785）乙巳五月十一日，卒于清嘉庆九年（1804）甲子八月十五日，年二十；侧室沈氏，生于清乾隆五十一年（1786）丙午正月七日，卒于清道光十一年（1831）辛卯十二月二十七日，年四十有六，合葬元和县九都十二图虎丘绿水桥浜。生子三：遵汾、遵涝、遵洽（殇）；生女六。

潘世光 《世系考》载，其为歙县潘氏三十世，潘奕昂次子，字旭初，号朗三，国学生。生于清乾隆五十六年（1791）辛亥正月七日，卒于清道光六年（1826）丙戌五月二十四日，年三十有六。娶蒋湘女，生于清乾隆五十三年（1788）戊申六月八日，卒于清咸丰五年（1855）乙卯七月二十二日，年六十有八，合祔葬潘奕昂墓，嗣子遵栻（潘世惇子）。

潘世观 《世系考》载，其为歙县潘氏三十世，潘奕昂三子，字尚宾，号鞠人，国学生。生于清乾隆五十九年（1794）甲寅九月一日，卒于清道光十八年（1838）戊戌闰四月十四日，年四十有五。娶龚维宝女，生于清嘉庆四年（1799）己未七月九日，卒于清道光二十八年（1848）戊申八月二十日，年五十，合祔葬潘奕昂墓。生子四：遵瀛、遵祺（殇）、遵善（嗣潘奕梅为孙）、遵奭；生女一。

潘世钰 《世系考》载，其为歙县潘氏三十世，潘奕昂四子，字思度，号式如，国学生，候选州同加二级。生于清嘉庆二年（1797）丁巳七月六日，卒于清道光十二年（1832）壬辰十月三十日，年三十有六，祔葬潘奕昂墓。娶蔡建章女，生于清嘉庆三年（1798）戊午三月九日，卒于清咸丰十年（1860）庚申七月二十五日，年六十有三。生子二：遵涟、遵沣（殇）；生女二。

潘曾裴 《世系考》载，其为歙县潘氏三十一世，潘世锡长子，字学度，号午桥，国学生。生于清嘉庆元年（1796）丙辰十一月二十五日，卒于清道光十八年（1838）戊戌七月三日，年四十有五。娶汪世铭女，生于清嘉庆二年（1797）丁巳十月十八日，卒于清光绪七年（1881）辛巳正月十一日，年八十有五，合祔葬潘世锡墓。生子二：秀嵒、云凤（兼祧潘曾莱后）；生女三。

潘云凤 《世系考》载，其为歙县潘氏三十二世，潘曾裴次子，潘曾莱兼祧子，字一鸣，号霞客，长洲县廪贡生，试用训导，钦加五品衔。生于清道光七年（1827）丁亥八月十八日，卒于清光绪三十年（1904）甲辰三月十五日，年七十有八，葬吴县五都八图兴福塘石马浜凤凰池。娶陆传经女，生于清道光五年（1825）乙酉十一月十七日，卒于清道光二十五年（1845）乙巳九月十二日，年二十有一，迎柩归；娶张光畴女，生于清道光六年（1826）丙戌十二月二十六日，卒于清道光二十八年（1848）戊申正月二十三日，年二十有三，俱祔葬潘世锡墓；继娶吴光勋女，生于清嘉庆二十五年（1820）庚辰九月二十一日，卒于清光绪八年（1882）壬午十一月二十一日，年六十有三，合葬兴福塘石马浜凤凰池。生子二：志槐（承兼祧潘秀嵒后）、志还（殇），吴氏出；生女四。

潘兆鼎支四房潘南有支

潘宗聿 《世系考》载，其为歙县潘氏二十八世，潘暄四子，字懋修，号南有，国学生，赠中议大夫，议叙道，军功随带加一级。生于清雍正二年（1724）甲辰九月三日，卒于清乾隆三十九年（1774）甲午正月十日，年五十有一。娶蔡有荣女，生于清雍正三年（1725）乙巳六月二十九日，卒于清乾隆三十二年（1767）丁亥九月二十日，年四十有三，赠淑人，合葬吴县十九都二十图光福涧上木桥头。生子三：奕玙、奕培（嗣潘宗骥后）、奕琳（殇）；生女三。

潘奕玙 《世系考》载，其为歙县潘氏二十九世，潘宗聿子，字怀珍，号红珊，国学生，议叙道，军功随带加一级，授中议大夫。生于清乾隆十八年（1753）癸酉二月二十七日，卒于清嘉庆二十五年（1820）庚辰十月二十六日，年六十有八。娶汤庄女，生于清乾隆十七年（1752）壬申六月二十一日，卒于清乾隆四十六年（1781）辛丑五月二十六日，年三十，赠淑人；继娶颜绍业女，生于清乾隆二十八年（1763）癸未正月二十五日，卒于清乾隆四十九年（1784）甲辰闰三月二十九日，年二十有二，赠淑人；再娶朱嘉龄女，生于清乾隆二十九年（1764）甲申十一月二十二日，卒于清嘉庆十九年（1814）甲戌七月二日，年五十有一，合葬吴县光福铜井山北麓观山坞；侧室朱氏，生于清乾隆三十六年（1771）辛卯六月十七日，卒于清道光二十二年（1842）壬寅五月三日，年七十有二，以孙遵颜官赠宜人，祔葬潘奕玙同墓同冢。生子一：世杰，颜氏出。

潘世杰 《世系考》载，其为歙县潘氏三十世，潘奕玙子，字伟堂，号谨庭，浙江杭州府附贡生，改归吴县籍，候选同知，赠朝议大夫，山西沁州直隶州同知，加一级。生于清乾隆四十九年（1784）甲辰三月二十八日，卒于清道光四年（1824）甲申六月十八日，年四十有一。娶朱伯凤女，生于清乾隆五十年（1785）乙巳二月十二日，卒于清嘉庆十六年（1811）辛未七月三十日，年二十有七，赠恭人；继娶严清赞女，生于清乾隆五十六年（1791）辛亥三月十六日，卒于清嘉庆二十年（1815）乙亥二月十二日，年二十有五，赠恭人；再娶张国泰女，生于清乾隆五十九年（1794）甲寅十一月二十四日，卒于清道光十年（1830）庚寅四月六日，年三十有七，赠恭人，合葬吴县光福河亭桥；侧室赵氏，年二十有六，祔葬潘世杰墓同冢。生子三：遵颜，朱氏出，遵程，赵氏出，遵铎，张氏出；生女三。

潘遵颜 《世系考》载，其为歙县潘氏三十一世，潘世杰长子，字卓如，号竹儒，国学生，候选中书，山西沁州直隶州同知，署绛州直隶州知州，加一级，随带加一级，授朝议大夫。生于清嘉庆十一年（1806）丙寅八月一日，卒于清咸丰十一年（1861）辛酉四月二十日，年五十有六。娶吴蓁女，生于清嘉庆九年（1804）甲子九月十五日，卒于清光绪三年（1877）丁丑十月二十二日，年七十有四，封恭人，和祔葬潘宗聿墓。生子六：祖成、祖葆（嗣弟潘遵程后）、祖贤（嗣弟潘遵铎后）、祖善、庆生（殇）、得禄（殇）；生女四。

潘祖成 《世系考》载，其为歙县潘氏三十二世，潘遵颜长子，原名宝善，字仁斋，号小竹，国学生，议叙布政司理问，山西候补府经历。生于清道光十年（1830）庚寅五月十一日，卒于清同治元年（1862）壬戌六月二十五日，年三十有三。娶蔡廷禧女，生于清道光九年（1829）己丑三月十日，卒于清光绪七年（1881）辛巳七月十六日，年五十有三，合祔葬潘遵程墓。嗣子志原（兼祧本生潘祖善后，殇）、志云（潘祖贤子）。

潘祖善 《世系考》载，其为歙县潘氏三十二世，潘遵颜三子，原名开福，字智斋，号寿甫，国学生。山西候补通判。生于清道光二十一年（1841）辛丑十月五日，卒于清光绪七年（1881）辛巳四月三日，年四十有一。娶俞云锦女，生于清道光二十一年（1841）辛丑三月二十五日，卒于清光绪四年（1878）戊寅四月十二日，年三十有八；侧室李氏，生卒未详，祔葬潘遵程墓右。生子一：志原（嗣潘祖成后，两祧，殇）；生女一。

潘祖葆 《世系考》载，其为歙县潘氏三十二世，潘遵程嗣子，潘遵颜次子，字义斋，号小门，军功六品顶戴。生于清道光十五年（1835）乙未三月三日，卒于清咸丰九年（1859）己未十一月二十六日，年二十有五。娶张岳女，生于清道光十一年（1831）辛卯九月十五日，卒于清同治十年（1871）辛未三月二十三日，年四十有一，钦旌节孝，合祔葬潘遵程墓。嗣子志望（潘祖贤次子）。

潘祖贤 《世系考》载，其为歙县潘氏三十二世，潘遵铎嗣子，潘遵颜次子，原名奎彩，字礼斋，号小卿，四川顺庆府南充县典史。生于清道光十六年（1836）丙申四月十一日，卒于清光绪二十年（1894）二月二十五日，年五十有九。娶王玉女，生于清道光十五年（1835）乙未十二月七日，卒于清光绪九年（1883）癸未九月七日，年四十有九，合祔葬潘奕玙墓；侧室谭氏、吴氏、徐氏，俱祔葬潘奕玙墓；侧室王氏，生于清同治元年（1862）四月三日，卒于民国十四年（1925）乙丑七月十四日，年六十有四。生子五：志云（嗣潘祖成后），吴氏出，志望（嗣潘祖葆后），谭氏出，志星（殇），吴氏出，志珍、志鑫，王氏出；生女三。

潘兆鼎支四房潘菊圃支

潘宗骥 《世系考》载，其为歙县潘氏二十八世，潘暄五子，字轶伦，号菊圃，国学生。生于清雍正七年（1729）己酉正月八日，卒于清嘉庆三年（1798）戊午二月十四日，年七十。娶胡世皋女，生于清雍正九年（1731）辛亥八月十六日，卒于清乾隆十六年（1751）辛未六月十四日，年二十有一；继娶金述三女，生于清雍正七年（1729）己酉九月二十一日，卒于清嘉庆十四年（1809）己巳八月二十日，年八十有一，合葬吴县光福香雪海。嗣子奕培（潘宗聿子）；生女一。

潘奕培 《世系考》载，其为歙县潘氏二十九世，潘宗骥嗣子，潘宗聿子，字因之，号晓塘，国学生。生于清乾隆十九年（1754）甲戌十二月二十日，卒于清道光七年（1827）丁亥四月十七日，年七十有四。娶周鸿声女，生于清乾隆二十六年（1761）辛巳九月四日，卒于清道光二十年（1840）庚子八月二十四日，年八十，合葬吴县五都石马浜；侧室陈氏，年二十有九，祔葬潘奕培墓同冢。生子三：世泰，周氏出，世图、世燮，陈氏出；生女二。

潘兆鼎支五房潘有叙支

潘世熙 《世系考》载，其为歙县潘氏三十世，潘奕本长子，奕本父为宗秩，字有叙，属潘兆鼎支五房，字春祉，号子明，候选从九品。生于清嘉庆十三年（1808）戊辰正月四日，卒于清咸丰十一年（1861）辛酉八月十一日，年五十有四。娶袁兆鸣女，生于清嘉庆十五年（1810）庚午正月二十日，卒于清咸丰十年（1860）庚申七月十五日，年五十有一，合葬吴县十一都十五图孙家桥内旗杆浜。生子六：遵埙、遵堃、遵塽、遵培、遵垲（嗣潘世煦后）、遵墉；生女一。

潘世烈 《世系考》载，其为歙县潘氏三十世，潘奕本次子，字士功，号敏庵，国学生。生于清嘉庆十五年（1810）庚午六月二十日，卒于清道光二十八年（1848）戊申五月九日，年三十有九。娶吴发澽女，生于清嘉庆十七年（1812）壬申二月十三日，卒于清咸丰十年（1860）庚申七月十一日，年四十有九，合祔葬潘奕本墓。生子三：遵坦、遵垚、遵堉（殇）；生女三。

潘兆鼎支六房潘曰瑚支

潘宗夏 《世系考》载，其为歙县潘氏二十八世，潘邦良子（潘兆鼎第六子），字大声，号曰瑚，国学生，候选州同知。生于清雍正九年（1731）辛亥八月二十三日，卒于清嘉庆十四年（1809）己巳八月二十一日，年七十有九。娶韩峻德女，生于清雍正七年（1729）己酉九月十九日，卒于清嘉庆二十年（1815）乙亥二月二十三日，年八十有七，合祔葬潘兆鼎侧室王氏墓。生子一：奕沅；生女一。

潘奕沅 《世系考》载，其为歙县潘氏二十九世，潘宗夏子，字步恒，号松亭，候选从九品。生于清乾隆二十一年（1756）丙子十二月二十三日，卒于清乾隆五十六年（1791）辛亥四月二十一日，年三十有六。娶韩芳华女，生于清乾隆十九年（1754）甲戌七月十三日，卒于清道光四年（1824）甲申闰七月二十九日，年七十有一，合祔葬潘兆鼎侧室王氏墓。生子一：世奎；生女一。

综上所述，苏州大阜潘氏的贡生、监生、国学生、从九品者，在潘宗周、潘冕两支之外，尚有三房潘清如、潘斯翼，四房潘肃亭、潘南有、潘菊圃，五房潘有叙，六房潘曰瑚等七支的子孙亦取得此等功名。这些人中，大多未任实职，以候选、议叙、试用职务为多，唯一任实职较高的是四房潘南有支三十一世潘遵颜，在候选中书科中书，山西沁州直隶州知州后，署绛州直隶州知州，署乃代理之意，亦属有了实任之职且加一级又随附带加一级，授朝议大夫衔，此衔在清代为从四品。因此其父潘世杰也得赠朝议大夫。因此，这七支在科举仕宦途上，是难与潘宗周、潘冕两支匹敌的，其“贵”的色彩要淡许多。所以补录于此，亦是以免遗漏也。

随着近现代教育的发展，苏州“大阜贵潘”的子孙，仍在延续着祖辈们显贵的脉络，继续展现光芒。

延脉之光录

清末以后，苏州“大阜贵潘”之延脉仍然光泽不绝。正如苏州“大阜贵潘”的子孙、美国马里兰大学吴京生所言：“无论在国内国外，潘家的后代还是有不少杰出之士，其中很多是青年才俊，后起之秀。”

据歙县大阜潘氏三十六世孙潘裕博主编续修之1992年版《大阜潘氏支谱》所载，自三十四世至三十七世四代人中，人才辈出。国学生、附贡生和监生简况前章已录过，本章不再赘述，下面分潘宗周、潘冕两支，再将大学、大专毕业生情况予以简录（一些虽未高校毕业，但任处级以上干部的人亦作载录）。

潘宗周支

歙县潘氏三十四世

潘承瑞 《世系考》载，其为潘志莱长子，字德符，号锡之，河南（按：疑似原谱为荷兰之误）耶礼大学毕业生。生于清光绪十九年（1893）癸巳二月二十七日，卒于民国二十六年（1937）丁丑九月九日，年四十有五。娶浦安山女，生于清光绪十五年（1889）己丑七月二十六日，卒于民国十一年（1922）壬戌六月九日，年三十有四。

潘承祜 《世系考》载，其为潘志俊四子，字受之，号笃庵，第一陆军预科毕业，保定军官学校第五期骑兵科毕业，航空司令部少校参谋。生于清光绪二十年（1894）甲午四月二十七日，卒未详。娶汪锡珍女，生于清光绪二十四年（1898）戊戌十一月十三日，卒未详。生女一。

潘承宣 《世系考》载，其为潘志恂长子，字蕃国，号楚屏，元和县庠生，天津大学堂毕业生。生于清光绪四年（1878）戊寅三月二十七日，卒于清光绪三十二年（1906）丙午六月十日，年二十有九。娶卫澄煜女，生于清光绪三年（1877）丁丑二月二十九日，卒于清光绪二十四年（1898）戊戌十一月八日，年二十有二，合祔葬潘志恂墓另冢；继娶陶云锦女，生于清光绪五年（1879）己卯十一月二十六日，卒未详。嗣子家骅（潘承曜子）；生女一。

潘承孝 《世系考》载，其为潘志桓嗣子，潘志憘长子，字纯生，号思娱，美国康乃尔大学毕业，威斯康星大学硕士，历任北洋大学、天津大学、河北工学院等校教授、教务长、院长等职。生于清光绪二十三年（1897）丁酉二月五日。娶恽毓德女，生于清光绪二十七年（1901）辛丑七月五日，卒未详，生子二：家华、家胜；生女五：家美、家力、家清、家宁、家齐。

潘承诰 《世系考》载，其为潘志憘三子，号凤衔，毕业于法国巴黎大学，物理学博士，中国科学院研究员。生于清光绪二十五年（1899）己亥八月二十七日，卒于1973年2月9日，年七十有五，葬山东杨湾华侨公墓。娶胡某公女，生于清光绪二十八年（1902）六月二十二日，卒于1983年9月28日，年八十有二。生子二：家荣、家怡；生女三：家秀、家贺、家福。

歙县潘氏三十五世

潘家堃 《世系考》载，其为潘承业子，原名家鹤，号健卿，金陵大学农科毕业。农学士，美国哥伦比亚大学毕业，康奈尔大学毕业，教（按：疑为"数"之误）学硕士，法律硕士，历任司法部开业律师，苏州女子职业中学校长等职。生于清光绪二十年（1894）甲午十月二十一日，卒于1983年，年九十。娶章竹君次女曙霞，生于清光绪三十四年（1908）戊申八月六日，卒于1989年，年八十有二，合葬苏州天池山贺九岭西。生子四：裕铣、裕槙、裕谟、裕滋；生女四：裕祯、裕祥、裕由、裕年。

潘家范 《世系考》载，其为潘承潞子，字允常，号经卿，苏南工专土木工程系毕业，历任扬子江水电委员会副总工程师，1949年后任无锡第一丝厂会计师。生于清光绪二十三年（1897）丁酉正月二十三日，卒于1983年1月4日，年八十有七。娶邵定元女维英，生于清光绪三十年（1904）甲辰八月五日。生子二：裕喜、裕福；生女四：裕庆、裕文、裕芳、裕华。

潘家源 《世系考》载，其为潘承大嗣子，潘承业子，兼祧本生父，字幼容，号涵卿，毕业于东吴大学化学系，历任苏州女子职业中学教员，中华工业化学研究所研究员，信旦科学仪器厂厂长等职。1949年后，历任上海仪器仪表公司技术顾问，中心试验室代主任。生于清宣统二年（1910）庚戌二月八日。娶左履真女鉴，生于民国二年（1913）癸丑十一月二十七日。生子一：裕隆；生女二：裕馨、裕宜。

潘家振 《世系考》载，其为潘承德子，兼祧本生祖潘志渤后，号嘉震，江苏省第二中学毕业，历任上海交通大学管理学院讲师、图书馆馆长、文书处主任、校长办公室主任等职，兼任大厦大学立新会计学校教授，1945年任上海公务局会计主任，同年回交通大学任职。生于清光绪三十四年（1908）戊申十二月六日，卒于1952年3月，年四十有五，葬灵岩山塔院。娶夏选青长女志德，苏州女子师范毕业，生于清宣统二年（1910）庚戌十一月二十六日。生子三：裕勇、裕猛、裕博；生女二：裕智、裕仁。另据潘裕博为父撰写《府君嘉震公行述》载，潘家振刚满22个月，父亲患疾逝世，其姐潘韫玉才虚5岁，母闵太宜人30岁，年轻守寡，以针线刺绣及松鳞义庄的赡族费养育子女。姐弟俩生活清苦，然学业勤奋，孝行名闻乡里，性温和谦慎，人皆称之。潘家振16岁毕业于江苏省二中，18岁受国立交通大学之聘，任英文讲师兼文书处秘书，工作勤奋，少有差错，常受孙科校长及同僚赞赏。孙科赴南京行政院任职，由黎照寰接任，黎习惯用英文演讲写文，潘家振遂任翻译，备受信赖。1928年，潘家振21岁，娶夏氏志德且升就文书处主任兼交大管理学院讲师。1938年，抗日战争已全面爆发，交大内迁重庆，潘家振因上有老母，下有子女，无力远涉而留沪上。时日伪政府欲聘他留职，他坚辞不就，而栖身于同学陈家临所办米行，工资无几，妻夏氏带领子女回苏云庄别墅，同祖母闵太宜人共度国难。1945年，抗日战争胜利，潘家振受国民政府交通大学接收专员杨某所请，回校任办公室主任兼图书馆馆长，同年又受原学生赵祖康之聘，任上海市公务局沟渠工程处财务主任，并受大厦大学立新会计学校之聘，教授财会英文。1949年初，公务局及交大组织迁台，潘家振又因全家老少而无力远涉。中华人民共和国成立后，潘家振留任交通大学，为国尽忠，奉母尽孝，常为母亲捶背槌腿且口述沪上及国内外见闻，以博欢娱；待妻温和，相见齐眉如宾；待子女则不以声色威仪，而用慈祥为本，以身教为重，生活俭朴，从不踏进娱乐场；在校则待人谦逊，与人无不友善相处。

潘家本 《世系考》载，其为潘承锷长子，原名家颖，字养涵，号复初，路矿大学毕业，上海法政大学法律系法学士，历任交通部荐任职，上海工务局技师，1949年后任青海省工业厅工程师。生于清光绪二十九年（1903）癸卯八月五日，卒于1970年12月16日，年六十有八，葬上海枫泾公墓。娶华士坤女，生于清光绪二十八年（1902）壬寅正月二十二日，卒于民国二十四年（1935）乙亥十一月十七日，年三十有四；侧室郁氏、田氏佩珍。生子四：裕宗、裕尚、裕恕、裕康，田氏出；生女三：裕慎、裕敏，郁氏出，裕健，田氏出。

潘家田 《世系考》载，其为潘承锷次子，原名家颋，字南仲，号颂年，交通部南洋大学中学毕业，上海法政大学法学士，美国汉密尔顿法科大学毕业，江苏靖江县及江阴县承审员，上海法租界法院推事，江苏溧水县县长，兼上校司令。生于清光绪三十二年（1906）丙午二月十六日，卒于民国二十六年（1937）丁丑四月十八日，年三十有二。娶周荣女，生于清光绪三十一年（1905）乙巳二月十七日，1962年卒于台湾，后归葬光福潘承锷墓侧。生子一：裕靖。

潘家永 《世系考》载，其为潘承锷三子，字永言，上海同德医学院学士，沪德国医学院毕业，历任上海德国宝隆医院、红十字会第三医院、南市平民医院医师、主任等职，1948年后，任台北市立中兴医院、和平医院儿科主治医师，台北市古亭区卫生所所长（按：原谱无生卒记载）。娶程明道女，生于民国十一年（1922）壬戌闰五月九日，离异；继娶廖玉山女桂，生年未详。生子二：裕谦、裕忠；生女一：裕勤，程氏出。

潘家相 《世系考》载，其为潘承棨长子，改名家辰，化名克鲁，1921年入北京外交部所办俄文进修馆，1923年进莫斯科东方劳动大学学习，并任俄文翻译，1925年进莫斯科中山大学任翻译等，1931年回国赴湘鄂西，1932年9月被王明集团杀害于洪湖地区雷家墩青龙庙，1958年树纪念碑于青龙庙墓地，生于清光绪三十年（1904）甲辰七月四日，年二十有八。娶庄氏，生于清光绪三十二年（1906）丙午六月。

潘家寅 《世系考》载，其为潘承棨次子，字啸虎，北京中法大学化学系毕业，法国原子能研究中心研究员，台北工业专科学校教授。生于民国三年（1914）甲寅四月二十一日。娶吴景洲女珊，生于民国三年（1914）甲寅正月初二日。生子二：裕诚、裕敬。

潘家骏 《世系考》载，其为潘承肃子，字崇尚，号千里，美国机械化特种部队工作。生于清光绪三十二年（1906）丙午十二月二十九日，卒于1962

年，年五十有七。娶妻魏氏，民国二十五年（1936）丙子离去，再娶邱虎卿女，生于民国四年（1915）乙卯三月二十四日。生子一：裕东，邱氏出。

潘家晋　《世系考》载，其为潘承颐次子，1936年进清华大学物理系，七七事变后进入长沙临时大学，12月进山西赵城十四军政治预官生训练队，1936年赴延安抗日军政大学学习，转战晋察冀某地，1949年后在部队通讯部门工作，后任徐州市人委秘书长等职。生于民国八年（1919）己未正月四日。娶周树英，在部队通信部门及徐州市教育系统工作，生于民国十七年（1928）戊辰正月。生子二：宇潇、宪光；生女一：友苏。

潘家标　《世系考》载，其为潘承章次子，字维高，号茂芳，某纺织中专毕业，青岛国棉二厂副厂长，高级工程师。生于民国二十一年（1932）壬申七月七日。娶徐秋丽，青岛国棉二厂职工，生于民国二十三年（1934）甲戌正月九日。生子二：裕琪、裕琳。

潘家劼　《世系考》载，其为潘承学长子，现名家吉，字伯惠，浙江大学电机系毕业，历任电厂厂长、工程师，1949年后任燃料部、电力部等技术科长、高级工程师。生于民国四年（1915）乙卯七月十二日。娶谭继虞女永忠，中央政治大学会计科毕业，生于民国九年（1920）庚申正月二十日。生子二：裕凯、裕恒；生女二：裕康、小平。

潘家苏　《世系考》载，其为潘承学次子，号仲来，浙江大学农经系毕业。生于民国六年（1917）丁巳正月十四日，卒于1982年11月18日，年六十有六。娶陈湘芸，浙江大学农业病虫害系毕业。生女三：裕堃、裕强、裕华。

潘家璘　《世系考》载，其为潘承福长子，改名家驎，英国牛津大学毕业，历任重庆英国领事馆翻译，1946年去台湾。生于民国元年（1912）壬子正月二十日，1989年卒于美国，年七十有八。娶蔡琼仙，生卒未详。生子二：裕慧、裕机；生女一：裕秀。

潘家华　《世系考》载，其为潘承孝长子，毕业于国立北洋大学，历任清华大学、北京石油学院讲师，抚顺石油设计院石油部管道勘察设计院工程师，管道局副总工程师，中国石油天然气管道局总工程师，高级工程师，中国科学院客座研究员，交通大学、天津大学、石油大学兼职教授，生于民国十九年（1930）庚午三月二日。娶陈俊述女冠卿，清华大学化工系毕业，石油天然气总公司管道设计院高级工程师，管道抗震专家。生于民国二十二年

（1933）癸酉八月十五日。生子一：裕震。

潘家胜 《世系考》载，其为潘承孝次子，毕业于南开大学物理系，任立达公司高级工程师。生于民国二十七年（1938）戊寅正月。

潘家荣 《世系考》载，其为潘承诰长子，毕业于震旦大学电机系，高级工程师。生于民国十五年（1926）正月十六日。娶于淑清，毕业于哈尔滨电力学校，会计师，生于民国二十八年（1939）己卯九月二十四日。生子二：裕光、裕峰；生女一：裕芳。

潘家怡 《世系考》载，其为潘承诰次子，毕业于同济大学，任苏州第二建筑工程公司副总工程师，高级工程师。生于民国二十四年（1935）乙亥九月十四日。娶徐蕴玉，毕业于南京军护校，医师，生于民国二十五年（1936）丙子十月十九日。生女一：裕珺。

歙县潘氏三十六世

潘裕隆 《世系考》载，其为潘家源子，承兼祧，字薛诚，上海第一医学院毕业，生于民国三十六年（1947）丁亥三月二十四日。

潘裕勇 《世系考》载，其为潘家振长子，承祧潘锡芝后，交通大学机械系毕业，煤科院南京研究所研究室主任，高级工程师。生于民国二十五年（1936）丙子九月十八日。娶周明惠，中学毕业，煤科院南京研究所职员，生于民国三十八年（1949）正月十一日。生子一：令健；生女一：令宇。

潘裕博 《世系考》载，其为潘家振三子，苏州第二中学高中毕业，苏州大学化学系进修两年，苏州市轻工业技校教师、技师，1992年版《大阜潘氏支谱》主编。生于民国三十一年（1942）壬午九月二十九日。娶前妻某氏离异；继娶黄庸夫长女冠球，常熟师专数学系毕业，枫桥中学教师，生于民国三十七年（1948）戊子二月十日。生子二：令加，某氏出，令希，黄氏出。

潘裕宗 《世系考》载，其为潘家本长子，国立台北工专电机科毕业，香港柚木公司新加坡厂经理。生于民国二十九年（1940）庚辰九月十五日。娶赖信荣女景生，生于民国三十七年（1948）戊子十一月二十二日，香港柚木公司会计。生子一：令德；生女一：令仪。

潘裕尚 《世系考》载，其为潘家本次子，大学毕业，陕西建筑总公司经管处副处长，高级工程师。生于民国三十一年（1942）壬午十二月十九日。娶朱美英，生于民国三十四年（1945）乙酉。生子一：锦宏；生女一：玲红。

潘裕恕 《世系考》载，其为潘家本三子，大专毕业，上海拖拉机齿轮厂经营计划科科长。生于民国三十六年（1947）丁亥正月二十日。娶虞慧珍，大专毕业，生于1951年10月5日。生女一：令嘉。

潘裕康 《世系考》载，其为潘家本四子，大专毕业，上海闸北职业中学教师，生于1951年7月11日。娶张海蓉，生于1951年。生女一：令珺。

潘裕靖 《世系考》载，其为潘家田子，台湾大学工商管理系毕业，台湾铁路局秘书。生于民国二十年（1931）辛未七月十日。

潘裕谦 《世系考》载，其为潘家永长子，台湾海军士官学校毕业，永联空运公司副总经理。生于民国二十九年（1940）庚辰四月十二日。娶邓朝普女肖予，生于1949年10月22日。生子一：令钰；生女一：令琪。

潘裕忠 《世系考》载，其为潘家永次子，台湾淡江大学外贸系毕业，永联空运公司总经理。生于民国三十六年（1947）丁亥正月十一日。娶刘公国女静萍。生于1950年6月26日。生子一：令玮；生女一：令瑜。

潘裕国 《世系考》载，其为潘家丞长子，号凌云，黄埔军校十二期毕业，空降部队服务。1949年后，担任重庆建筑部门工程师、顾问等职。生于民国六年（1917）丁巳十二月九日，卒于1988年3月13日，年七十有二，葬湖南。娶周敬湘，生于民国六年（1917）丁巳。生子二：令渝、建军；生女三：玲燕、玲英、玲梅。

潘裕诚 《世系考》载，其为潘家寅长子，字会理，台北师范大学数学系毕业，美国麻省大学数学系硕士，台北信用卡中心国外部经理。生于民国三十年（1941）辛巳十一月十七日。娶陈畏三女令之，台北师范大学数学系毕业，美国麻省大学数学系硕士，精算师。生于民国三十三年（1944）甲申二月十八日。生子一：令昌。

潘裕敬 《世系考》载，其为潘家寅次子，字渝理，台北工专化工科毕业，美国麻省大学化学系硕士，美国辛辛那提大学化学系博士，美国罗氏研究所高级研究员。生于民国三十四年（1945）乙酉正月二十二日。娶钟旺益女，台北辅仁大学外语系学士，美国辛辛那提大学医事技术系学士，医技师。生于民国三十五年（1946）丙戌十二月十一日。生子一：令嘉；生女一：令葳。

潘裕高 《世系考》载，其为潘家临长子，字攸同，号仰止，上海外语学院毕业，上海外文学会语文学会会长。生于民国二十二年（1933）癸酉七月十五日。娶妻朱珠花，上海手帕一厂职工，生于民国二十二年（1933）。

潘裕超 《世系考》载，其为潘家临次子，上海铁道学院毕业，沈阳铁路局新客站站长。生于民国三十三年（1944）甲申某月。娶孙淑贤，会计专科学校毕业，沈阳铁路局会计。生子一：令进；生女一：达。

潘裕闳 《世系考》载，其为潘家贞长子，字明达，号丰生，天津师范学院教育系毕业，任山东滨州师范专科学校副教授。生于民国二十五年（1936）丙子正月二十五日。娶张玉贵女嘉峰（又名嘉凤），山东惠民师范学校毕业，滨州师范专科学校化学系助理研究员，生未详。生子二：涛、涌。

潘裕晨 《世系考》载，其为潘家贞次子，大学毕业，北京齿轮总厂工程师。生于民国三十年（1941）辛巳四月七日。娶张梦华，北京齿轮总厂机动科职工，生于民国三十二年（1943）癸未十一月。生子一：建；女一：蓉。

潘裕伦 《世系考》载，其为潘家贞三子，哈尔滨工业大学毕业，石家庄手表厂工程师，生于民国三十四年（1945）乙酉十二月九日。娶李淑琴，高中毕业，石家庄小学教师，生于1949年6月13日。生女二：蔚、捷。

潘宇潇 《世系考》载，其为潘家晋长子，原名抗卫，徐州医学院毕业，历任徐州妇幼保健院、第四人民医院及苏州第四人民医院外科医师。生于1951年1月9日。娶周凤宝，常州护士学校毕业，苏州第四人民医院护士，生于1953年。生女一：洁。

潘宪光 《世系考》载，其为潘家晋次子，镇江农机学院铸造与热处理系毕业，任南京有线电机厂工程师。生于1954年10月。娶陈美兰，南京市籍，镇江农机学院毕业，任南京铸造厂工程师，生于1954年。生女一：晨。

潘裕祺 《世系考》载，其为潘家标长子，某医学院毕业，青岛第二人民医院外科医师，生于1964年8月28日。

潘裕凯 《世系考》载，其为潘家劼长子，电视大学机电系毕业，生于民国三十四年（1945）乙酉八月二十五日。娶谭丽丽，生未详。生子一：尤佳。

潘裕恒 《世系考》载，其为潘家劼次子，电视大学电子系毕业，生于1953年9月26日，娶邹光。生女一：晓静。

潘裕光 《世系考》载，其为潘家荣长子，大专毕业，助理会计师，生于1964年6月25日。

潘裕峰 《世系考》载，其为潘家荣次子，吉林电力学院学生，生于1968年2月9日，于1989年7月7日在唐山游泳溺水而卒，年二十二。

潘裕璋 《世系考》载，其为潘家昌嗣子，家椿子，大学毕业，北京送变电电气安装公司工程师。生于民国二十四年（1935）乙亥三月十八日，娶宁培琴，生于民国三十五年（1946）丙戌四月八日。生女二：琳玟、琳瑶。

潘裕钰 《世系考》载，其为潘家干子，中央美术学院工艺美术专修班毕业，苏州版画院院长，高级美术师。生于民国三十三年（1944）甲申四月二十八日。娶柳增燕，苏州刺绣厂职工，生于民国三十三年（1944）。生女一：晴。

潘裕瑾 《世系考》载，其为潘家椿子，大学毕业，上海中国船舶第七研究院第708研究所工程师。生于民国二十九年（1940）庚辰三月十一日。娶黄文绣，大学毕业，会计师，生于民国二十八年（1939）乙卯十二月十五日。生女一：琳志。

歙县潘氏三十七世

潘令闿 《世系考》载，其为潘裕聂长子，南京大学农机系毕业，苏州林业机械厂工程师。生于民国三十六年（1947）丁亥二月二十九日。娶胡佩华，南京化工学院毕业，苏州特种油品厂工程师，生于民国三十七年（1948）戊子七月三十日。生女一：喻佳。

潘令德 《世系考》载，其为潘裕宽长子，江苏师范学院物理专科结业，江苏教育学院高中物理教师进修结业，苏州第三中学高级教师。生于民国二十年（1931）辛未二月二十五日。娶曹振鹏女，生于民国二十五年（1936）丙子七月二十五日。生子一：谟方；生女一：谟容。

潘冕支

歙县潘氏三十四世

潘承梁 《世系考》载，其为潘志冈长子，字器栋，号公材，江苏省第二中学毕业，交通部唐山工业专科学校毕业，土木工程学士，美国意利诺州立大学铁路机械工科毕业，铁路机械构成学士，意利诺州立大学铁路工程科毕业，铁路工程硕士，上海交通大学、同济大学教授。生于清光绪二十四年（1898）戊戌八月二十日，卒于1986年11月11日，年八十有九。娶孙维雷女静珠，生于清光绪二十二年（1896）丙申十月六日，卒于1978年7月15日，年八十有三。生子二：家傅、家裴；生女一。

潘承炯 《世系考》载，其为潘志卓长子，号伯奎，上海实业学校毕业，生于清光绪十八年（1892）壬辰正月三十日，卒未详。娶周健甫女，生于清光绪二十年（1894）甲午正月十日，卒未详。生子一：家镠；生女二：家鋗、家锦。

潘承格 《世系考》载，其为潘志洽长子，字诚甫，号孺孙，上海圣约翰医科大学毕业，上海第二医学院寄生虫教研组主任。生于清光绪三十三年（1907）丁未九月十八日，卒于1986年10月19日，年八十。娶翁履康，生于民国十一年（1922）壬戌五月十二日。生子三：家普、家复、家纯；生女二：家蓝、家绮。

潘承朴 《世系考》载，其为潘志洽次子，字俭孙，号实甫，大学毕业，任中正大学助教，治淮委员会设计院组长，安徽滁县地区水利局副局长，总工程师。生于民国十一年（1922）壬戌四月二十五日。娶许之玢，复旦大学毕业，会计师，生于民国十九年（1930）庚午三月十九日。生子一：家力；生女二：家蕙、家进。

潘承检 《世系考》载，其为潘志洽三子，字佛庆，号式善，贵阳医学院毕业，无锡第二人民医院外科主任医师。生于民国十二年（1923）癸亥四月八日。娶但启星，大学毕业，副教授，生于民国十三年（1924）甲子六月十一日。生子三：康、仲、荃。

潘承杞 《世系考》载，其为潘志禔长子，字菊侣，号遐龄，上海交通大学机械系毕业，学士，高级工程师。生于民国十一年（1922）壬戌正月二十三日。娶黄尧衢女惠麟，高中毕业，洛阳第一拖拉机厂拖拉机学院会计，生于民国十七年（1928）戊辰十二月十八日。生子二：家铿、家伊；生女二：家绚、家纹。

潘承槃 《世系考》载，其为潘志禔次子，字涧芗，号硕甫，大学毕业，大连市金州纺织厂车间主任，高级工程师。生于民国十四年（1925）乙丑闰四月二十三日。娶许凤成女秀芝，金州纺织厂职工，生于民国二十三年（1934）甲戌九月十五日。生子二：家连、家京。

潘承弼 《世系考》载，其为潘享穀长子，承嗣，字良甫，号景郑，晚号寄沤，太炎父子学院教授，上海图书馆研究员，华东师范大学兼职教授，全国善本书目顾问。生于清光绪三十三年（1907）丁未七月二日，卒于2004年，年九十有八。娶陶乃嘉女令谐，生于清光绪三十一年（1905）乙巳七月十五日，卒于1987年3月19日，年八十有三。生子八：家来（嗣潘承典后）、家则（嗣潘承镜后）、家英、家城、家麟、家斯、家曼、家武；生女四：家佩、家爱、家都、家芳。

我国著名文史学家、作家，祖籍歙县人郑逸梅在《目录版本学专家潘景郑》（黑龙江人民出版社《郑逸梅选集》第2卷第736—738页）一文载，潘承弼是滂喜斋主人潘祖荫的侄孙，在书的版本研究和考证方面颇有建树。自唐五代、宋辽金元、明清刻本，以及巾箱本、套印本、书帕本、手稿原本、后人传抄本等，甚至多几行、失序跋、有错误、有异文等，一经寓目，立能审辨。他曾供职合众图书馆，终日与书为伍，扩大了版本视野，进入上海图书馆后，视野更加扩大。他本人是吴中藏书家之一。又载潘承弼多才多艺，对于训诂、目录、金石、词曲等，俱有研究。他十六七岁时，向吴瞿安学习词曲。20岁后，从章太炎习训诂。太炎居苏，一度创办章氏国学讲习会，他担任讲师，并负责编辑《制言》杂志，自首期至六十三期。抗战前参加道和昆曲社，请教俞振飞的父亲粟庐老人，几度登场表演，神采奕然。抗日战争爆发后，潘承弼来上海，这时章太炎已下世，章夫人汤国梨和门生故旧，在沪上办太炎文学院，他仍执教，热心为国家培育人才。后来他就把自己的身心全部献给图书馆事业，前后四十余年，勤勤恳恳，不求名位。近来参加中国古籍善本书目的编辑，并担任顾问。他平素往来的如郑振铎、汪旭初、黄季刚、钱玄同、吴承仕、朱希祖、王佩诤等，都是当代学者，相互切磋，获益良多，加之家有藏书二十余万册，摘拾英华，学更宏博。自著及编校的，有《著砚楼读书札记》《著砚楼书跋》《说文古本考再补》《日知录补校》《词律校异》《词选笺注》《图书金石题跋》，又辑成《绛云楼题跋》《汲古阁题跋》等出版。又辑佚书一百三十余家，题为《著砚楼辑佚书》。辑印先世遗著《陟冈楼丛刊》，以纪念亡兄潘承厚，并继续编印《明清画苑尺牍》《元明诗翰》等，都是绝世珍稀的文献。还载，潘承弼的集藏，除图书金石外，蓄砚四五十方，其中有宋代的王著砚，更为名贵。他的斋名“著砚楼”，即取以志喜。又搜罗章回旧小说，应有尽有，尤多秘本。石刻则有《唐宋辽金经幢》，为聚学轩故物。宋版书如蜀刻大字本《陈后山集》，归北京图书馆。《六朝墓志》《唐井栏》《唐墓志》等，都已捐献苏南文物保管会。滂喜斋所藏珍本，归上海图书馆。至于毕生搜集金石拓本万余种，其中有聚学轩及缘督庐藏拓本数千种，全部捐献给上海图书馆。他请名丹青家唐云、陶冷月、申石伽、凌万顷、朱梅村及郑有慧等，绘了《寄沤填词图》，凡数十帧。《寄沤词稿》积存二三千首，无不逸宕精严，奇气历落。郑逸梅老先生上述所写，是对潘承弼生平的很好补充。

潘承彬 《世系考》载，其为潘享穀三子，字质庭，号幼嘉，燕京大学生物系经济昆虫系毕业，理学士、硕士，贵阳医学院教授。生于民国三年（1914）甲寅闰五月三日，卒于1989年2月18日，年七十有六。娶老美珠，贵阳医学院图书馆职员，生于民国九年（1920）庚申十二月十一日。生子三：家器、家征、扬。

潘承訚 《世系考》载，其为潘享穀次子，承祧，字令闻，号谱孙，大学毕业。生于民国元年（1912）壬子十一月十一日，卒于1984年1月5日，年七十有三。娶卢珍详，生未详，卒1987年3月21日。生子二：家开、家于；生女三：家宁、家慧、慎荃。

潘承卜 《世系考》载，其为潘蕃穀嗣子，潘利穀生子，两祧，字寿君，号尔卿，上海震旦大学毕业，历任苏州电气公司科长，电力技校行政负责，1982年起，主编江苏省及苏州市电力工业志。生于民国十四年（1925）乙丑十二月二十八日。娶孙钧卿长女，生于民国十七年（1928）戊辰正月三日。生子二：家力（承嗣潘蕃穀后），家杨（承嗣本生后）；生女五：家良、家复（殇）、家鸿、家有、家文。

潘承炽 《世系考》载，其为潘利穀长子，字愉孙，号鲁卿，大学毕业，江南无线电学校创办人。生于民国十二年（1923）癸亥正月五日，卒于1950年，年二十八。

潘承洞 《世系考》载，其为潘贞穀次子，北京大学数学系毕业，山东大学教授、校长。生于民国二十三年（1934）甲戌四月十四日日。娶钱氏，生未详。生女一：勤。

潘承彪 《世系考》载，其为潘贞穀三子，北京大学数学系毕业，北京大学、北京农业工程大学教授，生于民国二十七年（1938）戊寅。

潘承纲 《世系考》载，其为潘修穀嗣子，潘明穀兼祧子，潘树声长子，字景李，号纪侯，江苏两级师范学堂优级数理化本科毕业。生于清光绪十三年（1887）丁亥九月二十九日，卒未详。娶钱林年女，生于清光绪十三年

(1887) 丁亥五月二十一日，卒于民国二年 (1913) 癸丑十一月十一日，年二十有七，葬吴县五都上方山麓塔影浜；继娶金承绶女，生于清光绪十七年 (1891) 辛卯十一月四日，卒未详。生女一，金氏出。

潘承禄 《世系考》载，其为潘元穀长子，字乐民，号弗卿，吴县庠生，江苏两级师范学堂简易科毕业，江苏私立法政专门学校法律科毕业，署上海县地方审判厅书记官。生于清光绪十二年 (1886) 丙戌六月二日，卒于1960年11月，年七十有五。娶沈锡麒女，生于清光绪八年 (1882) 壬午二月二十二日，卒于清光绪三十二年 (1906) 丙午十二月十五日，年二十有五，祔葬潘元穀墓；继娶蒯思曾女，生于清光绪十二年 (1886) 丙戌五月六日，卒于1960年3月，年七十有五。生子四：家瑞 (嗣潘承枚后)、家琦、家琳、家理；生女二，皆蒯氏出。

潘承鳌 《世系考》载，其为潘元穀次子，字瓒侯，号允斋，江苏私立法政专门学校法律别科毕业。生于清光绪十四年 (1888) 戊子六月二日，卒未详。娶程基裕女，生于清光绪十七年 (1891) 辛卯十二月九日。生子五：家瑜 (殇)、家瑗 (殇)、家琨、家璟 (嗣潘承镜后)、家瑨 (殇)；生女二。

歙县潘氏三十五世

潘家洵 《世系考》载，其为潘承谋长子，原名家汧，字范苏，号介泉，上海南洋中学毕业，国立北京大学文科毕业，文学士，历任厦门大学、浙江农学院、西南联大、贵州大学、北京大学副教授、教授，1954年后历任科学院文学外文所研究员，为著名翻译家、外国文学专家。生于清光绪二十二年 (1896) 丙申六月二十日，卒于1989年12月29日，年九十有四。娶贝洛女君达，师范学校毕业，生于清光绪二十年 (1894) 甲午六月二十日。生子三：裕然、裕赉 (殇)、裕如。

潘家骥 《世系考》载，其为潘承谋三子，字昂千，号展材，上海东华大学商科毕业，1949年赴香港经办畜牧饲养场。生于清光绪三十二年 (1906) 丙午正月二十一日，卒于20世纪70年代。娶赵世美，生未详。

潘家治 《世系考》载，其为潘承谋四子，字致齐，号安士，东吴大学毕业，中学教师。生于民国三年 (1914) 甲寅四月二十八日。娶刘熊，生未详。生子三：裕田、裕可、裕之；生女一：裕羚。

潘家述 《世系考》载，其为潘承矩嗣子，潘承谋次子，字著林，号冀云，江苏省立第二工业学校毕业，省立工业专门学校纺织科毕业，常熟第一棉纺厂私方厂长。生于清光绪二十九年（1903）癸卯十一月二十六日，卒于1970年3月18日，年六十有八，葬光福祖墓。娶胡明珠，上海千红针织厂职工，生于民国七年（1918）戊午正月二十一日。生子一：裕涵；生女三：裕绣、裕纹、裕絪。

潘家傅 《世系考》载，其为潘承梁长子，字伟仁，现字伟成，号企岩，上海交通大学机械工程系毕业，华东化工学院机械工程系教授，生于民国十四年（1925）乙丑十二月八日。娶宋家云，上海中医学院毕业，任该校教务处副处长，生于民国二十四年（1935）乙亥九月四日。生子二：裕松、裕柏；生女一：裕凌。

潘家裴 《世系考》载，其为潘承梁次子，字君瑞，交通大学纺织系毕业，山东工业大学副教授，生于民国十七年（1928）戊辰三月九日。娶席文彬，昆明师范大学毕业，山东工业大学副教授，生于民国三十年（1941）辛巳四月二十九日。生子三：裕航、裕明、裕琳。

潘家陶 《世系考》载，其为潘承猷长子，大学毕业，工程师，生于民国三十六年（1947）丁亥正月二十一日。娶周德仁女培华，高中毕业，生于1950年8月26日。生子一：文；生女一：蓉。

潘家普 《世系考》载，其为潘承格长子，上海第二医学院医疗系生物物理学毕业，美国西方储备大学生物学工程系、威斯康星大学电子计算机系进修，上海第二医科大学生物医学工程专业，计算机医学工程教研室主任、教授，生于民国二十八年（1939）己卯六月二十二日。娶张鸿德女素青，华东化工学院无机工艺系毕业，上海泡化碱厂副厂长，高级工程师，生于民国二十八年（1939）己卯七月十六日。生子一：力；生女一：裕怡。

潘家复 《世系考》载，其为潘承格次子，上海勤奋中学高中毕业，中国科学院上海昆虫研究所见习技术员，毒理室高级实验师。生于民国三十一年（1942）壬午五月九日。娶钱元藻女德嘉，第八机械工业部经济职业学校毕业，上海技术监督局财务科长、会计师。生子二：宁、明。

潘家纯 《世系考》载，其为潘承格三子，中国军事工程学院毕业，历任部队战勤参谋，上海无线电三厂、上海经贸基建公司电脑音响工程师。生于民国三十三年（1944）甲申某月。娶邵准鲁，上海第一医学院毕业，上海第六人民医院内科主治医师，生于民国三十四年（1945）乙酉某月。生女一：苓。

潘家刀 《世系考》载，其为潘承朴子，大学专科毕业，南京市联运公司秘书，生于1957年4月9日。娶秦圣铜女晓惠，高中毕业，南京炼油厂职工，生于1958年10月。生子一：大伟。

潘　康 《世系考》载，其为潘承检长子，大学专科毕业，助理工程师，生于1951年12月。娶妻未详。生子一：翔。

潘　仲 《世系考》载，其为潘承检次子，大学专科毕业，助理工程师，生于1955年12月23日。

潘家韶 《世系考》载，其为潘承范子，字星若，清华大学机械工程系毕业，哈尔滨工业大学工程经济系研究生毕业，任清华大学经济管理学院教授，学术委员会主任。生于民国二十一年（1932）壬申九月七日。娶郑愈女体容，四川大学物理系毕业，任中国科学院地球物理所副研究员，生于民国二十四年（1935）乙亥十二月十二日。生子二：裕敦、裕靖。

潘　能 《世系考》载，其为潘承熊长子，上海外语学院英语系毕业，任西安交通大学英语系教授，生于民国二十七年（1938）戊寅四月。娶刘树华，西安乐荡巷小学特级教师，生于民国二十六年（1937）丁丑六月。生女一：莹。

潘　维 《世系考》载，其为潘承熊三子，南京大学生物系毕业，工程师，兴化食品总公司生产经营部副主任。生于民国三十五年（1946）丙戌九月。娶林屏，高中毕业，任兴化印刷厂财务科会计、助理会计师，生于民国三十六年（1947）丁亥四月。生女一：洁。

潘家栋 《世系考》载，其为潘承丰长子，号伯梁，高中毕业，先后在江苏省教育厅苏南行署文教处、《江苏教育》编辑部、江苏人民出版社等处工作。生于清宣统元年（1909）己酉三月二十七日。娶汪鼎丞女，师范毕业，生于清光绪三十四年（1908）戊申五月二日，卒于1992年7月14日，葬香山公墓。生子六：裕棠、裕荣、裕棣、裕某、裕华、裕业；生女一：雨秋。

潘家劢 《世系考》载，其为潘承敬长子，承祧本生潘志瀸后，字惟吉，号燮卿，现名家梅，大学毕业。生于清宣统三年（1911）辛亥十月九日。娶赵淑文，大学毕业，生于民国九年（1920）庚申二月二十三日。生子二：裕川、裕江；生女一：明。

潘家崃 《世系考》载，其为潘承典嗣子，潘承厚长子，字杏林，号耕余，东吴大学化学系毕业，苏州电厂职员。生于民国十年（1921）辛酉二月二十九日，卒于1974年9月1日，年五十有四。娶王启慧，高中毕业，生于民国十一年（1922）壬戌正月七日，卒于1990年5月25日，年六十有九，合葬吴县吴山头；侧室某氏。生子三：裕康、裕章、裕明，王氏出；生女一：宇岐。

潘家多 《世系考》载，其为潘承厚次子，字希曾，号宜卿，上海圣约翰大学土木工程系毕业，工学学士，历任上海市都市计划委员会浙赣铁路局工程师，1949年后，任北京市卫生工程局下水道工程局工程师，北京市政设计研究所副总工程师，高级工程师，兼任中国工程建设标准化协会理事，及管道结构委员会主任，城建委员会委员。生于民国十四年（1925）乙丑六月二十七日。娶彭顺女蓝英，东吴大学经济系毕业，文学士，教师，生于民国十五年（1926）丙寅二月六日。生子一：学军；生女四：裕京、裕文、裕镭、裕丰。

潘家英 《世系考》载，其为潘承弼三子，东吴大学肄业，大连飞机厂工程师，生于民国十九年（1930）庚午六月。娶范兰玉，生于民国二十六年（1937）丁丑某月。生女一：裕钟。

潘家城 《世系考》载，其为潘承弼四子，上海外语学院毕业，南京大学讲师，生于民国二十年（1931）辛未某月。娶赵永馨，外语学院毕业，生于民国二十二年（1933）癸酉某月。生子一：裕鸿。

潘家麟 《世系考》载，其为潘承弼五子，上海第一医学院毕业，海港医院副院长，生于民国二十一年（1932）壬申十月。娶倪氏林娟，生于民国二十五年（1936）丙子某月。生子一：裕镭；生女一：裕锭。

潘家斯 《世系考》载，其为潘承弼六子，唐山铁道学院毕业，洛阳铁路局总工程师，生于民国二十二年（1933）癸酉十月十七日。娶王秀雯，生于民国三十四年（1945）乙酉某月。生子二：裕炯、裕杰。

潘家曼 《世系考》载，其为潘承弼七子，上海师范学院毕业，上海轻工业专科大学讲师，生于民国二十四年（1935）乙亥十二月十五日。娶薛帼英，上海师范学院毕业。生子二：裕栋、裕棣；生女一：裕菜。

潘家恭 《世系考》载，其为潘承岵长子，大学毕业，经济师，香港振南发展有限公司副总经理，生于民国三十五年（1946）丙戌十一月三日。娶江美玲，生于民国三十五年（1946）丙戌十一月二十五日，卒于1977年12月4

日，年三十有二，葬苏州凤凰山；继娶何茗，大学毕业，南通市外经办外资科任职，生于1953年10月27日。生子一：裕进；生女一：裕立。

潘家焕 《世系考》载，其为潘承岵次子，大学毕业，上海交通学校教务处副主任，讲师。生于民国三十七年（1948）戊子二月十八日。娶梁嘉全，大学毕业，上海冶金设计研究院工程师，生于民国三十七年（1948）戊子六月五日。生女一：裕颖。

潘家来 《世系考》载，其为潘承典嗣子，潘承弼长子，承兼祧，字振卿，号珍孙，大同大学毕业，捷克某校进修，上海有机化学研究所研究员。生于民国十五年（1926）丙寅十月二十四日。娶沈梅英，大学毕业，高级工程师，生于民国十八年（1929）某月。生女二：洪、文。

潘家开 《世系考》载，其为潘承誉长子，大学毕业，上海冶金高等学校副教授，生于民国二十四年（1935）乙亥九月二十日。娶林燕萍，大专毕业，上海第六医院主治医师，生于民国二十九年（1940）庚辰十二月十六日。生子一：云；生女一：裕文。

潘家懋 《世系考》载，其为潘承镜嗣子，潘承佑子，承兼祧，字德斋，号笃甫，东吴大学毕业，中学一级教师，生于民国十年（1921）辛酉十一月二日。娶丁其珏，生于民国八年（1919）己未八月十日，卒于1981年5月10日，年六十有三。生子二：裕移、裕达；生女三：裕棠、裕棣、裕嘉。

潘家则 《世系考》载，其为潘承镜嗣子，潘承弼八子，南通大学毕业，台湾经商，生于民国十六年（1927）丁卯十一月十一日。娶倪雪芳，生于民国十八年（1929）己巳某月，卒于1960年某月，年三十有二。生子一：裕华；生女二：裕帼、裕珊。

潘家彝 《世系考》载，其为潘承汾子，字兼甫，号实孙，重庆大夏大学毕业，民生轮船公司秘书，广州港务局职员，生于民国十三年（1924）甲子五月一日。娶梁丽霞，广州某医院医生，生未详。

潘家力 《世系考》载，其为潘承卜长子，承祧潘蕃縠后，字硕孙，号勉夫，南京铁路运校毕业，上海铁路局苏州建筑分段工会主席，生于民国三十六年（1947）丁亥八月十七日，娶李莉珍，生于1949年7月11日。生子一：裕庆。

潘家壬 《世系考》载，其为潘承佑子，上海同济大学毕业，沈阳铁路局吉林工程处三段高级工程师，生于民国二十一年（1932）壬申八月九日。娶刘志敏，浙江医学院药学系毕业，沈阳铁路医院主管药剂师，生于民国二十年（1931）辛未八月二十四日。生女二：裕华、裕慧。

潘家一 《世系考》载，其为潘承昌子，字定甫，号恭孙，上海吴淞水产专科学校肄业，苏州烟酒公司职员，生于民国十八年（1929）己巳九月十一日。娶陆馨兵女坤范，生于民国十七年（1928）戊辰七月二日。生子三：裕寿、裕焘、裕丰。

潘家杨 《世系考》载，其为潘承卜次子，承祧本生后，字幼甫，号韵孙，苏州机械职业大学自动化专业毕业，苏州互感器厂厂长助理，生于1955年2月7日。娶范氏宣敏，生于1954年10月13日。生子一：裕馨。

潘家疆 《世系考》载，其为潘承善子，字康民，号仲饴，大学毕业，生于民国十三年（1924）甲子五月六日。娶冯宝森，生于民国二十年（1931）辛未十月二十八日。生子三：裕震、裕旦、裕鳌；生女二：裕骥、裕英。

潘家辉 《世系考》载，其为潘承瀚长子，大学专科毕业，苏州五二六厂工程师，生于民国三十年（1941）辛巳二月二十五日。娶翟美君，中学毕业，生于民国三十三年（1944）甲申八月二十一日。生子一：裕翔；生女一：奕。

潘家理 《世系考》载，其为潘承禄三子，东吴大学化学系毕业，苏州大学副教授，生于民国十六年（1927）丁卯三月十六日。娶李竹君，生于民国十七年（1928）三月二十日，卒于1983年12月17日，年五十六。生女二：裕绚、裕亮。

潘家仁 《世系考》载，其为潘承铎子，字宝善，号振卿，上海第二军医大学毕业，南京卫生防疫站主管技师，生于民国十四年（1925）乙丑十一月二十八日。娶全患除女保良，上海卫生学校毕业，高级工程师，生于民国二十二年（1933）六月七日。生子二：裕剑、裕刚；生女一：裕松。

歙县潘氏三十六世

潘裕然 《世系考》载，其为潘家洵长子，原名裕醴，字燕铭，号宾绰，北京大学、西北大学肄业，1937年参加抗日救亡工作，1949年后在军事委员会任职，1983年任北京现代国际关系研究所研究员，并从事研究生的培养工作，1989年负责世界人物大辞典的编辑出版。生于民国五年（1916）丙辰四月十二日。娶毛琦，武汉中学毕业，现代国际关系研究所助理研究员，生于民国七年（1918）戊午某月，卒于1979年12月，年六十二；继娶黄慧华，中医师，生于民国十五年（1926）丙寅三月十二日。生子一：令明；生女一：令珊。

潘裕柏 《世系考》载，其为潘家傅次子，天津大学化工系毕业，上海硅酸盐研究所工程师，生于1961年9月12日。娶董志颖，上海中医学院毕业，中医学院讲师，生于1965年1月28日。生女一：天俊。

潘裕航 《世系考》载，其为潘家裴长子，电视大学毕业，济南汽车总厂车轿分厂工程师，生于1959年10月26日。娶刘仲湃，电视大学毕业，济南无线电四厂工程师，生于1957年10月22日。生女一：文皓。

潘裕明 《世系考》载，其为潘家裴次子，电视大学毕业，济南化纤厂技术员，生于1961年11月6日。

潘裕琳 《世系考》载，其为潘家裴三子，大学专科毕业，济南无线电一厂职工，生于1969年8月24日。

潘　健 《世系考》载，其为潘家藩长子，大学毕业，哈尔滨船舶工学院物理系教师，生于1965年某月。

潘　力 《世系考》载，其为潘家普子，华东化工学院生物化学系毕业，1988年赴美国田纳西大学攻读生物化学，博士，生于1965年4月11日。

潘裕宁 《世系考》载，其为潘家嘏三子，字唯行，大学专科毕业，苏州化工技术开发公司工程师，生于民国十七年（1928）戊辰八月一日，娶王成浩女月素，生于民国二十三年（1934）甲戌二月二十八日，卒于1989年4月21日，年五十六。生子一：令罕；生女一：令平。

潘裕宪 《世系考》载，其为潘家嘏四子，大学毕业，高级工程师，生于民国二十一年（1932）壬申某月。娶张振安，生未详。生女二：令焯、令熳。

潘裕建 《世系考》载，其为潘家祜三子，南京师范大学美术系毕业，南京市工人文化宫高级美术师，生于民国二十四年（1935）乙亥八月十三日。娶李圣美，南京坚强皮革厂医生，生于民国三十二年（1943）癸未十一月九日。生女一：令莹。

潘裕新 《世系考》载，其为潘家祜四子，南京水利科学研究所工程师，生于民国二十六年（1937）丁丑十一月八日。娶于晓东，南京宁海中学教师。生女一：令雁。

潘裕强 《世系考》载，其为潘家祜五子，南京大学大气科学系工程师，生于民国二十八年（1939）己卯十月二十六日。娶沈图君，江苏省工业设备安装公司会计，生未详。生子二：令卫、令峰。

潘裕灏 《世系考》载，其为潘家琚长子，号景程，南京大学英语系毕业，无锡轻工业学院副教授，生未详。

潘裕敦 《世系考》载，其为潘家韬长子，字敦，北京政法大学毕业，生于1967年8月13日。

潘裕镕 《世系考》载，其为潘家督四子，字容南，南京师范学院中文系毕业，中国药科大学副教授，生于民国十八年（1929）己巳十一月。娶汪巧珍，中学毕业，小学高级教师，生于民国二十二年（1933）癸酉十一月。生子二：汪永、大庆；生女二：谐、珍。

潘裕智 《世系考》载，其为潘家兴长子，字祥元，苏州工专毕业，望亭电厂高级工程师，生于民国十八年（1929）己巳某月。娶章守玉女宁文，生未详。

潘裕仁 《世系考》载，其为潘家兴次子，苏州农校毕业，轻工业部食品局副局长，中国食品协会秘书长，高级工程师，生于民国二十二年（1933）癸酉某月。娶祝正耀，北京酒精厂技术科科长，生未详。生子二：令瑞、令卫。

潘裕荣 《世系考》载，其为潘家栋次子，大学毕业，金塔电子公司综合经营部经理，生于民国二十四年（1935）乙亥三月。娶宋成忠女梅春，幼师毕业，幼教高级教师，生于民国二十八年（1939）己卯二月。生子三：令骏、令城、令宇。

潘裕润 《世系考》载，其为潘家枚长子，北京化工学院无机系毕业，江苏连云港碱厂副总工程师兼生产技术处处长，生于民国三十五年（1946）丙戌二月二十日。娶周鼎勯女维师，大学专科毕业，生于民国三十五年（1946）丙戌十月十五日。生子一：轩宇。

潘裕治 《世系考》载，其为潘家瑞嗣子，潘家琦子，字润德，号泽民，北京航空学院毕业，长风机械厂工程师，生于民国三十年（1941）辛巳九月十五日。娶汪培梧，氏于民国三十三年（1944）甲申十月十五日。生女二：令宏、令敏。

潘裕康 《世系考》载，其为潘家嵘长子，南京化工学院毕业，四川省泸州天然气化工厂科研室工程师，生于民国三十三年（1944）甲申五月七日。娶王凤琴，高中毕业，泸州天然气化工厂职员，生于1950年某月。生子一：

令弘。

潘裕杰　《世系考》载，其为潘家斯次子，洛阳大学毕业，生于1968年某月。

潘裕棣　《世系考》载，其为潘家曼次子，上海同济大学建筑系毕业，生于1959年4月。

潘　云　《世系考》载，其为潘家开子，大学毕业，上海冶金设计院技术员，生于1970年3月31日。

潘裕达　《世系考》载，其为潘家懋次子，承祧潘树孳后，大学毕业，苏州第五中学教师，生于民国三十七年（1948）戊子六月十九日。娶高洪，苏州中学校办厂职员，生于1955年4月。生子一：令宇。

潘裕华　《世系考》载，其为潘家则子，台湾医科大学毕业，生于1963年某月。

潘裕翼　《世系考》载，其为潘家懋长子，承祧潘树芑后，大学毕业，铁路局咸阳铁路中学校长，生于民国三十四年（1945）乙酉十一月十五日。娶李佩芬，咸阳铁路中学卫生所医师，生未详。生子一：令达；生女一：令泳。

潘裕焕　《世系考》载，其为潘家琦长子，字蕴文，号章甫，清华大学自动控制系毕业，历任中国科学院自动化研究所研究员、研究部主任，学术委员会委员，美国马萨诸塞理工学院客座教授，美国伍斯特理工学院高级研究员，美国模拟设备公司高级应用工程师，美国数字设备电脑公司高级软件顾问工程师，美国电工电子工程师协会会员。生于民国二十八年（1939）己卯十月九日。娶张幼辉，上海科技大学毕业，生于民国二十八年（1939）己卯十一月二十一日。生子二：令宇、令宁。

潘裕刚　《世系考》载，其为潘家仁次子，号刚北，北京中央工艺美术学院陶瓷系毕业，留校任教，生于1962年5月29日。

歙县潘氏三十七世

潘令明　《世系考》载，其为潘裕然子，北京大学毕业，北京邮电部规划所工程师，生于民国三十四年（1945）乙酉十二月二十二日。娶张昌云，北京邮电学院毕业，邮电部规划所工程师，生于民国三十四年（1945）乙酉九月。生子一：谟凯。

潘令誉　《世系考》载，其为潘裕庆长子，大学毕业，工学士，工程师，生于民国三十七年（1948）戊子九月十四日。娶王曙章女美英，中等专业学校毕业，助理经济师，生于1949年3月17日。生子一：谟华。

潘令范 《世系考》载，其为潘裕庆次子，大学毕业，中等专业学校教师，生于1952年3月25日。娶陆光建女明明，中等专业学校职员，生于1955年6月27日。生子一：谟侃。

潘令建 《世系考》载，其为潘裕德长子，大学专科毕业，中学教师，生于1952年2月25日。娶郑秀玲，生于1955年7月5日。生子一：谟城。

潘令罕 《世系考》载，其为潘裕宁子，大学专科毕业，技术员，生于1962年7月7日。娶沈静慧，中等专业护校毕业，护士，生于1964年11月4日。生女一：谟盈。

潘令瑞 《世系考》载，其为潘裕仁长子，字瑞，北京航空学院毕业，生于1961年11月12日。

潘令卫 《世系考》载，其为潘裕仁次子，字卫，无锡轻工业学院毕业，生于1967年某月。

潘令骏 《世系考》载，其为潘裕荣长子，字骏，大学毕业，理学士，苏州金塔电子公司助理工程师，生于1966年3月，娶徐氏，陕西机械学院毕业，苏州铸造机械厂助理经济师，生于1965年10月。生女一：谟晗。

潘令城 《世系考》载，其为潘裕荣次子，字城，大学专科毕业，苏州建设银行会计，生于1968年6月。

综上所述，“贵潘”之潘宗周、潘冕二支四代人中，受过大专以上高等教育的男士较多，他们所娶的妻子中亦有不少人受过大中专以上教育。由此可见“贵潘”的近现代子孙们，不但延续家族文化传统，而且将之发扬光大，其中有一些人接受国际知识教育，大部分人皆成了各个领域的专家。因此，他们为“贵潘”之“贵”进一步增添了光彩。

潘氏巾帼录

苏州“大阜贵潘”的男人背后，有一群潘氏巾帼做后盾。在“贵潘”的荣耀辉彩中，也有潘氏巾帼放射的光芒。因此，介绍和研究苏州“大阜贵潘”，亦不能忘记她们。尽管她们在《大阜潘氏支谱》中，大都以“某氏”出现，连名字也没有，但她们的人生事迹还是有所记载。因此，我亦将她们中的拔萃者选录于本书中，作一简扼的介绍。以期本书内容的完整。以下即以《大阜潘氏支谱》为文本录叙之。

钦旌节孝申太孺人行略

据《大阜潘氏支谱》之《钦旌节孝例赠孺人显继妣申太孺人行略》载，申太孺人是歙县潘氏二十七世潘克顺的继妻，是明嘉靖状元、万历朝官居首辅、谥号文定的申时行的玄孙女，其父申西畴亦官云南宜良县知县。她是长女，生来端庄聪慧，言语行动悉循礼法，因此深得父母钟爱。22岁出嫁于潘克顺，即潘兆鼎的长子，潘宗周的父亲，却是继妻。潘克顺的元配是歙州司马程时若的次女程氏，育有一子宗周，宗周5岁时弃世。因此申氏一来潘家即当上了后娘。

她这后娘却当得很好，故而不是亲生子的潘宗周在她逝世后，满怀深情地谨述了这篇《钦旌节孝例赠孺人显继妣申太孺人行略》。潘宗周谨述道，太孺人嫁到潘家后，管理家务，日夜勤勉，以孝顺侍奉公婆，以温和与妯娌相处，而抚养不是亲生的儿子则倍加保护，不是抱在怀中，就是牵携小手，如同自己生的一样爱惜，所以一时间家中老小都称赞她贤惠。

后又述道，父亲潘克顺怀有以科举功名使家庭显耀的大志。在有申太孺人承当了内政后，他便更加刻苦读书求学问，常常到深夜也不停止。而申太孺人在一旁纺纱织布陪侍着丈夫，无论寒暑都毫无厌倦之色。这样的努力有了成效，第二年潘克顺应浙江省学试，便得以补取为仁和县的庠生（县学秀才）。于是潘克顺愈加努力，益发刻苦，哪知却积劳成疾，染病在床。嫁来潘家才一年的申太孺人，见丈夫如此状况，便向苍天祈祷，愿以自己的身家性命替代丈夫，在行动上则是尽心地侍奉以医药，衣不解带达数旬之久。潘克顺深知，良好的医药和孺人精心的侍奉，都难以挽救自己的生命，遂在临终时，紧握着妻子的手，含着泪水嘱咐道：我和你虽然成婚不久，但知道你故有一腔烈性，想从我而去，然而家中上有"六十高堂"，下有"十龄孤子"，都要仰仗你，一家的重担都压在你肩上，希望你切切不要轻生。说完瞑目而逝，年仅二十有九。时在清康熙四十九年（1710）。

对丈夫的逝世，申太孺人自然是悲伤欲绝，三天不吃不喝，家内众人都以其夫临终遗言极力劝慰，她才稍进食。此后，她与继子潘宗周一同起卧，侍奉年老的公婆更加备至，遇到一些小病痛，都昼夜侍奉汤药，不让其他妯娌分担。丈夫逝世十四年后的甲辰岁（1724），公公潘兆鼎以67岁去世。过了两年丙午（1726），婆婆汪氏也以68岁逝世了。申太孺人甚是仓皇悲痛，然而她没有慌乱，而是相继将公婆的丧事都办得极为周详谨慎，弗使自己有懊悔之心。而且此后，每当岁时祭祀，她都尽到礼数，悲痛哭泣。族党们都长期称赞她难得。

丈夫逝世时，儿子潘宗周年方10岁，这么早就失去父亲的怙恃，而且他体质素来羸弱。申太孺人便于饮食举动之间，曲加保护。后来，当他到外面从师读书，也每夜必要督促他的学习，常流着眼泪对儿子说：我所以当初不随从你父亲而死，乃都是为着你啊！你若能学而有成，我至死都不悔恨。她还经常诉说他父亲的品行和平日刻苦读书的情形，以教育儿子。所以，潘宗周自小就知道父母亲的艰难。他读书成绩本还是不错的，后来因家计实在艰苦而放弃儒业，走上业盐经商之途。

对经商业盐的儿子，申太孺人又谆谆教导儿子务必要恢宏祖宗先业，家中的事，无问巨细，全由自己一身操持，不使儿子系萦于心，并且为他娶妻成家。所以潘宗周在谨述中深深知道，如今能够成家立业，皆出于太孺人教育之力，心中每思念及此，都时时深加愧叹。乾隆丁巳年（1737），正值申太孺人50岁诞辰时，潘宗周不忘继母抚养之恩，写了一封申诉书，备述申太孺人节孝之事迹，呈报官府，请给予旌表。得到朝廷的恩旨，赐给银两建造牌坊予以表彰。这事得到闾里族党一致称叹。然而申太孺人却在高兴之时转而凄然地说：人生这辈子岂能愿意如此？我何忍借逝世的人来成就自己的名声。足见她既是如此谦抑，也是如此清醒，显示出一颗慈祥的心。

潘宗周在谨述中还提到，申太孺人视诸位侄子也犹如自己的儿子一样的关怀爱护，对诸位孙子的教育训示也如同教育儿子一般严格。在闺门之内则很讲规矩，“肃肃雍雍”，不可紊乱，生活上则对自己很节俭，对他人则以厚待，尤其是敦睦族谊，遇到有困难者，必令儿子宗周竭力予以抚恤。她的身体素来康健，喜欢做事，一生勤劳，到了古稀之外的年纪，还每日缝纫不释。乾隆二十八年（1763）仲春，她偶染微恙，潘宗周急忙延请医师予以治疗，进以药饵。申太孺人却笑道：我作为未亡人已经五十余年，常常是恐怕辜负你父亲临终遗言，而今，你幸然成立，而且有了子孙，我可以到地下去报告你父亲了，何必再用药呢？到了临卒之夜，她还勉强起身，检点杂物，吩咐给孙子曾孙，而且命子孙取水来盥洗整衣，然后躺到床席上，安然而逝，得寿七十有六。继母申太孺人的逝世，对于潘宗周而言，自然是呜呼痛哉！他回想自己5岁丧母，10岁丧父，是申太孺人茹荼饮血，辛勤抚育，才使自己得有今日。继母的深恩岂能忘怀，悲痛之中是无限的感激之情。

从上文可知，申太孺人是一个不违夫命，坚强不屈，抚孤成人，孝敬公婆，善待妯娌诸侄，敦睦族谊，扶危济困，勤俭辛劳一生的了不起的女子。潘宗周支为“贵潘”的重要组成部分，因此申太孺人为家庭和宗族做出了不可磨灭的贡献，“贵潘”之“贵”中，包含着她的奉献。

例赠戴太安人事略

例赠戴太安人者，乃潘暄之妻，潘冕之母也。潘暄是潘兆鼎第四子，因此戴太安人与前文的申太孺人是妯娌。申太孺人之子潘宗周和戴太安人之子潘冕是组成苏州“大阜贵潘”的两大支之首，所以将戴安人的事略作一番介绍亦有必要。

潘暄生有六子，除三子宗衡幼殇外，有兄弟五个，而长兄宗亢亦于16岁时卒，故当母亲逝世时，是次兄潘冕率诸弟述记《例赠安人显妣戴太安人事略》。起首即云，戴太安人是授奉政大夫、乡饮大宾戴勖庵之女，但她生而端庄静好，不苟言笑，动作有常，品格气度不低，故在娘家最受其父母所钟爱。年岁14时，潘家祖父潘景文闻知她的名声，就去戴家求亲作自己孙子潘暄之妻。戴家当即应允，两下订婚。不久，戴勖庵却为朝廷看中，派他到广东任连州牧，于是戴氏即随父亲去到连州。直到24岁，恰遇动乱，母亲即带女儿返回故里。然而准备与潘暄成婚之时，谁知遭遇他的祖父逝世，潘暄只得在守制三年后，才将戴氏娶了过来。这时，潘家从新安老家来吴地定居还没有几代，先几代潘家人婚配女子多为新安徽州人，很少有与吴地女子成婚的。而戴氏却是吴地女子，所以当戴氏嫁到潘家时，宗党们都有些疑惑，担心吴地人习俗奢华，恐怕与徽州人崇尚节俭的家风不能融洽。然而现实很快证明族人的担心有些多余，因为戴氏秉性谦恭，敦厚俭朴，钗荆布裙，绝无勉强之态，嫁到潘家还不满一月，即获得族人一致称贤。此后，婆婆即将家事悉委派她做主，她也不负所委，丰啬中节，都很妥当，因此在诸妯娌中，她最得公婆喜欢。婆婆即汪氏，性格严厉且好清洁，仆婢们送去的食物她大多不吃，戴氏便绝去婢仆，亲自操持，连给婆婆所用的器具都别具单设，不杂陈到众人之中，因此凡是戴氏所进饮膳，婆婆都喜而用之。到了公婆去世后，戴氏即将他们使用过的器具奉为祭器供了起来，四十年来如一日。而遇着高曾祖的忌辰，更是尽诚致敬，从没有稍加懈怠，即便是后来年纪大了，步履维艰，足不出户，但每逢岁祀之时，还必命人扶掖着她出来祭拜，未尝以病废礼。

自歙县潘氏二十五世潘景文以商入仕后，潘家便将科举摆到了首要位置。潘暄也如同其祖其父一样专意于科举学业，很少过问家人生产经济之事，皆由戴氏悉力营办，不让丈夫分一点心。当丈夫的宾朋前来讲业论文时，她即殷勤招待。而当有人因经济困难相告时，她都尽力给予接济，甚至不惜拔下自己头上的簪钗，慷慨以赠。故潘冕在述略中感叹道，像我母亲如此相夫之贤的几乎没有。潘冕兄弟六个，虽说长幼不齐，然而都是母亲戴氏亲自哺乳的，大都成人。但她也不是一概溺爱，当孩子们有了过失，则训诲严于督责且必要他们改而后已。不仅如此，她对孩子们从上学就师到授室娶亲，做母亲的皆踌躇顾虑，没有少释的时间。而对家中所驭管的下人，也都严而有恩，所以下人们也多乐意为之所用，以至家中的保姆、仆从数十年都不忍心离去。遇到仆人中有父母亡故的，她都给以棺木进行殓葬；仆人的儿女有疾病的，她都给以医药治疗；而当婢女们到了及笄待嫁的时候，她则予以操办遣嫁，从不以贫贱而另眼看待。但她对于自身，则是自奉俭约，食不兼味，衣不重裘。而宗党族人中有贫乏的，她则不惜钱财时时加以周恤，而且谕示下人不要萌生欺侮的意念。到年届70岁时，她即命儿子以结余资金为自己置办寿具，凡是临终所需的衣饰，或从留在奁箧里拿出，或先后购买准备，一一预为区划，并谕令儿子们，自己死后，不要用金银簪珥等贵重之物陪葬，恐怕失去新安人家的俭朴之风。所以潘冕在述略最后称赞母亲见识高远。故后被朝廷封为安人，子辈称其太安人。安人是封建时代朝廷对妇女的封号之一，明清两朝用以封赠六品官之妻。潘暄得貤封文林郎、内阁中书、协办侍读之衔，故其妻得以封安人。戴太安人生于清康熙二十六年（1687）九月二十八日，卒于清乾隆二十五年（1760）六月十一日，享年七十有四。

从上文所述，可知戴太安人是个精明强干的内当家，管理家庭严而有序，尊重上人，恩待下人，自奉俭约，乐于助人，是一位令人尊敬的妇女。其子潘冕对苏州“大阜贵潘”的形成起着重要的作用，因此戴太安人作为优秀的内当家，亦为家族的发展做出了不可磨灭的贡献。

汪安人行略

从与潘奕隽“有通家之好”的长洲彭绍升遵嘱所撰《潘安人汪氏墓志铭》记载可知，潘安人汪氏乃是文林郎潘冕之妻，以子潘奕隽有位于朝而封孺人，后又列封安人，终年六十有一。其母家先世居于休宁，乃徽州人。由其祖汪懋琳始迁苏州，封朝议大夫、刑部广东司郎中，其父汪元任为州同知。汪安人“静而婉，宽而有制，约己而好施，其事存也周，其奉先也悫，其教子也勤，其与人也恕，晚习天竺，书乐其道，一蔬一盂，泊然而已。性爱艺华，庭列盎梅数本。将终之岁，梅不华。子三人，长奕隽，进士，官中书舍人，署内阁侍读；次奕藻，举人，需次中书舍人；奕基，附贡生。孙三人：世章、世灏、世辅。铭曰：其德修，君子仇；其容慈，孝子思；千春万载藏于斯”。

此墓志铭虽文字简练，但概括了汪安人的为人品德与行迹，性格文静婉约，待人处事宽仁却有定制，严格约束自己而好施与别人，是一个丈夫的好配偶，子女的好慈母，公婆的好媳妇，家人邻居的好朋友，连她所培植的盎然之梅，竟在她临终之年也不开花，以示哀情。不过，要详细地了解汪安人的生平事迹，还须看其夫潘冕含泪所述的《汪安人行略》。

《汪安人行略》开篇即言，安人姓汪氏，是朝议大夫、刑部广东司郎中汪澹庵孙女，是州司马汪慎庵的次女，生而端庄淑慎，不苟言笑，她的同堂姐妹有十数人，每逢初一、十五都要集于一堂，唯有她表现得谦让静穆，所以祖父母都极力称赞她，说这孙女有福相。19岁出嫁潘冕为妻，在婆家也是恭俭有礼，进退不逾尺寸，所以婆婆戴太安人甚爱怜她，像爱自己的女儿一样。当时，公公潘暄正在攻读举子业，不问家计，是戴太安人将自己的嫁资拿出来，为几个儿子办理婚娶之事，很是辛勤周至。汪氏一进潘家门，即善于体贴婆婆的心意，也尽力拿出自己的钗珥去典当一些钱来，作为家用。谁知不久，那些当票不慎被一把火烧了。但汪氏没有埋怨，没有慌乱，而是处之怡然且终身没有提起此事。她侍奉婆婆孝敬备至，每做一事都要先请示婆婆的意见。而当婆婆生病时，则晨夕不离开婆婆的床笫。婆婆逝世后，对健在的公公的饮食等方面都照应的周全备至。而在妯娌姑姐之间，也终生没有一点闲话。

《汪安人行略》继续诉说，汪安人生平“好行阴德”，对丈夫一有善念的表示，必定竭力予以支持，即使摘脱自己的簪珥也欣然快乐。然对人家的说短道长，她总是默然不应，不参与是非。潘冕素来体质羸弱，30岁就患上抑郁症。汪安人对丈夫更是关怀备至，侍奉汤药，昼夜辛勤，前后三载，终于使丈夫解脱沉疴。而抚养诸子，虽然也非常疼爱，却从未曾存姑息之念，从他们还是襁褓幼儿时起，就开始教育，长大了从师读家塾后，放学到家中，仍然篝灯点火，令他们背诵所读的书，背念成诵才让他们就寝。所以儿辈们虽说资质不是太好，但由于母亲课读兼程，效果还很不错。如乾隆壬午年（1762），长子潘奕隽赴浙省乡试即考中了举人，捷报传来，家人都很欣喜。这是潘家数代人努力后第一个科举硕果，欣喜是自然的。然汪安人却独自潸然泪下，此时，她想到了婆婆戴太安人已于两年前逝世了，不能亲见。当时，婆婆去世，她悲痛于哀毁之中，赞襄丧事必诚必信，除服以后看到婆婆的遗物仍呜咽泪下，此后每年祭祀时都是涕泪横流。

潘冕在《汪安人行略》中继续诉说，自己性子急躁，妻子汪安人则总是济以宽宥，有什么过错，立即解释自赎，不做无端责备。平常过日子，她自奉淡泊，而且常持斋诵经，朝夕饭肴不过是一盂饭一盘蔬菜而已。癸巳年（1773）冬天，公公潘暄逝世，她尽礼尽力一如办理婆婆丧事一样。她的父亲晚年居住在乡间，她时时切念在心，抽时间亲往问候，带许多甘旨物品，克己以奉。丙申年（1776）腊月，父母的噩耗相继而至，当时正是寒冬，风雪甚紧，她则号泣着前往奔丧，寄托哀情，以致自己得病，医治一个多月才愈。

汪安人曾说，居家既要求和，也须整肃，作为女妇除了归省娘家外，当不要轻易出门，每事必存忠厚，口不言人的过错。当儿辈们有违犯的，她便用书中的事理予以警戒。她的长媳，即潘奕隽的元配妻子史氏，素来为人孝谨，然而早殁于京，汪安人闻知，尤内伤于心。当长孙世璜扶母亲灵柩南归苏州后，汪安人便与11岁的孙子一同起卧，尽心抚养。

潘冕继续在《汪安人行略》中诉说，汪安人性好勤苦，无论冬夏，总是纺织纱布，不敢稍有懈怠，即使生病，稍一好转，就勉强起身支持家中事务，从初为新媳妇起，到艾耆老年，数十年如一日，因此作为丈夫，感到娶了这样的妻子真是有幸。汪安人到了花甲之年，身体尚能强健。潘冕以为她与自己白头鸿案，是完全可以的。谁知六十初度，她便中道弃别丈夫长逝于地下。原来，汪安人生孩子后，就曾患乳疾，医治两年有所好转，中年又得肝疾，经医治不发已有六七年。哪知旧疾忽然发作，虽经调治稍愈，仍能勉强起来治理家事，然而不久又肝气大发，再加医家误诊，不两日即逝世了，享年六十有一。

从潘冕的《汪安人行略》所述，他的妻子汪安人是一个品格优秀，善于持家，相夫教子，颇有成效的内当家。她所生三子，一为“贵潘”的第一位进士，一为举人，一为贡生；而她的三位孙子，一中状元，一夺探花，一为举人，从而开启了“贵潘”荣耀的帷幕。这些成就汪安人也功不可没，家族的辉彩中也有她奉献的光芒。

诰封一品夫人黄氏行略

诰封一品夫人黄氏，乃是状元潘世恩之母。其夫潘奕基亲撰《诰封一品夫人亡室黄夫人行略》，亦充盈夫妻之情，写得细致实在。现介绍如下：

《诰封一品夫人亡室黄夫人行略》起首即写“夫人黄氏世为新安望族”，的确如此，黄氏早于晋代即来新安，是最早落户的姓氏之一。但嫁予潘家的黄氏却已经迁居吴地，她的父亲名讳士钦，封江西雩都知县，貤赠荣禄大夫；母亲沈孺人貤赠一品夫人；长兄黄图新为甲午（1774）副榜，候选直隶州判；次兄黄应超为丙午（1786）举人，历任江西雩都县令、福建古田县令，其父之封乃以次子之职也；三兄黄国华为己酉（1789）举人，拣选知县；四兄黄载澄是一名国学生。黄氏在女行中居长，下有一妹，嫁给山东布政使邱庭隆为妻。因此，黄氏的母族也是个官宦之家，兄弟姐妹颇多，虽不如后来潘家那么显贵，但也算是门当户对。

黄氏于乾隆丙戌年（1766）三月嫁给潘奕基，时年二十有一。当时，潘奕基的祖父潘暄犹然在堂，父亲潘冕方督理家政，母亲汪安人主持中馈，掌管家务。黄氏嫁入潘家，即晨夕侍奉秉承公婆之意，因而深得堂上尊长的欢心，后与伯嫂史宜人（潘奕隽妻）、仲嫂吴恭人（潘奕藻妻）情好甚笃，里里外外都没有闲话。此后，几位上人先后逝世，黄氏皆拍胸跌足地哭泣，尽哀尽礼，后开始管理内政。她仰承了婆婆汪安人平日之风，勤俭持家，不肯丝毫妄费。而祭祀先人则必丰腆，必诚必敬，数十年如一日。

潘奕基在科举场上屡受挫折，几次应南北闱试，传来的都是名落孙山的信息，因此不免有所失落，黄氏则必从旁予以好言相劝，宽慰丈夫。当时，伯兄潘奕隽中进士后官居中翰，仲兄潘奕藻亦中进士偕同长兄留居京都。见二位兄长都向上攀登，作为三弟的潘奕基自然心动。这时，黄氏以公公春秋渐高，就劝说丈夫安心留在家中，承欢养志，及时尽对父亲的爱忱。庚子年（1780），潘奕基也得报被四库全书馆取为誊录之职，有了进京工作的机会。父亲潘冕即督促他尽快北上，同时亦可准备应北闱秋试。潘奕基即去了京师，哪知秋闱榜发又名落，遂颓然回家，然到家，父亲已与九月二十五日病故。当时他真是抱恨至极，甚是哀毁，此时，又是黄氏多方慰藉才宽了心怀。

这时，两个儿子世荣、世恩才入塾读书，潘奕基只得把科举的希望寄托于儿子身上，因此督课甚严，篝灯夜读，每至更深。而作为母亲的黄氏则是煮枣栗等给儿子食用，往往是母亲的切菜声、父亲的戒尺声和儿子们的读书声交相呼应，形成一派和谐的旋律与气氛。这样的教育氛围必然有效果，甲辰年（1784）四月，世荣、世恩兄弟一同进入县学且先后获得食饩的资格。黄氏见二子有如此成绩，遂嫣然色喜，不过又为公公婆婆不及亲见为憾。此后，己酉年（1789）、壬子年（1792），世荣之妻顾氏、世恩之妻谢氏先后以23岁、21岁不幸去世。黄氏接连见幼辈之丧，尽伤于心，当时孙子潘曾沂（潘世恩子）未曾满月，长孙女亦还在襁褓之中，都没有了母亲，黄氏便承担起抚养的责任。这责任自然是难以承受，她即以佐理无人的理由，为丈夫添置了侧室陈氏，来为自己减轻负担。

乾隆壬子年（1792）秋，潘世恩赴江南乡试得中举人，次年春会试联捷成进士，殿试又钦定一甲一名状元，授翰林院修撰。喜报传来，黄氏十分高兴，但她欣喜之余也很冷静，对丈夫说，孩儿还很年少，现膺圣天子特达之知，得以高中，若不是祖宗积德培养，是不及于此的，因而还须教育孩儿应该益加读书砥行，以期无愧于科名。可见，黄氏的见识很高。很快好事连连，两年后的甲寅年（1794）秋，她的大儿子潘世荣亦秋闱报捷，中了举人。这虽没有次子中状元那么荣耀，却也体现了潘家科举初成的辉彩。黄氏的见识果然不同凡响，她认为自己儿辈的学业并不是那么丰富，只不过是侥幸成名，还应当以满盈为戒。在她心里，还是两个儿子的婚事要紧，所以在他们夺取功名的前后，即于庚戌年（1790）四月先为潘世荣续娶了陆氏，再于甲寅年（1794）正月为潘世恩续娶了汪氏且先后按制度授室夫人，至此，黄氏才“顾而色喜”。潘世恩续娶后，即于四月携新夫人赴京补官。次年乙卯（1795），侄子潘世璜（潘奕隽子）也高中一甲三名探花，亦授编修，兄弟便同为翰林，达到潘家科举的鼎盛之期。

后来，潘世恩步步高升，屡任要职且将父母迎养身边。那是潘世恩32岁典试浙江并转任学政时，黄氏一进杭州学政署，即教训儿子说，今年秋浙闱榜发，你父亲说你取中的皆是孤寒之士，以及一时名宿，现在你又接任学政，务必宜培养人才为要，要体恤寒门之士，勿要一朝得志，忘了秀才面目。所以每逢潘世恩校士之时，她必申饬儿子于四鼓即赴大堂点名，尽一日之长。她的教训与督促对潘世恩如何为官，是颇有效益的。第二年五月，潘世恩为母亲在杭州祝花甲之寿，当时“大吏称觥，亲朋执斝，门下士捧觞，上寿者肃拜于庭”，大小官吏一派捧场气氛。黄氏则怡颜逊谢，无有骄态。在杭州三年中，黄氏遇到春秋佳日，便率子妇及孙辈，周览六桥三竺之胜，欣游西湖画舫。而黄氏则秉性谦冲，并不自鸣得意。学政衙院内有个西园，水竹亭榭，蔚然深秀，黄氏便携孙辈赏花钓鱼，竟日忘倦，过了一些好日子。后来，潘世恩进京任职，拜别母亲时，黄氏即要求他以大义做官，不要留恋家庭。再后，潘世恩职掌吏刑二部，又奉命典试顺天府。黄氏便对丈夫说，孩儿以微薄之才，屡任清要之职，司理文柄，可能有些名不符实，担心他的才德不够担任要职，表现出她的正直之心。再后，潘世恩督学江西，黄氏又嘱书给儿子，要他保身爱士，一如既往。又再后，潘世恩调任户部尚书兼署吏部尚书，她又告诫道，责任愈重，报称愈难，勉以竭诚报国，无旷厥职。因此潘世恩在朝廷为官数十年，一直谨慎为之，这与母亲的一贯教育有关。

嘉庆十九年（1814）春二月，黄氏夫人曾患痰饮之疾，即咳嗽痰喘，经医治后得以平复，入夏以后，精神如旧。不料在六月初三那日下午，她忽然患呕逆，到夜间稍有平定，谁知第二天又复呕逆，而且有痰塞住咽喉，延至下午酉时，竟然神明不乱，瞑目端坐而逝世，那情状甚是坦然，年仅六十有九。对于妻子的突然逝世，作为丈夫的潘奕基自然是悲痛的，他在《诰封一品夫人亡室黄夫人行略》中述道："暮年伉俪，白首相庄，一朝永诀，睹床箦之空陈，怅音容之渺隔，既痛逝者，行自念也。"字句之间洋溢着悲哀之情。他不禁想起往事来。己巳年（1809）春天，潘奕基因旧居稍微狭隘，便卜居住宅于钮家巷中，经修整后于第三年辛未（1811）十一月才移居。这新宅中有个小园，三春时节，花开烂漫，黄氏夫人便率儿子、媳妇以及孙辈，遍览园庭花木盛景。他看夫人的精神颜色不减以往，以为她可以享有期颐之寿，孰料竟顷刻间弃自己而去。所以潘奕基对妻子评价道："夫人温恭慈惠，相夫以敬，御下以宽，不喜珠玉锦绣之饰，自奉淡薄，三冬御寒之具，阅数十年不易；至亲戚中，有缓急相告者，咄嗟立应；家中米盐零杂之类，皆一身肩之。"这些评价是切实而中肯的。他又回忆着："自恩儿（潘世恩）位跻卿班，每岁恩赐大缎、貂皮、人葠（药草），或遇便寄家，夫人蹙然谓予曰：'吾生平布衣蔬食，安之若素，此天家贵重之物，吾何德以堪之？'"黄氏夫人对皇家所赐不以为然。她在儿子受皇恩赏赐后，总是教训儿辈："汝曹宜责己以严，待人以恕。"又说："一粥一饭，当思来处不易，惟惜福者能享福。"真是一个很有见识的夫人。所以潘奕基感叹道："夫人之宅心行事，无愧神明，乃天不假年，遽至于此，呜呼，甚可悲也！"

综上所述，黄氏夫人，其言辞，其行为，都表明她是一个高尚的人。潘世恩能够在历史上获得一定的地位和声誉，应当说与母亲的教养是分不开的。

诰封一品汪太夫人行状

诰封一品汪太夫人，乃状元、宰辅潘世恩之妻，虽然只是继妻，但潘世恩的元配谢氏于归第五年即卒，仅21岁，而潘世恩也仅24岁，因此与潘世恩举案齐眉、相伴一生的是继妻汪太夫人，而相夫教子卓有成效的也是汪太夫人。所以她的子孙潘曾莹等在她长逝后所述行状饱含情感和许多细节，展示了她的殷勤相夫教子的一生。

《诰封一品汪太夫人行略》叙述，汪太夫人是唐代越国公汪华之后，夙为新安望族，曾祖汪癸正，号素亭，自徽州迁居吴地，考职州同，敕授儒林郎，后诰赠朝议大夫；祖父汪元鏊，字湘泉，为候选州同，敕授儒林郎，例封文林郎、翰林院庶吉士，貤赠通奉大夫；父亲汪为仁，候选知府，诰授朝议大夫，诰赠中议大夫，晋赠资政大夫；母亲朱氏，诰赠恭人、淑人，晋赠夫人，继母缪氏，诰封恭人，晋封太淑人，晋赠夫人，此缪夫人乃是汪太夫人的生母。《诰封一品汪太夫人行略》说汪氏自幼聪明有智慧，识为人大义且端庄静穆，不苟言笑。他们汪家也是个大家族，她同胞兄弟姐妹竟有二十四人，大家谦让和睦，而汪氏是其中拔萃者，故更得父母的欢心。潘世恩在元配谢氏逝世一年后高中状元且授翰林院修撰。父亲潘奕基和母亲黄太夫人即为儿子续娶之事谋划。他们闻知汪家有女贤惠，即遣人为媒。汪家也因前来提亲的是新科状元，所以尽管是填房，也便同意了。于是潘世恩乞假返里迎娶，而且还亲手绘制了《秋飒归兴图》以记其事，飒即帆也，意即因此而一帆风顺也。当时，政、文二界名流如刘墉、纪昀以及钱竹汀、王西庄、王梦楼、吴縠人等诸先生皆在此图上题咏，以表祝贺，一时成为词林佳话。

汪太夫人嫁来潘家时，仅17岁，年纪虽轻，但很懂为人处事之道，对公婆孝敬兼尽，每做一事，必先承上人之意，而处理妯娌之间，也是以和为宗旨，因而很快就得亲戚族党的交相赞誉。成婚当年即随丈夫入都。当时，潘世恩的伯父潘奕藻和堂兄潘世璜都在京师为官，汪太夫人即和伯母吴太夫人、大嫂陆太恭人晨夕欢聚，而亲友眷属往来，也都没有闲言闲语。潘世恩的座师铁保（字梅庵）的如亭夫人也常对人说，在诸门生妇中，唯汪夫人年纪最少，但沉静寡言，乃是第一个有福的人也。

翰林院是个清水衙门，因此潘世恩最初的宦况颇为清冷，家中生活也颇拮据，寓居之处也很狭窄。然而汪太夫人自奉俭约，处之晏如，一人独当家计，不以琐碎细务来拖累丈夫。后来，潘世恩官运亨通，屡次出任典试之差，又将六部侍郎任了个遍，累至由大学士入赞枢密，成为当朝宰辅，前后服官垂五十年，得以尽心职守，皆有汪太夫人内助之力也。汪氏初来潘家，前夫人所生大女儿5岁，儿子潘曾沂才3岁，她疼爱他们如自己亲生，竭力维持保护，照顾必加周到。潘曾沂入塾读书后，她则像尊师一样训育勤读，“抚之以慈，范之以礼”，偶尔有过错之举，做父亲的每加督责，而她做后娘的唯以温和的言语婉转地加以引导。她这如亲娘一样的慈爱，潘曾沂也便无不恪遵。后来，潘曾沂以博士弟子员取得县庠食饩的资格且名列贤书。汪太夫人即高兴地说，我可以告慰谢夫人于九泉了。道光丁亥（1827），潘世恩守父母孝期满，继续北上任职，汪太夫人随夫入京，此时，36岁的潘曾沂早已是举人身份，却因多病留在原籍。不过，他也并没有因疾病而闲着，稍有好转，便常作提倡周急济贫等善举。汪太夫人在京闻知，则很欣喜，称赞儿子的举动很符合自己的心意。

潘世恩由江西学政升任回京，此时汪太夫人携带自己所生的潘曾莹、潘曾绶由浙江回到故里。两个儿子尚在年幼，汪太夫人作为母亲自然教养备至，晚间他们自家塾回来，还要篝灯夜读，命令他们温理经书，并亲自监督他们背诵。当时，公婆尚在，已将家事悉数交汪太夫人打理，于是事无巨细，经理一切，每天都要到深夜，不敢倦怠，于是她便叫孩子们的庶母张太恭人、安孺人（潘世恩所娶侧室）代为督课。张太恭人是潘曾玮之生母，而曾玮在诸子中是最幼的，汪太夫人待他钟爱有加。潘世恩在京师建苏太两属谊园，汪太夫人也从私房钱中拿出白金若干，使丈夫此一举措得以克成。而每有贫乏的人向她告匮，她必尽力施与。遇人有急难，她即令在家的小儿潘曾玮代为料理。她还说，玮儿好行善事，脾性像我也。后来，子孙辈依次登上仕籍，每进一阶，汪太夫人都正色晓谕他们，“汝等蒙祖宗余荫，策名仕版，益宜谨慎，于处世立身，留心讲究，既得官，当为朝廷出力，非徒博荣名也”。

丙午年（1846），潘曾莹奉命为云南乡试正考官，叩别时，因父亲潘世恩年事已高，母亲汪太夫人又患咳嗽之疾，所以甚为留恋。汪太夫人却坦然谕示道：你父亲精神甚为健旺，我也尚可以支持，皇上给你以衡文取士的重任，你当尤须遴拔真才，细心校阅试卷，不要使那些寒门士子有所委屈和压抑。你这样做了，就足以安慰双亲之心了。此真是谆谆之言。次年，潘曾莹带自己所录取的小门生来谒见父母。汪太夫人看见后甚是高兴，即谕示道：滇南是我旧游之地（潘世恩曾担任云南学政，汪氏曾随夫去过），现在重新看见这一榜的人才，其中多寒素之士，真令人高兴。她还兴致勃勃地回忆滇黔的风景，如飞云岩、牟珠洞等诸名胜，历历如在目前，令身边听的人都不由艳羡。由此可见汪太夫人的见识之广。

潘曾莹官学士时，曾蒙道光皇帝召见。道光曾垂问汪太夫人的年岁，并详询了她的饮食起居。潘曾莹回来告诉母亲，汪太夫人感激涕零，益发训诲儿子忠诚勤慎为公，以仰报皇恩之万一。她还晓谕小儿子潘曾玮，朝廷用你担任掌刑的官员，你当悉心办案，认真管理，勿要崇尚严刻，勿要轻易施以责罚，多讲求体恤宽大之意，存哀怜矜持之心，即可为人为己造福。不过，我终不愿你担任刑官也。从这些话语中，可体现她的宽厚仁慈之心。当潘曾莹以内阁学士署刑部侍郎时，汪太夫人也时时以上述之意谕之。总之，汪太夫人教子，皆能从大处着眼，不沾沾为姑息之爱。汪太夫人70岁寿辰，众子女捧觞称祝。汪太夫人又给大家列举积善积德必有感应之理，谕示说，凡刻薄者，必干天和；忠厚者，必有后福。我年幼时多疾病，每餐吃饭不过半盂，有人说我不能永年，后来又患喉疾，几乎送命，遇到名医才治愈。因此能够随你们父亲到云南浙江江西，路途跋涉，精神较胜。今年已是古稀，自己觉得没有什么过人之处，唯有居心宽恕，从不做刻薄的事，这或者就是苍天保佑吧。她又说，你们的外祖父常对我说，我见你存心厚道，事事曲体人情，星命家谓汝无子，以理断之，必享忠厚之报，子孙必多，因此以榴杯赐给，以待以后检验。如今你等皆能上进，孙辈林立，追思你们外祖父的遗训，全部兑现了。潘曾莹道，这是母亲以自己的亲身经历来训诲子孙。

潘曾莹等在《诰封一品汪太夫人行略》中直述母亲“秉性慈惠，遇仆妪辈，从无疾言遽色。闻人有疾，必为购药医治。或竟夜不寐，闻其愈则喜。夏施茶水药饵，冬则棉衣粥米。其他善事不可缕述”。这里叙述了汪太夫人的扶危济困的慈善品质。

谁知咸丰四年（1854）四月，潘家遭遇了潘世恩逝世的变故，汪太夫人哀痛异常，于是素有的旧疾复发，而且更甚，身体日渐清羸，虽然有子孙勉为劝慰，但汪太夫人总以丈夫的灵柩没有返归故里为忧。于是八月二十二日，太夫人命子孙等扶柩归里，她自己也带病上路。十月初二抵达苏州家中。当时已任职翰林院的孙子潘祖荫也随侍归南，在安葬了祖父后，即被祖母汪太夫人命令他束装北上且谕示道：“汝以鼎甲蒙皇上擢用侍读，宜进京供职，及时报效，汝父及伯叔兄弟辈在家侍奉，勿以我为念也。”表现了她识大体、顾大局，以国事为重的浩然胸怀。然而，潘祖荫离家北上不过月余，他的祖母汪太夫人即于当年的十二月二十九日，气急痰升，端坐而逝，年七十有七。

综上所述，汪太夫人是一个将“贵潘”的荣耀推向高峰并绵延后世的巾帼人物。

护捐国宝的潘达于

2017年6月，中央电视台播出关于爱国收藏家的故事，宣扬他们无偿捐献手中价值连城的文物给国家，使文物得到更好保护的爱国情怀。其中尤为显眼的是百岁老人潘达于的故事，她将两尊“重型国器”——大盂鼎、大克鼎捐赠给国家，世人极为敬佩。

1906年3月（亦有言其生于1904年）潘达于出生于苏州，原姓丁。父亲丁春之曾任山西定襄知县（亦有文称其任山西某州知府），后投身实业，是苏州最早的一批民族资本家。丁达于幼年时即与潘登穀的次子潘承镜定亲。潘登穀是潘祖颐的第五子，潘祖颐是潘曾玮的第四子，潘曾玮是潘世恩的第四子，故潘承镜是潘世恩的玄孙。高中探花的潘祖荫是潘世恩第三子潘曾绶的长子，虽娶妻汪氏，却未育子女。其亲弟潘祖年先将长子潘树孳嗣继兄祖荫，却只活到15岁而无后，又将次子树芑兼祧，却也年仅6岁即夭，遂将曾侄孙潘承镜过继来，成为祖荫、祖年两家的孙子，丁达于也就成了两家的孙媳妇。然而结婚才三个月，潘承镜即病故。潘家人丁不旺，丁达于遂干脆改姓潘，为潘达于，成了潘氏家族潘祖荫一支长达半个多世纪的掌管者。她没有生育，由潘承佑子潘家懋承嗣。最后，潘达于与孙子潘裕翼、裕达一起生活，居住在苏州最繁华的观前街南侧幽兰巷乐艺苑别墅小区。

潘达于的高祖父潘世恩是乾隆五十八年（1793）状元，历仕乾隆、嘉庆、道光、咸丰四朝，为官达五十年，在道光朝任宰辅近二十年；嗣祖父潘祖荫是咸丰二年（1852）探花，光绪间官至军机大臣，是著名的金石书画古籍版本收藏家，有专藏珍本书籍的“滂喜斋”和专藏青铜器的“攀古楼”。潘氏家族的文物收藏，是从乾隆时期的潘冕时开始的，到潘达于这一代，一共延续了近两百年的收藏积累，经历了六七代人的努力。据潘达于回忆，1896年当潘祖年得悉嫂嫂（潘祖荫之妻汪氏）去世，即赶赴京师料理后事。潘祖荫位于北京米市胡同内的大宅，已经出现文物、藏书被盗的事，仅宋版古籍缺首卷者已不在少数。潘祖年料理了一个余月，即将兄长的所藏之物足足装了四船才运回苏州，其中就有大盂和大克二鼎，而它们正是潘家所有藏品中的价值最高之物。

大盂鼎高101.9厘米，口径77.8厘米，重153.5千克，距今三千年左右，造型雄伟凝重，纹饰简朴大方，工艺精湛，内壁铸有铭文十九行二百九十一字，记载了周康王对大贵族盂的训诰和赏赐。大克鼎高93.1厘米，口径75.6厘米，重201.5千克，腹内壁有铭文二百九十字，字体工整，笔势圆润，堪称西周中晚期青铜器铭文的典范。它是周孝王时大贵族克为颂扬国君、祭祀祖父所铸，距今有两千八百多年，文字内容一是歌颂祖父佐助周室的功绩，记述自己蒙受余荫，被周孝王任命为大臣；二是记载其受赏赐的物品，如服饰、田地和奴隶。两者都是研究西周社会政治状况的宝贵资料。

相传大盂鼎为清道光初年出土于陕西岐山礼村，最初被岐山富绅宋金鉴购得，后辗转至曾任西北封疆大吏的左宗棠手里。清咸丰十年（1860）三月，刚入仕不久的左宗棠遭人弹劾，同朝为官的潘祖荫三次上疏营救，才使左有东山再起之机。于是左宗棠视潘祖荫为密友，他深知潘祖荫有收藏青铜器的爱好，遂毅然将自己珍藏的大盂鼎慷慨赠予潘祖荫。而大克鼎则于光绪年间出土于陕西扶风县法门寺任村，几经周转后，于1889年被潘祖荫重金购得。潘祖荫的攀古楼收藏有百余件青铜器珍品，但他以此双宝为“宝藏第一”，并专刻印纪念。而得了双宝的潘祖荫也成了海内外青铜器收藏家中数一数二的人物。故后来潘家人刻了“天下三宝有其二”的印章来纪念两尊礼器给潘家带来的无上荣耀。

既是国宝，便吸引无数人的眼球，就有打主意谋而求之的人物。先有清末权臣端方，企图以借阅为名而夺之，幸而正值辛亥革命爆发，端方断头而未遂。继而有酷爱中国青铜器的美国人，以六百万黄金加一座洋楼来换取，被潘家人断然拒绝。

后日本军队发动九一八事变。刚满20岁就挑起掌管门户、守护家财重任的潘达于，机警地感到形势不妙，遂在抗日战争前，请来了可靠的摄影师，花大洋千元，将全部青铜器逐一拍照，并将三百八十块玻璃底片精心收藏。抗日战争全面爆发后，当战火还未烧到苏州时，潘达于叫家里的木匠做了个结实的木箱，深夜将一间住房的地砖搬开，挖了一个大坑，然后将两尊大鼎藏于木箱，埋入地下，再按原样铺好方砖。果然，日本侵略者占领苏州城后，觊觎中国文物的日本军队先后七次闯进潘家搜宝，均无功而返。就这样，宝鼎在潘达于机智地守护下安然无恙。

1944年，埋在地下的木箱腐烂了，方地砖也塌陷了。潘达于怕宝鼎受腐蚀，遂和家人一起用圆木做起重吊架，将两尊大鼎徐徐吊出土坑，放在屋角，用破衣杂物旧家具等遮得严严实实，然后又将这一进房屋门钉死，不住人，也不让人进去。于是这稀世珍宝便静静而安然地保存在陋室旧屋之中。

1949年5月，苏州、上海相继解放，人民当家作主。8月，上海市成立文物管理委员会，颁布保护文物的法令和政策。经历几十年风雨坎坷，潘达于认识到，凭自己一家之力，难以继续和永久保护这两件宝鼎，只有交给人民政府，才能妥善保护。在征得家人同意后，1951年7月6日，潘达于主动写信给当时正在筹建上海博物馆的华东军政委员会文化部，信中写道："窃念盂克二鼎为具有全国性之重要文物，亟宜贮藏得所，克宝永久。诚愿将两大鼎呈献大部，并请拨交上海市文物管理委员会筹备之博物馆珍藏展览。俾全国性之文物得于全国重要区域内，供广大观众之观瞻及研究……"要求捐献大盂鼎、大克鼎。华东军政委员会文化部接受了她的捐赠。于是刚刚成立的上海市文物管理委员会以隆重的授奖典礼，表彰潘氏捐献之举。由华东军政委员会文化部文物处处长唐弢主持，华东军政委员会文化部部长陈望道致词颁发国家文化部褒奖状，上面落着部长沈雁冰的大名，并写着："潘达于先生家藏周代盂鼎克鼎，为祖国历史名器，六十年来迭经兵火，保存无恙，今举以捐献政府，公诸人民，其爱护民族文化遗产及发扬爱国主义之精神，至堪嘉尚，特予褒扬。此状。"当时，人民政府在颁发奖状的同时，给潘达于以两千万现金的奖励，但潘达于婉拒了现金，只接受了奖状，这张奖状在潘达于的卧室里挂了五十年，足见她对这份荣耀的尊重。大克鼎现藏于上海博物馆，成了镇馆之宝，大盂鼎被转送北京，成为中国国家博物馆的重要藏品。

其后，潘达于又陆续捐出潘家的大量藏器。1956年捐赠九十九件字画，1957年捐赠一百五十件字画，1959年献出一百六十一件字画，上海博物馆藏的明代著名画家沈周《西湖名胜册》、新安画派奠基人弘仁《山水卷》、元代著名画家倪元璐《山水花卉册》等，都来自潘达于的捐赠。1963年，潘达于又把当年为"攀古楼"青铜器逐个照相存档的三百八十块玻璃底片也全部捐献给了上海博物馆，它们成为研究潘祖荫青铜器收藏的重要原始资料。

2004年2月28日，分离近半个世纪的大盂鼎、大克鼎相聚在上海博物馆四楼第三展厅。这是上海博物馆为祝贺捐献者潘达于百岁寿辰而举办的回顾特展。当天下午，身着棕色缎袄，脚穿新绣花鞋的潘达于，坐上轮椅，在女儿的推扶下，围着展台栏绳走了大半圈。这是她五十年来第一次看到大盂鼎和大克鼎摆放在一起，心中无比喜悦。

2007年，潘达于以超过百岁的高龄安然辞世。她将自己精心保藏的祖传文物典籍，悉数捐赠给国家珍藏，终于为它们找到了妥当的归宿，既体现了她高尚的文化关怀，同时也使苏州“大阜贵潘”的光彩持续闪耀于时代的进程中。

梅景书屋女画家潘静淑

保护国家珍贵文物，向国家捐献珍贵书画名迹的苏州“大阜贵潘”巾帼，还有梅景书屋女画家潘静淑。

潘静淑，1892年生于苏州，名树椿，曾祖父为状元潘世恩，祖父潘曾绶是名举人，伯父潘祖荫则是探花，父亲潘祖年也是位行走于兵部、刑部的郎中。潘祖年生有二子二女，可惜二子及长女均早逝，故视次女静淑如掌上明珠，自幼即教她读书识字，吟诗作画，培养她成为那个时代典型的名门闺秀。

1915年，23岁的潘静淑与书香之家的公子吴湖帆结婚，进入了另一个具有浓郁文化艺术氛围的暖巢之中。丈夫姓吴，名燕翼，字遹俊，后更名万，字东庄，又名倩，号倩庵，还别署丑簃，而在书画作品上则署湖帆，故吴湖帆成了他在尘世间通用的名号。

吴湖帆的祖父为吴大澂，亦是祖籍徽州歙县的苏州人，与潘家具有同样的新安之源。吴大澂，字清卿，号恒轩，又号愙斋，同治进士，累官湖南巡抚，曾勘界吉林，立铜柱于中俄交界之地，自以大篆勒铭其上且深知沙俄日后会背信弃义，回京后依照铜柱式样制成墨模且制作徽墨数箱，以志此事。光绪二十六年（1900），沙俄又大举入侵，果然将边界铜柱悉数毁去。铜柱墨模及留存徽墨便成为侵略者罪恶的历史鉴证。吴大澂是篆书名家且参入古籀文，兼长丹青，给后人留下了宝贵的文化遗产。

潘静淑虽是名门闺秀，却既无金玉纨绔之好，又不喜欢应酬，从小就在深深庭院中接受传统的淑女教育。与吴湖帆婚后，生活充满情趣与快乐。两人有着共同爱好，每日徜徉在庭院中，或同赏一幅古画，或一起摩挲古架上的古代青铜器皿。她出嫁时，父亲陪嫁了大批文玩书画，加上吴家也收藏丰富，遂给二人创造了良好的文化品赏条件。二人还共读一首诗歌，沉浸于诗意的氛围，或联手完成一幅画作，视为爱情的表征，或为一件闻名已久的心爱之物，弃首饰而购之。

1922年，潘静淑30岁生日，父亲潘祖年用珍藏的南宋景定间刻本、宋伯仁编绘的《梅花喜神谱》相赠。此谱凡百图，图后各缀五言绝句一首，题曰“喜神”，乃宋时俗语以写像为喜神。二人得之，喜不自胜，即以“梅景书屋”作自己居室之名，并作《梅景书屋图》。潘静淑还填一首《竹影摇红》词表达感激喜悦之情。二人更加甜蜜地盘桓于梅景书屋中，品赏书画，饮茶酌酒，作诗唱和。尤其是潘静淑每作完一幅画后，除自题款外，吴湖帆还予以品题。如在一幅《花果图》上，题道：“静淑近习宋人画册，此其最得意者，设色蕴藉沈厚，颇具崔赵风味。丁丑春日，湖帆题于梅景书屋以为自赏。”给了妻子以诚恳的鼓励。又如在《拟白云外史大意荷花图》上，吴湖帆题诗曰：“日浮秋转丽，雨洒晓弥鲜，醉艳酣千朵，愁红思一川，绿茎扶萼玉，翠药满芳园。”又给以真挚的评价。还有一幅戊寅夏日的《个中滋味图》，吴湖帆写青菜，潘静淑画萝菔，两人合作青菜萝卜，清爽而又简单，这正是他们爱情生活的“个中滋味”。

后来，吴湖帆去了沪上，而潘静淑则留居苏州，持家教子，侍奉公婆，待姑娘姐妹和而有礼，对婢仆下人严而有恩，深得吴家敬重。但她也思念远在沪上的夫君。她写了一首《千秋岁词》，曰：“梦魂悚觉，一片沙窗晓。春风暖，芳菲早。梁间双燕语，栏角群蜂闹。酬佳节，及时莫负韶光老。正好舒怀抱，休惹闲愁老。红杏艳，夭桃笑。清明新雨后，绿遍池塘草。拼醉也，酡颜任教花前倒。”表达了她对丈夫的深深思念之情。1924年，吴湖帆在沪上染病。潘静淑闻讯，即负雏携婴从苏州赶往上海，从此留沪生活。

谁知，1936年6月29日，潘静淑突患腹疾，遽然不治，三日而殁，年仅47岁。吴湖帆极为悲痛，即为爱妻编印《梅影书屋画集》，选编了潘静淑从25岁起至以后所作26幅画作，这是她一生作画的精粹，其中有五幅是夫妇俩合作的，是他们爱情生活的见证。吴湖帆请陈遽（字蝶野）作序，由堂侄潘承弼写传略，于1939年出版，表达了对亡妻的纪念。

潘静淑学画，自临管仲姬画竹开始，绝笔则是临写《群英图卷》中的一幅红莲。有行家评道，潘静淑的画作极富天才，非近代文人画的写意之作，而是“神韵超逸，窥宋元藩篱”的中国传统国画，画风细腻优雅，正是大家风范的写照。潘静淑还雅好填词，有《绿草词》一卷行世。

吴湖帆还以妻子《千秋岁词》中“绿遍池塘草”为题，广征图咏。数月间，收到各界名流应征作品一百多件，其中有冯超然、冒鹤亭、陈叔通、刘海粟、溥心畬、张大千、叶恭绰、沈尹默、陆抑非等近二十位大名家的作品。吴湖帆为此编印一书，并亲作序，又自画一帧，题《金缕曲》一词，其中有“指望虹桥桥边路，又青青一例年年扫，非痛器，即狂笑”句，表达了他对亡妻永久难忘的深切之情。女画家潘静淑也为苏州“大阜贵潘”增添了辉彩。

潘宗周、潘冕二支才女录

苏州“大阜贵潘”的潘宗周、潘冕二支，在歙县潘氏三十五世后，还涌现了一些接受高等教育的才女。现据《大阜潘氏支谱》中此二支之《女儿考》予以载录。

潘宗周支(歙县潘氏三十五世)

潘家明 潘承业次女，字清如，景海女中毕业，东吴大学肄业，历任景海师范教师，松麟女子职业中学校长，生于清光绪三十一年（1905），卒未详。夫赵凤喈，安徽籍，北京大学国际公法教授，生未详。生子一。

潘家坤 潘承德女，字韫玉，苏州女子职业中学第一名毕业，上海中国公学文科毕业，历任小学教师、中学教师、校长等职，1957年于无锡天一中学退职，以字画为生，生于清光绪三十二年（1906），卒于1967年，年六十有二，葬北京某地。夫蒋梦飞，浙江吴兴籍，上海中国公学毕业，法国某大学毕业，生卒未详。生女一，殇。

潘家凤 潘承桀女，北京中法大学政经系毕业，历任孔德中学教师，云南大学幼儿园院长，云南审计处核计员，1960年后任重庆西南政法学院教研室法语教师，生于清宣统二年（1910）。夫赵崇汉，河南淮阳籍，北京中法大学社会科学系毕业，法国里昂大学法学硕士、博士，云南大学教授，1949年后任重庆西南政法学院法律系主任，生于清光绪三十四年（1908），卒于1983年，年七十有六。

潘家锦 潘承颐次女，松江女子中学毕业，暨南大学外国文学系毕业，抗日战争中参加缅甸国际援华物资运输工作，1949年后任石家庄大学纱厂职员，生于民国五年（1916），卒于1980年2月，年六十有五。夫刘荣森，靖江县籍，苏州工业专科学校毕业，留学日本某校纺织系，历任石家庄大学纱厂总工程师、副厂长等职，生于民国四年（1915），卒于1992年1月15日，年七十有八。生子二、女一。

潘家德 潘承福次女，字佳德，中学毕业，上海中等职业教育中心职员，生于民国二年（1913）癸丑十二月二十七日。夫高事恒，浙江吴兴籍，国际贸易业合营公司管理处副总工程师，生卒未详。生子一、女一。

潘家美 潘承孝长女，北京美术学院肄业，天津歌舞团服装设计师，定居加拿大蒙特利尔市，生于民国十二年（1923）癸亥四月。夫汪德明，音乐家，生未详，卒于1970年。

潘家力 潘承孝次女，天津北洋大学毕业，第二汽车制造厂教授级工程师，生于民国十六年（1927）丁卯八月。夫支德瑜，第一第二汽车制造厂总工程师，生未详。

潘家清 潘承孝三女，河北女子师范学院毕业，河北大学教授，生于民国十七年（1928）戊辰十一月。夫孙家次，天津大学教授，生未详。

潘家平 潘承孝四女，天津大学建筑系毕业，天津大学副教授，生于民国二十一年（1932）壬申三月。夫文士祺，天津大学教授，生未详。

潘家齐 潘承孝五女，南开大学物理系毕业，任南开大学副教授，生于民国二十二年（1933）癸酉六月。夫王君容，南开大学教授，生未详。

潘家秀 潘承浩长女，上海震旦女子文理学院毕业，研究员，定居美国波士顿，生于民国十六年（1927）丁卯十月五日。

潘家贺 潘承浩次女，现名家和，第二军医大学毕业，主任医师，生于民国十八年（1929）己巳九月二十八日。夫邵伯礼，生未详。

潘家福 潘承浩三女，原名家后，北京地矿学院毕业，高级工程师，生于民国二十一年（1932）壬申六月二十八日。夫包家宝，生未详。

歙县潘氏三十六世

潘裕祥 潘家堃次女，上海华东化工学院毕业，北京有色金属研究总院研究员，教授级高级工程师，定居美国，生于民国二十一年（1932）壬申十二月十五日。夫未详。

潘裕馨 潘家源长女，字德明，天津大学化学系毕业，华东化工学院硕士，美国肯特赛夫特大学化学博士，生于民国三十三年（1944）甲申某月。

潘裕宜 潘家源次女，上海科技大学电子系毕业，加拿大某大学进修，生于1951年3月24日。夫徐国钧，南京航空学院飞机系毕业，生于民国三十五年（1946）丙戌某月。

潘裕智 潘家振长女，上海伯特利高级护校毕业，上海传染病医院护士，生于民国二十年（1931）辛未十一月七日。夫周道明，交通大学机械系毕业，高级工程师，生于民国十九年（1930），生子二。

潘裕仁 潘家振次女，上海伯特利高级护校毕业，上海第二医科大学医疗系毕业，上海传染病医院主管护师，生于民国二十三年（1934）甲戌七月四日。夫周宗荣，湖州籍，交通大学机械系毕业，上海机电局高级工程师，生于民国二十三年（1934）甲戌八月二十四日，生子一、女一。

潘裕慎 潘家本长女，大学毕业，生于民国十九年（1930）三月二十七日。

潘裕勤 潘家永女，大学毕业，生于民国三十三年（1944）甲申九月二十八日。夫杨锦根，上海籍，台湾世界新闻专科学校毕业，台北六府建设股份有限公司总经理，生未详。生子一。

潘裕倩 潘家临次女，上海外语学院毕业，上海新沪中学教师，生于民国二十五年（1936）丙子五月十一日。夫倪炎章，华东有色金属一级站职员，生未详。

潘友苏 潘家晋女，南京江苏新医学院医疗系毕业，任徐州师范学院校医，生于1950年2月。夫潘致炎，常州籍，常州机械学校毕业，经济管理刊授大学毕业，徐州第二毛纺厂厂长，生于1949年6月。

潘裕文 潘家沣女，上海轻工职业大学毕业，留校任教，生未详。

潘小平 潘家劼次女，北京煤矿机械厂职业大学毕业，生于1955年6月7日。夫沈长序，北京籍，生未详。生子一。

潘裕芳 潘家荣女，哈尔滨师范大学毕业，教师，生于1962年12月1日。夫查壮，哈尔滨师范大学毕业，教师，生于1963年6月18日。

潘裕珺 潘家怡女，字军，苏州职业大学毕业，苏州中医院秘书，生于1967年3月31日。夫宋志军，苏州职业大学毕业，生于1966年12月15日。

潘真玲 潘家椿长女，大学专科毕业，工程师，生于民国二十五年（1936）二月六日。夫王锡伍，大学专科毕业，南京东方无线电厂工程师。

歙县潘氏三十七世

潘令亚 潘裕旭长女，中等师范毕业，银川铁路小学教师，生于民国二十九年（1940）庚辰。夫马耀方，生未详。

潘令康 潘裕旭三女，会计学校毕业，会计师，生于民国三十六年（1947）。夫卢伯奎，生未详。

潘令郁 潘裕晟长女，苏州新苏师范毕业，上海复旦大学幼儿园教员，生于民国二十五年（1936）丙子。夫周振汉，苏州籍，复旦大学经济系副教授，生于民国二十一年（1932）壬申。

潘令郦 潘裕晟次女，华东化工学院毕业，常州染料厂高级工程师，生于民国二十七年（1938）戊寅。夫何楠馨，常州籍，华东化工学院毕业常州化工研究所所长，高级工程师，生于民国二十五年（1936）丙子。

潘令颖 潘裕锽女，字芳敏，苏州职业大学会计系毕业，第四人民医院会计，生于1966年7月。

潘冕支(歙县潘氏三十五世)

潘家旋 潘承韫长女，字琦文，高中毕业，教师，生于民国九年（1920）庚申九月七日。夫葛福，上海渔轮修造厂职员，生于民国七年（1918）戊午十一月十八日。

潘家倩 潘承韫三女，上海俄文专科学校毕业，南通中学教师，生于民国二十一年（1932）壬申。夫张鏞升，南通市政府工作，生未详。

潘家蓝 潘承格长女，上海第二医科大学毕业，上海静安区中心医院内科副主任，第二医科大学副教授，生于民国二十四年（1935）乙亥七月七日，夫徐骀，第二医科大学毕业，主任医师，教授，生于民国二十六年（1937）九月四日。生女一。

潘家绮 潘承格次女，上海第二医科大学毕业，历任上海瑞金医院、北京协和医院医师，主治医师，美国芝加哥圣路克医学中心客籍研究员，美国德克萨斯医科大学血液科客籍研究员，北京协和医院内科教授，生于民国二十六年（1937）丁丑十二月四日。夫陈德昌，浙江定海籍，上海震旦大学医科毕业，北京协和医院加强医疗科主任，外科教授，生于民国二十一年（1932）壬申。生女二。

潘家蕙 潘承朴长女，大学专科毕业，南京塑料六厂劳资员，生于1956年3月21日。夫袁义，泰州籍，南京大学外文系毕业，金陵旅馆干部管理学院讲师，生于1953年3月27日。生女一。

潘家莹 潘承霖次女，高级工程师，生于民国十九年（1930）庚午二月二十日。夫刘家麒，生未详。

潘家琪 潘承霖三女，高级工程师，生于民国二十二年（1933）癸酉十二月二十五日。夫赵福堂。生未详。

潘家喜 潘承范女，北京钢铁学院机械系毕业，苏州铜材有限公司工程师，生于民国三十年（1941）辛巳三月六日。夫曹世礼，吉林籍，吉林工业学院毕业，苏州铜材有限公司会计师，生于民国二十九年（1940）庚辰十二月二十二日。生女三。

潘家森 潘承典女，大学毕业，苏州阀门厂工程师，生于民国二十六年（1937）丁丑一月二十三日。夫邱信祺，生于民国十九年（1930）庚午一月十四日。生子一、女一。

潘季淑 潘承厚女，南京金陵大学园艺系毕业，北京农业大学教授，生于民国十五年（1926）丙寅五月十八日。夫朱镛连，丹阳籍，北京天坛医院主任医师、教授，生于民国十四年（1925）乙丑五月二十四日。生子一、女一。

潘家湘 潘承岵女，大学毕业，苏州迅达电梯公司机动科科长，工程师，生于民国三十三年（1944）甲申四月十九日。夫张乐只，上海籍，大学毕业，迅达电梯公司工程技术部副部长，高级工程师，生于民国三十三年（1934）甲申四月十一日。

潘家宁 潘承誉长女，大学毕业，医生，生未详。夫孙义国，医生，生未详。

潘家慧 潘承誉次女，专科毕业，工程师，生未详。夫王敬伟，工程师，生未详。

潘申荃 潘承誉三女，大学毕业，南昌铁路局工程师，生未详。夫曾旭光，工程师，生未详。

潘家华 潘承镜嗣女，潘承厚女，大学毕业，小学校长，生于民国十一年（1922）壬戌七月二十二日。夫林伟贤，广东中山籍，核工业设计院副总工程师，高级工程师，生未详。

潘家璞 潘承昌次女，江苏教育学院毕业，苏州新苏师范讲师，生于民国二十八年（1939）己卯十二月二十日。夫徐辉，启东籍，苏州机械设备进出口公司经理，生未详。

潘家良 潘承卜长女，北京舞蹈学校毕业，武汉歌剧院教练，武汉艺术学校教师，生于民国三十五年（1946）九月十七日。夫刘敢胜。

歙县潘氏三十六世

潘裕羚 潘家治女，澳大利亚留学，生未详。夫陈新，生未详。

潘裕绣 潘家述长女，大学毕业，上海市周浦中学数学教研组长，高级教师，生于民国二十七年（1938）戊寅六月二十五日。夫朱已元，宁波籍，大学毕业，周浦中学高级教师，生于民国二十六年（1937）丁丑某月。

潘裕纹 潘家述次女，大学毕业，上海大同中学教师，生于民国三十一年（1942）壬午二月二十二日。夫李广根，江苏江都籍，大学毕业，上海无线电十四厂技术科科长，高级工程师，生于民国二十七年（1938）戊寅十月十八日。

潘裕絪 潘家述三女，大学毕业，上海向明中学教师，生于民国三十六年（1947）丁亥闰二月十二日。夫翁渭民，宁波籍，大学专科毕业，上海宝山钢铁厂助理工程师，生于民国三十四年（1935）乙亥某月。

潘裕凌 潘家傅女，上海财经学院毕业，会计师，生于1955年7月25日。夫朱裕祥，上海医科大学毕业，上海第六人民医院主任医师，生于1951年某月。

潘裕京 潘家多长女，北京干部管理学院毕业，北京宣武区白纸坊办事处职员，生于1951年8月31日。夫管世，江苏武进籍，首都医学院医疗系毕业，北京同仁医院主任医师，生未详。

潘裕镭 潘家多三女，北京红旗大学中文系毕业，北京宣武区实验小学教导主任，小学高级教师，生于1954年4月16日。夫周伟坪，南通籍，北京科技大学社会科学系毕业，经济学学士，生于1954年10月2日。

潘裕丰 潘家多四女，北京大学法律系经济法专业毕业，北京电信局电报大楼职员，生于1960年7月17日。夫梁旭，长沙籍，北京邮电学院电信工程系毕业，北京世纪技术公司经理，生于1960年4月28日。

潘裕文 潘家开女，字文，大学专科毕业，加拿大留学，生于1967年3月18日。

潘裕棠 潘家懋长女，江苏师范学院毕业，淮安市中学教师，生于民国三十二年（1943）癸未七月。夫朱和林，江苏师范学院毕业，淮安中学校长，生未详。

潘裕棣 潘家懋次女，大学毕业，九江市炼油厂工程师，生于民国三十三年（1944）甲申八月。夫冯泽祚，大学毕业，九江市炼油厂总工程师，生未详。

潘裕嘉 潘家懋三女，大学毕业，苏州十七中学教师，生于1952年9月。夫张杰，大学毕业，苏州第十中学教师，生于1952年某月。

潘　奕 潘家辉女，大学专科毕业，生于1968年7月4日。

潘裕复 潘家琦长女，上海机械学院毕业，工程师，生于民国三十四年（1945）乙酉八月十九日。夫施元赛，上海机械学院毕业，工程师，生于民国三十三年（1944）甲申四月十日。生子一、女一。

潘裕徵 潘家琦次女，中等专业财会毕业，生于1953年2月14日。夫孙绍荃，苏州大学工业财会毕业，助理会计师，生于1949年7月3日。生子一。

潘裕绚 潘家理长女，字绚，上海交通大学自动化系毕业，美国东北大学研究生院毕业，工学硕士，生于1958年4月5日。夫梁少雄，生未详。

潘裕亮 潘家理次女，字亮，上海科技大学、上海第三医科大学合办生物医学工程系毕业，工学士，生于1963年7月6日。

潘裕松 潘家仁女，字松松，南京教育学院物理系大专毕业，南京二十二中教师，生于1956年5月1日。夫李坤南，南京籍，江苏教育学院管理系毕业，南京二十二中教师，生未详。

歙县潘氏三十七世

潘　谐 潘裕镕长女，大学专科毕业，助理经济师，生于1962年4月。夫陆锋，大学毕业，生于1962年某月。

潘　珍 潘裕镕次女，大学专科毕业，教师，生于1964年8月。夫顾自强，中学毕业，生于1965年某月。

综上所述，潘宗周、潘冕两支大专以上毕业的才女各有三十多人，因此两支平分秋色，旗鼓相当。有几家姐妹三人以上皆列才女，最多的是潘宗周支潘承孝家的潘家美姐妹五人，另潘冕支有潘承誉家的潘家宁姐妹三人、潘家述家的潘裕绣姐妹三人、潘家多家的潘裕京姐妹三人、潘家懋家的潘裕棠姐妹三人等皆列才女。而才女们所婚配之夫，亦大部是大专以上毕业的。因此，这些才女们的风采也确为苏州“大阜贵潘”家族增光生色，同时也表明“贵潘”之贵，名不虚传。

“大阜贵潘”营商的坚持与延续

综前所述，苏州“大阜贵潘”是一个以商入仕，进而渐贵的徽州人外迁家族。歙县潘氏自唐后期潘逢时两任歙州刺史并定居开基以后，到明代后期的二十二代人近七百年的漫长岁月里，一直过着以农耕为主兼及读书科举的生活，虽然也曾有人中进士做官，但只是凤毛麟角，不成气候。到歙县潘氏第二十三世孙潘玉溪，才因贫困所迫而走出大山，投身商海，进而闯出了一个崭新的天地。潘玉溪的次子潘仲兰继承父志为商，将浙江东部沿海所产食盐，贩卖至江苏南部，往来于杭州、苏州，因经商地以苏州为中心，遂长期侨居苏州阊门外南濠街，是潘氏由徽歙入苏吴的开始。其子潘景文于康熙初年在苏州黄鹂坊桥西购得一座明万历间首辅申时行的大宅，便正式落户苏州，成为歙县潘氏迁苏始祖。

盐业经营的坚持与科举业的奋斗

“万般皆下品，惟有读书高。”这既是中国封建社会的传统，又是正宗的价值观念。以经营盐业为主，在苏州落户的歙县大阜潘氏，也深为此观念所影响，不忘读书科考，并从潘景文起，即走上以商入仕之路。然而他及子孙们也深知，科举之途是崎岖而莫测的，要攀登此途并能够有所收获，还需要强有力的经济基础的支持。据《试谈江苏传统金融家的转型困境》一文所载，定居苏州的歙县大阜潘氏自潘景文开始，便没有放弃盐业经营而专意科举，而是设法获得官方的许可，掌握了浙北苏南的盐业专营权，并且将此特权绵延了三百余年，直到抗日战争时期食盐经营收归国有，才宣告取消。

当然，潘景文在经营盐业的同时，还是以商入仕了。他以岁贡生的资历先是成了候选州同，后又在康熙皇帝南巡时被选拔为内阁中书。这就为子孙们树立了榜样，因为在封建时代，政治地位得靠科举有成来争取。而潘景文的初步成功已为后人做出模范作用。故潘家迁苏以后，虽然盐业经营依旧，但已把绝大部分的热忱献给了科举事业。潘景文娶一妻四妾，生九子，开枝九派，九子皆走读书科举之路，然而沾了科举边的只有四个儿子：长子潘兆鼎（字敷九）为岁贡生，挂名浙江处州府松阳县教谕，却未到任；三子潘兆纲（字维倩）为太学生，考授州同；四子潘兆缙（字慎斋）为贡生，候选训导；五子潘兆夔（字篁洲）为岁贡生，候选训导。此四子也并没有堂而皇之地走上仕宦之路，一个个还是继承先业成为平凡商人，而其他的五个儿子连科举的边也没有沾上。足见科举之途的艰难。

由于后来的“贵潘”出在潘兆鼎支下，故我们就以潘兆鼎支来加以考述。潘兆鼎生七子，但七子的科举之途依旧不顺，七子中仅有一个贡生、一个国学生和两个庠生，仍旧没有迈进仕途的门槛。第四子潘暄稍有出头，以贡生封文林郎、内阁中书、协办侍读，然而他在三十三年间参加十二次乡试，皆未能中举，以致他不得不绝意科举，只以文事自娱。不过，他还是寄希望于儿孙，对他们严加课读，还于66岁时携孙潘奕隽一同入省闱，最后一次应乡试，但希望仍然变作失望，依旧名落。潘暄的科举希望在儿子潘冕身上也没有实现，而且家境因人口多，潘冕长兄又常年患病，吃用开销实在太大。故母亲向潘冕指出，不可不为门户计。于是在长兄多病的情况下，潘冕成了兄弟姐妹中的老大，并且只得听从母亲的劝谕，放弃科举，专管家政。这家政中的重要一项，便是将盐业经营做好，为家族专心赚钱。果然他将盐业经营得风生水起且亲身秉持勤俭的作风，各种情形的思虑与预示都在掌握之中，又娶妻汪氏，得到贤内助，从而使家业得到进一步的发展，不仅侍奉老人，而且数年间依次为弟妹们办了婚嫁之事。经济的好转，解除了生活的困境后，潘冕并没有丢弃科举之梦，他也如同父亲一样，将科举的希望寄托给下代人，督促儿子们在科举上狠下功夫。果然功夫不负有心人，在富裕的生活环境中习举业的后辈，有了丰硕的成果。潘冕的三个儿子，老大潘奕隽、老二潘奕藻不仅先后中举，而且中了进士，老三潘奕基也进了四库全书馆，而潘奕基之子、潘冕之孙潘世恩高中了状元，攀登上科举的顶峰，祖辈们的科举之梦终在子孙身上得以实现。

潘氏家族内的分工

徽州人有句古语，不为科第时，即为行医行商。苏州“大阜潘氏”家族，即遵从此古语，进行了内部分工，子弟中经科举考试检验，能考中的继续深造，争取踏上仕宦之途，取得政治上的成功。因为政治上的成功，不仅为自身赢得一份不错的皇家俸禄，而且为家族赢得政治地位与声望，这自然也能促进和维护商业经营的发展。若科举失利，或不甚得意的，则鼓励他们经商或从事其他行业。从潘玉溪及其子潘仲兰、孙潘景文之后，潘氏经营盐业三百余年没有间断，各房支基本都拥有特许盐业经营证。潘兆鼎20岁入贡后，复至苏州，承父亲潘仲兰业盐，而后其子长房潘宗周支也一直经营盐业，这支的歙县潘氏三十一世孙潘遵澄还以附贡生的身份，得以晋赠盐运使司运同衔，承先业，理盐务，秉公持正，二十年如一日。其堂侄潘霨更被钦加盐运使衔，后又任浙江、山东盐运使。另一位堂侄潘澍也为盐课司提举，议叙盐运司运同。还有四房的潘睦先署湖北布政司照磨，兼盐道库大使。潘冕支的潘曾玮、潘祖年、潘祖谦都先后钦加盐运使衔。到了再下一代，有潘锡芝议叙盐课司大使，潘志莱、潘志晖、潘勋穀先后议叙盐课司提举衔，潘贞穀议叙盐运使衔，潘能穀任盐运司经历，等等。潘氏家族的人持续不断地从事着盐业经营的各级管理工作，自然有利于潘氏家族的盐业经营。

潘宗周支的努力与务实家风

潘家在商业经营中，长房潘宗周支更是将经商作为主业。潘宗周次子潘奕珖，字鹭瞻，号篁月，只是一名国学生，科举不利，遂通过办理浙江盐务赚取高额利润，然后将大量白银捐输军饷，获得了候选同知、议叙四品顶戴、赠中议大夫的资格且以特用知府分发。此后，继续以盐业经营所得，捐输军饷，又不断获得加级和随带加级的机会，得以晋赠通议大夫的职衔。由于不是科班正途，最终在职务上还只是候补主事。潘世经是潘奕珖的次子，“读书亦颖悟，幼即工文，童试辄冠侪偶”，考试成绩在同辈人中拔萃，奔科举之途，也是他心中之梦。然而他15岁时，父亲潘奕珖患上足疾，不能继续经营盐业了。少年的潘世经只能弃科举，而投入襄办盐务之中。深受儒学熏染的潘世经，在盐务上“出纳不苟，而于国课尤慎”，因而使潘家的盐业经营在自己手中得以继续与发展。他在处理家事上，亦以诚实行事，以孝顺侍奉父母双亲，对朋友则讲诚谊，并随着年纪的增长而愈加诚笃。潘世经之妻缪氏，先世由海虞迁徙来苏，遂占吴县籍，成为江南望族。缪氏的高祖缪彤，字念斋，乃康熙丁未（1667）状元，官侍讲；曾祖缪藻，字文子，康熙乙未（1715）榜眼，官日讲，司经局洗马；祖缪敦仁，字榕庄，乾隆己未（1739）进士，翰林院庶吉士；父缪琎，字笏严，候选都察院经历。因此，缪家是官儒世家，缪氏自幼深受儒学影响，故竭力督促儿子读书科举，力图使一个商贾世家向书香门第转化。然而潘世经连遭不幸，门户几不克持，家族中遂有人劝世经之子潘遵礼“弃儒就商，以承先业”。于是对业盐抱有极大成见的缪氏即怒斥道：“汝父一生好读书，早年为汝大父（祖父）病不能遂其志，延名师课汝兄弟读，汝幸得一衿，即便弃之，汝心安乎？况盐业习气不好，万一沾染，回头已晚。汝但在家勤读砚田，亦可生活，不望汝有成，但望汝勿坏耳。”由此可见，缪氏对子孙要求很是严格，也收到成效。儿子潘遵礼、孙潘馥先后于嘉庆二十四年（1819）、道光二十年（1840）中举，成为潘兆鼎长房潘宗周支下功名最盛的一支。不过，缪氏也终究拗不过家中潘氏诸伯叔的决定，让另一个儿子潘遵范“兼主出纳”，延续祖业，让潘家的盐业经营得以延续下去。这表明，潘氏以商人身份进入科举仕途，却始终没有放弃业盐经商的家族传统，采取的是以科举为主，经商为辅，二者迭相为用，视情而定，不拘一格的思路。这也是潘氏家族所走的务实道路。

务实家风在潘冕支的体现

这种务实的家风让潘氏家族能够审时度势，随时应变，及时调整家族的发展规划，所产生的效果在潘冕支也得到了体现。潘世恩的另一个孙子潘祖谦即是这种体现的光耀点。

潘祖谦生于道光二十二年（1842），卒于民国十三年（1924），字济之，号寅生，晚年自号平愉老人，自幼聪颖，常受其祖潘世恩的奖励。18岁入吴县县学，翌年即为廪生。同治十二年（1873）成为优贡生，次年赴朝考试获二等，以教职应用，但不久即改官内阁中书。光绪二年（1876）请假归养，家居十年。其间父亲潘曾玮逝世，他便也绝意进取，以利济民物为己任，曾奉南洋通商大臣之檄，办理通商事宜，也曾协助堂兄潘祖荫规划筹集救灾银两。苏州勘定租界时，界内居民惴惴不安，潘祖谦则亲往居民中进行劝导，晓以利害，结果“数言而定”。庚子年（1900）义和团起义，江苏省筹办团防，以保社会治安，潘祖谦又担任会办，并亲订规程。当时各省发生水旱灾情，他都参加赈灾工作，还曾主持苏州“丰备义仓”及“女普济堂”等慈善事业。

不过，他的主要精力还是用在创办实业，发展经济上。一是创办了潘万成酱园。酱园是一个古老的行业，其主体为酱业，也兼营食油、粮食、面、盐等日常生活用品。做酱必须使用盐，而盐是官家严格管控的“官盐”，使用须得到官府的认可。开设酱园必须捐得“盐帧”，这是非一般商人所能领到的，故酱园在过去都有个“官”字，称官酱园。潘家有盐业专营权，所以开酱园便是水到渠成的事。于是，潘氏家族在业盐的同时，还将盐业专营的丰厚利润转为开设酱园。据有关资料记载，清同治十二年（1873），苏州府共有徽州、江苏、宁波、绍兴四帮八十六家酱园，以徽帮为主，而创业最早的两家都属徽籍潘姓。属“庙堂巷潘”的潘世恩支有十二家酱园，潘祖谦、潘祖同兄弟所办的“潘万成酱园”便是最早的酱园之一。后来，徽籍潘氏又有多支也投入酱园业，“南石子街潘”潘岁可有九家酱园，潘氏长房云庄别墅掌管了“潘所宜酱园”，此外还有“顾得其”等多家酱园字号。当时民间有句“苏州两家潘，占城一大半”的传言，说的就是潘家在苏州酱业中的显赫地位。在评议徽商行业特点时，也有“吴茶周漆潘酱园”之说，而这“潘酱园”即是指苏州潘家酱业。晚清时，朝廷对酱园的捐税有所加重，苏州以潘万成酱园为首的九十二家酱园坊，还联合上书苏州当局，进行抗捐税的斗争。

创办典当铺是潘祖谦发展实业的第二项举措。据《开当铺的山西老乡》一文载，光绪年间，盐运使候补郎中潘祖谦、户部郎中张履谦等所开典当资本多达三十万两。该文又载，明清以来，苏州典当业“滚雪球”般发展起来，故民间有所谓“一读书，二学医，三开典当，四织机”之说。典当铺的许多排场，还被准许仿效官衙。又据《试谈江苏传统金融家的转型困境》论文载，自潘祖谦以来，潘家开始转向典当业和银行业。潘祖谦在苏州很有政治影响力，他无意于官场，把精力更多地去经营典当业且实力雄厚，资本额二十多万两白银。正因如此，在当时，潘祖谦以其雄厚的经济实力被选为江苏典业公会会长。而他的儿子潘子起则长期担任苏州典当业同业公会会长。潘子起是潘祖谦第六子，名贞穀，字仲甡，子起是其号，国学生，曾在湖北试用县丞，补用知县，升用知府，还得盐运使衔，赏戴花翎。但这些荣耀都不比开典当业来得实在。故他和另一个同宗平辈兄弟潘侣虞曾携手成立吴县田业银行且让本宗族的潘景恒、潘承恩担任银行业务的实际主持者。而田业银行的另一位董事长则为丁春芝，他就是世居苏城大儒巷、曾任山西定襄知县且将女儿嫁与潘家的亲家。其女前文已经叙过，即名丁达于，在1923年嫁给潘祖荫的嗣孙潘承镜，后从夫姓改称潘达于。据《印象苏州：大儒巷的那些大户》载，丁春芝辞官回苏州后，还与人集资三十万元，创办了苏州电气公司，在枣市街建设发电厂且打败日资企业，成为苏州最大的发电厂。他也因此成为苏州早期民族资本家之一。而在酱业、典当业都有所斩获的潘祖谦还于光绪二十四年（1898）投资办起苏经丝厂、苏纶纱厂，担任两厂副董。他又是江苏省铁路建设的股东。于是，潘祖谦成了苏州工商界的领袖之一。光绪二十九年（1903），清政府设立农工商部，准许各省商埠成立商会。潘祖谦即与王同愈、尤先甲、张履谦、吴卓丞、彭颂田等六人，发起组织苏州商务总会，任历届会董。辛亥革命时，潘祖谦又偕同尤先甲、张一麐、沈恩荣等策动江苏巡抚程德全起义，响应革命。民国初年，他又积极筹设女子职业中学，还于民国八年（1919）任博习医院董事。次年被选为吴县总商会特别会董。民国十三年（1924），已有83岁高龄的潘祖谦，安然逝世。潘祖谦成了苏州“大阜贵潘”坚持营商并得以延续发展的辉煌代表。

1937年，抗日战争的全面爆发，导致潘万成酱园骤然衰败。但潘祖谦的堂侄孙潘承厚悉心擘画，营业复振，被宗族戚党誉为“亢宗之子”，不仅重振祖业，还在苏州协理田业银行，在上海创设通惠银号，与时推迁，将祖辈的经商传统和经验重新挖掘，发扬光大，使得苏州大阜潘氏在时代的衍变中，仍能保持望族的地位，续展“大阜贵潘”的风采。

宅心仁厚、利世济人的家风

苏州“大阜贵潘”之“贵”，不仅表现在科举场上的捷报频传和在官宦之途中的显赫地位，而且还表现在这个家族的宅心仁厚、利世济人的良好家风。这是更深层次、更高层面的精神之“贵”，而这个层次层面的高贵，对社会的发展更具有积极的意义。

通过对苏州“大阜贵潘”的初步研究，对这个家族的精神之“贵”正可以从“宅心仁厚”与“利世济人”两个方面来表述，而前一方面体现的是潘氏家族秉性优秀的思想基础，后一方面则是在优秀的思想基础上策动的利世济人的行为。两者的结合，组成了潘氏优良家风的全部。

宅心仁厚　一脉相承

苏州“大阜贵潘”的宅心仁厚，实质上从迁歙始祖、两任歙州刺史的潘逢时那里就体现出来了。毋庸细述，一位地方官员能够让当地众多父老向上司呈报清官德政之事，自是对黎民百姓怀有热爱热忱的宅心仁厚，才能如此，因此他在一任离职之后，还能被当地民众要求再任，这充分说明潘逢时的宅心仁厚和利世济人的作为深得民心。潘逢时的宅心仁厚并没有因他的离世而消亡，而是一脉相承下来了。我们且从《大阜潘氏支谱》上有记载的人予以叙述。

歙县潘氏十六世祖潘祐，字德辅，元代人，是一位性笃君子。他对内竭尽用甘甜柔软的食物侍奉父母，对外则想方设法来帮助亲友，有着一颗既孝顺父母，又甘为亲友办事的仁厚的心，所以他的声望“重于闾野，一时环里居民无不奉德辅祭酒”。他生了贤、昌、隆、庆、贵五个儿子，“皆纯朴敦笃，绰有父风”。其四子潘庆，字思忠，生活于元末明初，虽生有聪慧的资质，但因当时天下甫定，社会还不太安稳，故父亲不愿让他以读书做官显家，他孝顺父母，遂甘为田园之乐。然而他为人以孝以善，孝事家政，尽善乡里，协助调度收籍之事，公正细致，“无毫厘丝忽升斗合勺”的差错，自是仁厚之心的体现。潘庆第三子潘全寿，字以任，在年岁歉收，父亲又乐于赈施他人，以致家业不继之时，放弃读书，操理家事，而且也“宽于好施”，在调理家财之余，以仁厚公正之心处理乡邻的纠纷，自然使大家折服。潘全寿的长子潘佛生，字仕源，“孝友性植，推己及人，无不竭尽心力”，也以公正仁厚的心为大家办事，乡邻都称赞他的正义。潘佛生的长子潘廷护，字公调，崇尚古风和节俭，遵守道义，秉承礼法，“家庭礼让，一时为世取法”，成了乡邻们的楷模，足见其仁厚的宅心。综上所述，歙县潘氏自十六世到二十世，五代人皆一脉相承着仁厚之风。

歙县潘氏二十三世祖潘玉溪，是潘氏家族第一个闯荡商海的先驱者。他因家境穷困窘迫，不得不弃耕读而从商，凭着闯劲、智慧与诚信，他获得了可观的商业利润。他在经商致富后，既孝顺父母，为他们改善了生活环境，又带领科举上无法通达的家族子弟，一起外出经商致富。在这过程中，他“必诚必信，动与礼合，一意周人急”，表现出仁厚之心。潘玉溪之子潘仲兰，字谷馨，号筠友，他“友于之笃，天性然也”，“扶危济困，指不胜屈”，“其与人也，推诚布公；其训子孙也，尊师取友为先”，亦传承上辈仁厚之心。潘仲兰之子潘景文，字其蔚，是歙县潘氏以商入仕的第一人，他为学诚敬，天性孝友，敬宗睦族，恤寡存孤，仁厚之心不言自喻。潘景文之子潘兆鼎，字敷九，其支下孕育了“贵潘”之荣。他生活于清初兵革未息之际，“往来吴皖，岁无定止”，但仍“一生事亲守身”，“孝友克施”，延续着仁厚之心。潘兆鼎第四子潘暄，字赋含，号闲斋，虽好学不倦，但科场不顺，然“生平正直好义”，同人打交道，不搞阴谋诡计，虽常当面斥人过错，但事过即忘，很少心存芥蒂，也是一个宅心仁厚的人。潘冕，潘暄子，人称贡湖公，字端元，为了门户经济之计，亦放弃举业，专督家政，“躬秉俭勤，虑豫备具”，使家境得到好转。中年得病，愈后“守身如玉，暇则阅《灵枢》《素问》等书，并按古方合药”。他还教育子孙“言忠信，行笃敬”，“君子一言以为知，一言以为不知，汝曹不可不慎”，是一位宅心仁厚之人。

歙县潘氏二十九世后，宅心仁厚者辈出。“大阜贵潘”第一位进士潘奕隽，“绝孝性成，承欢林下，益为世所钦仰”，“清德著称里党，尤笃于本原”，“诱掖奖励”宗族子弟，“俾知水源木本之意”，以大义处理宗族内划产分嗣，生养死葬，扶危济困，解纷排难等事。他“其己也，正而不阿；其待人也，朴而弥挚；其御下也，严而有恩”，“勇而为善，而不居其名”，因此得族人“感诵之泣下”，其宅心何其仁厚也。高中进士的继兄的潘奕藻“严于律己，宽以待人，本身作则，敦勉无已”且“俭约成性，食不兼味”，“御下严而有恩，与人交不设城府”，“天性俭质，敝衣羸马如寒素，而急人之急，千金弗惜，文辞沈实朴厚”，亦是一位仁厚之士。潘奕基是三兄弟中之最幼者，虽未中进士，却也考中四库馆且生子潘世恩金殿夺魁为状元。潘奕基“性凝重，治家有法，御下严而有恩，自奉俭约，一丝一粟不妄费，衣虽敝，服之晏然”，皆是宅心仁厚的表现，故他教育子孙“惟惜福者能享福，汝辈不可不知”，要“待人以诚，不知人世有机械变诈事”，不许子弟“议论人短长”，“抑然自下，惟汲汲以爱人利物为心”。故为他撰写墓志铭者不禁感叹：“此真可谓厚德载福，恭则寿者矣”。

潘氏“世”字辈的老大潘世璜，字黼堂，号理斋，殿试探花，在父亲潘奕隽退居林下年老时，“即请假养亲，朝夕奉侍左右”“三十年如一日也”，“天性诚孝，为人安详谨饬，谦以待人，和以处众”，仁厚之心，昭然可见。老二潘世荣，得中举人，亦“生而孝谨，动止不苟”，“性坦白，无城府，遇事知无不言，言无不尽；见人善，啧啧称道，以端方自律，处家俭约”，“无藏怨，无宿诺，亲友缓急，力为排解，心口如一”，不藏怨恨，没有隔宿的诺言，尽力为亲友排解困难，心口如一，是何等的仁厚啊！老三即高中状元的潘世恩，位高权重，历官四朝，因此其仁厚之心体现在国家政事上。他的门生冯桂芬评价他有“巨人长德”，“所设张举措，务持大体，而要于不欺，所取士以千数，名臣硕儒相望”，“视学有治声”，“持论务见其大”，而且他秉性厚重，不泄机密，自入军机后益发缜密，任宰辅十七年，不与各地封疆大吏通一封信牍。“上前所陈奏，或有所论荐非，非宣示，终不以告人，虽家人子弟不闻不知，故公相业之大者，人莫能窥也”。身为朝廷宰辅，职掌军机，潘世恩的仁厚之心，则自然表现在忠于朝廷和国家了。但他也是人子，因此“事亲孝，居丧两年，且老，日作孺子泣”，在失去双亲时凄然泪下。他也“存心泽物”，嘱咐儿子潘曾沂“纠族立义庄，岁小歉，辄弛田租，至以馈贫”。这是他对民众的仁厚之心的体现。

歙县潘氏三十一世“遵”字辈的兄弟们，亦是宅心仁厚。潘宗周支的潘遵澄，字玉清，号雅三，晚号笑拈，他“性好爽，好施与，亲友缓急，必如其请”。潘冕支的潘曾沂，字功甫，自号小浮山人，他“澹于荣利”，“利济民物之心，时时见诸行事”，并在“请诸文恭公（潘世恩），以分授田二千五百亩为丰豫义庄，备年荒平粜之用，间遇歉岁，或悉除其租，或免其半。乡人德之，而君不以为异也”。足见他视利世济人之事为寻常之举，被乡人感恩戴德而不以为异，该是何等仁心。潘曾彦，字宽夫，号松泉，“生平律己以约，治家以俭，待人以厚，遇事纤悉必尽言”，宅心毕现。潘曾琦，字稚圭，号竹桥，有做官的管理才能，但不愿做，认为能够利物恩泽于民，比从政还好。有此仁心，所以当吴地遭遇洪灾时，他挺身而出，襄助当局区划灾赈，“分司各厂，老者瞋瞋，以引以翼；幼者姁姁，以嬉以遨”，对老人的不满，则予以劝导，幼童们想玩乐，则和颜悦色地引导，并医治病者、安葬丧者等。潘遵祁，字觉夫，别字顺之，自号西圃，他教育诸子道，已当官的对百姓要力戒过于严刻，还没当官，则要先教他立好人品。他还将父亲潘世璜的遗训“处世以谦和为主，居家以勤俭为主”作为名言传给子孙。至于他所做利世济人的事很多。潘曾莹，字申甫，号星斋，同其父潘世恩一样，宦途顺利，一生忙于政事，但“素性淡定，和而不同”，“每闻四方兵革水旱之事，则忧形于色”，“向苍天泣”，虔诚祈祷，“惟期甘泽普，万户起炊烟”，表现出一片仁厚之心。潘曾绶，字绂庭，“一生处之大节，以孝友忠爱为基，以和平乐育为辅”，于王事“每勖以尽瘁”，亦显示其心存仁厚。潘希甫，字保生，号补之，他不说人短长，承诺必践行，视他人的事如同自己的事，这正是仁厚宅心的表现。而且他还训示子孙“凡事必从本原上做起”，生平服膺“忍耐是应事第一法，安详是处事第一法，谦退是保身第一法，涵容是待人第一法”，并与兄潘遵祁一起遵祖潘奕隽、父潘世璜的遗愿，捐建了松鳞义庄，造福乡党。潘曾玮，字宝臣，号玉泉、季玉，“平日乐善不倦，近数年各省水灾，或广为劝募，或竭力倡捐”且常谕子辈“以行善读书为要务，首严躁进”，“一堂和气，自有真乐，何假外求耶?”不仅自己宅心仁厚，而且要求下辈人传承下去。

歙县潘氏三十二世“祖”字辈兄弟很多，拣其要而述之。诰授光禄大夫、太傅、工部尚书潘祖荫，字伯寅，小字东镛，他天性孝友，事父母膝下，虽老仍如孺子，对幼弟潘祖年“抚爱甚笃”。他以仁厚之心处国事民事，鞠躬尽瘁。他是在花甲之年，为赈济京都畿辅数万灾民而劳累猝死的。噩耗传来，“闻之恸哭，声震郊野，盖近百年来公卿薨逝，未有能得人心如此者也”。在他殡葬之日，“九重涕泣，万姓呼号，哀荣振古”，这正是人们对他的仁厚宅心的感激之情的表露。诰授荣禄大夫、花翎二品顶戴、分省补用道潘祖谦，字济之，号寅生，晚岁自号平愉老人，也是同辈兄弟中的佼佼者，“生平乐善不倦”，“闻一善言，见一善行，则津津乐道之”且“矢之以恒心，将之以诚意”，“宅心以爱人为主”，“其行善也，知无不为，为无不力，多不可胜纪”。

利世济人　代传家风

苏州“大阜贵潘”的宅心仁厚体现在行动上，即是做一些利世济人的事且形成代代相传的家风。

在前节首先记述的歙县潘氏第十六世祖潘佑，被乡党们奉为祭酒，见有人急难，则抚恤之且不责其报。见有纠纷发生，则予以排解且不忍心看他们互相愤恨。还从物资上帮助那些需要帮助的人。其子潘庆不仅协助郡邑办一些公事，还为一些穷困者捐赎，以至受恩者为他造设长生牌位，朝夕焚祝不替，后潘庆偶过其门发现了，急忙命他撤去，并说，这不过是一时的恻隐之念耳，倘让你们这样做，岂不是让人以为我在出售德行吗？这是他隐德大义的体现。潘庆子潘全寿在家庭经济日益复振后，对公益之事都倾力助之。潘全寿之子潘佛生则乐善好施，尤多著绩。村里有座潘兴桥，被洪水冲垮了，他独力修好，让行人不须涉水过之。村东大道，岁久坎坷不平，他捐金修之。像这样见义必为，有乏必恤的事，可谓难以悉数。潘佛生之子潘廷护，为人“谦冲自牧，于物无忤”，自有一种长者风度。

而那位潘氏从商的先驱潘玉溪，在致富之后，不仅行孝父母，而且做了不少善事。一是把已关闭多年的塾学重新开起来，延请塾师来教育培养族内子弟。二是经常周济他人之急难，宗族中有孤儿寡母者，拿出钱来帮助他们。如族中有个幼儿，3岁失去父亲，又值灾年，母亲离弃他去改嫁了。潘玉溪就把他收养下来，给吃给穿，教育成人。17岁时带他出门去福建，教他做生意。两年后回家乡，为他娶妻。待他稍能自立后，给他一笔钱作资金，让他自己做生意，前后抚养他近二十年。三是捐金修宗祠、道路。总之，凡有善义的事，他都尽力为之。潘玉溪的儿子潘仲兰在扶危济困上，也是指不胜屈。饥饿的人，他资助以粮米柴火；寒冷的人，他救济以衣服被絮；良家女子失身于他人的，他设法救之于陷阱；灾荒之年，有灾民抛弃家室的，他收留抚恤，并使其家庭团聚；战乱时，有许多人被俘掠到兵营中，他召集一些同道者，进入营中，倾注自己的钱财予以解救。至于修缮桥梁，平整道路，奉养先人，和睦宗族，抚幼存孤，掩埋路边无主之尸等，他更是凡遇到就时时帮助之，而无疲倦之容。投身科举，以优秀学业成绩进入仕宦的潘景文，是潘仲兰的次子，仍然和祖父、父亲一样，秉性好义，对乡党邻里多有周恤。冬月天寒，他给缺衣少被之家捐去衣被；夏夜蚊多，他购置一些蚊帐给一些缺乏者；有生活穷苦的，他资助一些钱；有的死了无力安葬，他助以棺木，帮忙收殓。总之，凡知有人急难，他都慷慨施与。清康熙三十六年（1697）遭遇大灾，他赈济灾民长达一个多月。他还置良田百亩为义田，用于救济穷苦人，又购买两处朝阳山地，辟为义冢。家族中有人因穷困出卖女儿，他得知后，给赎回来，并帮助抚养成人。从浙江余杭到徽州歙县，他修葺了许多桥梁道路。他一生中曾出借给他人银钱总计十余万两，到临终时，他取出那些债券来，一把火烧了，不再追讨且对儿孙说，我不能给你们留下多少家业，唯有留给你们以道义。所以他的子孙们传承了道义之风。

潘景文的儿媳、明代万历首辅申时行的元孙女申太孺人，在丈夫潘兆鼎病故后，不仅上奉高堂，下抚幼孤，操持家计不致败落，而且尤敦族谊，凡遇生活难以自给的，必令子辈竭力周恤。第四子潘暄进一步继承家风，与妻子戴安人一起，自奉俭约，食不兼味，衣不重裘，而宗党贫乏，不惜时加以周恤，遇亲邻中有先富后贫者，尤加意慰藉，并谕告下人勿萌欺侮之念。他们的儿子潘冕在家境遭困时，毅然放弃科举，主持家政，使状况重新改善，遂对师友宗党等中有婚丧急难之事，大则身任，亲自办理，小则资助，不吝惜资费，不沽名钓誉，事后即忘，不肯为人言。他的妻子汪安人，亦“生平好行阴德”，对丈夫每有善念，“必竭力赞襄，即脱瓒珥亦欣然”，即以变卖自己的首饰也支持丈夫的善举。退归林下四十年的潘奕隽，一生未尝妄费，而施与人常不倦，遗嘱子孙捐设祭田，后来的松鳞义庄即秉承他的遗志而设的。其子潘世璜，性体纯粹，为善不倦，亦继续悯族人之贫者，遗命督促二子置田千亩，设义庄以赡之，完成自己未完上祖之遗愿。潘世恩之妻亦是好义行善的人，她“秉性慈惠，遇仆妪辈，从无疾言遽色。闻人有疾，必为购药医治。或竟夜不寐，闻其愈则喜。夏施茶水药饵，冬则棉衣粥米。其他善事不可缕述”。

承先业理盐务，秉公持正二十年如一日的潘雅三，有一位堂兄游幕远出无音信，留下子女俱幼，其父亲逝世也不在跟前。潘雅三即和弟弟潘竹珊一起，代堂兄安葬了伯父。潘雅三的另一个弟弟潘念堂，仅活35岁，逝世早，遗下孤儿三男一女，他便视若己出，让他们同自己的孩子一起同塾读书，待他们学而有成时，他即心喜，认为对已故的弟弟亦可欣慰于地下了。而其妻蒋宜人亦“乐人善，济人急，救人危”，是个善良的妇人。设立丰豫义庄的潘曾沂认为“田制之坏与赋之重，莫甚于吴”，遂仿效“古区田法”，为义庄详定规制三十余条，以利民食，而且当“尧峰山农请浚兴福塘河”时，欣然从之，投资开浚了十二里长，取名“尧峰湖”，资以灌溉。他还有在沧浪亭放生，尊经文会于葑门楼，以及修宗谱、养弃婴、恤流民、散仓粟、凿义井等诸多善举，或独力完成，或倡导而行，皆“视为份内事”。他的妻子严宜人亦出身官宦世家，对丈夫力行善事二十余年，亦积极相助，尤其是“收养弃婴，凡雇妪乳哺及疾病、寒暖、饮食等事”，皆由严宜人与妾杨氏共同完成。比潘曾沂小一岁的堂弟潘曾彦，为二伯父潘世荣之子，在甲午年（1834）吴中遭水灾时，抱病参与捐赈事，“任劳任怨，半载之中，晨往夜归，寒暑无间，捐银至十四万两有奇，又详议规条，分图赈济”，又“亲诣乡厂，稽查户口，按名给发，闾阎之穷苦者，得佑实惠”。同为潘曾沂堂弟的潘遵祁，则是大伯父潘世璜之子，22岁时，曾与堂兄潘曾彦一起参与赈灾之事，道光二十九年（1849），吴中又发大水，37岁的他“借捐以拯灾黎，亲至各乡稽家籍户口”，为贫民质养耕牛，设粥厂以食饿者。后，苏城为太平军所陷，克复后，他积极协助当局恢复城事，修文庙，设丰备仓。光绪二年（1876），江北大旱，饥民渡江，苏州丰备仓开仓拿出一万三千石粮、一万四千缗钱，救活灾民无数。其妻汪宜人在支持丈夫赈济当世之外，亦有济人之行，如有亲戚故后，遗下弱女，贫无所依，她即收留抚养，从饮食到教诲，视如己出，一直到长大成家。同为兄弟辈的潘曾绶亦参与了吴中灾年抚恤之事。潘曾玮则在克复苏州城“各军需饷浩繁”时，积极筹办军饷，“捐集款至百数十万”，从而使“士马饱腾，肤功迅奏”，力克苏城，得朝廷“赏加布政使衔”的褒奖。

综上所述，苏州“大阜贵潘”已然形成“宅心仁厚，利世济人”的优良家风且一脉相承，代有传继，这才是最可宝贵的精神风采，才最能体现“贵”的高尚价值。

“贵潘”形成之因

徽州人的主体，是由自汉以来南迁的北方士族组成，但到明中期以后，地狭人稠的形势，又迫使徽州人外出经商，进而因商业经营的发展，又形成了一些徽州人的外迁家族。如最早闯荡两淮业盐的歙县黄氏，明末起在两淮业盐的歙县岑山渡程氏，在扬州的歙县江村江氏、稠墅潜口汪氏、潭渡黄氏、雄村曹氏、棠樾鲍氏等。其中也不乏以商转儒，以儒入仕的家族，如岑山渡程氏，在康乾年间也涌现了程文正、程梦星、程晋芳、程沆等一族四进士，但未有官居显位者。又如雄村曹氏，虽在明清两代亦有九人中进士且有曹文埴、曹振镛“父子尚书”，但未能形成外迁一地之大族。同样，江村江氏，明清两代中进士者竟有十八名之多，然亦无官居显位者，亦没有在一地形成大族。因此，在集中一地形成望族，要数落户苏州的歙县大阜潘氏。究其原因，笔者才疏学浅，研究不深，思索再三，粗浅地认为有以下几个方面。

徽苏文化的交融与影响

贾而好儒是徽商重要的社会特征，这是众多徽学研究者辛勤劳作后得出的正确结论。因为不少徽州人总是在“贾”与“儒”这两种社会角色之间转换，或先贾后儒，或先儒后贾，或亦儒亦贾。歙县大阜潘氏也具有如此的社会特征，他们在家乡本就过的是耕读结合的生活，因业盐来到苏州，好儒的乡风并没有丢弃。潘氏从商的先驱潘玉溪经商获利后，首要的事即“开塾延师，训诸弟以文学”。跟随父亲脚步为商的潘仲兰亦“少读书，能观大略，贯穿子史，综览古今”，是个不折不扣的贾而好儒者。故其子潘景文稍长即从事举子业，操纸笔立就，虽数次应试，效果不甚佳，但成为大阜潘氏以商入仕的第一人。其后代子孙潘兆鼎、潘暄、潘冕等，都在亦儒亦贾地进行着家族的奋斗。徐茂明先生《清代徽苏两地的家族迁徙和文化互动——以苏州大阜潘氏为例》一文，认为在文化方面，苏州潘氏一直沿袭徽州故里的文化传统，指出这是苏州潘氏在那个时代获得成功的重要因素。

地处苏南平原的苏州，素有“人间天堂”之誉，自然条件和人文环境都很优越。历来经济富庶，市场繁荣，文化发达，人们大多重视精神的提高和自身的修养，民俗好学成风，故苏州人“多尚儒学”，人才辈出，尤为冠绝。正如明代文化大家、江苏昆山人归有光赞道：苏州“为人材渊薮，文字之盛，甲于天下。其人耻为他业，自髫龀以上皆能诵习，举子应主司之试，居庠校中有白首不自已者”。这种文化氛围，对于清初因经商而迁入苏州的徽州潘氏家族来说，很快就受到了地域文化的浸润并产生了碰撞，虽然仍带有徽州人贾而好儒的特质，但开始转变家风，树立了科举与经商迭相为用的二元价值观。他们注重了以儒学培养子孙，走科举入仕之路，探索长达百年之久，虽遭受二十六至二十八世三代人的屡考屡败，甚至使原本素封之家变为“环堵萧然”的境地，但终在歙县潘氏二十九世“奕”字辈的潘奕隽、奕藻、奕基兄弟身上，开出了灿烂的科第之花。而后经潘世恩、潘曾莹、潘祖荫等祖孙三代十数人的努力，科第相继，簪缨盈门，由普通家族发展成科第世家、文化世家。

因此，歙县大阜潘氏在苏州形成望族，首要因素在于徽苏文化的交融与影响。

严格的家族教育

苏州“大阜贵潘”的形成，其因素之二当是严格的家族教育。族人还必须通过严格而良好的家族教育和自身的刻苦努力，才能成长为杰出的人才。

从《大阜潘氏支谱》之《志铭传述》记载来看，潘氏子孙自幼即入家塾，接受启蒙教育。早者3岁入塾，迟者6岁受教，而且自家塾回家，夜间必“篝灯诵读，至夜不辍”且请名师授教。如潘暄“受业夔能、巽来二顾先生，皆博学笃行君子”。而当他“十二应省试不售，始绝意科举”后，则加强对儿子们的教育，“每课，既拈题，必自拟一篇指示程脉，总以先正典型为则”。即出题要儿子们作文时，必定要自己先作一篇范文且以应试的正典型为原则，育子之心何其殷切。再如，潘暄之子潘冕“教诸子以通经史知世为要”，当子辈“退自家侍侧”，他“辄举某经某段令背，或问某史事迹如何”，课问得很是仔细。潘冕的妻子汪安人对儿子们的教育，则抓得更紧，“其抚诸子也，虽甚爱之，未尝存姑息，自襁褓即课之；就傅后，退自家塾，篝灯令背所读书，成诵乃寝”。他们的儿子潘奕隽能够成为“贵潘”第一位进士，与他们做父母的严加教育是息息相关的。如潘奕隽“年稍长”，父母即让他“别具一室，人未尝闻嬉笑声，八岁从嘉兴谭东来先生游”。据潘奕隽自订年谱载，该老先生“方严古朴，督课甚密，自上元至馆，残腊归家，岁以为常”，日习“五经”，《左传》，六年卒业。同时，父亲潘冕还命他“习柳诚悬书，日课百字”，“午后日课唐人五、七言绝句一章”。如此严格的家庭和名师教育，加上他本人“心甚乐之”，中进士是必然的了。

接受严格教育而踏上仕途的潘奕隽，对儿子们的教育也很严格。其子侄们“自入塾至操笔为文，时时亲为指示，尝训以为学之要，曰：孟子云，苟为不熟，不如荑稗。东坡言，虽高才，非甚习不为功。以孟子、东坡之聪明，尚云然学之不可不习，习之不可不熟，可知至于成熟自有汩汩乎?”他以孟子和苏东坡的名言来强调，温习对于为学的重要，这样的教育对子侄们来说是颇有裨益的。中进士的继兄潘奕藻，对子孙辈的教育同样严格。他更以亲身体会教之：“汝等作文，须将书理看透，然后落笔，再以书卷佐其议论，自然识解真道理足，不患无好文字。”并指点他们为文不要“背道蔑经”。潘奕基自己虽没有成功，但寄希望于子辈，因而教子亦严，“延师授课，所读文皆预为选定，塾师所课诗文，必复厘其得失，有不慊意，谆谆训改。暇即亲自督课，旧居在马医科巷，老屋三间，夜分一灯荧荧，口讲指画，不稍倦”。夏夜纳凉，则于松轩中为子辈“说史事，随举古名臣事迹，反复开喻上下数千年，了如指掌”。在他这样严格的家庭教育下，儿子潘世恩高中了状元，为家族增添了光彩。同样，潘世恩中状元，也有其母亲黄夫人严加教育的功劳。潘世荣、潘世恩兄弟“方就塾，予督课甚严，篝灯夜读，每至更深”。为提高他们读书温习的积极性，黄夫人还“辄饲以枣栗，刀尺声与书声相间，率以为常”。她对孩子们不仅要求严格，而且有深爱，督之以严，施之以爱，读书自然甚有成效。如此严格的家庭教育之风，在潘氏家族代代相传。

潘氏严格的家族教育还体现在经济支持上。潘氏家族曾建有两个义庄，为家族中祭祀祖宗、扶危济困、读书科举、兴盛家业等项提供资助。一是潘遵祁与弟潘希甫遵祖父潘奕隽遗命，并请示堂叔潘世恩后，先后捐田二千二百二十亩，建立了松鳞义庄；二是潘曾沂在请示父亲潘世恩后，以分授田二千五百亩，建丰豫义庄。两个义庄对家族教育都给予了有力支持。如明文规定：“子孙读书最为训族第一件事”，“凡参加县试、府试、院试、岁科试、乡试、会试，不分有力无力，由义庄分别资助钱一千文至三千文不等，会试中式，另给二十千文。”这表明义庄把投资教育摆在首要位置，已不是扶危济困的资助，而是直接对家族教育的资助。不仅如此，还加大了对读书者的助资范围：“初识字，读四子书，每节贴修金一千文；能诵经书，每节一千五百文；开笔作文至二十四岁为限，每节二千文。”这里面不仅有按规资助，而且包含了奖励机制，使家族学子们奋力争优，早日成才。义庄同时也建立了比较完善的“查课”制度，检验学习效果，每月会有考试，以背诵、作文、写字等形式测试，以督促学子们学习。据徐茂明先生《士绅的坚守与权变：清代苏州潘氏家族的家风与心态研究》一文载，同治七年（1868）订立的《松鳞庄增定条例》的“查课”制度更为具体：“每仲月朔日，各支总带领本支学徒到庄，分别试以背诵、写字、作文，优者加奖，如实录可造者，再酌加修金，期得日新之益。其远在乡塾者，支总以时督查，不限何月朔望。每年两次到庄查课候将，其学习荒落及规避不到者，分别停减贴费。”这里增添了处罚措施。此外，遇有大小试年份，即有乡试会试之年，庄中每月举行“会文课”，由掌庄出题，“穷日之力，课以一文一诗，临场则加课一文，均不准给烛及夹带书本，次日将课卷送耆宿评定甲、乙，优者酌与花红”。又据徐文载，潘世恩还编辑《潘氏科名草》，以收录的优秀八股文作为潘氏学子的必读资料。同治庚午（1870）以后，义庄“会课”制又改为每年每月举行。而且自光绪丁丑（1877）开始，“延请名师到庄，每月三期，讲贯竟日。凡愿从学者，按期来庄请业，毋许旷误。供馔一切，由庄备办，其资学之功，冀得观摩之益。如能好学精勤，加以奖励。其或骛名浮慕，定别去留，由先生随时进退之。各支总年终考覆之，以求实效”。义庄如此为家族子弟教育下本钱，花功夫，自然给子弟的科举之途提供了有力的支持。

综上所述，苏州大阜潘氏家族的教育是严格而有切实措施的，不仅体现在上辈对下辈的谆谆教导和督促上，而且体现在家族义庄机构的资助和鞭策上，因此，这是苏州“大阜贵潘”形成的重要因素。

据唐力行教授等著《苏州与徽州——16—20世纪两地互动与社会变迁的比较研究》一书载，即使在清末的1905年废科举，兴学堂之后，潘氏家族对教育的投入仍是一如既往。光绪三十二年（1906）的《松鳞庄续订规条》载，潘氏家族自己“设立高初两等小学堂，专课本族子孙，凡年在七岁以上，十六岁以下，概许来学请业”，“学堂经费由义庄支拨，不论有力无力，一概不取学费亦照以往”，至于膳食、书籍等费，量力而行，“有力者照缴”，无力者可向义庄申请减免。对于报考中学、大学、出洋游学者，亦照以往资助各级科举考试的规定，分别给钱六千文至四十千文不等。直至民国十五年（1926），松鳞义庄还制定有对本族高中、大学毕业生给予奖励的条例：“在高级中学或高级中学同等之学校毕业者，奖银四圆，专门及大学毕业者奖银六圆，得学士位者八圆，硕士位者十圆，博士位者十二圆。”

正是家族对子弟教育的持续关注和鼓励，有许多潘氏子弟在近现代受到中高等教育，成了各方面的杰出人才，使“大阜贵潘”的延脉之光，更为辉煌灿烂。

社会关系网纵横的体现

苏州“大阜贵潘”之“贵”，还体现在他们与当时的世家大族密结了一张纵横交错的互相依靠、牵连、照应的社会关系网。正如唐力行教授等在《苏州与徽州——16—20世纪两地互动与社会变迁的比较研究》一书所述：“潘氏在科举仕途上取得节节胜利的同时，他们还不断地通过联姻、交游等方式，扩大并巩固其家族地位，进一步融入苏州上流社会中去。”从而更加呈现出富贵的风采。

联姻，是苏州大阜潘氏结交社会名流的重要方式，门当户对，首选士绅家族是他们择偶的基本原则。不过，初居苏州时期的潘氏，还是同歙县的汪、程等大族联姻较多。究其原因，这在潘冕兄弟在为其母亲、苏州人戴氏所述的《例赠安人显妣戴太安人事略》中可得以解释：“先是吾宗自新安侨寓于吴，鲜吴中婚嫁者，吾母之来，宗党咸疑习俗奢华，恐于家风未洽。而吾母亲秉性谦恭，敦厚俭朴，钗荆裙布，绝无勉强意，未弥月，群籍籍称贤云。”可见徽苏两地之间风俗文化的差异，才使早期的潘氏选择故乡歙县人联姻较多。之后，当潘氏家族渐与苏州风俗相融后，与苏州人择门第而婚的情况便增多了。

据《苏州与徽州——16—20世纪两地互动与社会变迁的比较研究》一书所列二表可知，在潘宗周支中，自二十九世“奕”字辈至三十五世“家”字辈七代中，共有男口一百八十九人，其中男娶士绅女有九十八人；共有女口一百六十七人，其中女嫁士绅男五十一人。在七辈人中，男口以“世”“遵”两辈娶士绅女比例最大，前者八人，皆娶士绅女；后者二十五人，有二十三人娶士绅女。女口以“先”“志”两辈嫁士绅男比例为多，前者三十二人，有十七人嫁士绅男；后者三十九人，亦有十七人嫁士绅男。再看四房潘冕支，自二十九世“奕”字辈至三十五世“家”字辈七代中，共有男口一百六十二人，其中男娶士绅女有九十八人；共有女口一百二十七人，其中嫁女嫁士绅男五十一人。在七辈人中，男口以“遵”“先”两辈娶绅士女比例最高，前者有男口十一人，娶士绅女十三人，后者有男口二十九人，娶士绅女三十一人。女口亦以“遵”“先”两辈嫁士绅男比例为多，前者女口八人；后者女口十六人，有十五人嫁士绅男。

由于苏州“大阜潘氏”出过一名状元、二名探花，故在联姻中，与三鼎甲之家缔结的有十数个之多。最早的是潘兆鼎长子潘克顺，他原名邦旭，字东白，身份虽仅是浙江仁和县的一介庠生，但继娶的申氏，却是明代嘉靖壬戌科（1562）状元申时行的玄孙女。申时行，字汝默，不仅高中状元，而且以文字受知于首辅张居正，到万历间累官吏部尚书，后继张居正为首辅，政务宽大，世称长者。申氏虽是申时行的玄孙女，但仍褒有远祖之风，在潘家守节尽孝，抚养前室子女及己女成人，被钦旌节孝。潘克顺的曾孙潘世经娶妻缪氏，是缪廷之女，其高祖为清康熙丁未科（1667）状元缪彤，字歌起，官侍讲，丁忧归后以教学为业，所造就者为宦者甚多。曾祖缪藻、祖缪敦仁亦分别是榜眼与进士。故潘世经妻缪氏坚持要子孙读书，子潘遵礼、孙潘馥亦先后中举。因此潘光旦先生从优生学的角度，认为望族之间的联姻，特别有助于优秀人才的产生，除了遗传影响外，母教对人才的培养也有积极作用。

四房潘暄支曾孙、歙县潘氏二十九世的潘蓉，原名奕勋，字日初，号秋水，也是浙江杭州府一名附贡生，娶妻彭氏，为清雍正丁未科（1727）状元彭启丰一门彭曾懋之女。彭启丰，字翰文，号芝庭，官至兵部侍郎，立朝垂四十年，试士之典，无不在列且是工画山水、诗文兼备的名家。为加强同彭家的关系，潘蓉所生七女中，又有二女回适彭门。来而又返，更使两家的关系格外密切。同是四房潘暄支的玄孙、歙县潘氏三十二世的潘祖谦，是状元潘世恩的孙子，娶妻毕氏，为太仓毕长庆之女，毕长庆之祖毕沅为乾隆庚辰科（1760）状元。毕沅，字秋帆，自号灵岩山人，官至湖广总督。因此，潘祖谦得到朝廷不少恩赐，先是钦加盐运使衔，赏戴花翎，后又钦加二品顶戴，随带加一级，再又覃恩从一品封典，授荣禄大夫。潘祖谦弟潘祖颐继娶之妻吴氏，也是一位状元之女，岳父即道光壬辰科（1832）状元吴钟骏。潘祖颐既是状元之孙，又为状元之婿，虽自己仅为一名增贡生，却获“议叙太常寺博士加三级”之荣，此后又任浙江绍兴府海防总捕同知、候补知府，历署台州、处州温州等府知府、补用道，钦加三品衔，赏戴花翎。如此厚遇，与两位先辈状元当有一定关系。后来，潘世恩的曾孙潘之万，又娶了吴钟骏状元的孙女，也由苏州府岁贡生议叙主事衔。潘世恩的另一个侄孙潘志裘娶了吴县榜眼冯桂芬的孙女为妻。

通过门生、同年、座主、同僚等关系，是苏州“大阜贵潘”加强同上流社会交往的又一重要方式。潘氏在科举场上捷报频传，潘世恩、潘世璜、潘祖荫跻身三鼎甲，尤其是潘世恩、潘祖荫祖孙分别在清中期和晚期进内阁，入军机，历掌乡试、会试主考，兼朝考等诸类考试阅卷大臣，位居显要，结交往来的仕宦遍及全国。《清史稿》曾载：“大学士潘世恩疏荐前总督林则徐、按察使姚莹、员外郎邵懿辰、中允冯桂芬。”这些被荐的官员自然对潘家感恩有加。如冯桂芬，字林一，号景亭，在潘世恩任主考时中榜眼，官至詹事府右春坊右中允，官职虽不大，但他精古文辞，兼通算学，著有《显忠堂诗文集》《说文解字段注考证》《使粤行记》《两淮盐法志》，是当世著名学者。他感谢知遇之恩，终身对潘世恩执弟子礼，曾为潘撰墓志铭，并为其画像题辞，还与潘世恩诸位子侄密切交往，诸如文集作序、题跋画图、作墓志铭等都热心为之。他的侄孙婿潘志裘也由吴县廪贡生候选训导，且于光绪壬午科（1882）中举，任广东补用盐课大使，分缺间署灵山知县，后充光绪间庚子（1900）、辛丑（1901）两科广东乡试同考官，又统带灵勇全营，加二级军功，随带加一级记录四次。

苏州大阜潘氏第一位进士潘奕隽，乡试的主考官为吏部左侍郎彭启丰，会试的主考官为吏部尚书刘纶。彭启丰为江苏长洲县人，长洲县并入吴县，属苏州府，因而彭与潘同乡。潘奕隽之弟潘奕基曾以文就正于彭启丰，被彭一见器重。后来，潘奕基子潘世恩16岁时肄业于苏州紫阳书院，而书院山长又正是彭启丰，潘世恩与兄潘世荣同为彭的门生，而彭家也有两位女子先后嫁给潘家。足见潘彭两家交谊之深。交谊深，相辅相成，两家的社会地位自然皆既贵又荣。潘奕隽会试时的主考官刘纶亦江苏武进县人，武进在常州西南，距苏州不远，与潘奕隽是本省老乡。刘纶，字慎涵，号绳庵，累官文渊阁大学士，兼工部尚书，在朝当政十载，与任东阁大学士、太子太保的刘统勋相得，有“南刘北刘”之称。潘家也因此与刘纶有了来往。

潘氏中蟾宫折桂状元的潘世恩，参加乡试与会试的主考官，皆为礼部左侍郎铁保，他是满洲正黄旗人，姓觉罗氏，字冶亭，一字梅庵，嘉庆时官至两江总督，少以诗名，与百龄、法式善并称三才子，尤工书法，与刘墉、翁方纲并称。而刘墉正是以吏部尚书之职任潘世恩会试时的正总裁，又系刘统勋之子。潘、刘之间的关系也颇密切。道光十二年（1832）壬辰科会试，潘世恩以吏部尚书任主考官，所取会元为长洲县人马学易，状元为吴县人吴钟骏。后吴钟骏的女儿和孙女都嫁与潘家。道光十六年（1836）丙申恩科会试，潘世恩又以内阁大学士任首席主考官，所取会元为江苏江阴人夏子龄，状元为福建侯官人林鸿年。道光二十年（1840）庚子科会试，潘世恩再以内阁大学士三任首席主考官，所取会元为浙江钱塘人吴敬羲，状元为江苏丹徒人李承霖，榜眼为江苏吴县人冯桂芬。道光二十七年（1847）丁未科会试，潘世恩第三次以内阁大学士四任主考官，所取会元为浙江钱塘人许彭寿，状元为直隶南皮人张之万，榜眼为顺天宛平人袁绩懋，探花为江苏常熟人庞钟路。这些位列三甲的门生，皆在潘氏的世交网络中。如许彭寿在咸丰壬子（1852）科潘祖荫参加会试时，以编修任同考官。潘祖荫高中探花，又成为许的门生。互相交错，关系愈联愈紧密。

潘祖荫折桂探花后，亦曾三任乡试、一任会试主考官，和一任会试同考官，亦有不少门生。咸丰六年（1856）丙辰科会试，中进士才四年的潘祖荫即以侍读任同考官，所取会元为山东临清人马元瑞，状元为江苏常熟人翁同龢，榜眼为山东济宁人孙敏汶，探花为浙江钱塘人洪昌燕。此科，长潘祖荫一岁的堂兄潘祖同被钦赐贡士后，与翁同龢同赴殿试同上榜。咸丰八年（1858）戊午科乡试，潘祖荫与翁同龢同为陕西考官，潘为侍讲学士，翁为修撰，潘为正，翁为副。巧的是，潘、翁二人又同年出生，于是他们“同朝为官，政见相同，亲如弟昆，最为莫逆，彼此交流学问，切磋诗文，品评书画，相互推许”。（参见唐力行等《苏州与徽州——16—20世纪两地互动与社会变迁的比较研究》）更何况翁同龢长兄翁同书进士及第时，潘祖荫之祖潘世恩又是其座师，因而潘、翁两家关系极为密切。又如同为吴县人的石韫玉，字执如，号琢堂，乾隆五十五年（1790）状元，曾任山东按察使兼布政使、翰林院编修，学问博洽，尤长于经济之学，与潘世恩乡谊很深，曾为潘氏苏州临顿路宅第撰记。这些官宦之间建立了如此密切的关系，互相都有照应，互相尊贵的地位都得以巩固。

此外，中国近代史上林则徐、曾国藩、李鸿章、左宗棠、胡林翼等著名人物及阮元、俞樾等著名学者，也都与潘氏有着密切的关系。如林则徐，虽在任江苏巡抚时，省内遭受严重涝灾，要求富庶的苏州大户拨出库存粮食，遭到闲居在家的潘世恩带头反对。但鸦片战争期间，林则徐任两广总督，上奏处理洋务的五条章程，却得到身居军机大臣潘世恩的坚决支持。而道光三十年（1850），咸丰帝即位，诏举人才，年高82岁的潘世恩首荐的人才，便是已被流放新疆的林则徐，称他是“历任封疆，有体有用。所居民乐，所去民思”。林自然感恩在心，而潘世恩此举也极为后人称道，因此到晚清时仍被人记恩。又如身为晚清朝廷重臣的李鸿章，曾于光绪十二年（1886）以文华殿大学士、直隶总督之职衔，向光绪帝跪上奏本，褒奖已故布政使衔记名道潘曾玮帮办团练，保卫苏州，抵御潮勇、“粤逆”，协同官军杀贼克城，保全桑梓之功，请在原籍捐建专祠以彰，得奉旨著照所请。在此之前，李鸿章在任江苏巡抚时，还为潘家题写“祖孙父子叔侄兄弟翰林之家”的匾额，直接给潘家涂染上了“贵”的风采。左宗棠在遭人弹劾时，是潘祖荫为之辩保，左故不惜重金购大盂鼎赠报酷爱收藏的潘祖荫，体现了二人的牢固关系。

综上所述，这些位高权重的官宦们，与潘氏在婚姻交互，受业渠道，科场选拔，官场提携和反哺乡里的过程中，形成了一个关乎血缘、人缘和地缘的良性关系网。而这些都为苏州“大阜贵潘”之“贵”，增加了厚重的砝码。

附录

现将《大阜潘氏支谱》中部分内容附录于下，以期加深对“大阜贵潘”的了解。

苏州大阜潘氏命名字行二十字

奕世遵先志　承家裕令谟

诗书维正学　孝友式修儒

以上为先世所定自二十九世始至四十八世，再由后人续拟永昭画一。

三十六世裕博谨记

《诰敕录》选

候选州同潘景文之父母　敕命

奉

天承运

皇帝制曰：资父事君，臣子效匪躬之谊，作忠以孝，国家宏锡类之恩。尔潘仲兰乃候选州同潘景文之父，善积于身，祥开厥后，教子著义方之训，传家裕堂构之遗。兹以尔子遵例急公，赠尔为儒林郎、候选州同，锡之敕命，于戏！殊荣必逮于所亲，宠命用光，夫有子承，兹优渥永芘忠勤。

制曰：抒悃奉公，嘉教劳之有自；推恩将母，宜锡典之攸隆，尔候选州同潘景文母张氏，壶范宜家，夙协承筐之孅；母仪诒穀，载昭画荻之劳。兹以尔子遵例急公，封尔为安人。于戏！彰淑德于不瑕，式荣象服，膺宠命之有赫，益贲徽音。

敕命之宝　康熙二十三年二月初十日

直隶宣化府怀来县知县潘应椿之父母 敕命

奉

天承运

皇帝制曰：求治在亲民之吏，端重循良，教忠励资，敬之忱聿，隆褒奖尔副榜贡生潘绂，乃直隶宣化府怀来县知县潘应椿之父，禔躬淳厚，垂训端严，业可开先式穀，乃宣猷之本泽，堪启后贻谋裕作牧之方。兹以覃恩封尔为文林郎、直隶宣化府怀来县知县，锡之敕命。于戏！克成清白之风，嘉兹报政，用慰显扬之志，畀以殊荣。

制曰：朝廷重民社之司功，推循吏臣子，懔冰渊之操，教本慈帏。尔汪氏乃直隶宣化府怀来县知县潘应椿之母，淑慎其仪，柔嘉维则，宣训词于朝夕，不忘育子之勤，集庆泽于门闾，式被自天之宠。兹以覃恩，赠尔为孺人。于戏！仰酬顾复之恩，勉思抚字，载焕丝纶之色，永贲幽潜。

敕命之宝　乾隆三十六年十一月二十五日

内阁中书协办侍读加一级潘奕隽之父母 敕命

奉

天承运

皇帝制曰：宣猷服采，中朝抒报，最之忱锡，类推恩休，命示酬庸之典，尔潘冕乃内阁中书协办侍读加一级潘奕隽之父，令德践修，义方夙著，诗书启后，用彰式穀之方，弓冶传家，克作教忠之则。兹以覃恩封尔为文林郎内阁中书协办侍读加一级，锡之敕命。于戏！笃生杞梓之材，功归庭训，丕焕丝纶之色，荣播天章。

制曰：壸教凝祥，懋嘉猷于朝，宁国常布，惠扬休命于庭闱。尔汪氏乃内阁中书协办侍读加一级潘奕隽之母，勤慎宜家，贤明训后，相夫以顺，含内美于珩璜，鞠子有成，树良材于桢干。兹以覃恩，封尔为孺人。于戏！昭兹令善之声，荣施勿替，食尔劬劳之报，庆典攸隆。

敕命之宝　乾隆三十六年十一月二十五日

内阁中书协办侍读加三级潘奕隽本身妻室 敕命

奉

天承运

皇帝制曰：官在禁林，时掞天庭之藻；班承纶阁，还依册府之光。尔内阁中书协办侍读加三级潘奕隽，温醇著誉，恪谨持躬，质有其文，撰述分劳于两制；才堪称职，丝纶贲宠于重霄。兹以覃恩授尔为承德郎，锡之敕命。于戏！西清趋直，用嘉翰札之劳，北阙承恩，尚励靖共之节。

制曰：丕绩奏于中朝，端赖闲家之助，宠章颁乎庆典，宜分齐体之荣。尔内阁中书协办侍读加三级潘奕隽之妻史氏，早习女仪，克修妇职，鸡鸣交儆，既砥节于素丝，蚕绩执劳，用邀恩于紫綍，兹以覃恩，赠尔为安人。于戏！巾褂彰和顺之风，鸾书诞贲；廷陛焕褒嘉之命，翟茀永贻。

制曰：臣心报国，每资贤助于中闺；妇爵从夫，必普恩施于继室。尔内阁中书协办侍读加三级潘奕隽之继妻沈氏，柔顺嗣徽，雍和叶吉，既告虔于枣栗，洵内教之克修，堪比德于珩璜，宜朝章之式贲，兹以覃恩，封尔为安人。于戏！无忘象服之荣，勉副鸾书之锡，祗承宠典，益播休声。

敕命之宝　乾隆五十年正月初一日

刑部山西司主事加一级潘奕藻之父母 诰命

奉

天承运

皇帝制曰：谊笃靖共，入官必资于敬；功归诲迪，能仕而教之忠。爰沛国恩，用扬庭训，尔议叙布政司理问潘冕乃刑部山西司主事加一级潘奕藻之父，躬修士行，代启儒风，抱璞自珍，克毓圭璋之秀；析薪能荷，弥彰杞梓之良。兹以覃恩赠尔为奉直大夫，锡之诰命。于戏！贻令问于经篇，义方久著，佩徽章于策府，礼秩加优，茂典丕承，湛恩永荷。

制曰：移孝作忠，懋简劳臣之绩；推恩锡类，式扬贤母之名。载贲荣纶，用宣懿范。尔汪氏乃刑部山西司主事加一级潘奕藻之母，早娴典则，夙著规型，敬以从夫，宜室聿徽，其顺德勤于训子，备官一本于慈祥。兹以覃恩赠尔为宜人。于戏！荷彩翟之天章，徽音益畅，披彤毫之仙藻。惠问常流，祗服宠光，永绥福履。

制诰之宝　乾隆五十五年正月初一日

翰林院编修加一级潘世璜之父母 敕命

奉

天承运

皇帝制曰：宣猷服采，中朝抒报，最之忱锡，类殊恩休，命示酬庸之典。尔原任户部主事潘奕隽乃翰林院编修加一级潘世璜之父，令德践修，义方夙著，诗书启后，用彰式穀之风；弓冶传家，克作教忠之则。兹以覃恩封尔为儒林郎、翰林院编修加一级，锡之敕命。于戏！笃生杞梓之材，功归庭训，丕焕丝纶之色，荣播天章。

制曰：壸教凝祥，懋嘉猷于朝宁；国常布惠，扬休命于庭闱。尔史氏乃翰林院编修加一级潘世璜之母，勤慎宜家，贤明训后，相夫以顺，含内美于珩璜，鞠子有成，树良材于桢干。兹以覃恩赠尔为安人。于戏！昭兹令善之声，荣施勿替，食尔劬劳之报，遗范长垂。

制曰：鞠育恩深，母道无殊，先后劬劳，念切子心，并重瞻依。尔沈氏乃翰林院编修加一级潘世璜之继母，毓自茂族，嫔于德门，婉嫕为仪，克继承筐之孅；贤明示训，尤彰式穀之风，兹以覃恩，封尔为安人。于戏！传雅咏于鸤鸠，均平书范，慰私情于乌鸟，宠渥丕承。

敕命之宝　嘉庆元年正月初一日

翰林院修撰加一级潘世恩本身妻室 敕命

奉

天承运

皇帝制曰：登大廷而射策，名冠胪传；入秘苑以摛华，职参法从。尔翰林院修撰加一级潘世恩，学有师承，材为国器，无双擅誉，蚤通籍于金闺；尺五沾恩，时濡毫于玉陛。兹以覃恩授尔为承德郎，锡之敕命。于戏！稽古读书，匪为平生温饱之计；服官砥节，尚副朝廷忠孝之求。

制曰：勤宣声绩，聿徵服采之才；茂著规型，式奖同心之孅。尔翰林院修撰加一级潘世恩之妻谢氏，夙谙内则，作配名门，训典娴明，允协珩璜之度；礼仪纯备，克彰苹藻之风。兹以覃恩，赠尔为安人。于戏！荷天宠以流芳，鱼轩焕采，被国恩而永誉，马鬣增辉。

制曰：国恩宠锡，式酬服采之劳；闺范嗣修，载奖观刑之化。尔翰林院修撰加一级潘世恩之继妻汪氏，早谙女诫，克举妇功，惠问交流，洁后先而媲美；素风相勖，庀内外以同心，兹以覃恩，封尔为安人。于戏！扇兰佩之芳蕤，被芝泥之馨泽，祗承庆典，益劭荣名。

敕命之宝　嘉庆元年正月初一日

前任翰林院侍讲学士加一级
今升内阁学士提督云南学政潘世恩之父母 诰命

奉

天承运

皇帝制曰：委质策名，荣既膺夫，簪绂克家，缵绪功必。溯乎箕裘，尔潘奕基乃前任翰林院侍讲学士加一级，今升内阁学士提督云南学政潘世恩之父，道足持躬，谋能裕后，经传诗礼，青箱扬奕叶之辉庆，笃芝兰丹，綍焕天衢之泽前，徽允懋新典宜颁，兹以覃恩封尔为中宪大夫翰林院侍讲学士加一级，锡之诰命。于戏！被章服以增荣，聿显肯堂之绪；承丝纶而无忝，弥彰式榖之猷。

制曰：教启义方，慈母克襄，夫严父荣敷闺闼，君恩宜体乎子情。尔黄氏乃前任翰林院侍讲学士加一级，今升内阁学士提督云南学政潘世恩之母，贞淑性成，徽柔道协，夙宣慈训，聿储卓荦之材；载布徽音，用衍炽昌之祚。丕昭令绪，特沛温纶，兹以覃恩，封尔为恭人。于戏！龙章式贲，壶德著美于当时；象服钦承，懿范益彰于奕叶。

制诰之宝　嘉庆四年四月初八日

前任翰林院侍讲学士加一级
今升内阁学士提督云南学政潘世恩本身妻室 诰命

奉

天承运

皇帝制曰：国重西清之选，用备咨询；官居东观之班，尤资博雅。尔前任翰林院侍讲学士加一级，今升内阁学士提督云南学政潘世恩，清才夙裕，粹品兼优，珥笔禁林，殚靖共而奉职，谭经秘苑，效献纳以抒诚，庆典攸隆，嘉猷允懋，兹以覃恩，授尔为中宪大夫翰林院侍讲学士加一级，锡之诰命。于戏！珪章推玉署之英，式昭儒术；纶綍焕泥金之色，益展嘉猷。

制曰：朝重良臣，丹陛聿颁崇奖；家资贤配，彤管实表匡襄。尔前任翰林院侍讲学士加一级，今升内阁学士提督云南学政潘世恩之妻谢氏，芳声素裕内则，久娴肃雍备著，夫姆仪进思，交勉敬戒，克修其妇道，退食相规，载锡丝纶，用光翟茀。兹以覃恩，赠尔为恭人。于戏！象服是宜，被宠荣而弗替，龙章用贲，昭仪范而犹存。

制曰：登朝抒伟略，国典之所攸，崇继室嗣前徽，壸范于焉丕著。尔前任翰林院侍讲学士加一级，今升内阁学士提督云南学政潘世恩之继妻汪氏，秉教女师，绍修阃政，勤女工于杼轴，锵鸣珩珮之声，襄臣节于素丝，彩映纶章之色。欣逢庆典，诞被新恩。兹以覃恩，封尔为恭人。于戏！内则是娴，播芳型于彤史；令仪罔忒，扬德誉于深闺。

制诰之宝　嘉庆四年四月初八日

经筵讲官体仁阁大学士文渊阁领阁事国史馆正总裁管理兵部事务军机大臣教习庶吉士今充东阁大学士稽察钦奉上谕事件处日讲起居注官翰林院掌院学士管理工部事务潘世恩之父母 诰命

奉

天承运

皇帝制曰：奋庸熙载经纶，阐报国之忱；锡类贻谋诗礼，识趋庭之教。象贤昭于堂构，巽命及乎台垣。尔前赠光禄大夫潘奕基，乃经筵讲官体仁阁大学士文渊阁领阁事国史馆正总裁管理兵部事务军机大臣教习庶吉士，今充东阁大学士稽察钦奉上谕事件处日讲起居注官翰林院掌院学士管理工部事务潘世恩之父，令德夙闻，芳型早著，义方式穀，聿生隆栋之材，善庆流徽，用启高门之祚，普休施于茂绪，表淳德以新纶，俾践崇阶，允彰宠渥。兹以覃恩，晋赠尔为光禄大夫经筵讲官体仁阁大学士文渊阁领阁事国史馆正总裁管理兵部事务军机大臣教习庶吉士，今充东阁大学士稽察钦奉上谕事件处日讲起居注官翰林院掌院学士管理工部事务，锡之诰命。于戏！资敬事君，实本一经之训，推恩逮父，聿登三事之荣，祇服国章，流光家乘。

制曰：大臣燮理之猷，端由母教；盛世褒崇之典，并重壶仪。彰惠问于闺闱，被宠光于纶綍。尔前赠一品夫人黄氏，乃经筵讲官体仁阁大学士文渊阁领阁事国史馆正总裁管理兵部事务军机大臣教习庶吉士，今充东阁大学士稽察钦奉上谕事件处日讲起居注官翰林院掌院学士管理工部事务潘世恩之母，毓自名门，归于华阀，劳能将爱和羹，成鼎鼐之勋；贵不忘勤补，衮衎机丝之绪。宜邀殊渥，以播休声，庆典欣承，恩施爰逮。兹以覃恩，晋赠尔为一品夫人。于戏！大锡类于所生，酬庸黄阁；畀荣名于自出，沛泽紫泥。用佐淳庥，尚期克佑。

制诰之宝　道光十四年十月十九日

内阁候补中书国史馆分校方略馆分校
本衙门撰文兼管中书科事务加四级潘希甫本身妻室 诰命

奉

天承运

皇帝制曰：官在禁林，时掞天庭之藻；班承纶阁，还依册府之光。尔内阁候补中书国史馆分校方略馆分校本衙门撰文兼管中书科事务加四级潘希甫，温醇著誉，恪谨持躬，质有其文，撰述分劳于两制，才堪称职，丝纶贲宠于重霄。兹以覃恩授尔为奉直大夫，锡之诰命。于戏！西清趋直，用嘉翰札之劳；北阙承恩，尚励靖共之节。

制曰：丕绩奏于中朝，端赖闲家之助；宠章颁乎庆典，宜分齐体之荣。尔内阁候补中书国史馆分校方略馆分校本衙门撰文兼管中书科事务加四级潘希甫之妻查氏，早习女仪，克修妇职，鸡鸣交儆，既砥节于素丝，蚕绩执劳，用邀恩于紫綍，兹以覃恩赠尔为宜人。于戏！巾褂彰和顺之风，鸾书诞贲；廷陛焕褒嘉之命，翟茀荣贻。

制诰之宝　道光二十五年十月十五日

翰林院编修加三级潘曾莹本身妻室 诰命

奉

天承运

皇帝制曰：丹地储才，妙简金门之彦；木天奉职，夙推玉署之英。尔翰林院编修加三级潘曾莹，学通载籍，品著圭璋，珥笔西清，曾预窥乎四库；分藜东观，雅擅誉夫三长。兹以覃恩授尔为奉直大夫，锡之诰命。于戏！掞藻称论思之选，疏荣及清秘之班，渥泽宜承，素修加励。

制曰：丕绩奏于中朝，端赖闲家之助；宠章颁乎庆典，宜分齐体之荣。尔翰林院编修加三级潘曾莹之妻陆氏，早习女箴，克修妇职，鸡鸣交儆，既砥节于素丝，蚕绩执劳，用邀恩于紫綍，兹以覃恩封尔为宜人。于戏！巾褂彰和顺之风，鸾书诞贲；廷陛焕褒嘉之命，象服茂膺。

制诰之宝　道光二十五年十月十五日

经筵日讲起居注官太傅武英殿大学士管理户部事务文渊阁领阁事国史馆正总裁翰林院掌院学士加八级潘世恩本身妻室 诰命

奉

天承运

皇帝制曰：翼亮天工，象协三台之列；光敷帝载，位居庶职之先。惟懋丕绩以酬恩，乃沛新纶而锡爵。尔前授光禄大夫武英殿大学士潘世恩，风阁清才，鸾台雅望，典章练达，服勤匪懈于寅恭；器识渊凝，顾问时资于靖献。属在论思之地，参机务之殷繁，每抒钦翼之忱，佐经猷而密勿，崇阶蚤陟，载晋公孤，茂奖申嘉，庸昭宠渥，兹以覃恩特授尔为光禄大夫经筵日讲起居注官太傅武英殿大学士管理户部事务文渊阁领阁事国史馆正总裁翰林院掌院学士加八级，锡之诰命。于戏！启乃心以沃朕心，尚嘉谟之时，告慎厥位，以风有位，期庶绩之咸熙，允劭休声，祗膺荣命。

初任翰林院修撰　　二任八旗通志纂修
三任武英殿纂修　　四任国史馆协修
五任翰林院侍读　　六任武英殿提调
七任左春坊左庶子　　八任署日讲起居注官
九任翰林院侍讲学士　　十任实录馆纂修
十一任会试同考官　　十二任翰林院侍读学士
十三任咸安宫总裁　　十四任本衙门撰文
十五任詹事府少詹事　　十六任日讲起居注官
十七任詹事府詹事　　十八任提督云南学政
十九任内阁学士兼礼部侍郎衔　　二十任礼部右侍郎仍留学政
二十一任署兵部右侍郎　　二十二任署兵部左侍郎
二十三任兵部右侍郎署户部左侍郎　　二十四任教习庶吉士
二十五任兵部左侍郎署户部左侍郎　　二十六任浙江乡试正考官
二十七任户部左侍郎　　二十八任提督浙江学政

二十九任吏部右侍郎
三十任吏部左侍郎仍留学政
三十一任署户部右侍郎
三十二任教习庶吉士
三十三任续纂四库全书馆总裁
三十四任文颖馆总裁
三十五任署翰林院掌院学士
三十六任署刑部左侍郎
三十七任兼署户部右侍郎
三十八任顺天乡试副考官
三十九任署户部右侍郎
四十任署刑部右侍郎
四十一任署户部右侍郎
四十二任提督江西学政
四十三任工部尚书
四十四任户部尚书署工部尚书
四十五任署吏部尚书
四十六任经筵讲官
四十七任署武英殿总裁
四十八任署吏部尚书
四十九任国史馆正总裁
五十任署工部左侍郎
五十一任吏部左侍郎
五十二任国史馆副总裁
五十三任都察院左都御史
五十四任署吏部尚书
五十五任署翰林院掌院学士
五十六任武乡试正考官
五十七任署礼部尚书
五十八任署经筵讲官
五十九任署翰林院掌院学士
六十任署礼部尚书
六十一任赐紫禁城骑马
六十二任经筵讲官
六十三任工部尚书署左都御史
六十四任吏部尚书
六十五任署工部尚书
六十六任署翰林院掌院学士
六十七任会试正总裁
六十八任教习庶吉士
六十九任大学士管理户部事务
七十任国史馆正总裁
七十一任体仁阁大学士
七十二任管理兵部
七十三任教习庶吉士
七十四任文渊阁领阁事
七十五任军机大臣
七十六任翰林院掌院学士
七十七任稽察钦奉上谕事件处
七十八任日讲起居注官
七十九任管理工部
八十任东阁大学士
八十一任管理户部
八十二任上书房总师傅
八十三任会试正总裁
八十四任太子太保
八十五任武英殿大学士
八十六任赏戴花翎
八十七任顺天乡试正考官
八十八任会试正总裁
八十九任赐紫禁城乘轿
九十任教习庶吉士

九十一任内廷给扶　　九十二任赏穿黄马褂

九十三任会试正总裁　　九十四任太傅

九十五任赏用紫缰

制曰：职任钧衡，元宰树中朝之望；宜其家室，良臣资内助之贤。式播徽音，茂膺宠锡，尔经筵日讲起居注官太傅武英殿大学士管理户部事务文渊阁领阁事国史馆正总裁翰林院掌院学士加八级潘世恩之妻、前赠一品夫人谢氏，柔嘉维则，淑慎其仪，言采苹蘩，主馈佐和羹之节；克勤丝枲，相夫成补衮之勋。配令德于台司，表休声于壶，则崇褒用逮，懿轨斯扬。兹以覃恩晋赠尔为一品夫人。于戏！象服是宜，聿著温恭之范；龙章载贲，弥敷雍肃之风，祗服荣恩，允昭令善。

制曰：作朕股肱，良臣矢靖共之谊；釐尔女士，令妻昭淑慎之仪。休命用申，彝章载锡，尔经筵日讲起居注官太傅武英殿大学士管理户部事务文渊阁领阁事国史馆正总裁翰林院掌院学士加八级潘世恩之继妻，前封一品夫人汪氏，肃雍成性，贞顺宜家，处贵而勤，克谨从夫之训；执柔以正，允推继室之贤，既令德之丕宣，宜荣褒之是，逮爰加象服，式睹龙光。兹以覃恩，晋封尔为一品夫人。于戏！珩璜继美，洵彰壶范之娴，纶綍载膺，聿荷朝章之宠，钦承庆泽，益播芳声。

制诰之宝　道光三十年正月二十六日

内阁侍读加三级潘曾绶本身妻室 诰命

奉

天承运

皇帝制曰：禁地深严，嘉官资之清绝，朝章舄奕，承宠锡之大来。尔内阁侍读加三级潘曾绶，循职维勤，饬躬有检，趋承密勿，矢夙夜之寅恭；讨论岩廊，掌丝纶之涣汗。兹以覃恩，授尔为朝议大夫，锡之诰命。于戏！念兹服习之劳，锡以褒嘉之命，敬承令渥，益励修能。

制曰：臣心恪慎，著懋绩于周行；妇职修明，树令仪于中阃。爰颁庆典，俾荷恩施。尔内阁侍读加三级潘曾绶之妻汪氏，茂族含芳，名门作俪，素风自矢，克敦图史之型，清节相规，无改缟綦之度。兹以覃恩，赠尔为恭人。于戏！表从夫之大义，翟茀承恩，沛逮下之深仁，鱼轩被宠，祗承休命，用播幽贞。

制诰之宝　咸丰二年十月十八日

头品顶戴户部左侍郎
调署吏部左侍郎加六级潘祖荫之父母 诰命

奉

天承运

皇帝制曰：华胄清资，佑启必原于严父；令仪硕望，蕃昌聿振于名门。爰焕国恩，用彰家训。尔四品卿衔前任内阁侍读潘曾绶，乃头品顶戴户部左侍郎调署吏部左侍郎加六级潘祖荫之父，操修醇粹，启迪勤劬，儒席传珍，琢就圭璋之器；良材肯构，蔚为台阁之英。门祚方新，宠章洊被。兹以覃恩封尔为光禄大夫，锡之诰命。于戏！承家有子，聿昭孝治之风；被命自天，用作义方之劝。式承茂奖，勉副休光。

制曰：推恩溯本，爰锡庆于亲闱；禀训入官，并归功于母教，式颁渥典，用播嘉声。尔汪氏乃头品顶戴户部左侍郎调署吏部左侍郎加六级潘祖荫之母，顺以承夫，勤于课子，宅能三徙，夙成俎豆之容；织就七襄，早振文章之绪。徽音久著，宠命宜加。兹以覃恩，赠尔为一品夫人。于戏！鸿章叠布，尚伸慈孝之思；闿泽长流，弥笃令共之谊。广宣休问，远树芳仪。

制曰：孝思不匮，子心衔罔极之恩；慈训并隆，亲谊埒所生之重。洊加懋奖，益畅休声。尔陆氏乃头品顶戴工部左侍郎调署吏部左侍郎加六级潘祖荫之继母，内则素娴，壶仪聿备，肃雍将事，早表范于家人；令善垂模，宜邀恩于国典。兹以覃恩，赠尔为一品夫人。于戏！徽章载锡，分似续之褒施；母道克昭，嘉后先之辉映。殊荣是荷，遗矩犹存。

制诰之宝　同治十一年十月初九日

迁苏住宅考

按：本篇为1992版《大阜潘氏支谱》主编潘裕博先生撰记之大阜潘氏在苏州六次迁徙居所的考述。

《大阜潘氏支谱》载列潘氏《迁苏住宅考》曰："敷九公名下七房，目前二五六七房已无嗣记载，三房斯翼公支仅有承新、承铵，于一九四九年离苏，联系无着，故有关住宅情况难以收集，现只能以长、四两房为主列住宅考。以一九四九年前之私有较大在苏住宅为限。"

一 迁

南濠街，明朝崇祯年间，筠友公讳仲兰往来吴中侨居之地，现无遗址可考。

二 迁

黄鹂坊桥研经堂，明朝申文定公时行八大宅之一，其蔚公购置，实为迁吴之始居之宅，现即桥西朝南某鞋厂所在。

三 迁

刘家浜谦益堂，明朝刘缨尚书宅第，康熙癸未敷九公年四十有二，购置，七月甲子日自造楼屋整新，十月六日移居。现尚为蓼怀公支篁月公讳奕�名下聚居之宅，今为二十六号。

四 迁

侍其巷清彝堂，后门为朱家园，共七进之深。原为宋朝朱勔别墅，称同乐园，占地极广，内有亭台楼阁十八鱼池。至明崇祯间，为吴县张世伟孝廉购得，改名泌园，仍具规模。清朝乾隆十年左右，云庄公讳奕腾购得，改名云庄别墅，分与三子。侍其巷东西两部为世琳公、世京公分得。后部至朱家园，为世翰公所得。道光中叶，家道中落，世琳公、世京公部陆续变卖给两广会馆等。在咸丰十年，太平军进苏，云庄别墅占为某将军府，至太平军败退。战乱时，中部及东西花园遭大火，各房遂陆续迁出。宋朝名园毁之一旦，惜哉！后东花园植梅数百株，西花园植桑五百余株，逐成梅林桑园，直至一九五五年，梅桑变为菜圃，犹存假山湖石，老年里人至今仍称鱼池潭（即十八鱼池）、桑园梅林等。清宣统，有崇明童友莲夫妇借居，著有《睫巢镜影》一卷。云庄别墅之砖雕门楼，于一九五八年台风中倒塌，房屋分别在一九五六年合营大部，至一九八〇年残屋被征而全部他归。

小太平巷，澹圃公奕份旧宅，位于三元坊东。

庙堂巷（东），篁月公支志锡迁居，名壶园。现为仪表元件厂。

马医科躬厚堂，乾隆六年闲斋公迁住，芝轩公亦生于其宅西部园。同治间归于俞氏曲园。今曲园已为开放园林。后部为家琦、家琳居住。北部有肃亭公支后人居住。

五 迁

吴衙场，雷迁居，今为东吴饭店。

盛家带盐公堂所在，雷支光辰居住。

塔倪巷，霈迁居，至抗日战争，约一九三八年变卖他归。

庙堂巷中，承锷于清末购得王氏畅园迁居，位于二十二号。原有民国四位大总统匾额，与城东钮家巷纱帽厅之四位清帝御笔，称为“潘氏双绝”。一九四九年后，西部为民居，花园为古典园林建筑公司所据。

富仁坊巷，霨于同治年间迁居，有敏德堂、精诚堂、谱桂山房等，于抗日战争时期卖与他姓。现东部为晴初公后人裕锽宅第。

西白塔子巷，遵灏公迁居。

箓葭巷，志焜迁居。

西花桥巷敏慎堂，榕皋公于乾隆五十八年癸丑七月迁居，名西圃，于民国十年辛酉变卖他姓，历时一二九年。

任蒋桥即蒋庙前存诚堂，畏堂公于嘉庆五年庚申移居，现仍有家栋、家言等居住。

钮家巷留余堂，亦名凤池园，道光三年癸未，文恭公移居，为曾沂公居宅纱帽厅，原有嘉道同光间四代皇帝御笔、大笔筒、大花瓶，现已无存。裕洽仍居其宅，并另有记。

南石子街积余堂、勤补堂、竹山堂，为曾莹公居宅，后祖荫支亦居此宅。旧门前有“文武官员至此下马下轿碑”、跑马楼，极为壮观。现为床单厂旅馆，于一九六六年“文革”之乱中，吾潘氏子弟均被迫迁出。

西百花巷，曾玮公居宅，有养闲草堂，于同治三年甲子七月十二日迁居。民国十二年变卖他姓。

六 迁

醋库巷三十号，裕旭迁居。

祖家桥，承谋迁居。

砂皮巷，志卓迁居。

三茅观巷，志彤迁居。

史家巷，志洽迁居。

盛家浜，志发于民国十一年壬戌迁居，有敬修堂。

海红坊，祖谦于民国十二年癸亥迁居，有聪训堂。

因果巷，树声于民国初迁居。

壬申三十六世裕博谨识

潘氏在苏堂名考

研经堂　其蔚公迁苏始居之堂，位于黄鹂坊桥。

谦益堂　敷九公刘家浜宅第。

清彝堂　云庄公侍其巷至朱家园宅第。

勤业堂　澹圃公讳奕份小太平巷之堂名。

躬厚堂　闲斋公马医科巷之堂名。

敏慎堂　榕皋公西花桥巷宅第。

三松堂　同右[1]。

存诚堂　畏堂公任蒋桥即蒋庙前宅第。

带星堂　红珊公讳奕玙位于光福涧上之宅第。

思源堂　同右[2]。

通恕堂　松鳞庄西中市皋桥堂屋。

秀宜堂　遵澄公云庄别墅内之堂名。

安庆堂　遵涵公云庄别墅内之堂名。

思谦堂　遵淳公云庄别墅内之堂名。

敏德堂　遵渊公云庄别墅内之堂名，后迁富仁坊巷。

骈桂堂　遵灏公云庄别墅内之堂名。

留余堂　曾沂公钮家巷之堂名。

积余堂　曾莹公南石子街之堂名。

勤补堂　曾绶公南石子街之堂名。

竹山堂　南石子街祖同堂名。

精诚堂　伟如富仁坊巷之堂名。

敬修堂　志发盛家浜之堂名。

① 原文为“右”，因府本为竖排版，当于上一行内容相同。

② 原文为“右”，因府本为竖排版，当于上一行内容相同。

养闲草堂　西百化巷曾玮公之堂名。

聪训堂　祖谦海红坊之堂名。

壬申三十六世裕博谨识

潘氏在苏庭园考

香禅精舍

在刘家浜老宅，为钟瑞所居，亢树滋有记，称中有几榻之整洁，花药之美好，琴樽、图籍、金石、书画之富有而珍奇。

云庄别墅

即宋朝朱勔别墅同乐园。元朝至正年间，为庐山陈氏兄弟购得，改名绿水园。明朝崇祯年间，为吴县张世伟孝廉购得，改名泌园。清朝乾隆十年，为云庄公讳奕腾购得，翻建改名云庄别墅，为吾族在苏最大之第宅。

曲园

马医科躬厚堂西花园，于清同治十二年为德清俞樾购买，改名曲园。

凤池园

钮家巷曾沂公宅第。相传周宣王时为泰伯十六世孙吴武真第宅，有凤集其家池，因名凤池园。清康熙三十四年，顾汧中丞重修，并有记。道光三年癸未，文恭公购得其西部移居，仍名凤池园。内有纱帽厅，现为文物保护单位。曾沂公绘有《临顿新居图》，石韫玉、朱绶皆有记，裕洽族兄亦有专记。

百宋一廛

悬桥巷吴县黄尧圃主事居第。道光十二年壬辰春三月，归吾潘氏建松鳞义庄。

西圃

西花桥巷敏慎堂西北面之花园，为明代建筑，长廊曲径，木雕彩绘，精雅秀丽，假山亭池，配名花贵木。于民国十年辛酉易姓。遵祁公有《西圃集》。

竹山堂

南石子街曾莹公宅第，祖同在此蓄书四万余卷，著有《百竹山堂随笔》。

养闲草堂

西百花巷曾玮公宅第。清何绍基有记。

壶园

庙堂巷东口朝北，原为清末诗人郑文焯园居园，在住宅西侧，精小雅致，于清末志锡购得。现为仪表元件厂，园已无存。

畅园

庙堂巷中二十二号，本为道台王氏所有。清末，承锷于日本归苏，购得此园，西为住宅，北面半亭名“憩间”，为留云山房，假山上有待月亭。池西船厅，为“涤我尘襟桐华书屋”，现尚存。一九五五年后，收为公有，现为古典园林建筑公司所据。

鸥隐园

曾沂公所居，中有广榭，曰“清华池馆”，吴门七子结诗社于此。

五亩园

在城西北隅西大营门桃花坞处，谢绥之有《五亩园小志》。汉为张长史植桑地。宋熙宁间为梅宣义所有，始筑亭台楼阁。绍圣中，太师章质夫又拓地营造桃花坞别墅。至清乾嘉年间，归长洲叶昌炽，人称“叶氏花园”。相传咸丰初，高祖道安公讳霦购得整修，未几，于咸丰十年庚申遭兵焚，俞曲园有诗赞叹。庚申九月，霦病饿而死，遂成废地。于光绪十五年捐归文昌宫轮香义塾。

桦园

在光福涧上马驾山麓，亦称“荣阳别墅”，又名“西崦草堂”“汎香居”“云壑藏舟”。原为陈玉亭所筑，名汎香居，汪琬题曰云壑藏舟。同治年间，伟如公讳霨得之，葺为家祠，彭玉麟画梅壁上，并有七言古诗一首题壁。现已被毁，仅存池沼遗迹。

香雪草堂

在邓尉山。道光二十七年秋，西圃公讳遵祁归田所筑，俞曲园、亢树滋均有记。园中，泉石幽深，花木荫翳，墙头薜荔，幕青惟绿，袭敏慎堂园名西圃，有四梅阁，现已无存。“香雪草堂”匾额今藏苏州大学古文图书馆。

怡园

在光福河亭桥，嘉庆二十二年，红珊公讳奕玙建，中有思原堂，园中多石榴，现已无存。

魁星阁

在光福司徒庙青奇古怪畔，同治年间伟如公讳霨建造，《西圃集》及《光福志》中均有记载，现尚完好。

壬申三十六世裕博谨识

新安潘氏分支分派略

唐歙州刺史逢时公自闽之三山迁歙，自唐广明元年至今已千余年，其后分支分派，椒繁瓞衍，旧有十八大派。现根据原有资料及此两次歙行访问采集，归纳如下：

潘村派 即杏潭派，为二世万二、万三公所出，后万三公支迁浙江，万二公支又有分支迁婺源大麦坞等。

上坞派 为四世细六公次子珮公所出。

大阜桥东派 为七世芝公子三宣议所出。

佘坑派 为桥东派支派十二世曾一公所出。

白洋派 为桥东派支派十八世永师公所出。

东亭派 位于休宁，为芝公次子四宣义所出。

朗源派 位于休宁，为芝公三子五宣义所出。

大阜下四门派 为芝公八世孙正一公所出。

大阜黄栀园派 为九世达公子师纬及道公子师经所出。

昌化石盘派 为师经公后十四世元庆公所出。

大阜派 即吾派，为十六世德辅公所出，属大阜桥西派。

屠山派 即富阳派，为二十一世敬童公所出。

姑苏派 为二十世廷茂公所出，比吾支更早迁苏，现此派散失，无有记载。

柯村派 为十一世伍公所出。

后岭派、前圩派 此两派所出不详。

吾大阜派又分为八大分，均为祐公五子之后裔。

贤分派 十七世贤公所出。

昌分派 十七世昌公所出，昌公无子，此派实非吾血缘也。

隆分派 十七世隆公所出，又分为仁、义、礼、和四派。

元分派 十七世庆公长子康寿公所出，光绪十年离大阜他涉。

亨分派 十七世庆公次子关寿公所出。

利分派 即吾派，十七世庆公三子全寿公所出。

贞分派 十七世庆公四子祖寿公所出。

贵分派 十七世贵公所出，于光绪十年离大阜他涉。

利分派又分为源、清两支，吾支即仕源公所出，清支为源公弟仕清公所出。

大阜派迁居情况，根据此次访歙，由楷赵族叔（为隆公支裔）述说，又分居于浙徽两省者，有大方竹铺乡之木岭岭脚、珠州，三阳乡之燕窝，上丰乡之王进坑、白驼坑，金州之皂埭、后山湾、老竹大万等地。

新安潘氏十八大派，据上坞潘广镇回忆为上坞派、大阜派、姑苏派（非吾支）、潘村派、柘林派、叶插派、烟村派、岩寺派、歙县东门派、屯溪观音山派、歙西点子派、遂安派、婺源派、小州派、呈村派、横石派、梓里派、小阜派。

壬申冬三十六世裕博谨识

留余堂宅第

留余堂潘宅，在今钮家巷西口，是古銮驾巷凤池园之一部，相传为泰伯十六世孙吴武真第。宅有凤集，其家中有池沼，因名凤池。宋朝顾氏居之，明为袁氏，又为钮氏所居。入清，顾氏族人月隐君拓治为自耕园。康熙时，河南巡抚顾汧去官，归家，园已易他姓，乃厚金购得，修建园第，名凤池园，益擅胜名。

清中期，东部归陈大业，中部归王资敬，西部归大学士潘世恩，仍名凤池园。其子功甫公绘有《临顿新居图》，其孙东园公又在对岸筑养心园。园之胜清流绕屋，花竹交映，有亭翼然，背山面水，名凤池亭。燕居之室，环拥图书，室外乔松如龙，亭亭霄汉之表，名虬翠居。岑楼耸然，高出林表，芳华迎春，繁英如雪，名梅花楼。楼下粉墙迤逦，修廊环绕，名凝香径。芳堤夹水，平桥通步，飞泉涑石，声如鸣玉，名瀑布声幽。房邃室众喧不到，名蓬壶小隐。泉出石间，味如甘醴，名玉泉三寮。东启空明无碍，名先得月处。枕水作屋，中贮法书名画，名烟波画船。竹木交荫，方绿如海，名绿荫榭。

文恭公为道光帝太傅，文勤公为同治帝太傅，祖孙大学士，宅第墙门高悬御书“太傅第”匾额。轿厅正中，悬有“祖孙鼎甲”匾额；轿厅石库门，砖雕“整齐严肃”大字。二进大厅库门，砖雕“怀德维宁”大字；厅两侧悬有御笔“重宴琼林”“重赴鹿鸣”匾额；厅后库门，砖雕“八仙过海”，栩栩如生。花厅后小园一隅，园中旱船一座，今已毁。正落西侧，前有鸳鸯厅，后为纱帽厅；纱帽厅装饰精细，前有抱厦，后有两披厢，犹如帽翅，故名。前厅中央，有楠木挂落一帷，精工细琢，艺术精湛；挂落中，置红木炕床一座，为会客时招待上宾席位；厅西北角，置高三尺许，圆周一米多的瓷坛一座，外表精工细磨光滑，呈暗绿色，名曰水盂，俗称大甏；厅东北角，树立高二米左右，用榆树干独木镂刻而成的树桩一件，名曰笔筒，俗称大树筒；壁上镌嘉、道、同、光清帝御笔，并有二尺余高无量寿佛像，座旁有名家纪晓岚题书两大件，已于二十世纪五十年代初赠博物馆收藏。

水盂、大甏、笔筒大树，表面上是厅堂点缀品，实则富有官至碰住之意。清代汉人官至大学士，已达顶峰。碰住，与吴方言甏树谐音，寓意戏言也。

清末太平军莅苏，英王陈玉成择此宅为驻节之所，人称“英王行馆”。然陈氏军旅倥偬，只留三日而去，终其身未尝一返。二十世纪渐为民居，五十年代，住宅以合营之策归公，房主仅居百余平方米。更经十年动乱，纱帽厅亦残落破败，不堪寓目。市府于一九八二年对厅加以整修，并由居民委员会利用，至今已届十载，又露残破之相矣。

三十六世孙裕洽谨撰于一九九二年九月

重修大阜宗祠记

我始祖逢时公，在唐广明、光启间，以闽人来刺歙，任满不能归，遂家焉。四传至大阜公，自篁墩迁大阜后山坞。又十一传至德辅公，自后山迁山南，即今聚族而居之地也。子姓各建私祠，祀其高曾祖，祢而合族宗祠，则始建于前明万历元年（1573），榜曰敦本。有子不云乎？君子务本，本立而道生，孝弟也者，其为仁之本。与则吾先人之所以继往开来者，固深且远矣！厥后三十七年，祠屋渐圮，子姓修之，规模式廓，加于其旧。陈文庄公为之记，其言曰：新安居万山中，踞江南众流之上，户礼乐而家诗书，为东南邹鲁，故名家巨族，无不以宗祠为急。又曰：潘氏自宋元迄明代，多高风峻节，子若孙祀事孔明，遵守勿替，歙南望族无逾此者。

吾潘氏之发源大阜，显融昌大，岂今日始哉？国初以来，兴修不一次，子孙咸知以敦本为务。我六世祖其蔚公以笃行闻于乡里，凡有益于宗祠者，靡不竭力。吾大父三松公三至大阜谒祠，清厘墓田，与村中子弟论文讲艺，至今妇穉能道之。溯自刺史公以来，分居他处者，曰潘村派，则万二、万三两公所出也。曰桥东派，则三宣义公所出也，其后又析出佘坑、白洋二派，则曾一公、永师公所出也。曰下四门派，则正一公所出也。曰黄栀园派，则师经公所出也。惟德辅公以下世居村中者，至本朝咸丰初，丁口几万人，迁于外者犹指不胜屈，何其盛哉！“粤逆”之乱，新安蹂躏几遍，克复后存者十三四耳，呜呼，岂君子之泽，不能延于五世欤？抑劫运之来，固莫可如何也。然自甲子至今又十年，元气稍复，生齿渐繁，村中父老仍汲汲于敦本之事，乃创为计口捐输之举，不足则征之他徙者。自丙寅经始，至癸酉告成，悉还旧观。以癸酉仲冬之吉，奉累世木主奉祀其中，主其事者可不谓贤欤？行见以享以祀，以妥以侑，以似以续，续古之人，不数十年而生齿，将加于其旧，户礼乐而家诗书流风，犹在也。本之茂者枝叶沃，其理有昭然可决者。族人树锷叔、晋龄侄书来，请重记其事，因书之，以为后之人勉焉。

同治甲戌秋日裔孙遵祁谨撰

大阜族墓记　　钟　瑞

周礼，墓大夫掌，凡邦墓之地域，为之图，令国民族葬。又云，使皆有私地域，盖古者葬必以族，凡民墓地同处。又各有区域得以族葬，后世父子兄弟必各为茔兆。又多惑于风水之说，择地过慎，淹葬日久。如我六世叔祖舜邻公支下，历世未葬者有百余棺之多，计其卒时有一百二十年之久者，可叹哉！极则必反，乃复于古，于是族墓起焉。

苏地先有族墓始于同治乙丑，在光福河亭桥之侧。今复于歙县大阜社屋塍购地一区。光绪辛巳三月，余承西圃叔父命至徽，度其地，立乾山巽向，后坐小山，形势斜落，土壤宽敞，可序昭穆，以分区域，宜如梯田，置层级为行列。又山土不宜立圆冢，乃作联城之势，而山脊之下有石为埂，域宜偏于左，左有古冢，左之下路旁又一古冢，皆封之，而志以石。徽地工作有异于苏者，如开穴，则后锲山而前砥平，不为窄肂之形，穴既平，于两旁沟深之，实炭于中，掩以箬，覆以泥，俾水通流而有所泄。穴广则沟不以两为限。棺既窆，则砖甃其前，绕石灰于棺之四围，徐踢之使实，然后以灰和土加于棺上，再踢再实。此略如苏，惟以梃平抶，不以杵下舂，又少异耳。上既隆起，则用灰少许，和土捣之极熟。举畚覆之，俟稍干平之，又加干土，又平之，乃加草土成块者于其颠，甃砖之前，再甃以石，而陷封石于中，封石大书镌刻第某世某公字样。于是第一列为邦、宗、奕三辈，二十棺；第二列为世、遵两辈，十七棺；第三列为先字辈，四棺。二、三列之两旁皆有隙地，以备续葬。又未考世次一棺，葬于余地，不得已而从权也。此外，有查明已葬者，及为义墓收葬者，亦有终不得其厝处者，而百余棺之葬事，略尽于斯矣。墓右余地尚十之三四，异日可续葬二三十棺。今令世仆王贤垦种豆麦，俾守墓焉。

夫义园之设，随处皆有，而族葬罕闻。叔父此举，我郡之人感而颂焉，邻村之人闻而慕焉，将见仿行之者，由近及远，族葬之风蒸蒸复古，非特挽淹葬之习，破风水之愚，抑且敦本睦族之道于是乎存。钟瑞幸获奉令承教于后，敢纪厥嫩，并述徽俗之异于苏，俾异日续举者得寻端绪焉。

共事者，步韩，叔遵荧、华廷，叔遵灿、午桥，弟晋龄；同余往者，济川涑龄、拈花、魁先两弟，皆与有力焉。特备书之，是为记。

光绪辛巳五月。

利贞支祠续造前堂记

吾大阜潘氏，自始祖刺史公递传至十六世祖德辅公，生子五，为五大分；我十七世祖思忠公生子四，又析为元亨利贞四分，共称八大分，推为歙南巨族。

以任公利分祖，以道公贞分祖也，两分子姓繁衍，同建支祠，岁时祭祀，由来已久。咸丰末，"粤寇"之乱，祠宇遭毁。同治甲子（1864）后，屡议重造不果。光绪辛巳（1881），复议先造后寝，以妥先灵，费亦不赀，赖族人迁苏者集捐成数，里中并踊跃乐输，由是后寝复兴。己丑（1889）七月，乃重建头门，十月敬奉二十世以上木主升座正寝，二十一世以下皆祔主于东西两寝焉。

惟前堂尚为平地，空阔不蔽风日，亟宜续兴，其费亦大，迁延莫定。迄今丁酉又逾八载矣，议再捐资筹办。族众咸谓潞龄曰：子于阖村公事，曾屡经办理，此尤为本支急务，盍更一肩其任耶。窃思近年，浚塘浚河与兴筑坝诸大工，已艰辛备历，矧兹事甚烦剧，尤非易易。再四辞不获，已于四月经始鸠工庀材，百端交集，仅属两分之事，亦犹昔年修辑八分谱，不胜其烦也。迨至八月初，事甫就绪，卜于十二月兴竖，一旦负栋之柱，架梁之椽，钉头瓦缝，焕然重新。仰望前堂，幸喜初就，嗣加装饰，便告落成。总计经费须数百余千，里中捐款不敷需用，迁苏族人又续捐输相济。

此祠遭毁已三十余年，兹次第重造，渐复旧观，明明列祖永妥于兹。祖也者，本也。本之固者，枝叶沃，将见子姓日繁，加于其旧，我两大分何其盛欤？潞龄忝于斯事，爰叙颠末而为之记。

光绪二十三年岁在丁酉孟冬月

三十二世孙潞龄谨撰

重建上坞总祠诒荫堂纪略　　桂　馥

夫人知凡事之难于创始，而不知尤难于图终，所谓一鼓作气，再而衰，三而竭矣。

我上坞诒荫堂者，为唐末时第四世祖细六公所建。公生子二，曰珮，曰现，珮公后裔世居上坞，是为上坞派。现公承祖父志，奉母迁居大阜，遂为我大阜派之迁祖。堂在上坞，为两派之总祠。其后，大阜派又分桥东、桥西两派。桥西派支裔分居于歙、于浙、于苏，各建支祠。以在苏之支裔较显著，力亦较厚，别建松鳞义庄于苏，置义田以赡族人之贫老孤寡者，岁时遣支裔来歙递谒。

始祖刺史公以次，墓无或遗，盖能尽报本追远之诚焉耳。先是我父弁英公与祭上坞总祠，慨栋宇之圮倾，议重新之，志未逮而殁。戊午三月，族长世儁公与馥及司祠事者，重申前说，众议佥同，乃分知各派支裔，集款有成，推世儁公董其事。是岁十月鸠工庀材，经营伊始，而世儁公忽以事卸厥仔肩，工遂中辍。迁延一载，至启不肖之觊觎，外侮之侵凌，幸得众力抵排，逐不肖，屏外侮，复迁延一载而成。款星散，财力告竭，使于此而竟废止也。既无以妥先灵，又无以继先志。馥深滋惧，于是三次往返苏歙，与苏之族侄承谋，歙之族弟恒春，一再商榷，合苏歙之力臂助而指使之，始底于成，是诒荫堂之得恢复旧观，祖宗之灵得以妥，先人之志得以继。馥幸免鲜克有终之诮者，皆赖族人扶持之功。族从祖遵缘与于奔走之劳，而其间筹款之力，尤以恒春、承谋居右。众擎易举，有志竟成，安知非我先人灵爽之所呵护者邪？

是役也，自始迄终，历艰困，经拂乱，阅时几及十载。抚今追昔，不忍坐令其湮没而不闻，爰志崖略以诏来兹，使后之人知事之创始之难于图终也，勿为再衰三竭云尔。

松鳞义庄记

道光十二年壬辰春三月，荥阳潘氏建立松鳞义庄于郡城之东偏，越二十余年，岁有增置，经定章程，详载规条中，既周且备，而未有庄记以志缘起，于是掌庄遵祁、希甫属奂为之。

记曰：荥阳系出徽州大阜村，康熙间，候选主事其蔚公迁吴郡，分九派。三传至贡湖公，公生三子：榕皋公、畏堂公、云浦公，父子兄弟俱膺一品封诰，高其庄门，颜之曰：光禄公祠。盖庄之设也，由来旧矣。先是贡湖公授祭田供祭祀，手书遗训，竢后人之赢济族人之绌。榕皋公暨理斋公为其长房之子若孙，恪奉遗训，欲仿范氏良规，厚宗赡族，垒积之有年矣，顾有志而未及行。遵祁、希甫先后遭大父、父丧，才逾冠耳，奋乎此举，捐田一千四百亩，又造作庄屋一所。当是时，从兄曾沂设丰豫备荒仓，惠邻里乡党，而惠族之事，遵祁等必咨询焉，以请命芝轩相国，故云浦公支下捐二百亩，又畏堂公支下捐番银二千，资其费用。既复积租入之余，益置九百九十亩，贡湖公旧遗十六亩，亦归入庄，以原其所始，共田二千二百二十亩有奇。更为之遍告族党，汇修支谱，谱之与田有相济。然承遗志，妥先灵，具豆笾，尽享祀，三房所共之。而经始成终者由长房，是故遵祁、希甫实掌庄务，世世后子孙其毋替。

奂昔馆于荥阳氏，榕皋公优游在籍，理斋公色笑承欢膝下，奉太上感应篇为家塾课程，清晨令盥读，每叹曰：世途叵测，类皆壅塞，莫可为，为善最乐。东平王处家一言，其终身行之，可乎？夫善之道广要，必本分之所当为，此义庄之举也，所以完吾人本分事也。周公燕兄弟而作常棣，召穆公合九族以歌之。其六章曰：兄弟既具，和乐且孺。其七章曰：兄弟既翕，和乐且湛。传曰：九族会曰和，若乃同姓从宗合族以食，老有终，幼有长，矜寡孤独废疾皆有养，嫁子娶妇皆有度，送敛营葬皆有制。以言乎善，善莫大焉，以言乎乐，乐莫甚焉，和之至也。荥阳氏厚宗赡族之意，蕴蓄既久，后启之贤，克光前型，如山之幽远，如涧之流长。松鳞庄，其继范氏而兴也夫。

咸丰三年癸丑秋九月长洲陈奂谨撰

（陈奂，字硕甫，号师竹，晚号南园老人，少师事段玉裁，治毛诗说文，补经学生员，入都与王念孙、引之父子游，所学益邃。后主杭州汪远孙家，潜心著述。咸丰初举孝廉方正，有《毛诗传疏》《毛诗说》《毛诗音》《诗义类》《郑氏笺考证》等书）

科名草序　　阮　元

汉立科名取士，孝廉、贤良、秀才并重。唐之进士，更为得人。今则列于学员者，通谓之秀才，由举人而成进士。读书应试之士，不工诗文，不能得第也。

苏州潘氏，由歙而杭而苏，百余年来，为吴会巨族。好行其善，子弟除读书无旁务，是以列黉宫，登贤书，捷春榜者，指不胜屈。乾隆癸丑芝轩先生以一甲一名及第，乙卯理斋先生以一甲三名及第，今芝轩先生且平章执政矣。此科名草裒，潘氏族中获售之诗文为一集，大小题清真典丽，无所不有，是足为法。昔杜荀鹤以得瑞芝为科名草，此集用其名义，继此以往，振振绳绳，不胜纪矣。唐书宰相世系表，最为良法，有宰相者，皆列其系之人。曷再用此例于卷首，列一表系，则览者更明矣。

（阮元，清仪征人，字伯元，号云台，乾隆进士。道光时官至体仁阁大学士，加太傅，历官中外，所至以提倡学术自任，在史馆倡修儒林传，在粤设学海堂，在浙设诂精舍。又辑《经籍纂诂》，校刊《十三经注疏》，汇刻《学海堂经解》等书。所著曰《揅经室集》。卒谥文达。）

科名草后序　　世　恩

予家自康熙丙午五世祖其蔚公以商籍入杭州府学，秀才家风至今弗替。科第之发，则始自曾叔祖正诗公纶，举乾隆丙子江南乡试副榜第一。自后，己卯，叔祖皆山公应椿举于乡；庚辰，叔祖级洲公瑛举于浙；壬午，世父榕皋公奕雋举于浙，己丑成进士，授内阁中书；乙酉，伯祖在涧公宗硕、仲父畏堂公奕藻同举于乡，畏堂公甲辰成进士，改庶吉士；己酉，理斋兄世璜举于乡，乙卯成进士一甲三名，授编修；壬子、癸丑，世恩乡会联捷，一甲一名进士，授修撰；甲寅，树庭兄世荣举于乡；嘉庆丙子，叔辛度公奕揆，男曾沂同举于乡；戊寅，侄遵礼中式江南副榜，己卯举于乡；道光甲午，男曾莹举顺天乡试，辛丑成进士，入翰林；乙未，侄希甫举于乡；丁酉，侄遵祁充拔贡，癸卯举顺天乡试，乙巳成进士，入翰林；庚子男曾绶举顺天乡试，侄孙馥举于浙；癸卯，侄孙霁举于乡；戊申孙祖荫赏举人，咸丰壬子成进士一甲三名，授编修；辛亥，侄孙诚贵举顺天乡试；壬子，侄孙介繁举顺天乡试，是科侄孙观保举优贡；癸丑，孙祖同赏举人，科第传家备荷。

四朝荣遇，昔宋王禹玉，历仁宗、英宗、神宗三朝，为翰林学士，其家自太平兴国至元丰，十榜皆有人登科，故有三朝遇主，惟文翰十榜、传家有姓名之句。今予家科第已逾廿榜，较之禹玉，殆有过之，子子孙孙宜何如图报万一也。道光丁酉裒辑五世祖以来先后应试诸作，成《科名草》一编，咸丰癸丑，侄遵祁复续辑刊成，请序敬书于后，用志先泽，并以勖来者云。

先世事略

绂庭公曾绶，是文恭公四十二岁时所生。绂庭公有两子，长子文勤公祖荫，道光十年生，光绪十六年殁；次子仲午公祖年，生于同治九年。文勤公无子，遗命以弟三子树孳公嗣，不幸早夭，再嗣亦夭。仲午公为树孳立嗣，即我的祖父蓉士公，兼祧两房。此时已是民国年间，正值苏南齐卢之战，我祖父婚后不到一年又病故。因避兵变，仲午公一年两次逃难上海租界，病逝在上海嵩山路吴湖帆家（吴系仲午公女婿）。我父亲家懋生于一九二一年，其时才四五岁，是让人抱着敲子孙钉的。我们这一房，确定如人所说的，孤儿寡母支撑着。正好面临军阀混战、抗日战争等一连串的动乱，历尽坎坷，幸苍天有灵，到我们这一辈姊弟五人后继有人，亦我老三房之喜事。

文恭公官居大学士，军机大臣，名垂青史。我老三房之祖绂庭公的年谱未查到，仅见到由赵之谦所撰写的墓志铭，是近年以碑帖影印出版的，官居郎中一类。高祖文勤公祖荫是咸丰年探花，历任道光、咸丰、同治、光绪四朝，《清史列传》中记载较详细，官职从授编修，迁侍读，入直南书房，宗人府丞，刑部礼部工部吏部户部侍郎，左都御史、工部尚书、刑部尚书、礼部尚书，授军机大臣，兵部尚书兼顺天府尹，兼户部尚书。政绩中有记载的，如上疏密保左宗棠，左宗棠狱解，独领一军，为史所记载。另先后弹劾过一些高官，文若钦差胜保、直隶总督文煜、陕西巡抚英棨、布政使行毛震寿、甘肃布政使恩麟、武若提督孔广顺、总兵阁丕绪诸人。光绪六年，与惇亲王、醇贤亲王、翁同和专办中俄交涉，约成条陈善后五策，练兵、简器、开矿、造船、筹饷。文勤公处任侍郎后，乡试、复试、阅卷十三次，令试、复试、朝考、散馆阅卷各七次，殿试读卷四次，考试试差、优贡朝考阅卷各四次，拔贡朝考阅卷二次，考试御史阅卷六次，考试学正、学录、汉荫生阅卷各一次，考试汉教习阅卷二次，考试孝廉方正阅卷五次，考试汉誊录阅卷三次，叠掌文衔，在帝王时代亦是桃李天下了。

另据《清史稿》称文勤公嗜学道经史，好收藏，储金石甚富。同治十一年得邵钟回及史颂、郾经诸鼎，而成《攀古楼颖识》二卷。十三年，左宗棠报答救之恩，赠大盂鼎、大克鼎，是在光绪十五年所得。文勤公与当时文人名士交往甚多，与赵之谦、胡甘伯一起收藏宋元古籍甚多，号称“百宋千元”。另与朝鲜文人李耦船相交甚厚，李之弟子吴之柜每相善，赠多种海东古刻本。文勤公由是广搜集拓本，为《海东金石录》二十四卷，自为序。

光绪十年，将历年所刻的大量书，汇为《谤喜斋丛书》四集，复汇刻《功顺堂丛书》，为保存古籍起了很大的作用，在文化史上留下其值得称颂的一页。文勤公于光绪十六年病故，六年之后，其夫人亦在北京去世。仲午公获悉，去北京用船运回苏州的铜器、金石、书画，有四大船之多，路上走了一月有余。

仲午公回苏州，屡换住第，后借在南石子街老二房的住房，直至逝世。据我祖母回忆，各种宋元版书籍，就有十几个书橱，连明清版有一大间，加一隔厢，另同样大小房间专放大小铜器。仲午公确如后人所称，谨守护持，绝不示人，甚至自己的女婿吴湖帆，因好金石，在藏室门缝窥视，竟责打仆人，命用纸将门窗封没也。确是如此小心，才避过清末两江总督端方的豪夺，拒绝了洋人的收买，保住了攀古楼数万件铜器，滂喜斋千百册古籍。

据博山、景郑所编《谤喜斋藏书记》所记，甲子秋，仲午公患腹痛。乙丑正月十二日卒。不数月，海上有售谤喜斋藏书，族人哗然。我询问祖母，得知仲午公避难上海时，就带了一只洋油箱改制的铁皮箱，内盛古籍精本，告诉我祖母曰：就这些，子孙够吃了。后病逝上海，书亦散失。又逢日本侵略中国，战祸不断，外乱内盗之事不断，曾有盗贼掘壁洞，亦有人要来借铜器举办展览会，欺世盗名之徒，觊觎之心不死，手法层出不穷，直到抗战之火到苏州，我祖母让人把两只大鼎及数十件小铜器埋入地下，才躲过日本强盗的掠夺。一九五二年，我祖母向上海博物馆捐献了西周重器大克鼎、大盂鼎，得到海内外称誉。中央文化部颁发褒奖。同时代，还向国家多次捐献家藏的宋元明清的字画、印章、铜器数百件。遗憾的是，滂喜斋的大量藏书，终因战乱大都散失。

祖母达于现仍健在，为上海文史馆员。父亲家懋，原苏州中学教师，苏州市政协委员，现已退休。（另有一叔家则，系景郑次子，一九三四年嗣来，解放不久去台湾，后一直没有联系。）我们裕字辈兄弟两人，下一代亦有两子。老三房传说因为铜器阴气太重，而子息不旺，终成一疑。而今物尽而子孙兴旺，再逢盛世，重修家谱，尤其见裕博兄为振兴家族，不辞辛苦，更觉要尽力记下一些家族中的近事，为后世所知，亦不负潘氏宗族诸长辈之望。

三十六世孙裕达草于一九九二年九月中秋节

潘遵祁按语

旌表录者，以纪吾宗之懿行，上闻者也。其得请而命下者，书某年旌；其甫请而命未下者，书某年；题其未题旌，而应表章者，则书未经旌表，以俟贤士大夫之采访。考国家定制，年未逾三十而守节者，乃得旌，又必核其卒之岁，逾守节之岁十年。其存者必五十以上，乃得旌。惟烈妇则不论年，诚以异数，不容轻予，亦不得滥邀也。其有守节已逾卅载，赍志未及十年，而有司具陈，朝廷亦报可者，则以所逾，所不及，不过二三岁。而守节之艰，无异三十以内，赍志之苦，有类激烈以殉者。先经有司给额，采入志乘，后因得一体请旌，此尤国家之旷典。而其人之苦节，倍可悯矣。

祁闻之族之父老，我八世生祖慈刘太硕人，苦节四十八年，境遇之艰，有子孙所不忍述者。我七世祖筠友公，幼失怙恃，长而始得见太硕人，迎归独居一楼，足未尝下楼一步，因甃板以甓，欲老年人得土气，以养终天。之后，我六世祖其蔚公将奉太硕人主入祠，格于族议，不得行。其蔚公笃修内行，凡有裨于宗族乡党者，靡不竭力以赴。而太硕人主，迄未入祠，公乃与族人誓，俟我子孙有得大魁者，当为补此憾。族人咸诺。至乾隆癸丑，从父通籍乞假省墓，谒敦本祠，始得亲奉入祀焉。盖距太硕人赍志之年，已阅百三十四寒暑矣。欧阳公之言曰：非敢缓也，盖有待也。其其蔚公之于太硕人之谓乎？

今年癸丑，距太硕人主入祠之年，又一周甲。祁敬辑支谱，纂《旌表录》一卷，中有年齿稍差而并获褒扬者，爰格稽定制复推，阐国家美意于无穷，而谨述我太硕人郁久而彰之苦节冠于卷端，异日者逢国大庆，得罗具事迹，邀朝廷绰楔之典，以慰我太硕人，暨我先人累世未酬之志，不诚厚幸也夫。

咸丰三年十二月遵祁谨识

潘遵祁又按

咸丰甲寅（1854），遵祁谨辑《旌表录》，述我八世生祖妣刘太硕人苦节冠于卷端，时犹未邀旌典也。“粤寇”既平，国家方表扬节义，风励当世，而贞孝节烈之妇，一邑中旧有汇请旌表之例，至是益推阐举行，乃谨具节略，由有司闻于朝，得旌如制。今年九月，敬奉太硕人神位祀松鳞庄祠，以本支合例得旌者祔焉。子孙将事者，凡若干人，追溯太硕人赍志之年，盖已二百有十年矣。我七世祖筠友公支，传至今凡子孙九百七十余人，其弟仲芳、仲蕙两公支，亦不下数百人，皆我太硕人之所出。自迁吴以来，称为巨族，而太硕人之苦节，乃愈久而愈彰。呜呼，其必有所以致之者矣。

同治八年十月遵祁谨识

褒扬录附

民国十二年 褒

潘元穀妻汪氏

颁给“懿德可风”匾额。

同治七年旌潘氏殉难员名（男）

据《苏州府志》载：

民人潘奕义 咸丰十年四月十五日殉难苏城。

监生潘世传 咸丰十年六月二十一日殉难苏城（志作四月，误）。

生员潘世寅 咸丰十年四月十三日城陷殉难。

民人潘世瀛 咸丰十年五月四日殉难苏城。

文童潘世庆 咸丰十年四月十三日城陷殉难。

民人潘世麐 咸丰十年四月十三日城陷殉难。

民人潘遵醇 咸丰十年七月十四日殉难苏城（志作四月，误）。

民人潘遵潮 咸丰十年四月十三日城陷殉难。

民人潘遵浤 咸丰十年九月二十日殉难苏城。

民人潘遵濂 咸丰十年九月三日殉难苏城。

民人潘遵泉 咸丰十年四月十三日城陷殉难。

民人潘曾亮 咸丰十年四月十三日城陷殉难（志将曾作遵，误）。

民人潘曾鐄 咸丰十年四月殉难苏城。

生员潘遵璈 咸丰十年四月十三日城陷殉难（《苏州府志》：潘遵璈诸生，贼已入城，遵璈犹不知扃其户，往侦之，被戮于路。据《昭忠录》）。

文童潘遵昉 咸丰十年四月十三日城陷殉难。

生员潘遵仪 咸丰十年十一月十三日殉难苏城（志作四月，误）。

民人潘遵海 咸丰十年五月十八日，年十二岁，随母钱氏于黄埭遇贼殉难（志作四月，误）。

民人潘遵煦 咸丰十年四月十三日，年十岁，城陷殉难。

民人潘遵郇 咸丰十年五月十八日，年三岁，随母钱氏、兄遵海于黄埭遇贼殉难（志作四月，误）。

文童潘觉先 咸丰十年六月八日殉难苏城（志作四月，误）。

民人潘樾先 咸丰十年四月十三日城陷殉难。

民人潘焘先 咸丰十年四月十三日城陷殉难。

文童潘士先 咸丰十年四月十三日城陷殉难。

民人潘熊先 咸丰十年四月十三日城陷殉难。

民人潘槰先 咸丰十年八月二日于常熟县遇贼殉难。

民人潘循先 咸丰十年四月，年十七岁，殉难苏城。

民人潘述先 咸丰十年四月，年十五岁，殉难苏城。

民人潘启先 咸丰十年四月，年二岁，殉难苏城（志作三岁，误）。

民人潘志鋆 咸丰十年，年七岁，八月二日随本生母姚氏于常熟县遇贼殉难。

民人潘志薰 咸丰十年，年六岁，四月十三日城陷，随父樾先殉难。

民人潘志葵 咸丰十年，年二岁，四月十三日城陷，随母吴氏殉难。

同治七年旌潘氏殉难妇女

据《苏州府志》载：

潘奕煐妻姚氏 咸丰十年五月二十九日殉难苏城（志奕作亦，误）。

潘奕润妻节孝蒋氏 咸丰十年五月二日殉难苏城。

潘奕堂妻黄氏 同治二年十月十八日于光福遇贼殉难。

恩贡生潘世琪继妻节孝陈氏 咸丰十年四月十五日殉难苏城（《苏州府志》：氏年三十一丧夫，咸丰十年，年六十七，城陷，自取预制襚服，盥沐易衣，出投帝赐莲桥河中死，邻妇随死者四人，侄遵鑛妻包氏遇救中湿死，鑛饥寒罹病死，孙循先、述先遇贼死，启先甫三岁，失哺死。据《昭忠录》）。

潘世铭妻汪氏 同治元年正月，贼窜歙县大阜，殉难。

潘世缨妻陈氏 咸丰十年四月十三日城陷殉难。

潘世灏妻吴氏 同治二年八月十一日于光福遇贼殉难。

潘世瀛妻钱氏 咸丰十年五月十八日于黄埭遇贼殉难。

潘世庆妻程氏 咸丰十年四月十三日城陷从夫殉难。

潘世庾妻顾氏 咸丰十年七月三日殉难苏城。

潘世畅妻吕氏 咸丰十年四月十三日城陷殉难。

潘遵醇妻包氏 咸丰十年四月二十九日先其夫殉难。

潘遵灏继妻陆氏 咸丰十年十月十三日殉难苏城。

潘遵鸿继妻节孝胡氏 同治元年正月贼窜歙县大阜殉难。

潘遵浤妻许氏 咸丰十年九月二十日从夫殉难苏城。

潘遵淞妻钟氏 咸丰十年四月十三日城陷殉难。

潘遵鑛妻包氏 咸丰十年四月殉难苏城。

潘遵俞妻章氏 同治元年正月贼窜歙县大阜殉难。

从九品衔潘遵检聘妻贞烈周氏 咸丰十年八月十六日殉难苏城。

潘世康次女淑英　潘世康三女淑芬 咸丰十年四月十三日城陷姐妹同

殉难。

翰林院待诏衔潘霨继妻费氏 咸丰十年四月十三日城陷，率三女同殉难。

生员潘宝儒继妻吴氏 咸丰十年四月十三日城陷，率二岁子志葵同殉难。

潘智先妻汪氏 咸丰十年四月十三日城陷殉难。

潘棠先妻姚氏 咸丰十年八月二日于常熟县遇贼殉难，子志鋆七岁从死。

潘士先妻谢氏 咸丰十年四月十三日城陷从夫殉难。

潘桂先妻施氏 咸丰十年八月二日于常熟县遇贼从夫殉难。

潘锡芝妻钱氏，咸丰十年四月十三日城陷殉难。

潘霨长女寿姑　潘霨次女兰姑　潘霨三女顺姑 咸丰十年四月十三日城陷，并随母费氏殉难。

潘宝儒女 咸丰十年四月十三日城陷，随母吴氏殉难。

潘樾先长女　潘樾先次女 咸丰十年四月十三日城陷，随父殉难。

潘观保谨识

敬维朝廷褒恤，以彰行谊而敦风化，忠孝节义，共荷恩纶。咸丰庚申，“粤逆”弄兵，海氛肆焰，见危授命者，指不胜数。京师特开采访忠义局，各直省亦援案奏请，历奉俞旨，准其旌表，祔祀原籍地方昭忠祠，各在案。吾族子姓繁盛，涵濡帝泽。庚申、壬戌，苏歙两籍，先后被兵男丁女口，奋志捐生，抗节殉难，查明确实，具报者计六十五名口，均已汇案题请，得与旌表，祔祀如制，并载在府志，永垂不朽。家祠无设位致祭之例，而不可不志之，以为宗族光。除分载世系表各丁口下，复按得旌先后，备列名氏年月，分别世次，汇为《旌表录》四，又本支以孝子旌者，庸行克敦，明禋在社，允宜并纪，永戴国恩。

光绪十年正月观保谨识

潘奕隽返里展墓行程诗

按：嘉庆九年（1804）甲子三月十三日至二十五日，65岁的潘奕隽偕族弟潘奕玙，返徽州故里展墓，往返行程十二天，沿途且行且游，诗兴勃发，作诗十三首，载在《展墓日记》中。现提取其诗载录于下，部分标题因过长，稍有删减，注释亦未录。

岳忠武王墓

墓门春水绿沄沄，宰树寒烟锁夕曛。五国羁魂归望帝，深宫遗恨失将军。

骑驴客洒风前泪，薙发仙啼岭上云。犹有余威应金鼓，怒涛松响震湖渍。

东风陌上又花开，泥马康王信再来。半壁自甘蒙垢辱，长城可惜坏奸回。

牲碑祠宇辉金碧，麦饭攒宫遍草莱。此日忠魂归鹤表，更无余恨但衔哀。

韬光寺赠心安长老

顿觉尘氛远，层冈振策行。戛天惟竹影，洗耳有泉声。

僧老禅心定，吾衰世味轻。何能即脱网，一钵证无生。

钱塘江登舟

松楸飞布梦迢迢，又促轻装趁早潮。木本水源应共切，风餐露宿敢辞遥。

二桥岚影横苍黛，七里波光翦翠绡。陈迹卅年重著脚，自怜青鬓雪萧萧。

大程村谒五世祖茔地名凤形

佛岭迢遥地脉长，凤形翔舞指层冈。一千里外来陈俎，百十年前仰若堂。

雨露松楸怀永慕，簪缨子姓集嘉祥。苔阶瞻拜重回首，光景奔轮卌载强。

潜庄拜先高祖墓

村头晴溜响笙竽，林外遥岑拥画图。已痛种松来触鹿，可能助祭下驯乌。

陈牲奉醴嗟容渺，剔藓看题感岁徂。好仿云礽勤守护，根培枝茂语非诬。

岩市访方艺兰侍御不值

燕台犹记昔分襟，尺素频年订盍簪。谁料良缘阻故里，漫劳旅梦绕遥岑。

衔杯翦烛思前事，落月停云感昔唫。莫更临风期后会，飞腾暮景最惊心。

傍溪寺

僧寮依雉堞，岑寂似山家。岚气六时变，溪光一道斜。

未移梁下棹，重喫赵州茶。欲采黄精去，莲峰路正赊。

河西桥闲眺

河西聊散步，徙倚到斜曛。滩浅才通筏，山深惯出云。

人烟当坞聚，禽语隔溪闻。何处茅堪结，吾将收放纷。

谒祖茔敬赋

村居能聚族，守墓古风敦。窆自宋元日，拜经来耳孙。

山阿体永托，哀慕意犹存。作息安耕凿，相期同保根。

将归吴门由五渡经林树岭道中作

一路滩声送我行，担夫莫讶客装轻。渡头云密犹含雨，岭脚林开渐放晴。

地是故乡余眷念，路因重过记分明。来朝解缆淳安去，万叠苍山翠霭横。

乳香岩

积翠如画屏，扁舟入暝色。悬崖呈异境，可望不可即。

云有玉乳垂，服之生羽翼。香风发幽窦，欲上径阻绝。

蕴灵世共传，赏异忘曛逼。岩前宿雾重，壁字人莫识。

仙踪寄想象，幽意缄冥默。何当迟佺乔，筑舍云峰侧。

江口夜泊

桂棹移前月，轻帆卸此宵。云飘浙东雨，风送海门潮。
灯火明龙口，雷声过二桥。邻舟吹玉笛，不管客魂销。

同愚村登万松岭

夜泊钱塘江，晨指万松岭。初阳霭空濛，宿雾羃松顶。
泠泠石流泉，脩脩竹横影。有弟奉板舆，安稳娱暮景。
吾行与之偕，首涂发深省。嗟哉鲜民生，羡兹春晖永。
人生无穷达，真乐只此境。游目散郁陶，含情默凄耿。
日午循沙堤，更泛西湖艇。

大阜三十六咏

大阜村在歙南，去城三十里，自吾始迁祖迄今盖历年七百余矣。地以人传，遂为望族。向有八景题，窃以为未备也。因上述家风，旁搜古迹，思建置之艰难，记山川之清淑，而凡属于吾村者，毕载焉。由村中以及四隅，共得诗二十首，录呈榕皋伯，辱蒙许可，嗣复得诗十六首，因汇成一册，并随题详注，以备遗忘，非敢夸多也。吾家多风雅，尚冀正其不及，复惠继声焉。他日附之家乘，亦吾村实事之可徵者已。

歙县潘世镛东甫氏识于修吉堂

敦本堂 在村中来龙山南，明万历癸酉始建宗祠，虎林汤焕书榜，山阴王思任撰楹帖，长洲陈文庄为记。

黄钟为律本，星宿为河源。况我荥阳祠，我祖今如存。
霜露肃时荐，典则贻后昆。洗爵告同族，族谊宜共敦。

后山坞 在村北，宋始迁祖现公卜居于此，后徙来龙山南，为今大阜村。

先世卜居处，诛茅奠衡宇。移筑北山南，老屋闭深坞。
遗址历元明，竹树寒烟雨。青山阅人多，苍茫独怀古。

天益堂 在村中祠西南，明崇祯间六世祖赠主事筠友公建，同邑江节愍记。后更为“迪吉堂”，海阳汪肇衍书榜，堂有六世祖母张太宜人八十寿匾，曰“四德三多”。正梁及大门悬本生五世祖候选主事其蔚公岁贡匾，一曰“籍通三至”，一曰“盛世鸿儒”。东为“宁俭堂”，亦筠友公建。

种德名愈潜，挺节时更窘。作堂山水乡，养素成高隐。

天益益乃多，受之亦无尽。室成谁发焉，老友江节愍。

博乡堂 在村中祠西，康熙间其蔚公建，程之昌书榜，中悬“诰敕”，前悬温恒亲王赐其蔚公匾，曰“茂松清泉”。前为张太宜人九十寿匾，曰“母仪人瑞”。又前为四曾叔祖、丙子副元默庵公仁寿匾，旁为大高伯祖、松阳教谕敷九公岁贡匾，曰“抡才凤阙”。二门悬其蔚公岁贡匾，曰“禄渠英荐”。屏门悬纫洲、皆山两叔祖乡举匾。大门榜曰“世科甲第”。今易“体仁阁大学士”。公子九，又称斯堂为“九子厅”，在苏曰“研经堂”。

作诗述家风，君子秉清望。当年一亩宫，即此乌衣巷。

堂构有遗谋，诗书敦夙尚。煌煌旌节花，今尚沿阶放。

后山园 在村中博乡堂后，俗名来龙山，又名船山，其蔚公缭以墙垣，名曰“后山园”，手植枫二樟一，今犹存焉。

山骨受刳剡，登山如泛舟。长松飒风涛，云帆浩难收。

粉垣洞牕户，坐此当远游。手植今百尺，乃共三槐留。

花 畦 在村中祠南，中有荷塘数十亩，康熙三十六年，岁大歉，其蔚公买田浚塘于捐赈外，复以工代赈，周围环以石阑。

拂水柳枝长，绕阑梅子熟。鸳鸯泛清波，莲花开簇簇。

中有众鲋鱼，曾茹荒年谷。先泽如塘宽，花时雨更足。

松鳞别墅 在村中花畦南，康熙间其蔚公建，门北向，门外为荷塘，入门为门亭。亭南有丛竹，为竹径。竹径东入西向门，为门房。经调鹤处入松鳞别墅，画椽五楹，皆南向，松陵沈良友书额。前有假山，有石笋，有花，有竹，古松一，山茶一，玉兰一。东南为翠来阁，南为南轩，轩西为西厅。厅前有池，有石，有紫藤碧梧，有四时花木。由厅北直上飞云廊，达调鹤处。竹径南为花墙，竹径西为惜阴书屋，有楼门东向。由门右过墙，为须静斋，有楼门东向。前有小院，石台一，古柏一。斋西小园有八角亭，有池，有台，有松，有梅。由亭东折沿溪，与西厅通，面山临水，结构玲珑。载《歙县志》。

当年种松人，卜地培松根。龙鳞满松身，著书常闭门。

一木与一石，处处精神存。清风及八世，松荫枝愈繁。

修吉堂 在村中博乡堂西，高祖训导赠蓟州知州舜邻公旧宅，沈良友书榜。在苏城蔡汇头（俗称柴河头）有敬存堂，何焯书榜。

虚堂面南山,刺史之所卜。春风如昔时,种杏补修竹。

承我堂上欢,课我儿曹读。家贫乐有余,世守先人屋。

学士楼 在村中修吉堂西，敷九公旧宅。又西为五高叔祖、仙居令虞谐公旧宅，与修吉楼，皆称学士楼。敷九公迁吴，至榕皋、畏堂两伯先后入馆阁，芝轩兄一甲一名及第，理斋兄一甲三名及第，今芝轩兄晋大学士，楼名其先兆欤？

登楼赏风月,入阁司丝纶。博士遗旧宅,去结张翰邻。

郊祁为大魁,五凤辉青春。学士历清要,愧我烟霞身。

修立斋 在村中宁俭堂东，先曾祖、增广生律和公，先祖、乾隆乙酉科举人晴皋公，及先叔祖渐于公读书处，俗名鱼池屋，伯祖、岁贡生尔容公亦肄业于此。

修辞立其诚,先人以名斋。徵车徵不起,芸香积空阶。

二苏继家学,家集同编排。斋中有手泽,清芬信无涯。

潘兴塘 在村北，二十世祖、宋桐城令彦成公墓在焉。公由上舍监桐城县税，从罗侍郎使金，不屈，归领县事，迁成忠郎，卒于官。墓碑载族谱，宦绩载《歙县志》。

吾祖值宋代,诗书挺高节。甘棠皖公山,使节燕台雪。

功名六百秋,塘畔松杉列。仍云聚留村,世世守先烈。

茂　林 在村中，俗名墓岭头。七世祖、明孝子玉溪公墓在焉。北去里许，五世祖、赠训导汉先公墓在焉。又北去二里许，至小阜之羊鹅坑，为九世祖、明处士文英公墓，八世祖乔山公祔葬焉。先世祖墓半在本村，因备载族谱，兹不复述。

修竹环茂林,北望接空谷。群峰忽然开,麦草连天绿。

高曾奠幽宫,春光荣宰木。愧我守墓人,风尘岁仆仆。

潘兴桥 在村西，十一世祖明太学生仕源公建。

青山向西去,流水一溪阻。溪冻冰愈寒,涉者踏冰苦。

舆梁忽已成,地缺待人补。济世先泽多,此石有千古。

苦干源 在村南南山西麓，源口凉亭一座，顺治间，筠友公建。

东风扫残雪,绿遍前溪源。持竿涉春水,夹岸桃花繁。

平生钓游志，得此聊避喧。他年草堂成，静寄开东轩。

李王庙 在村东，其蔚公与族人同建。康熙乙亥公特铸大鼎以镇庙，鼎有款识。乾隆间，家君与族人同修。嘉庆甲子，榕皋伯归里，为理斋兄祈嗣于神，有应，特酬香案一具。

烈烈李开府，南宋将帅臣。十年成大捷，身后为明神。

神功保赤子，灯火时时新。大鼎镇古庙，吾颂作鼎人。

师善堂 在村东。乾隆间叔祖荔村公奉父遗命，捐产特置义田。嘉庆初，族祖文崧等相继捐田，建师善堂，绩溪程炳照书榜。

义田有权舆，意仿范氏庄。族人继为善，乃启师善堂。

周急虽小惠，睦族情实长。古风被桑梓，脊土皆春阳。

萃拔阁 在村东阜山文会。嘉庆初，族祖经通等建，会为乾隆间晴皋公倡立。

笔平无奇文，地平无奇观。论文倚高阁，始觉眼界宽。

众峰翠屏展，二水练带环。奎壁在霄汉，云梯洵可攀。

茶　亭 在村东，乾隆间同族捐建，颜曰“汔可小休”，晴皋公记。

行旅多艰难，到此可一息。况复设义浆，渴吻甘一滴。

人方欲忘劳，茶亦不任德。昌黎记事文，榻偏茶亭壁。

黄栀园 在村中。

黄栀花欲放，香风满楼台。黄栀花欲落，金粉迷苍苔。

蝴蝶过墙去，一枝为谁开？问花花不语，怀古心悠哉。

得月楼 在村中祠前，今移置东溪上。

明月似相识，随人上高楼。横琴面南窗，夜静月亦留。

轻云抹遥山，清光耀溪流。同心人未来，调弦聊散愁。

南山楼 在村南南山下，明族祖廷顺公建，与许文穆为姻亲，文穆尝宴集于此。

解组乐邱壑，高楼俯溪滨。时招许相公，来为座上宾。

楼今不复存，何况楼中人。徘徊南山下，日暮苹花春。

梅石山房 在村东花坛山下，族祖可学建。

攲石看梅花，高人能耐冷。黄昏明月来，起舞弄疏影。

结茅香雪中，气与云根静。林逋去不还，此意有谁省？

芦　庄 在村东枫桥西，族祖锡銮建。

踽雪来扣门，池亭含月朗。梅竹弄寒风，芦叶锵冰响。

超步登高台，银山豁宏敞。何人扶醉行，神仙披鹤氅。

南　山 在村南。

南山高无极，上矗浮云端。披云踏苍翠，采药复采兰。

丘壑淡春阴，幽趣清心颜。亭前有双鹤，高飞出尘寰。

佛楼峰 在村南。

坤舆特钟灵，独挺一峰秀。凌空绝依傍，静镇鄙奔走。

遂使远岫低，乃并长松寿。峰下千人家，都受春云覆。

花坛山 在村东。

花坛俯清川，亭亭秋更净。美人修蛾眉，拂拭临妆镜。

丝竹历层巅，陶写诗灵性。宜乎醉乡人，不佩参军印。

东高峰 在村东。

东峰藏白云，西峰飘细雨。冒雨一登高，东望白云吐。

山宜对面看，竹树皆可数。紫气何时来，扶筇载延伫。

鱼　山 在村东。

波涛涌烟云，鳞鬣藏深树。我时著屐游，踏遍鳌头路。

登高望长河，势欲凌风渡。一峰复动摇，直恐鱼飞去。

山　泉 在村南南山。

围山蓊白云，古窦湿云酿。苍龙忽扬鬣，明珠涌雪浪。

石鼎响春风，一榻茶烟扬。仙人餐石髓，嵇康竟惆怅。

上堨潭 在村西。

潭水泻空绿，岸花飞落红。相期二三月，来此嬉春风。

风吹碧云落，山影摇潭中。临水正徘徊，前溪来钓翁。

半源亭 在村西，沿溪北折五里，过亭，又五里为伏塘坑，溪源出焉。余外舅方秉堂先生家坑西。

沿山苏烧痕，水色散寒雾。玩水寻其源，虚亭界中路。

迢迢五里云，遥指东山树。拭壁题新诗，岁岁春游处。

横　干 在村西，明末有高士隐此鹤坪，故址犹存。

清圳环西畴，平山带村落。中有隐君子，放鹤复招鹤。

鹤去今几时，清风满丘壑。我将营一椽，来乐田家乐。

洞宾井 在村中井巷，上绘吕仙像。

辘轳一声响，千家梦初醒。凿地自何人，古巷存古井。

泉甘能养人，冬温而夏冷。神仙吾不知，汲古藉修绠。

枫　桥 在村东，族祖恒士建。

月色凝不流，满地清如水。桥头踏秋影，恍入冰壶里。

隔岸笛声来，雁阵西风起。叶落水生波，看月人归矣。

大阜桥 在村东大佛寺前。

高掷公远杖，平甃始皇石。遥山倒影来，一水含空碧。

夜踏上元灯，醉步中秋月。陋彼佛家言，虚空夸宝筏。

新　亭 在村东镇安桥东。

虚亭倚晴岚，双屐试新蜡。潺湲二水流，峭壁烟云合。

钓石渔共温，鸟道樵争蹋。歌声满斜阳，杳杳飞鸿答。

大阜续三十六咏

歙县徽州学学会主办的《徽学园地》2013年3—4期合刊发表了许晓骏整理的《潘氏父子“大阜七十二咏”》。其中潘世镛的《大阜三十六咏》已见于《大阜潘氏支谱》。该文说，潘世镛次子典曾，号慎夫，亦工吟咏，效法乃父，“复惠继声”，作《大阜续三十六咏》。这组诗“韵语迭题，谨如前数”，前有序言，中有简短的“随题详注”。序曰：“大阜村历代以来，旧迹颇多，先严东甫公望古兴怀，曾作三十六咏。近奉是编，随时展诵，诗思勃然，由村中及四隅，记山川疆域，溯祠墓形容，凡旧制所存，韵语迭题，谨如前数，非敢多赘也。我村自昔迁居，年代既远，遗迹渐忘，爰为续咏以备稽考。属稿初成，句多俚俗，愧不足为大雅观。歙县谱典曾慎夫氏识。”尽管作者自谦“句多俚俗”，但品读起来，亦朗朗上口，清新可喜。现据《徽学园地》所载转录于下：

青林坳 在村西，大阜由此入村。

坳山林木高，地连蔡川界。坳山林木低，大阜地方界。

入村大路平，安步好行迈。前行仰牌楼，恩褒字高挂。

中接桥 在村西，横干东。

长途经横干，前路平田贴。流水一湾隔，徒步那可涉。

上下任直行，石桥中间接。桥东望全村，屋庐绕层叠。

上　干 在横干北。

原上田亩宽，农人多举趾。东作时勤劳，西成年丰喜。

野庙供山神，墙红映陌紫。北通伏塘坑，遥指白云里。

山　峡 在上干东。

龙脉蜿蜒来，从此山过峡。峡落石何多，鄙称龙卸甲。

山脊土分崩，石根空莫插。谁能山补填，峡石不覆压。

弯弓桥 在中接桥东。

西行通大路，路大非直通。折旋向南岸，一桥横当空。

连畦麦苗秀，前山野花红。春游归来暮，新月同弯弓。

罗家坞 在弯弓桥东北，俗称“蜘蛛结网形”，明第十六世祖德辅公配余太硕人墓在焉。十七世以下支祖，多祔葬墓左。

中涌土一邱，宛似蜘蛛属。周围麦草抽，成行织网绿。

上世奠幽宫，卜筑殊局促。地脉吐丝长，支祖冢旁续。

上头原 在罗家坞口东。

原高势不平，登临步暂停。水绕一湾绿，山排四面青。

山水足清趣，游眺动诗情。载酒原头上，狂歌好放声。

中　巷 在上头原东南向，有“贵分”旧宅。

巷居溯同族，族姓昔亦繁。分迁白洋住，今尚聚成村。

本里式微甚，只六七家存。旧庐藏深巷，往事慨追论。

利贞厅 在村中，学士楼西。为“利、贞”两分支祠。

自昔两大分，奉先建斯堂。后嗣日繁衍，散迁苏与杭。

门第瞻荣显，科甲累世长。我大分曰利，利达尤殊常。

元亨堂 在村中，修吉堂西，为“元、亨”两分支祠。

两分名元亨，堂宇共传名。元分慨远迁，故里剩零丁。

亨分里闾聚，子孙世绳绳。享祀两不忒，一堂同荐馨。

乡约所 在村中，宗祠敦本堂东。

风教昔易行，乡居有公所。约束示典章，一堂宣讲与。

讲说今不闻，空存此堂宇。以约敦古风，乡人重招聚。

小　干 在弯弓桥东南。

大地何必美，斯干小亦安。人家聚居久，地窄野趣宽。

水级方塘漾，林阴古庙阑。隔山田舍近，过去即横干。

前溪滩 在小干东。

村居新雨后，揽胜到清溪。溪前滩水急，略约风凄凄。

岸北人烟密，岸南场圃低。散步大桥东，抚景新诗题。

大　桥 在村南，德寿堂西。

长约一丈余，横仅数尺许。胡为称大桥，里人夸大语。

桥头屋庐多，半属农夫侣。薄暮负樵归，两岸樵歌与。

汪家坞 在村南苦干源，俗称“蛇形”，为第十九世祖明太学生仕源公墓。

山势似蛇长，卜穴昔非易。穴不在当头，隐在咽项际。

当年筑先茔，灵蛇乃现地。地脉灵秀钟，发祥及苗裔。

源西亭 在汪家坞口西。

一路朔风催，祛冻苦无酒。源西喜有亭，特立平田后。

夏日好乘凉，严冬寒不受。南去通程村，小坐且停走。

德寿堂 在大桥东，明族祖南山公旧宅。

善人开厥后，克昌自有因。曾输粟十万，赈边活饥民。

德泽深且厚，此堂东西邻。支丁今聚处，济济数百人。

南山墓 在德寿堂南，南山公葬此。公尝刲股救父疾，事载谱乘。

遗冢慨北原，岁远将何有。郁郁此佳城，南山寿并久。

刲股活尊人，孝子名不负。救姑股亦刲，吾母旌孝妇。

溪边井 在村中，荷塘东。

近即溪在前，奚为边有井。一溪流水长，清浊无定影。

久晴清水沉，久雨浊水逞。古井水常甘，随时任汲绠。

水口桥 在荷塘东北，西上即宗祠。

水来自有源，水去各有口。此以水口名，属我祠左首。

人家对溪居，沿岸种花柳。横桥界中流，流水绕祠走。

崇本堂 在水口桥东，为“昌分”旧宅。

溪水昔东流，只从屋旁过。引而向北行，大屋环水坐。

居人多力农，勤把春耕课。文士迁桐乡，茂才远名播。

吉顺堂 在村中插干，为“贤分”旧宅。

水昔插干里，直向牛山投。水今插干外，旋绕山桥流。

老屋对桥起，后人居处稠。分支散迁去，乡村路悠悠。

摆坞口 在吉顺堂东，俗称“牛形”，明第十六世祖德辅公墓在焉，十七世以下支祖多环绕祔葬。

得地类牛眠，穴在高岗伏。上世窀穸安，开我八分族。

各分支祖行，旁冢累累筑。牛山地灵长，安妥千年祝。

插干桥 在吉顺堂北。

一溪绕屋行，列屋隔溪处。驾桥路乃通，昔曾有人阻。

嗟哉阻路人，当年枉龃龉。溪桥今尚存，插空足千古。

社屋埵 在村北后山坞北，为第二十五世祖赠训导汉先公墓，旁多支下祔葬。吾曾祖乾隆乙酉举人晴皋公、祖县佐问泉公、考恩贡东甫公三代并祔葬垄后。

追溯本支祖，卜葬已远年。墓旁地空旷，支下祔葬连。

吾亦奉三代，次第结圹全。先母孝妇坊，待建茔兆前。

社屋干 在社屋埵北。

斯干田亩足，计亩三百六。数较上干多，周围绕社屋。

屋旁路交通，农歌往来续。我将往于田，带经锄且读。

方庄前 在社屋干北，俗称“老鹳嘴”，为本村义冢。

山形似老鹳，葬地自昔传。穴不当头筑，多从鹳嘴前。

我村此义冢，吉冢交相论。试看清明节，层层挂纸钱。

菖蒲塘 在社屋干西。

我祠前有塘，荷花年年放。此塘不复存，菖蒲空想望。

夹山树阴浓，荒冢多相向。义举造殡宫，近在高岗上。

承善堂 在村东，枫桥东北，为“隆分”旧宅。

一派各分迁，故里此支存。群居半耕读，耆儒有广文。

大宅造自昔，比邻结日繁。旁支并繁盛，六甲隔山村。

店　坞 在承善堂北。

我村边居初，路由后山取。行过菖蒲塘，至此村市聚。

野店今何存，老树锁深坞。来往寂无人，荒凉独怀古。

石　碓 在店坞口北。

堨上水分剖，一曲沿山走。野碓山下居，水声和杵臼。

壁立石何坚，矮屋阅年久。前村粉墙新，引领瞻小阜。

长　潭 在枫桥东南。

连朝春雨足，春水泛洋洋。水深鱼共聚，钓翁争羡忙。

此非放生池，垂钓亦何妨。诗人磐石坐，吟咏长潭长。

前　干 在长潭南。

此地多佳趣，几家山前住。当门铺平田，背岭排密树。

神庙溪东临，长潭岸西顾。上下两板桥，来去通大路。

大阜市 在村东，李王庙东。

世事感沧桑，到处多变易。此间闾里居，当年市人宅。

名尚与村留，懋迁杳无迹。前瞻北岸村，市井亦殊昔。

大阜庙 在大阜市东。

村东庙有二，此一建在先。鱼山涌殿后，虹桥接门前。

神灵四方震，血食享年年。古庙名不改，长共我村传。

镇安桥 在村东，大阜桥西。

送客出村别，歧路分村边。陆行东直下，水行西折旋。

一桥镇两岸，安贴殊虚悬。过桥通深渡，大河好泛船。

咏诗书尾附有两跋，对了解“续咏”情况颇有助益。

其一：“右《大阜续三十六咏》，乡先辈潘慎夫先生之作也。字字珠玑，言言金玉。诵清芬之世德，模范先人；记名胜于乡间，钓游某所。有时感事，思范俗而致慨沧桑；亦或陶情，因对景而好谈风月。义丰词约，节短韵长。匪惟传诵艺林，允足增光家乘。爰缀数语，以志景仰之忱云。世晚朱启煌谨跋。”

其二：“吾父绩学未遇，性好咏诗，著作甚伙，经乱散失。偶于故纸堆中，检得此稿；音容不再，而手泽犹新。昔，先大父曾有《大阜三十六咏》，刊入松鳞谱牒；今数适符，实承先志也。因即敬录藏之于家，他日松鳞修谱，即行补入。乡间风景，到处流连。追诵遗稿，不啻步趋而随先人之后焉。男潞龄谨跋。”

后　记

补写完本书，终有一种舒心的感觉油然而生。

对于苏州潘家的声望，我早于20世纪末在歙县地志办工作时既有所闻，知此潘家是从徽州歙县迁去的，属于大阜潘氏。其最著名的是状元潘世恩及其孙子探花潘祖荫，而且二人皆入编新《歙县志》“人物编”中，称之为“祖孙军机”，与同县雄村曹家“父子尚书”相媲美。从县志办退休后，我即被原单位返聘编纂第二部新县志，因此有更多的机会接触本县的一些史料。此时，从电脑上获知沪上有《大阜潘氏支谱》求售的信息，即觉得机不可失，便电告在沪工作的女儿，要她设法给我买来。女儿照办，即于2010年6月给我购得寄来。我甚为高兴，然高兴之余又有些遗憾，因为仅有上册，以记载世系考为主，志铭传述等全在下册，对了解潘氏人物的具体事迹难免不足。好在当时看到了《清代徽人年谱合刊》一书，下册中载有潘奕隽、潘世恩、潘曾沂、潘祖荫的年谱，而那时新编《歙县志》已纂毕送交出版，我便结合《大阜潘氏支谱》上册和年谱，陆续撰写了《福寿状元潘世恩》《大阜贵潘第一位进士潘奕隽》《苏州“大阜贵潘”考述》等文，并先后在本县徽州学学会主办的《徽学园地》和安徽徽学会编的《徽学丛刊》上发表。后来，1992年版《大阜潘氏支谱》的主编潘裕博先生回故乡大阜探亲，我与他结识会见，进行交谈，于是承蒙他回苏州后即寄赠以《大阜潘氏支谱》下册，使这部宝贵的谱书在我这里得以合璧。

时光回到2016年7月下旬，我在歙县新华书店购得张健先生的《徽州鸿儒汪道昆研究》一书，阅读之下得到启示，忽生编著《苏州“大阜贵潘”研究》的构想，即通过QQ将此构想发给安徽师范大学出版社编辑孙新文先生。

孙编辑即热忱作复，认为此选题很好，并要我致函安徽师范大学皖南历史文化研究中心主任王世华教授。前些年因参与编撰由王教授和李琳琦教授等主编的“解码徽商”丛书，与王教授有信邮往来，遂通过邮件函告王教授。王教授是安徽省徽学会会长，著述甚富且为人热情，当即复函给我，亦认为选题很好，可以给予支持，同时提出建议，要从徽商方面切入。我即听从建议，重新构思，并且拟定了十来章的编目，再发给王教授，得到他的首肯。于是在酷热的暑意之中，我细细阅看《大阜潘氏支谱》，并辑录之，因为我当时还在电脑上整理编录于20世纪80年代中期撰写的长篇历史章回小说《五女奇婚传》，遂自作安排，上午编录小说，下午阅辑潘氏支谱，还考虑到自己年过古稀，伏案时间不宜过长，遂上下午各两个小时，然后必出门散步以换心神，几乎每日如此，坚持不懈。日积月累，必有成果。到2017年6月初，终将《大阜潘氏支谱》厚厚两大册细阅了一遍，并作辑录，还阅辑了其他书籍和网上资料，终在6月5日起动笔撰写。由于90余万字的长篇小说已整理完毕，即可全天撰写此书，到了10月27日，用了4个多月时间，终将初稿写毕。次日即开始录入电脑且边录边修改补充，到2018年3月初也终于完稿。

这本书始终得到王世华教授的鼓励和指导，因为我每告一段落，即通过短信向他汇报进度，并请指教，从而给了我以莫大的鼓舞和激励。现他又在百忙中挤时间为拙著作序，更是对我的鞭策，亦是本人的荣耀。在此，向他表示最衷心的感谢。当然也要深深感谢孙新文编辑，是他最先肯定我的选题，使我有勇气投身于撰写之中，并感谢在本书编辑过程中所付出辛勤劳动的各位编辑老师，同时要感谢安徽师范大学出版社对本书出版的大力支持。

我还要衷心感谢1992年版《大阜潘氏支谱》主编潘裕博先生，他不仅赐以我该谱下册，为本书写作提供了丰富的资料来源，而且在我告知他要撰写此书意图后，他表示坚决支持，并提供资料，还指出网传中一些资料的不可靠之处，使我的撰写过程较为顺利。

我还要感谢我的家人，尤其是老伴，使我无生活之忧，有充分的时间和精力投入撰写之中。

对于文史研究，我还是一个初涉者，本书部分内容引用和借鉴了学术界专家学者的研究成果，在此一并表示谢忱。在撰写中，虽尽了自己的最大的努力，但限于水平，书中难免存在一些不足与缺憾，恳请专家学者和广大读者不吝赐教。

张 恺

二〇一八年三月于歙县徽城镇西街1号枕流斋